Die Rechtsprechung

des

Deutschen

Oberhandelsgerichtes

zu Leipzig,

herausgegeben

von

A. Stegemann,
Anwalt am genannten Gerichtshofe, preußischem Justizrath 2c.

Achter Band.

Berlin.
Verlag von J. Guttentag (D. Collin).
1873.

Inhalt.

Seite

I. Rechtsfälle und Entscheidungen des OHG . . 1 bis 392

(nach der Zeitfolge der mitgetheilten Entscheidungen)

a. aus dem Jahre 1872:

b. aus dem Jahre 1873:

Druckfehler.

Im VII. Bande der Rspr. wolle man lesen:

S. 304 am Schluß der Note: 333 (statt 331),
S. 353 Zeile 9 von unten: auf den (statt dem),
S. 353 Zeile 5 von unten: Erk. (statt Fall),
S. 354 Zeile 7: Löwy (statt Lorenz),
S. 357 Zeile 2: diesem (statt diesen),
S. 357 Zeile 3: Bevollmächtigtem,
S. 358 Zeile 8 von unten: Domiziliat.

In diesem VIII. Bande wolle man lesen:

S. 18 Zeile 5 von unten: 29 (statt 21),
S. 22 Zeile 17: Breslau.

Nr. 1.

II. Senat. — Erkenntniß v. 1. Juni 72. (Ref.)

Mecklenburgische Lebensversicherungs- und Sparbank zu Schwerin c/. Pries
(Nr. 230 v. 72).

Mecklenburg-Schwerin. Ober-Appellation.

I. Instanz: Magistratsgericht Bruel.
II. Instanz: Justizkanzlei Schwerin.

Mandat, Pflichten des Mandatars. Beweislast.

1. Wenn der Mandant vom Mandatar Ersatz eines von Letzterem durch Verabsäumung der vertragsmäßigen Diligenz verursachten Schaden fordert, so hat der Mandatar zu beweisen, daß er bei Erledigung des übernommenen Auftrags die erforderliche Sorgfalt angewendet habe.

Vgl. Rspr. IV S. 29, 270, 352.

2. Die Rechenschaftspflicht des Mandatars (oder sonstigen Geschäftsführers) umfaßt: Berechnung der gehabten Einnahmen und Ausgaben, Herausgabe des Ueberschusses, der Urkunden rc., auch vollständigen Nachweis getreuer Geschäftsführung.

L. 111 Dig. 17, 1; L. 2 Dig. 3, 5.

Beklagter hatte der klagenden Bank als deren Agent die Bewilligung eines Darlehns, welches eine Grundstücksbesitzerin bei ihm nachgesucht hatte, unter speziellen Angaben über Umfang und Werth des Grundstücks empfohlen. Darauf hin war das Darlehn gewährt und später, auf weiteren Vorschlag des Bekl., erhöht worden Die Darlehnsnehmerin gerieth demnächst in Konkurs, und bei der Subhastation des von ihr für das Darlehn verpfändeten Grundstücks fiel die Bank mit ihrer Hypothek gänzlich aus. Dieselbe belangt nunmehr den Bekl. auf Schadenersatz, indem sie ihm vorwirft, bei Vermittelung des Darlehns die ihm obliegende Diligenz verabsäumt, namentlich durch unrichtige Angaben über Flächeninhalt und Werth des Grundstücks den entstandenen Schaden verursacht zu haben. Beklagter bestreitet jedes Verschulden. Die beiden Vorinstanzen legten der Klägerin den Beweis auf, daß das Grundstück nur den von ihr behaupteten Minderwerth gehabt habe. Das OHG aber hat vom Bekl. den Beweis seiner Diligenz gefordert aus folgenden

Gründen:

Es handelt sich . . . um eine dem Bekl. zur Last fallende Verletzung einer vertragsmäßig übernommenen Verbindlichkeit: der Verbindlichkeit eines Mandatars, der — gleichviel ob man dieselbe nach den Vorschriften der ihm ertheilten besonderen Agenteninstruktion oder nach den allgemeinen Rechtsgrundsätzen des Mandatkontrakts beurtheilt — dem Mandanten omnem diligentiam zu leisten hat. So unbestritten nun im Allgemeinen derjenige Kontrahent, welcher Angriff oder Vertheidigung auf die Behauptung stützt, daß er seine Vertragsverpflichtungen erfüllt habe, diese Behauptung auch beweisen muß: so wenig ist an sich ein Grund abzusehen, aus welchem der Mandatar, welcher — behufs seiner Vertheidigung gegen den Anspruch des Mandanten — die ihm obliegende vertragsmäßige Diligenz geleistet zu haben behauptet, vom Nachweis dieser Behauptung zu befreien wäre. Schon die ältere Theorie hat diese Konsequenz gezogen und aus zahlreichen Quellenzeugnissen (L. 11 Dig. 22, 3; L. 1 § 13 Dig. 27, 8; L. 9 § 4 Dig. 19, 2; L. 11 Dig. 18, 6; L. 5 Cod. 4, 24) als die bereits im römischen Recht anerkannte nachgewiesen (Mühlenbruch doctr. Pand. I § 147, Weber Verbindlichkeit zur Beweisführung unter IV, § 23 S. 139).

Der I. Richter hat das Abgehen von dieser Regel durch den Ausspruch motivirt, daß der durch Ausführung des Mandats in Schaden gekommene Mandant, welcher den Ersatz dieses Schaden vom Mandatar verlangt, diejenigen thatsächlichen Umstände anzuführen und erweislich zu machen habe, aus denen folge, daß der Mandatar bei Ausführung des übertragenen Geschäfts die ihm obliegende Sorgfalt verletzt und somit den dem Mandanten erwachsenen Schaden in schuldhafter Weise veranlaßt habe. Hiefür könnte

1) die Erwägung geltend gemacht werden, daß die vorliegende Klage, obschon sie das unter den Parteien bestandene, aus dem Mandatskontrakt entsprungene Rechtsverhältniß zum Ausgangspunkt nimmt, doch der Sache nach nur die Schäden der Nichterfüllung des Auftrags verfolge und die Grundsätze über die Vertragserfüllung und deren Beweis nicht ohne Weiteres auf diejenige Gestaltung des Rechtsverhältnisses anwendbar seien, in welcher die direkte und unmittelbare Erfüllung des Vertrages (die Zuführung eines solventen sicheren Darlehnsnehmers) eben so wenig verlangt, als überhaupt noch möglich sei. Damit wäre jedoch die Tendenz der Klage unrichtig aufgefaßt.

Die actio mandati directa gegen den Verwalter fremder Angelegenheiten kann, wenn nach Beendigung des Verwaltungsverhältnisses angestellt, der Natur der Sache gemäß blos auf Restitution der in den Händen des Bekl. befindlichen Objekte des Mandats bzw. auf Leistung des

Interesse wegen Nichterfüllung gehen. Gleichwohl bleibt sie die Klage auf Vertragserfüllung, nur daß sie diese Erfüllung in einer bestimmten, in den Kreis der Vertragspflichten des Mandatars fallenden Richtung, nämlich bezüglich der Verbindlichkeit zur Rechenschaftsablegung, zum Zielpunkt nimmt. Diese Verbindlichkeit umfaßt bekanntlich (L. 32, L. 50, L. 72, L. 111 Dig. 35, 1) nicht blos die Berechnung der gehabten Einnahmen und Ausgaben, sowie die Herausgabe des Ueberschusses sammt den betr. Urkunden, sondern den vollständigen Nachweis getreuer Geschäftsführung (Maxen, über Beweislast, Einrede und Exceptionen S. 173 ff.). Die Worte der angeführten L. 111 „docere debet, constare fidem omnibus quae ab eo gesta sunt“ drücken dies klar aus. Es beruht auch nicht in der Eigenthümlichkeit des Rechtsverhältnisses ex negotiis gestis, sondern erscheint als eine rechtliche Folge der mit demselben verbundenen Rechenschaftspflicht des Geschäftsführers, wenn in L. 2 Dig. 3, 5 an seine Obliegenheit, actus sui rationem reddere, die Konsequenz geknüpft wird, „eo nomine condemnari, quicquid vel non, ut oportuit, gessit vel ex his negotiis retinet“. Klägerin selbst hat nicht verkannt, daß der nächste Zweck und Erfolg ihrer Klage nur der sein könne und solle, den Bekl. zur Rechtfertigung seiner Geschäftsführung gegen die ihm beigemessene Verschuldung durch Darlegung gehöriger Fleißanwendung bei Vermittelung des fragl. Darlehns zu nöthigen . . . Vermag Beklagter diesen Beweis zu erbringen, so wird dadurch der erhobene Anspruch vollständig beseitigt; den bei angewendeter gehöriger Sorgfalt in Ausführung des aufgetragenen Geschäfts steht der Mandatar für den Erfolg, den günstigen oder ungünstigen Ausgang des letzteren, nicht ein (L. 10 § 4, L. 56 § 4 Dig. 17, 1). Von selbst folgt hieraus einerseits, daß das in der Klage ausgesprochene

Verlangen des Schadenersatzes nur ein eventuelles sein kann, andererseits aber auch, falls der Nachweis gehöriger Diligenz dem Bekl. mißlingen sollte, ohne Weiteres als gerechtfertigt sich darstellt. Der Umstand, daß zugleich, wenn auch nur eventuell, Klägerin Schadenersatz wegen Nichterfüllung mitgefordert hat, vermag hienach die Natur der Klage und die Anforderungen an ihre Begründung um so gewisser nicht zu ändern, als die Verpflichtung zum Schadenersatz schon zu den aus dem Vertrage selbst entspringenden gesetzlichen Verbindlichkeiten des Mandatars gehört (L. 5 § 1 bis 4 Dig. 17, 1). Zur Begründung der Klage genügte mithin überall die darin enthaltene Bezugnahme auf Existenz und Inhalt des unter den Parteien zur Perfektion gelangten Auftragsverhältnisses.

Im Wesentlichen in Uebereinstimmung mit den vorstehend entwickelten Grundsätzen über die Rechenschaftspflicht des Mandatars und die diesfällige Vertheilung der Beweislast haben sich denn auch deutsche Obergerichtshöfe vielfach ausgesprochen. Vgl. Kierulff's Samml. v. Entsch. B. I S. 448 ff.; Seuffert's Archiv. B. I Nr. 168 S. 176 ff., Nr. 338 S. 361 ff., B. IV Nr. 100 S. 174, B. VII Nr. 31 S. 40 ff., B. IX Nr. 237 S. 364 ff., B. XIII Nr. 251 S. 358 ff., B. XV Nr. 45 S. 64 ff., B. XVIII Nr. 58 S. 88 ff.

Allerdings könnte im vorliegenden Falle

2) hiegegen der Einwand erhoben werden, daß Klägerin selbst durch Eingehen auf das vom Bekl. vorgeschlagene Darlehnsgeschäft und durch unbeanstandete mehrjährige Fortsetzung des betr. Schuldverhältnisses den vom Bekl. übernommenen Auftrag für erfüllt angenommen habe und schon deshalb nicht auf das Verlangen der Erfüllung zurückkommen könne, ohne die Unzulänglichkeit dessen, was Beklagter zu diesem Zweck liquidermaßen bereits gethan und was sie selbst seither (wenigstens dem äußeren Anschein nach) als ge-

nügend angenommen hat, speziell darzulegen und folgerecht zu beweisen. Denn der Kontrahent, welcher die Leistung des Gegenkontrahenten unter Umständen, welche ihm deren Prüfung gestatteten, ohne Einwand oder Vorbehalt annimmt, hat den Anschein stillschweigender Billigung des Geleisteten gegen sich und das OHG hat schon wiederholt in einem derartigen Verhalten des Käufers bei Ablieferung der erkauften Waare nicht blos die Annahme, sondern die Empfangnahme der Waare im technischen Sinne (ihre Anerkennung als vertragsmäßige Leistung) erblickt, daraus aber eine Aenderung der sonst den Verkäufer treffenden Beweislast vertragsmäßiger Lieferung gefolgert [Rspr. II S. 21 ff., V S. 183]. Allein wie dabei überhaupt die Beschaffenheit des Einzelfalles, dem Gegenstand und den sonstigen einschlagenden Umständen nach, zu berücksichtigen ist, so erscheint auch der vorliegende Sachverhalt als ein von dem vorbemerkten wesentlich abweichender. Alle von ihren Agenten vorgeschlagenen Darlehne hinsichtlich der Kreditwürdigkeit der Darlehnssucher, wie der Solidität der gebotenen Sicherheit in eingehender Weise zu prüfen, würde für ein Kreditinstitut mit ausgedehntem Geschäftsbetrieb, wie das der Klägerin notorisch ist, offenbar (wenn überhaupt, jedenfalls) schwer ausführbar sein. Gerade um dieser Schwierigkeiten und Weiterungen überhoben zu sein, bedient sich Klägerin bei ihren Darlehnsnegozirungen des Beistands von Mittelspersonen in der Eigenschaft von Agenten, auf deren pflichtmäßige Sorgfalt und Gewissenhaftigkeit sie sich wesentlich verlassen muß, weil sie außer Stande ist, sich deren durch eine stete Kontrole zu versichern.... Hat daher Klägerin auf des Bekl. Empfehlung hin das in Rede stehende Darlehnsgesuch bewilligt und dasselbe damit als ein der Instruktion gemäßes thatsächlich anerkannt: so kann man darin nur den Ausdruck der Voraussetzung, daß Beklagter bei der Vermittelung dieses Geschäfts mit pflichtmäßiger Sorgfalt zu Werke gegangen sei, nicht aber die unumwundene, vorbehaltlose Billigung seines Verhaltens erblicken, am wenigsten daraus einen Verzicht auf das Recht ableiten, Rechenschaft über dieses Verhalten dann zu fordern, wenn (wie hier) hinterher erhebliche Zweifel gegen dessen Pflichtmäßigkeit (beim Verkauf des Grundstücks 2c.) sich ergeben. Der Umstand, daß diese Rechenschaft erst mehrere Jahre nach Ausführung des Auftrags verlangt wird, erklärt sich aus der Beschaffenheit der Sache von selbst und kann daher keineswegs den Vorwurf begründen, daß Klägerin die Handlungen ihres Mandatars gegen Treue und Glauben und unter Umständen, welche diesem eine Rechtfertigung wesentlich erschweren, anfechte — ein Vorwurf, welcher bei der, gerade für das Mandatsverhältniß besonders wichtigen, gegenseitigen bona fides der Betheiligten, unter anderen Verhältnissen auch für die Frage der Beweislast wohl ins Gewicht fallen könnte. —

Nr. 2.

II. Senat. — Erkenntniß v. 1. Juni 72. (B.)

L. Kollmorgen ·/. W. L. Cahnheim (Nr. 260 v. 72).

Preußen. **Nichtigkeitsbeschwerde.**

I. Instanz: Stadtgericht Berlin,
II. Instanz: Kammergericht daselbst.

Rechtsmittel in Preußen, ihre Einführung. Tenor und Gründe.

1. Das Rechtsmittel der Revision (in Preußen) wird durch Einführung einer Nichtigkeitsbeschwerde nicht gewahrt *).

Feste Praxis des preuß. OTr. (Präjudiz Nr. 1529).
Rspr. II S. 234, vgl. V S. 74.

* Vgl. über diesen, nicht unbedenklichen, Satz: Sachs (in Gruchot's Beiträgen B. 16 S. 905), und insbesondere wegen der

2. Ein Zurückgehen auf die Gründe einer richterlichen Entscheidung ist zur Bestimmung der Bedeutung des Urtelstenors zulässig und unter Umständen sogar nothwendig, z. B. wenn die Zulässigkeit einer neuen Klage wegen desselben Anspruchs in Frage kommt.

§ 38 AGO I 13; vgl. Rspr. I S. 179, II S. 331.

In I. Instanz ist dem Kläger von den eingeklagten 1184 Thlr. Gewährsansprüchen — unter Zurückweisung des Präjudizialeinwandes der Verjährung aus § 343 ALR I. 5 und Art. 349 HGB — der Betrag von 287 Thlr. zuerkannt, mit dem Reste von 897 Thlr. ist er dagegen abgewiesen worden. Dieses Erk. ist auf Berufung beider Theile, in II. Instanz, dahin bestätigt, bzw. abgeändert worden, daß Kläger mit der erhobenen Klage gänzlich abzuweisen sei; hiebei wurde der vom I. Richter verworfene Präjudizial-Einwand der Verjährung für durchgreifend erklärt.

Die Nktbschw. des Klägers wurde vom OHG als unzulässig zurückgewiesen.

Gründe:

Die in I. Instanz erkannte Abweisung des Anspruchs auf Höhe von 897 Thlr. ist nicht unbedingt und definitiv, sondern lediglich deshalb ausgesprochen, weil der Anspruch insoweit nicht für gehörig substanzirt erachtet ist. Es kann aber nicht zweifelhaft sein, daß nach diesem Ausspruch dem Kläger wegen der aberkannten 897 Thlr. eine neue Klage zustand, sobald er den Anspruch in der vom I. Richter angedeuteten Weise gehörig begründete. Dabei

Bezeichnung des Rechtsmittels bei der Einführung Strieth. Arch. B. 75 S. 274.

Inzwischen hat das OHG, II. Sen. den obigen Satz auch für das Prozeßverfahren in Hessen-Nassau und Schleswig-Holstein angenommen, vgl. Nachtrag S. 11.

ist nicht erheblich, daß dem Kläger dieses Recht nicht schon im Tenor des Erk. besonders vorbehalten, er nicht nach der sonst wohl gebräuchlichen Art ausdrücklich nur „angebrachtermaaßen" abgewiesen ist. Die AGO kennt diese Art der Entscheidung im Tenor überhaupt nicht, dieselbe ist nur durch Gerichtsgebrauch — aber auch nicht einmal durchgängig — zu dem Zweck eingeführt, um von vornherein etwaigen Zweifeln über die Bedeutung des Ausspruchs vorzubeugen und schon im Tenor auf die Gründe der Abweisung hinzuweisen. Erlangen bloße Entscheidungsgründe nach § 38 AGO I. 13 auch nicht die Kraft eines Urtels, so ist doch ein Zurückgehen auf die Gründe der Entscheidung nicht ausgeschlossen, dasselbe vielmehr zur Erläuterung der eigentlichen Bedeutung des Tenors nicht blos zulässig, sondern unter Umständen sogar nothwendig, namentlich dann, wenn die im Tenor erkannte Abweisung die Anstellung einer neuen Klage wegen desselben Anspruchs, wie in dem vorliegenden Fall, nicht ausschließen soll.

Vgl. Erk. des OTr. v. 16. Okt. 48, Entsch. B. 17 S. 462.

Dieses Recht der neuen Klage wegen jener 897 Thlr. ist aber dem Kläger durch das Appellurtel entzogen.

In Folge der vom Bekl. in seiner Berufungsschrift aufgestellten Beschwerde, daß Kläger nicht vollständig abgewiesen, und auf Grund des neuerdings erhobenen Einwands der Verjährung ist das I. Erk. geändert und Kläger mit seiner Klage wegen 1184 Thlr. gänzlich abgewiesen und zwar nun ganz definitiv und unbedingt. Es ist jetzt der vom I. Richter zurückgewiesene Einwand der Verjährung für durchgreifend erklärt und heißt es dem entsprechend auch am Schluß der Gründe:

Es kommt deshalb nicht weiter darauf an, ob wirklich Gewährsmängel vorhanden waren und ob die übrigen Einreden des Bekl. zutreffend sind, weil Kläger ein Klagerecht nicht mehr hat.

Ist hienach aber das I. Erk. durch das Appellurtel zum Nachtheil des Klägers nicht blos darin geändert, daß Letzterer nicht allein mit der Forderung von 287 Thlr., sondern auch mit der anderen Forderung von 897 Thlr. statt angebrachtermaaßen jetzt definitiv und für immer abgewiesen ist: so besteht die Differenz zwischen beiden Erkenntnissen auch nicht blos in der Summe von 287 Thlr., sondern in der Gesammtsumme von 1184 Thlr.; daraus aber ergiebt sich nach § 2 der [preuß.] Verordnung v. 14. Dezbr. 33, daß nicht die Nktbschw., sondern die Revision das zulässige Rechtsmittel ist.

Dagegen läßt sich auch nicht einwenden, daß das I. Erk. auf die Berufung des Klägers in II. Instanz bestätigt worden und insofern ihm gegenüber gleichlautende Erkenntnisse vorliegen. Diese Gleichförmigkeit ist nur eine scheinbare, formelle, es ist ein offenbar unzutreffender Ausdruck des Appellrichters, wenn sich derselbe der Berufung des Klägers gegenüber des Ausdrucks Bestätigung bedient; das I. Erk. ist materiell keineswegs bestätigt, vielmehr auf die Berufung des Bekl. — wie vorhin gezeigt — im ganzen Umfange (auch bezüglich der Abweisung des Anspruchs von 897 Thlr.) zum Nachtheile des Klägers geändert und dadurch ist dessen Appellation erledigt.

Das hienach allein zulässige Rechtsmittel der Revision ist nicht vorschriftsmäßig eingeführt. Wenn auch die Anmeldung der Nktbschw. gleichzeitig als Anmeldung des anderen Rechtsmittels gelten könnte (§ 16 der Verordnung v. 21. Juli 46), so gilt der gleiche Grundsatz nicht für die Einführung des Rechtsmittels; nur das in der vorgeschriebenen Einführungsschrift (§ 17 a. a. O.) bezeichnete Rechtsmittel gilt als eingeführt.

Ohne solche Einführung aber ist die Partei des Rechtsmittels verlustig gegangen.

Nachtrag.

In Sachen Weiz ./. Jung (Nr. 478 v. 73, I. Instanz: Kreisgericht Wiesbaden) hat der II. Senat des OHG durch Erk. v. 21. Mai 73 die Nktbschw. des Bekl. verworfen

in Erwägung:

daß Beklagter gegen das Appellurtel die Nktbschw. eingelegt und eingeführt und die Wiederherstellung des I. Erk. beantragt hat;

daß jedoch, da die Urtel I. und II. Instanz bezüglich des Gegenstands der Beschwerde difform sind, und das dieser Verschiedenheit unterliegende Beschwerde-Objekt mehr als 500 Thlr. beträgt, nach § 59 Nr. 2 der preuß. Prozeßverordnung v. 24. Juni 67 die Revision das zulässige Rechtsmittel gewesen wäre;

daß daher die Nktbschw., welche nach § 62 der allegirten Verordnung, ebenso wie nach § 4 der altpreußischen Verordnung v. 14. Dezember 33 nur gegen die der Revision nicht unterliegenden Urtel II. Instanz zulässig ist, in vorliegendem Falle unstatthaft erscheint;

daß auch durch die Einführung der Nktbschw., wie in den Erk. des OHG v. 23. Mai 71 und 1. Juni 72 [Rspr. II S. 234 und oben S. 13 ff.] ausgesprochen worden, das Rechtsmittel der Revision nicht gewahrt ist;

daß diese beiden früheren Entscheidungen freilich in Prozeßsachen aus dem Geltungsbereich der altpreußischen Prozeßverordnungen v. 14. Dez. 33, 6. April 39 und 21. Juli 46 im Anschluß an die Praxis des kgl. preuß. Ober-Tribunals ergangen sind, während für den vorliegenden Fall die für die neuen preuß. Provinzen erlassene Prozeßverordnung v. 24. Juni 67 maaßgebend ist;

daß indeß diejenigen Bestimmungen der allegirten altpreuß. Prozeßverordnungen, auf welche die früheren Entscheidungen des OTr. und des OHG sich gründen, ihrem für die vorliegende Frage wesentlichen Inhalt nach in die Prozeßverordnung v. 24. Juni 67 übernommen worden sind;

daß namentlich auch nach der Verordnung v. 24. Juni 67 — wenngleich dieselbe die [prozessualen] Nichtigkeitsgründe nicht in dem Maaße, wie die allegirten altpreuß. Verordnungen, spezialisirt — die Begründung der Nktbschw. wegen der im § 63 derselben aufgestellten Erfordernisse eine wesentlich andere ist, als die der Revision, welche nur den allgemeinen Vorschriften der § 47, 48 der Verordnung unterliegt; daß auch § 44 al. 3 derselben — in Uebereinstimmung mit § 16 der Verordnung v. 21. Juli 46 — für die Anmeldung der Rechtsmittel der Revision und Nktbschw. die Bestimmung enthält, daß es auf den Namen, mit welchem das Rechtsmittel bezeichnet werde, nicht ankomme, eine gleiche Bestimmung aber bezüglich der Einführung und Rechtfertigung der gedachten Rechtsmittel in beiden Verordnungen nicht gegeben ist; daß auch § 82 der Verordnung v. 24. Juni 67 — in Uebereinstimmung mit Art. 16 der Deklaration v. 6. April 39 — den Parteien, welche darüber in Zweifel sind, welches Rechtsmittel stattfinde, zur Wahrung ihrer Rechte den Weg gleichzeitiger Einlegung der mehren Rechtsmittel, unter Wahrung der für jedes derselben vorgeschriebenen Förmlichkeiten, an die Hand giebt;

daß auch die Erwägung, daß die Begründung der Revision an geringere Förmlichkeiten, als diejenige der Nktbschw., geknüpft sei und daher die Beobachtung der für die Nktbschw. vorgeschriebenen größeren Förmlichkeiten zur Wahrung des Rechtsmittels der Revision ausreichen müsse, für beide Rechtsgebiete eine gleiche Berechtigung zuerkannt werden mußte, das OHG aber, wenngleich das Gewicht dieser ratio dubitandi keineswegs verkennend, sich doch nicht veranlaßt findet, in dieser Frage des partikularen Prozeßrechts mit der Praxis des kgl. preuß. OTr. in Widerspruch zu treten.

Nr. 3.

II. Senat. — Erkenntniß v. 1. Juni 72. (B.)

H. Feindt ·/. P. J. Köchler (Nr. 346 v. 72).

Preußen (Schleßwig-Holstein). Richtigkeitsbeschwerde.

I. Instanz: Amtsgericht Altona,
II. Instanz: Appellationsgericht Kiel.

Vorzeitige Entlassung eines Handlungsgehilfen.

Welche Gründe rechtfertigen die vorzeitige Entlassung eines Handlungsgehilfen?

HGB Art. **62, 64**; Rspr. III S. 45, 223, V S. 24.

Entscheidung des OHG:

Das richterliche Ermessen, welches nach Art. 62 Abs. 2 HGB bei Beurtheilung der Wichtigkeit der Gründe für die vorzeitige Aufhebung eines kaufmännischen Dienstverhältnisses eintreten soll, ist ein völlig freies, bei dessen Ausübung der Richter lediglich zu erwägen hat, ob die angeführten Gründe im gegebenen Falle wichtig genug sind, die in den Art. 63 und 64 HGB angeführten Fälle sind lediglich Beispiele und keineswegs dazu bestimmt, gewisse Prinzipien aufzustellen und hiedurch dem richterlichen Ermessen eine feste Grenze zu setzen. Damit ist aber nicht ausgeschlossen, daß diese Beispiele unter Umständen dem Richter einen gewissen Anhaltspunkt für die Ausübung seines Ermessens bieten — was vielmehr als vom Gesetz beabsichtigt angesehen werden muß, da sonst beide Artikel dem Art. 62 gegenüber als völlig überflüssig und bedeutungslos erscheinen würden.

Nachträge.

I. In Sachen F. Jung ./. E. Wiele (Nr. 322 v. 73, I. Instanz: Stadt- und Kreisgericht Magdeburg hat der I. Sen. des OHG durch Erk. v. 6. Mai 73 die Nktbschw. des Bekl. zurückgewiesen aus folgenden

Gründen:

Bezüglich des Dienstverhältnisses zwischen dem Kaufmann und seinem Handlungsgehilfen bestimmt Art. 62 HGB:

1) daß auch vor bestimmter Zeit dasselbe aus wichtigen Gründen aufgehoben werden könne und
2) daß die Beurtheilung der Wichtigkeit der Gründe dem Ermessen des Richters überlassen bleibe.

Der Gesetzgeber ging hierbei von der Erwägung aus, daß es bei der Mannigfaltigkeit der thatsächlichen Gestaltung der Fälle unmöglich sei, die Voraussetzungen, unter denen die Aufhebung des Dienstverhältnisses verlangt werden dürfe, im Voraus zu bestimmen, sei es durch Bezeichnung einzelner Fälle, sei es auch nur durch Aufstellung allgemeiner rechtlicher Prinzipien.

Er glaubte insbesondere in Ansehung der einem Handlungsgehilfen zur Last fallenden Pflicht- und Dienstwidrigkeiten dem Richter die volle Freiheit lassen zu müssen, unter Zusammenfassen und Würdigen der thatsächlichen Umstände des gegebenen Falles zu entscheiden, ob dieselben wichtig genug seien, um die Aufhebung des Dienstverhältnisses zu rechtfertigen oder nicht. Es erhellt hieraus, daß die bezügliche Entscheidung des Richters im Sinne des Gesetzes nicht rechtlicher, sondern thatsächlicher Natur ist und daß in derselben um so weniger eine Verletzung des Gesetzes liegen kann, als der Richter nur dem Willen desselben entspricht, wenn er von der ihm verliehenen Freiheit der Würdigung Gebrauch macht.

Der Fall, wo etwa der Richter in Folge falscher Rechtsanschauung dazu gelangt, gewisse Gründe als vorhanden anzunehmen oder ihnen ein besonderes Gewicht beizumessen, kann außer Betracht bleiben, da ein solcher Fall nicht in Frage steht.

In der obigen Beurtheilung wird auch durch die Bestimmungen der Art. 63 und 64 HGB nichts geändert. Denn wenn hier gewisse Fälle besonders bezeichnet werden, in welchen der Richter die Aufhebung des Dienstverhältnisses aussprechen könne: so geschieht dies hauptsächlich, um hervorzuheben, daß diese Fälle besonders wichtig und geeignet erscheinen, die Aufhebung zu rechtfertigen, — theilweise auch um dem Richter allgemeine Anhaltspunkte für die sachliche Beurtheilung an die Hand zu geben, keineswegs aber um das Prinzip des Art. 62 wieder aufzuheben und der richterlichen Beurtheilung rechtliche Schranken zu setzen. Wenigstens ist letzteres insofern außer allem Zweifel, als es sich darum handelt, ob der Richter auch außer den in Art. 63 und 64 bezeichneten Fällen die Aufhebung des Dienstverhältnisses aussprechen dürfe, wenn ihm die Gründe wichtig genug erscheinen.

II. In Sachen J. Lust ./. O. Balzereit (Nr. 357 v. 73, I. Instanz: Kommerz- und Admiralitäts-Collegium zu Königsberg i/Pr.) hat der II. Sen. des OHG im Erk. v. 10. Mai 73, bei Zurückweisung der Nktbschw. des Bekl., u. a. erwogen:

Der Appellrichter hat anerkannt, daß ein Handlungsgehilfe wegen erheblicher Ehrverletzungen gegen den Prinzipal nach Art. 64 Nr. 5 HGB vor der bestimmten Zeit entlassen werden kann. Er erklärt aber die gerügte Aeußerung des Klägers . . . zwar für eine „unhöfliche", aber nicht für eine „erheblich ehrverletzende". Jenes Gesetz bestimmt nicht, was unter einer erheblichen Ehrverletzung zu verstehen. Es wird die Entscheidung hierüber mit Rücksicht auf die besonderen begleitenden Umstände und Verhältnisse ebenso der Beurtheilung des Richters überlassen bleiben müssen, wie Art. 62 Abs. 2 es dem Ermessen des Richters überläßt, ob überhaupt wichtige Gründe der Entlassung vorhanden sind. Daß aber der Richter in dieser Beziehung gefehlte hat, ist weder behauptet, noch auch ersichtlich.

Nr. 4.

I. Senat. — Erkenntniß v. 4. Juni 72. (V.)

W. Schönfeld ·/. H. Hesterberg (Nr. 254 v. 72).

Preußen. **Richtigkeitsbeschwerde.**

I. Instanz: Kreisgericht Herford,
II. Instanz: Appellationsgericht Paderborn.

Lieferungsvertrag, Differenzgeschäft.

Wenn bei einem Zeitlieferungsvertrage über Börsenpapiere durch ausdrückliche Vereinbarung Recht und Pflicht zu effektiver Lieferung, bzw. Annahme der Effekten ausgeschlossen und die Erfüllung lediglich auf Zahlung der am Stichtage sich ergebenden Preisdifferenz beschränkt worden ist: so kann ein solches Geschäft nicht als ein Kauf (Handelskauf oder Lieferungsvertrag) vielmehr nur als ein Glücksvertrag (gewagtes Geschäft) angesehen werden.

§ 1, 12, 30, 527 ALR I. 11.

Beklagter, aus einem über Lieferung von 2000 Thlr. Köln-Mindener Eisenbahn-Aktien abgeschlossenen Geschäft belangt, hatte dem Kläger den Eid darüber zugeschoben,

daß ausdrücklich verabredet worden, es sollten an dem vertragsmäßig bestimmten Tage nicht die Aktien geliefert, sondern nur die Preisdifferenz vergütet werden.

Der Appellrichter erklärte diese Behauptung für unerheblich, weil, auch wenn sie erwiesen würde, der Parteivertrag nach Art. 357 HGB zu beurtheilen bliebe, da notorisch die meisten Börsen-, bzw. Lieferungsgeschäfte unter jener Voraussetzung abgeschlossen würden, ohne daß hiedurch ihr Charakter als Lieferungsgeschäfte aufgehoben würde. Die hiegegen eingelegte Nktbschw. ward für begründet erachtet, in der Sache selbst aber (ohne daß auf die Frage der Klagbarkeit reiner Differenzgeschäfte eingegangen worden wäre) aus rechtlich nicht interessirenden Gründen das Appellurtel aufrecht erhalten.

Gründe des OHG.

Allerdings büßt ein auf Lieferung von Waaren gerichtetes Geschäft nicht dadurch seinen *reellen* Charakter ein, daß Einer der Kontrahenten für sich, oder auch beide Kontrahenten bei Abschluß des Geschäfts von der Absicht sich leiten lassen, daß am Stichtage eine Lieferung nicht erfolgen und nur die Preisdifferenz berechnet und gewährt werden solle. So lange diese Absicht unausgesprochenes *Motiv* des Geschäfts bleibt, ist sie juristisch unerheblich — schon deshalb, weil keiner der Kontrahenten gehindert ist, am Stichtage auf effektiver Lieferung zu bestehen. In diesem Sinne kann dem Appellrichter vom Standpunkt der Erfahrung aus darin beigepflichtet werden, daß vielen (sogar den meisten) im Börsenverkehr geschlossenen Zeitgeschäften die *Voraussetzung* zu Grunde liegt, daß es zur materiellen Erfüllung nicht kommen, sondern der Gegenkontrahent mit der Abwicklung des Geschäfts durch Gewährung der Preisdifferenz sich einverstanden bezeigen werde.

Wesentlich anders aber gestaltet sich die Sache, wenn (wie Beklagter unter Eidesantrag behauptet hat) die übereinstimmende Absicht der Kontrahenten beim *Vertrags*-

abschluß dahin zum Ausdruck gebracht worden ist, daß nicht die in Frage stehenden Papiere geliefert, sondern nur die Differenz vergütet werden solle. Die Fassung des Eidesantrags läßt sich — namentlich im Vergleich mit der Darstellung des Bekl. in der Klagebeantwortung — nur dahin auffassen, daß Beklagter nicht zu liefern, Kläger aber auch nicht zu nehmen brauche, daß vielmehr Pflicht und Recht zur Effektivlieferung ausgeschlossen, nur die Differenz gezahlt und mit dieser das Geschäft völlig abgemacht sein solle. Eine andere Auffassung hat auch der Appellrichter nicht ausgesprochen. Wird sie festgehalten, so ergiebt sich die Unhaltbarkeit der rechtlichen Unterstellung eines Kaufvertrages. Es liegt, selbst wenn die Kontrahenten das Geschäft in die Form eines Lieferungskaufs eingekleidet haben, doch in Wahrheit nicht ein solcher Kauf, sondern ein sogenanntes reines Differenzgeschäft vor, das sich eben durch eine Verabredung der gedachten Art qualifizirt. Dieses Geschäft, dessen Gegenstand die sich ergebende Preisdifferenz zwischen dem Tage des Vertragsabschlusses und einem bestimmten späteren Termin bildet, gehört zu den Glücksverträgen; keineswegs ist es, wie der Appellrichter angenommen, nach den für Lieferungsgeschäfte im Art. 357 HGB aufgestellten Grundsätzen zu beurtheilen.

Nr. 5.

Erkenntnisse v. 8. Juni 72 (Z.) u. 21. April 73 (Ref.)

Regreß des Cessionars gegen den Cedenten nach ALR.

Die Regreßnahme des Cessionars * gegen den Cedenten wegen Unsicherheit der cedirten Forderung ist nach altpreuß. Recht dadurch bedingt, daß der Cessionar sich die

* Wegen des Assignatars vgl. Rspr. III S. 319 ff.

unverzügliche Einziehung der Forderung hat angelegen sein lassen. Das ALR Th. I Tit. 11 bestimmt in dieser Beziehung:

§ 434: Hat der Cessionar die Forderung, nach Ablauf der Verfallzeit, nicht sofort beigetrieben oder dem Schuldner freiwillige Nachsicht, ohne ausdrückliche Genehmigung des Cedenten, zugestanden, so verliert er seinen Regreß an Letzteren.

§ 435: Forderungen, welche erst nach vorhergegangener Aufkündigung zahlbar sind, muß der Cessionar, bei Verlust seines Regresses, binnen drei Monaten nach erfolgter Cession gerichtlich aufkündigen.

Ueber die Auslegung dieser, praktisch wichtigen, Bestimmungen hat das OHG sich dahin ausgesprochen:

I, in der Nktbschw.-Sache D. Feilchenfeld u. Gen. ⁄. J. Lachmann (Nr. 197 v. 72, I. Instanz, Kreisgericht Thorn) durch Erk. des II. Sen. v. 8. Juni 72:

Gegenstand der Streitforderung ist der Restbetrag von Kaufgeldern, welche F. Arndt aus einem mit den S.schen Eheleuten am 7. Dez. 64 über eine Gutsparzelle geschlossenen Kaufvertrage schuldete. Die Forderung war am 7. März 66 fällig, ist jedoch vom Kläger, der sie durch Cession v. 27. April 65 erworben hat, wider den Arndt erst im Febr. 67 eingeklagt worden. Deshalb haben die Bekl., welche, da die Forderung in der Subhastation ausgefallen und Arndt unpfandbar befunden worden ist, aus ihrer Bürgschaftserklärung vom 27. April 65 in Anspruch genommen werden, sich auf § 434 ALR I 11 berufen.

Der Appellrichter verkennt nicht, daß Beklagte an und für sich gemäß § 310 Tit. 14 a. a. O. befugt sind, diese Bestimmung geltend zu machen, sowie daß hier von einer sofortigen Beitreibung der Forderung unmittelbar nach deren Fälligkeit (gleichviel, welche Deutung dem Ausdruck „sofort" zu geben sein mag) nicht die Rede sein kann. Mit Recht aber legt der Appellrichter zu Gunsten des Klägers darauf Gewicht, daß auf die verkaufte Parzelle bei deren Abschreibung 2586 Thlr. Hypothekschulden übertragen worden sind, daß die Verkäufer Inhalts des Kaufvertrags v. 7. Dez. 64 verpflichtet waren, die Löschung dieser Schulden bis 1. März 65 zu bewirken, daß aber die Löschung erst unterm 3. Januar 67 verfügt worden und daß aus den Hypothekenakten nicht ersichtlich ist, ob und wann Kläger von ihr Kenntniß erhalten hat. — Da nämlich die Klageforderung aus einem zweiseitigen Vertrage herrührt, hat Kläger zu ihrer Geltendmachung die ihr gegenüberstehenden Vertragspflichten zu erfüllen (vgl. C. F. Koch Uebergang des Forderungsrechts § 11 und Schlessisches Archiv VI 321; Förster Theorie und Praxis ꝛc. I, 621; Präjudiz des OTr. zu Berlin v. 11. Juni 39, Nr. 695, Sammlung I S. 57 und Strieth. Arch. B. 13 S. 318, sowie Plenarbeschluß v. 16. Januar 46 Nr. 1669, Entsch. B. 12 S. 11). Demgemäß würde Kläger, wenn er vor abgedachter Löschung gegen Arndt geklagt hätte, auf Grund des Letzterem zugestandenen Einwandes, daß der, das Fundament der Klage bildende Kaufvertrag gegnerischerseits noch nicht erfüllt sei, mit der Klage nach § 271 ALR I. 11 abgewiesen worden sein. Laut dieser Gesetzesvorschrift war das Klagerecht durch die Löschung der Hypothekschulden bedingt. Wenn in der Nktbschw. bemerkt wird: es stehe dahin, ob Arndt von jenem Einwand Gebrauch gemacht hätte: so liegt darin die völlig ungerechtfertigte Zumuthung, daß Kläger — trotz des der Geltendmachung seines Klageanspruchs derzeitig entgegenstehenden Sachverhalts — die Klage auf die Gefahr hin, kostenpflichtig abgewiesen zu werden, hätte versuchsweise — nämlich auf die Möglichkeit fußend, daß Beklagter

Arndt sein Vertheidigungsrecht nicht ausüben werde — anstellen sollen. Da Kläger hiezu nicht verbunden oder veranlaßt war, so erledigt sich auch die weitere Behauptung, daß Kläger im Prozeß gegen Arndt seinen Cedenten hätte adcitiren und diesem das Weitere hätte überlassen sollen. Außerdem kommt in Betracht, daß der Cedent des Klägers keine Verpflichtung hatte, an Stelle des Letzteren die Fortführung des Prozesses zu übernehmen. Geradezu frivol erscheint die gleichzeitige Bemerkung in der Nktbschw., daß es eventuell Sache des Klägers gewesen wäre, sich die Einwilligung seines Cedenten zur Ertheilung eines Ausstands zu verschaffen. Ganz unzutreffend endlich ist die Anrufung der §§ 222, 223 ALR I. 11, da dieselben wortdeutlich voraussetzen, daß Gewährsmängel oder Ansprüche eines Dritten an die verkaufte Sache zum Vorschein gekommen sind, der obgedachte Einwand aber, welcher dem Arndt zugestanden haben würde, eine vertragsmäßige Vorleistung des Klägers zum Gegenstand gehabt hätte.

Gemäß § 431 ALR I. 11 treffen alle Veränderungen nach der Cession den Cessionar, auch wenn sie sich ohne dessen Zuthun ereignen, und nach § 433 hat derselbe auch alle Zufälle zu tragen, welche die Beitreibung der Forderung verhindern. Dergleichen Veränderungen oder Zufälle hat jedoch der Appellrichter nicht festgestellt.

Daß es dem Kläger obgelegen hätte, zu dem Zweck, um von der Löschung der auf der fragl. Parzelle eingetragenen Hypotheken baldige Mittheilung zu erhalten, geeignete Maßregeln zu ergreifen, ist nicht vorgebracht, würde auch nach Lage der Sache nicht zu begründen, bzw. einem Angriffe nicht zu unterstellen gewesen sein.

Gegen die . . . thatsächliche Festsetzung, daß Kläger erst „einige Zeit nach dem 3. Januar 67" von der mehrerwähnten Hypothekenlöschung Kenntniß erhalten habe, ist ein Angriff nicht erhoben. Offenbar haben die Vorderrichter mit dieser Annahme aussprechen wollen, daß der Zeitraum zwischen jener Kenntniß-Erlangung und der Klageanstellung wider Arndt ein ganz kurzer, jedenfalls ein solcher gewesen sei, daß die Klageanstellung als eine „sofort" erfolgte, im Sinne des § 434 betrachtet werden müsse. Da nun der Ausführung des preuß. OTr. in den Erk. v. 16. Nov. 44 und 23. Okt. 62 (Entsch. B. 10 S. 371, B. 50 S. 135) dahin beizutreten ist, daß unter dem Ausdruck des Gesetzes „sofort beitreiben" ein modicum tempus zu verstehen, in Bezug auf welches der Richter nach den Umständen des konkreten Falles zu ermessen hat, ob es für gewahrt zu erachten, so trifft den Kläger — nach Maaßgabe des vorliegenden Thatbestands — kein Vorwurf der Zögerung in Ansehung seiner Verfolgung des Klageanspruchs gegen den Schuldner der abgetretenen Forderung.

II, in der Revisionssache J. L. Dienstfertig ·/. W. Glind (Nr. 29 v. 73 I. Instanz: Kreisgericht Breslau) durch Erk. des I. Senats v. 29. April 73:

Der Appellrichter versteht den § 435 ALR I. 11 dahin, der Verlust des Regresses sei nicht blos für den Fall der Nichteinhaltung der dreimonatigen Frist, binnen welcher die Kündigung zu geschehen hat, sondern auch für den Fall der Versäumung der gerichtlichen Form der Kündigung angedroht. Dieser Auslegung ist ohne Zweifel beizutreten. Die Fassung des Gesetzes schließt jede andere Auslegung als mit dem klaren Wortverstande unverträglich aus, während es zugleich an einem zureichenden Grunde gebricht, den aus dem Wortverstande sich unzweideutig ergebenden Sinn als vom Gesetzgeber nicht gewollt aufzugeben. Eine andere Frage aber ist, ob die Versäumung der gerichtlichen Kündigungsform den Verlust des Regresses auch dann nach sich ziehe, wenn sie erweislich auf die Rechtsverfolgung ohne jeden Einfluß geblieben ist und die gewählte außergerichtliche Form nicht zu Weiterungen geführt hat, welche im Falle der gerichtlichen Kündigung nicht eingetreten wären. Die Verneinung dieser Frage steht mit dem Wortverstande des Gesetzes keineswegs in Widerspruch. Sie bezieht sich nur auf die Tragweite der gesetzlichen Bestimmung, indem sie ausschließlich die Feststellung bezweckt, ob der Gesetzgeber die Form über das Wesen zu setzen und das materielle Recht dem formellen unterzuordnen bezweckt hatte. Unverkennbar bietet die Beantwortung der Frage nicht unerhebliche Bedenken. Für ihre Bejahung, d. h. für die vom Appellrichter adoptirte strenge Auslegung läßt sich geltend machen: nachdem der Gesetzgeber für die nicht zweifelsfreie Neuerung sich entschieden habe, die Haftung des Cedenten für die Bonität der cedirten Forderung unter Ausnahme gewisser Fälle, für ein Naturale des Cessionsvertrags zu erklären (§ 430 ALR I. 11), habe er das Bedürfniß gefühlt, den neuen Grundsatz durch Vorschriften formeller Natur einzuschränken und abzuschwächen; so wenig ferner der Cessionar, welcher die dreimonatige Kündigungsfrist versäumt, mit dem Vorgeben gehört werden dürfe, die Versäumung habe keinen Nachtheil gebracht, ebensowenig könne er im Falle der Nichteinhaltung der gerichtlichen Kündigungsform mit einem ähnlichen Vorbringen Gehör finden.

Für die Verneinung der Frage spricht dagegen folgende Erwägung: Der Form* (ähnlich wie im Wechselrecht hinsichtlich der Regreßansprüche) eine so überwiegende Bedeutung beizulegen, widerstrebt entschieden dem Geiste der landrechtlichen Gesetzgebung, welcher Vorschriften solcher Art im Allgemeinen unbekannt sind; die strenge Auslegung führt nämlich sichtbar im fragl. Falle zur Beseitigung des (prinzipiell vom Gesetz anerkannten) materiellen

* Vgl. Rspr. VII S. 99 Nr. 1.

Regreßrechts wegen der völlig unschädlich gebliebenen Verletzung einer reinen Formvorschrift; die hieraus sich ergebende Härte macht sich um so fühlbarer, und harmonirt um so weniger mit den landrechtlichen Prinzipien, als das Gesetz auch auf diejenigen Fälle sich bezieht, in welchen die Haftung für die Bonität (wie z. B. bei der Cession einer in das Hypothekenbuch eingetragenen Forderung, nach § 427 a. a. O.) nur auf Vertrag beruhen kann und für die keineswegs der Gegengrund, es handle sich um die Abschwächung eines bedenklichen neueren Prinzips, auch nur annäherungsweise zutrifft (Plen.-Beschluß des OTr., Entsch. B. I. S. 315, Präj. Nr. 137). Endlich paßt die Analogie des Falles der versäumten Kündigungsfrist insofern nicht, als in solchem Falle die Feststellung der Unschädlichkeit immer problematisch bleibt, und als ferner die diesfällige Vorschrift keineswegs den Charakter einer reinen Formvorschrift an sich trägt.

Den vorstehenden Gründen muß ein größeres Gewicht als den Gegengründen beigelegt (Einl. zum ALR § 46 und Anhangs § 2) und demzufolge die beregte Frage — im Einklange mit Gruchot's Beiträgen B. 11 S. 934 und anderen Rechtslehrern — zu Gunsten des Cessionars entschieden worden. Ist dies der Fall, so kann das Appellurtel nicht aufrecht erhalten, vielmehr muß unter Aufhebung desselben das I. Erk. hergestellt werden.

Kläger hat das am 4. August 69 ihm vom Bekl. unter Uebernahme der Gewährleistung für die Bonität cedirte, bei pünktlicher Zinsenzahlung vor dem 1. Jan. 70 nicht kündbare Kapital am 1. Jan. 70 der Schuldnerin gekündigt und alsbald nach Ablauf der Kündigungsfrist im Wege des ordentlichen Prozesses eingeklagt, auch die Rechtsverfolgung ordnungsmäßig und ohne eine Verzögerung ununterbrochen betrieben, jedoch wegen Zahlungsunfähigkeit der Schuldnerin und wegen zu geringen Erlöses aus der Subhastation des zur Hypothek haftenden Grundstücks eine Zahlung nicht zu erlangen vermocht. Wenigstens ist die Erhebung der Klage und die weitere Rechtsverfolgung betreffend von Seiten des Bekl. nirgends eine spezielle, auf eine Verzögerung hinweisende Erinnerung erhoben worden, und die Schuldnerin hat im Prozeß weder die außergerichtliche Kündigung noch deren Giltigkeit oder Wirksamkeit bestritten oder bemängelt ... Hienach ist die Versäumung der gerichtlichen Kündigungsform in vorliegendem Falle auf die Rechtsverfolgung ohne Einfluß geblieben, sie hat zu keinen Weiterungen geführt, die bei Einhaltung der gerichtlichen Form vermuthlich oder auch nur denkbarerweise vermieden sein würden. Diese feststehende Thatsache genügt, um den Einwand des Bekl., welcher aus der Versäumung der gerichtlichen Kündigungsform hergeleitet ist, dem Obigen gemäß, völlig zu entkräften.

Freilich ließe sich einwenden, und ist in der That vom Bekl. eingewendet: im Falle gerichtlicher Kündigung würde die Mandatsklage zulässig gewesen und wenn letztere erhoben wäre, das Exekutions- und Subhastationsverfahren früher und mehrere Monate vor der verhängnißvollen Kriegszeit zur Einleitung gelangt sei. (Prozeß-Novelle v. 1. Juni 33 §§ 1 bis 4, 40.) Allein (zu geschweigen, ob denn in der That nach den Umständen des Falles die Annahme haltbar sei, die Mandatsklage würde die Exekution und Subhastation nennenswerth beschleunigt haben) die Verpflichtung des Klägers zur Erhebung der Mandatsklage, falls diese zulässig gewesen wäre, kann in keiner Weise anerkannt werden. Die Anstrengung des Mandatsprozesses ist für den Gläubiger, weil die definitive Verurtheilung des Schuldners dadurch nicht erreicht wird und diesem das sogenannte Separatum offen bleibt (§ 3 a. a. O.), nicht unbedenklich. Den Cessionar, welcher der Belangung des

Schuldners im ordentlichen Prozeß den Vorzug giebt, kann deshalb um so weniger ein Vorwurf treffen, als das Gesetz keine Andeutung darüber enthält, daß der Cessionar den Mandatsprozeß im Fall der Zulässigkeit wählen müsse. Das Schweigen des Gesetzes regt sogar die Frage an, ob der Cessionar bei der eigenthümlichen Natur des Mandatsprozesses durch Anstellung desselben in Ansehung der Wahrung des Regresses seinen Pflichten unter allen Umständen genüge (vgl. § 10 ff. AGO I. 28).

Noch weniger läßt sich behaupten, Kläger habe die Kündigungsklage des § 16 AGO I. 28 (vgl. Kabinets-Order v. 17. Okt. 33, Nr. 1, Ges.-Sammlung Seite 119) anstellen müssen. Es fehlt an jeder gesetzlichen Bestimmung, woraus eine solche Verpflichtnng sich herleiten ließe.

Nr. 6.

I. Senat. — Erkenntnisse v. 11. Juni 72. (Z.) u. 28. Jan. 73. (Ref.)

Kommissionär, Handeln gegen die Weisungen des Kommittenten.

Die erste und hauptsächlichste Pflicht des Kommissionärs ist, den Weisungen des Kommittenten zu folgen.

HGB Art. **361 ff., 372**; Rspr. IV S. 270.

Diesen Satz und seine Konsequenzen erläutern folgende Entscheidungen des OHG I. Sen.:

I, in der Nktbschw.-Sache der Handelsgesellschaft Brandes, Kramer u. Ferreira zu Rio de Janeiro ./. Rabe u. Co. zu Prettin (Nr. 255 v. 72, I. Instanz: preuß. Kreisgericht Torgau) das Erk. v. 11. Juni 72:

Die Nktbschw. der Klägerin deduzirt, der Kommissionär sei vor allem verpflichtet, zur Sorgfalt eines ordentlichen Kaufmanns, was ihn entsprechenden Falls von der „kenntnißlos" ertheilten Order des Kommittenten entbinde; Klägerin sei daher befugt gewesen, wie geschehen zu verfahren [in Rio de Janeiro angeblich unverkäufliche Goldleisten nur theilweise dort einzuführen und durch den erheblichen Zoll gehen zu lassen, übrigens aber nach Hamburg zurückzusenden rc.], und sie habe hierdurch im Interesse der Bekl. gehandelt. Unter den obwaltenden Umständen und da die Bekl. keine Dispositionen getroffen, sei Klägerin befugt gewesen, denjenigen Ausweg zu beschreiten, der allein noch eine günstigere Stellung des Kommittenten herbeizuführen vermocht und zugleich des Kommissionärs Pfandrecht habe sichern können, welches durch eine drohende Zwangsversteigerung zu Grunde gegangen wäre. Der Appellrichter soll zugleich den Rechtssatz verletzt haben: „der Kommittent ist zu keiner Maaßregel befugt, welche dem Kommissionär das gesetzliche Pfandrecht entzieht".

Diese Rügen der Implorantin sind unbegründet.

Rechtsirrthümlich ist die Ansicht, der Kommissionär sei gesetzlich befugt, entgegen dem ihm ertheilten Auftrage und unter Nichtbeachtung eines ausdrücklichen Widerspruchs des Kommittenten über die ihm zum Verkanf eingesandte Waare solche Verfügung zu treffen, welche für den Kommittenten nach den Umständen des Falles sich als die dienlichste darstelle. Die erste und hauptsächlichste Pflicht des Kommissionärs ist, den Weisungen des Kommittenten zu folgen (Art. 361 HGB). Es enthält eine schwere Verletzung dieser Pflicht, wenn der Kommissionär einer solchen Weisung zuwiderhandelt und sich davon sogar durch einen ausdrücklichen Widerspruch des Kommittenten nicht abhalten läßt. Ihm steht das Urtheil darüber nicht zu, welche Maaßregel dem Interesse des Kommittenten am besten entspricht, zumal dessen Spekulationen und Absichten ihm nie völlig bekannt sein können. Die Regel kann nur eine Ausnahme erleiden, wenn der Kommittent von der Sachlage nicht unterrichtet ist und auch die Zeit gebricht, seine Entschließungen einzuholen. Anscheinend hat Implorantin einen solchen Ausnahmefall behaupten wollen. Allein hiemit kann sie kein Gehör finden, weil eine entsprechende thatsächliche Feststellung des Appellrichters fehlt und deren Omittirung nicht geltend gemacht ist. Nun wird von der Implorantin freilich noch hervorgehoben, eine fernere Ausnahme müsse für den Fall gelten, wenn die orderwidrige (hier vom Kommittenten noch besonders untersagte) Maaßregel zum Schutz des gesetzlichen Pfandrechts des Kommissionärs (Art. 372) sich als nothwendig darstelle. Allein diese Ausnahme kann als begründet nicht anerkannt werden. Das Gesetz hat zum Schutz jenes Pfandrechts dem Kommissionär nur die im Art. 375 bezeichneten Rechte verliehen. Wenn dieselben unter so außergewöhnlichen Umständen, wie sie im gegebenen Falle obgewaltet haben sollen, sich unzureichend erweisen: so hat der Kommissionär einen so seltenen, das Pfandrecht beeinträchtigenden Zufall zu tragen.

Dadurch widerlegt sich zugleich der Vorwurf einer Verletzung des Rechtsgrundsatzes: der Kommittent sei zu keiner Maaßnahme befugt, welche dem Kommissionär das gesetzliche Pfandrecht entzieht. So richtig dieser Grundsatz im Allgemeinen auch ist, so folgt daraus doch nicht, daß der Kommissionär befugt sei, dem Kommittenten vorzuschreiben, wie er über das Gut zu verfügen habe. Klägerin ist es, welche die in Rede stehende Maaßregel im Widerspruch mit dem Auftrage des Kommittenten und gegen dessen Verbot angeordnet hat, nicht aber ist von der Bekl. eine Disposition getroffen, sondern nur einfach der ursprüngliche Kommissionsauftrag festgehalten.

II, in der Berliner Revisionssache J. Salner ./. H. Brinkmann (Nr. 872 v. 72) das Erk. v. 28. Januar 73:

Beklagter war Verkaufskommissionär des Klägers

[für eine empfangene Sendung Leder], hatte aber für das Ergebniß des ausgeführten Verkaufs (nach Art. 376 Abs. 3 HGB) dem Kläger deshalb als Käufer einzustehen, weil er in der Anzeige über Ausführung des Auftrags die Person des Käufers nicht namhaft gemacht. Diese Pflicht hat auch Beklagter an sich nicht bestritten. Er hat den von ihm gelösten Preis dem Kläger gezahlt. Kläger ist jedoch damit nicht zufrieden gestellt, er fordert noch den Unterschied zwischen dem gedachten Erlös und dem vom Bekl. (bei den der Uebersendung der Waare vorausgegangenen Verhandlungen der Parteien) in Aussicht gestellten Preis von 53 Thlrn. pro Centner. Und dieser Anspruch ist insofern zweifellos berechtigt, als die gedachte Preisnorm augenscheinlich (inhalts jener Verhandlungen) die Eigenschaft eines festgesetzten Limitum annahm. . . Es kann sich sonach nur noch darum handeln, ob dem Bekl. der ihm nach Art. 363 HGB freistehende Nachweis gelungen sei, daß ein Verkauf zu dem gesetzten Preise nicht ausgeführt werden konnte und die Vornahme des Verkaufs vom Kommittenten Schaden abgewendet hat.

Der Appellrichter hat solches angenommen. Allein diese Ansicht kann für gerechtfertigt nicht erachtet werden.

An den zum Behuf der Liberirung des Kommissionärs von den Rechtsfolgen der Nichteinhaltung des Limitum nach Art. 363 HGB unternommenen Beweis der Abwendung eines Schadens vom Kommittenten sind, wie das OHG in einem ähnlichen Falle schon früher ausgeführt hat (Rspr. IV S. 270) strenge Anforderungen zu stellen. Es kommt dabei nicht (wie der Appellrichter anzunehmen scheint) auf die vom Kommissionär bewiesene Sorgfalt und auf den guten Glauben desselben, sondern einzig und allein auf den finanziellen Erfolg an. Der Kommissionär ist an das Limitum gebunden. Er ist nicht berechtigt, in die Dispositionen des Kommittenten eigenmächtig einzugreifen. Kann der Kommissionär das gesetzte Limitum nicht erzielen, so hat er — gelingt es ihm nicht, den Kommittenten zur Modifizirung des Preises zu vermögen — immer nur die Pflicht des Abwartens. Nicht genügt also der Nachweis, daß zur Zeit des Verkaufs und bald darauf höhere Preise, als die erlangten, nicht zu erzielen gewesen seien. Denn der Kommittent ist ja keineswegs gehindert, entweder den Verkauf der Waare so lange auszusetzen, bis unter Fortsetzung der eingeleiteten Spekulation eine Preiserhöhung eintritt, oder die Waare zur Ausführung einer anderweiten Spekulation zu benutzen, die ihm größeren Nutzen verspricht. Dem Kommissionär, der die Abwendung eines Schadens vom Kommittenten behauptet, ist hienach die Aufgabe gestellt, die Möglichkeit eines Mehrerlöses nach allen diesen Richtungen hin durch Vorführung bestimmter Thatsachen in geeigneter Weise auszuschließen.

Beklagter hat einen derartigen Beweis nicht einmal versucht. Zwar kann als erwiesen gelten, daß zur Zeit der ausgeführten Verkäufe höhere Preise, als die von ihm verrechneten, nicht zu erzielen gewesen und noch mehr: daß für Waaren der in Frage stehenden Art auch später, insbesondere in der ganzen Zeit bis zum 18. August 71 die Preisverhältnisse sich wesentlich nicht günstiger gestaltet haben. Allein die Feststellung der Preise ist überall nur mit Rücksicht auf die Verhältnisse des von den Parteien damals zunächst in das Auge gefaßten Berliner Markts geschehen. Diese können aber für die jetzige Beurtheilung nicht den Ausschlag geben, da dem Kläger, wie schon angedeutet, die Wahl jedes beliebigen anderen Verkaufsplatzes unbenommen blieb, auch nachträglich kaum darüber ein zuverlässiges Urtheil sich gewinnen läßt, ob nicht Kläger, namentlich unter Benutzung etwaiger, durch die Kriegszustände bedingter Konjunkturen, von anderen Plätzen aus günstigere Preise hätte erzielen können. Von derselben Auffassung scheint in der That Kläger, inhalts des Briefs v. 9. Sept. 70, ausgegangen zu sein, wenn er dem Bekl. schreibt:

> „Wenn dies der Preis ist, so bitte ich per Draht mir gleich mitzutheilen, und werde sämmtliche Leder wegnehmen lassen — es ist schändlich, in Frankfurt hätte ich ja bedeutend mehr gemacht".

Unerheblich ist ferner, daß das Leder — der dem Bekl. gegebenen Weisung zufolge — zu Militairzwecken bestimmt und hiezu, wie nach dem Beweisergebniß anzunehmen, nicht geeignet war. Denn offenbar stand dem Kläger auch nach dieser Seite hin frei, der eingeleiteten Spekulation eine andere Richtung zu geben, das Leder also zu Zwecken zu verwenden, die der Qualität der Waare mehr als die ihr ursprünglich gegebene Bestimmung, entsprochen und deshalb möglicherweise ein günstigeres Verkaufsresultat erwarten ließen.

In allen diesen Punkten ergeben sich erhebliche Lücken der Beweisführung, sie schließen die für den Beweiszweck des Bekl. unerläßliche Gewißheit darüber aus, daß Kläger bei jedem späteren Verkauf einen noch ungünstigeren Preis, als den jetzt ihm gewährten, erzielt haben würde. Anders würde freilich die Sache dann liegen, wenn dargethan wäre, das Leder habe in einem solchen Zustand inneren Verderbens sich befunden, daß zur Vermeidung völliger Entwerthung der sofortige Verkauf nothwendig gewesen sei. Dies ist jedoch nicht erwiesen. Nur soviel liegt vor, daß ein Theil der Waare nicht gut getrocknet war und überhaupt Leder, auch gut getrocknetes, durch das Lagern am Gewicht und Ansehen verliert. Es liegt auf der Hand, daß hiedurch kein Zustand des Leders indizirt war, welcher auf eine organische Veränderung und eine im Verlauf der Zeit fortschreitende, somit zu unverweiltem Verkauf nöthigende Deterioration schließen ließ.

Der Beweis erfolgter Schadenabwendung vom Kommittenten ist somit dem Bekl. nicht gelungen. Mit dem I. Richter war daher Beklagter für verpflichtet anzusehen, dem Kläger den geforderten Unterschied zwischen dem verrechneten Erlös und dem Limitum zu erstatten, soweit nicht die fernere Einrede des Bekl. als erwiesen gelten kann, daß ihm nachträglich (nach Vollziehung des Verkaufs von 95 Bürden) unter Aufhebung des ursprünglichen Vertrags Auftrag zu bestmöglichem Verkauf vom Kläger ertheilt sei.

Nr. 7.

I. Senat. — Erkenntniß v. 14. Juni 72. (B.)

Benjamin ·/. Emsländer (Nr. 303 v. 72).

Bayern. **Nichtigkeitsbeschwerde.**

I. Instanz: Handelsgericht Landshut,

II. Instanz: Handelsappellationsgericht München.

Handlungsreisender, Befugnisse.

Ist ein Handlungsreisender zu Nachlaßverträgen und Vergleichen ermächtigt?

HGB Art. **47, 49.**

Die allgemeine Vollmacht der Handlungsreisenden erstreckt sich nach Art. 47 und 49 HGB auf alle Geschäfte und Rechtshandlungen, welche die Ausführung des übertragenen Geschäftszweiges gewöhnlich mit sich bringt. Dieser Regel fügt das Gesetz einige besondere Bestimmungen bei, indem es einerseits jene Rechtshandlungen, welche Art. 47 Abs. 2 bezeichnet, ausschließt, anderseits jene Rechtshandlungen, welche Art. 49 anführt, für inbegriffen erklärt. Soweit es sich nun nicht um die Anwendung dieser besonderen Bestimmungen, sondern um die der Regel handelt, besteht die Aufgabe des Richters wesentlich nur in der Würdigung thatsächlicher Verhältnisse — in

Berücksichtigung der Natur des betreffenden Handelsgewerbes, der Bedürfnisse des Verkehrs, hauptsächlich aber der kaufmännischen Uebungen und Gebräuche (Art. 279 HGB). Hieraus folgt, daß der Regel nach der Richter, welcher bei Bemessung des Umfangs einer Handelsvollmacht auf die bestehenden Handelsgebräuche Rücksicht nimmt, dadurch das Gesetz nicht verletzt, sondern im Sinne und Geiste des Gesetzes handelt.

Es wird nun allerdings geltend gemacht, die Vollmacht des Handlungsreisenden beziehe sich zunächst nur auf den Abschluß von Verkäufen; solle sie weiter gehen, so bezeichneten die Bestimmungen des Art. 49 HGB, durch welche der Handlungsreisende für ermächtigt erklärt wird, den Kaufpreis aus den von ihm abgeschlossenen Verkäufen einzuziehen und dafür Zahlungsfristen zu bewilligen, die äußerste Grenze, über welche hinaus sich die allgemeine Vollmacht nicht erstrecke. Wäre dies richtig, so würde allerdings der vorliegende Fall [eines Nachlaßvertrages und Vergleichs] durch die Vorschriften des HGB prinzipiell geregelt sein; und es dürfte alsdann auf abweichende Uebungen keine Rücksicht genommen werden, so wenig etwa ein Handelsgebrauch zu beachten wäre, zufolge dessen Handlungsreisende ohne Spezialvollmacht befugt wären, für ihre Prinzipale Wechselverbindlichkeiten einzugehen oder Darlehne aufzunehmen*. Allein jene Behauptung kann als richtig nicht anerkannt werden.

Wie die Fassung des Art. 49 ergiebt und durch die Protokolle der Nürnberger Konferenz (S. 955 u. 4517) außer Zweifel gesetzt ist, wollte der Gesetzgeber jene zwei besonderen Fälle, in denen der Handlungsreisende als ermächtigt gelten müsse, vornehmlich deshalb hervorheben, weil sie praktisch wichtig und zugleich zu einer prinzipiellen

* Vgl. HGB V S. 210, 280, 345; VII S. 304, 336.

Regelung geeignet erschienen; er hat jedoch keineswegs die Absicht gehabt, indem er diese beiden Fälle bezeichnete, andere Fälle auszuschließen, diese also stillschweigend den in Art. 47 Abs. 2 aufgeführten Fällen, wo Spezialvollmacht nöthig ist, anzureihen. Der Sinn des Gesetzes ist vielmehr der, daß, soweit nicht ausdrückliche Bestimmungen gegeben sind, die richterliche Beurtheilung frei bleibe und für diese nur die allgemeinen Prinzipien des Art. 47 Abs. 1 maaßgebend seien. In diesem Sinne ist denn insbesondere auch die Frage, ob und in wie weit der Handlungsreisende Vergleiche schließen und Nachlässe bewilligen dürfe, als eine freie zu betrachten; gerade bezüglich dieser beiden Rechtshandlungen kann um so weniger ein Zweifel bestehen, als der Vorschlag, für Einziehung von Geldern, Verzichte auf Forderungen, Vergleichsabschlüsse und Bewilligung von Zahlungsfristen, Spezialvollmacht vorzuschreiben, abgewiesen worden ist (Prot. S. 954 u. 955).

Allerdings mag zugegeben werden, daß gleichwohl die in Frage stehende Befugniß des Richters ihre im Geiste des HGB — namentlich des Art. 49 — begründeten Schranken habe, daß also, z. B. auf Grund angeblicher Handelsgebräuche nicht erklärt werden dürfte, daß ein Handlungsreisender befugt sei, Schenkungen zu machen, überhaupt Verfügungen zu treffen, welche dem kaufmännischen Verkehr ihrer Natur nach fern stehen; allein von einer Ueberschreitung dieser Schranken kann offenbar in vorliegendem Falle die Rede nicht sein.

Es handelt sich um den Abschluß eines Vergleichs, und dieser Vergleich soll darin bestanden haben, daß der Reisende — um sofort, theils baar theils in Wechseln, 400 fl. gezahlt zu erhalten — den Rest der Schuld von 188 fl. 32 kr. nachgelassen habe. Wenn nun der Richter, um seine Entscheidung [daß dieser Vertragsschluß für den

Prinzipal verbindlich sei] zu rechtfertigen, sich auf einen bestehenden Handelsgebrauch bezieht: so meint er selbstverständlich einen Handelsgebrauch, welcher ein Abkommen vorliegender Art rechtfertige d. h. ein Abkommen, wodurch zum Zweck, um sofortige Zahlung zu erlangen, auf einen Theil der Forderung verzichtet wird. Daß Abkommen dieser Art im Allgemeinen und prinzipiell in das Mandat des Handlungsreisenden fallen können, wird vom Nichtigkeitskläger nicht bestritten; er selbst führt eine Reihe von Entscheidungen an, nach denen der Reisende zur Regulirung von Differenzen und um die Einkassirung ausstehender Schuldbeträge zu ermöglichen, geringe Nachlässe bewilligen dürfe. Ist nun aber dies zuzugeben, so folgt von selbst, daß eine Gesetzesverletzung nicht darin liegen könne, wenn der Richter im Einzelfall nach Handelsgebrauch entscheidet. Ob der zur Anwendung gekommene Handelsgebrauch der richtige sei, muß nach Art. 794 der bayer. Prozeßordnung allerdings dahingestellt bleiben. . . .

Wenn schließlich behauptet wird, es sei Art. 49 HGB deshalb verletzt, weil nicht festgestellt sei, daß es sich in vorliegendem Falle um ein vom Reisenden selbst abgeschlossenes Geschäft gehandelt habe, so ist diese Rüge aus denselben Gründen zurückzuweisen. Auch in dieser Beziehung darf Art. 49 nicht per argumentum e contrario ausschließend erklärt werden, wie dies von Jurisprudenz und Doktrin jetzt ziemlich allgemein anerkannt ist*; und erscheint daher auch in der Unterstellung, daß der Prinzipal selbst oder ein anderer Reisender den Verkauf abgeschlossen hätte, die Berufung auf einen Handelsgebrauch, gemäß dessen das Abkommen giltig sein soll, nicht als Gesetzesverletzung.

* Vgl. Rspr. I S. 175 n., V S. 144.

Nr. 8.

II. Senat. — Erkenntniß v. 14. Juni 72. (V.)

W. Demke ./. Beer u. Beumelburg (Nr. 330 v. 72).

Preußen. **Nichtigkeitsbeschwerde.**

I. Instanz: Kommerz- u. Admiralitäts-Kollegium zu Königsberg i/Pr.,
II. Instanz: Ostpreußisches Tribunal daselbst.

Unterschrift eines Analphabeten nach ALR.

1. § 174 ALR I. 5 bezieht sich nur auf die Rechtsverbindlichkeit der in mangelhafter Form geschlossenen Verträge, nicht auf die Beweiskraft der von einem Schreibensunkundigen unterzeichneten Schrift.

2. Gegen einen Schreibensunkundigen oder Blinden beweist der Inhalt eines von demselben (erweislich) unterzeichneten Schriftstücks durchaus nichts.

Preuß. Verordnung v. 14. Dez. 33 § 5 Nr. 10, c; vgl. Rspr. III S. 377.

Entscheidung des OHG:

Kläger [Schiffer] hat behauptet, daß die Quittung v. 23. August 70 [über Empfang des streitigen Frachtrestbetrages] nichts gegen ihn beweisen könne, weil er außer seinem Namen nichts schreiben, auch Geschriebenes nicht lesen könne. Der Appellrichter erkennt an, daß dieser Einwand an sich nach § 134, 174 Tit. 5, § 93 bis 96, § 116 Tit. 16 ALR Th. I, § 19 AGO I. 10 und Anhangs § 72 zur AGO erheblich sei. Wenn der Richter aber die beigefügte, vom Kläger mitunterschriebene Entsagungserklärung, gedachter Analphabetie ungeachtet, nach § 174 ALR I. 5 als eine mündliche und deshalb nach Art. 317 HGB rechtsverbindlich ansieht; so hat er sich der gerügten Gesetzverletzung schuldig gemacht.

Der § 174 ALR I. 5 ist, nach Stellung und nach seinem Wortinhalt, nur auf die Rechtsverbindlichkeit der in mangelhafter Form geschlossenen Verträge zu beziehen, nicht aber auch auf die Beweiskraft der von einem Analphabeten unterzeichneten Urkunde. In letzterer Beziehung kommt in Betracht, daß gegen einen Analphabeten — eben so, wie gegen Blinde, deren der § 174 (vgl. § 171) gleichfalls erwähnt — der schriftliche Inhalt eines obschon erweislich von ihm unterzeichneten Blattes nach der Natur der Dinge nichts beweisen kann, so lange nicht festgestellt wird, daß ihm der Inhalt vor der Vollziehung anderweit bekannt war, und er also durch die Unterzeichnung seine Genehmigung des ihm bekannten Inhalts bekunden wollte; vgl. Urtel des preuß. OTr. v. 11. Febr. 37, Entsch. B. 2 S. 164. Der Appellrichter, welcher die vorliegende Quittung rc. lediglich um deshalb gegen den Kläger für rechtsverbindlich und den Beweis seiner Analphabetie für unerheblich erachtet, weil derselbe die Urkunde anerkanntermaaßen unterschrieben hat, und mündliche Willenserklärungen nach Art. 317 HGB rechtsverbindlich sind, übersieht entweder, daß die gedachte mündliche Willenserklärung noch gar nicht erwiesen ist (welche er auch nirgend festgestellt hat), und verletzt in diesem Falle den § 174 ALR I. 5, welcher eine mündliche Willenserklärung als feststehend voraussetzt, oder er legt dem Schriftstück implicite diese Beweiskraft bei, welche ihr doch, wie gezeigt, gänzlich mangelt und verstößt dann gegen § 5 Nr. 10, c der Verordnung v. 14. Dez. 33. Das angefochtene Urtel unterliegt daher der Vernichtung.

In der Sache selbst folgt hieraus zunächst, daß dem Kläger, wenn er die behauptete Unkunde im Lesen und Schreiben beweist, die gedachte Quittung nicht entgegensteht, wenngleich seine Behauptung, daß er bei Empfang des Frachtlohns den Abzug nicht genehmigt und sich seine diesfälligen Rechte ausdrücklich vorbehalten habe, durch Eid der Bekl. widerlegt ist. Der über jene Behauptung vom Kläger in II. Instanz angetretene Beweis ist folglich zu erheben.

Nr. 9.

II. Senat. — Erkenntniß v. 15. Juni 72. (B.)

Otto ·|. F. W. Kayser (Nr. 323 v. 72).

Preußen. **Nichtigkeitsbeschwerde.**

I. Instanz: Kreisgericht Belgard,
II. Instanz: Appellationsgericht Cöslin.

Majorennitätserklärung. Feststellungen im Konkurs.

1. Die Wirkungen einer Volljährigkeits-Erklärung treten erst mit deren Behändigung oder sonstiger Eröffnung an den bisher Minderjährigen ein.

§ 713, 724 ALR II. 18; vgl. § 705, 706 daselbst.
Vgl. § 15, 18, 19 ALR I. 5 und L. 5 Cod. 2, 53.

2. Die Prüfung und Feststellung der im Konkurs angemeldeten Forderungen erfolgt nach altpreuß. Recht nicht zwischen dem betreffenden Gläubiger und dem Gemeinschuldner, sondern zwischen Ersterem und dem Verwalter der Masse sowie den übrigen Gläubigern. Nur diese Personen sind die (vom Kommissar gegen einander zu hörenden) Betheiligten; der Gemeinschuldner tritt im Prüfungstermin nur als Auskunftsperson (nicht als Partei) auf.

Preuß. Konkurs-Ordnung v. 8. Mai 55 § 8, 131, 132 Abs. 5, 170, 171, 172, 173.
Vgl. Rspr. III S. 268, 284; unten Fall 20 S. 78.

Angenommen vom II. Senat des OHG (die Gründe sind ohne allgemeines Interesse).

Nr. 10.

I. Senat. — Erkenntniß v. 18. Juni 72. (B. Ref.)

Magdeburger Feuerversicherungs-Gesellschaft c/. Fr. Huß (Nr. 302 v. 72).

Bayern. **Nichtigkeitsbeschwerde.**

I. Instanz: Handelsgericht Nürnberg,
II. Instanz: Handelsappellationsgericht daselbst.

Auslegungsregeln, Nichtigkeitsbeschwerde. Prozeßzinsen, dolus.

1. Inwiefern läßt sich nach bayerischem Prozeßrecht eine Nichtigkeitsbeschwerde auf Verletzung von Auslegungsregeln gründen?

Vgl. Rspr. I S. 396 unter c; III S. 182, IV S. 42.

2. Jede thatsächliche Feststellung muß klar und bestimmt sein.

3. Hat der Versicherte auf Prozeßzinsen von der Versicherungssumme Anspruch?

Vgl. Rspr. I S. 172, IV S. 148 f.

4. Vereinbarungen, welche den guten Sitten widerstreiten, sind rechtsunwirksam.

L. 26 Dig. 45, 1; L. 4 Cod. 8, 38; Rspr. IV S. 258.

Gilt dies auch von Verträgen, welche bestimmen, daß der Schuldner nicht schon (gesetzlicher Regel gemäß) von Zustellung der Klage, sondern erst von einem späteren Ereigniß an als in bösem Glauben oder im Verzug befindlich behandelt werden solle?

Entscheidung des OHG:

Es handelt sich um Auslegung des Inhalts von Urkunden, welche nach Art. 791 der bayerischen Prozeßordnung einen Grund zur Nktbschw. nicht geben kann, falls dabei nicht etwa gesetzliche Vorschriften verletzt worden sind. Als solche gesetzliche Vorschriften sind allerdings auch die gesetzlichen Auslegungsregeln zu betrachten; allein es ist klar, daß, um eine Nktbschw. in dieser Weise zu begründen, es nicht hinreichen kann, darzuthun, daß man bei richtiger Anwendung der bestehenden Auslegungsregeln zu einer anderen Auffassung gelangen müsse. Denn dürfte der Nichtigkeitsrichter auf Erwägungen dieser Art eingehen, so hätte er immer eine neue Auslegung vorzunehmen und die Auslegung des Vorder-Richters zu revidiren; es würde sich also die Auslegung von Urkunden immer zu einer Rechtsfrage gestalten und die Regel des vorerwähnten Art. 791 wäre aufgehoben. Der Nichtigkeitskläger hat vielmehr nachzuweisen, daß der Richter seiner Entscheidung ausdrücklich oder in klar ersichtlicher Weise entweder

a) eine bestimmte Auslegungsregel zu Grunde gelegt, welche dem Gesetz nicht entspricht, oder umgekehrt

b) einer gesetzlich bestehenden Auslegungsregel durch Nichtanwendung die Anerkennung versagt habe. . .

Bezüglich der zuerkannten Prozeßzinsen ist zunächst zu prüfen, ob hier eine thatsächliche Feststellung (durch Auslegung der betreffenden Policebestimmungen) der richterlichen Entscheidung zu Grunde liegt, oder aber ob es sich um Bestimmung der rechtlichen Wirkung jener Stipulation handelt. Bestände auch nur Zweifel, ob der Richter zu seiner Entscheidung auf dem Wege der Vertragsauslegung gelangt sei oder nicht, so müßte letzteres angenommen werden, denn der oberste Gerichtshof darf nur klare und bestimmte thatsächliche Feststellungen als solche anerkennen, namentlich, wenn es sich um Feststellungen gegen den Wortlaut anerkannter Urkunden handelt; er ist nicht befugt, dasjenige, was der Richter der That unbestimmt und unvollständig gelassen, zu bestimmen und zu ergänzen und so eine thatsächliche Grundlage zu gewinnen, welche sich nur als eine mögliche oder allenfalls wahrscheinliche darstellt. Das Gesetz verlangt vom Richter der

Thatfrage Entscheidungsgründe, welche klar erkennen lassen, was thatsächlich entschieden sei. Sofern er dieser Pflicht nicht genügt, vielmehr Thatfrage und Rechtsfrage vermengt oder im Zweifel läßt, ob er etwas thatsächlich festgestellt habe, läßt sich seine Entscheidung durch bloße Berufung auf eine nicht anfechtbare thatsächliche Feststellung nicht aufrecht erhalten; denn sonst käme man zu dem Resultat, daß ein Urtel um so sicherer gegen Anfechtung wäre, je unklarer und verworrener seine Gründe lauteten.

Nach § 15 der vorliegenden Statuten soll vor Feststellung der Entschädigungssumme (durch Anerkenntniß beider Theile, Vergleich oder rechtskräftiges Urtel) eine Zahlungsverbindlichkeit und also auch eine Zinsvergütung nicht stattfinden. Es fragt sich, ob diese Bestimmung für den Richter maaßgebend war, oder ob ohne Beachtung derselben Prozeßzinsen vom Tage der Klagzustellung zugesprochen werden durften. Könnte diese Bestimmung dahin aufgefaßt werden, der Versicherte dürfe unter allen Umständen — selbst wenn die versichernde Gesellschaft geflissentlich oder muthwillig einen Prozeß veranlassen oder dessen Entscheidung verzögern würde — Schadloshaltung wegen dieses rechtswidrigen Verhaltens insbesondere Zinsvergütung nicht verlangen: so wäre diese „Bedingung" rechtlich nicht verpflichtend; denn alle Gesetzgebungen anerkennen den Grundsatz, daß Stipulationen, welche den guten Sitten widerstreiten, nicht rechtswirksam sind.

Bayr. Landrecht Th. IV Kap. I. § 16 Ziffer 1; L. 26 Dig. 45, 1; L. 4 Cod. 8, 38; [Rspr. IV S. 258].

Hätte der Appellrichter nur diesen Grundsatz ausgesprochen und eine thatsächliche Feststellung gegeben, welche dessen Anwendung rechtfertigte: so würde seine Entscheidung mit Erfolg nicht angefochten werden können. Der Richter hat aber weitergehend ganz allgemein ausgesprochen, jene Bestimmung der Statuten sei kein Hinderniß, Prozeßzinsen vom Tage der Klagezustellung, als demjenigen Zeitpunkt, in welchem der Beklagte nach allgemeinen Grundsätzen als in bösen Glauben versetzt gelte, zuzuerkennen. Diese Ansicht kann als richtig nicht anerkannt werden; sie verletzt die Rechtsgrundsätze über die Wirkungen der Verträge ... Es ist nämlich Rechtsgrundsatz, daß Verträge das Gesetz unter den Kontrahenten bilden und ihrem Inhalte nach vollzogen werden müssen, so weit sie nicht auf Unerlaubtes gerichtet sind. Wenn nun auch gesetzlich verfügt ist (Bayr. Ger.O. Cap. V § 9 Ziffer 2 und PO. Art. 179 Abs. 2), daß die Klagezustellung den Bekl. in bösen Glauben versetze, und wenn hieraus die Verpflichtung folgt, die Sache cum omni causa zu leisten, insbesondere auch von der geschuldeten Summe Zinsen zu zahlen: so ist doch zu beachten, daß die Annahme des bösen Glaubens dem Wesen nach nur auf der Verfügung des Gesetzes beruht; thatsächlich kann der Beklagte, obgleich er schließlich unterliegt, weder wissentlich noch muthwillig, sondern in der Ueberzeugung von seinem guten Recht sich geweigert haben, etwas rechtlich Geschuldetes zu leisten. Es kann daher keineswegs als etwas Unerlaubtes, den guten Sitten Widerstreitendes angesehen werden, wenn ein Vertrag Ausnahmen von jener Regel des Gesetzes stipulirt und festsetzt, daß der Schuldner nicht schon vor Zustellung der Klage, sondern erst von einem späteren Zeitpunkt an als in bösem Glauben oder Verzug befindlich behandelt werden solle. Insbesondere muß dies gelten in Fällen (wie der vorliegende), wo beim besten Willen die richterliche Intervention nicht zu umgehen ist, falls nicht etwa Einigung im Vertragswege erfolgt, wo zudem thatsächliche Verhältnisse in Frage stehen, welche dem Gläubiger bekannt, dem Schuldner aber mehr oder weniger unbekannt sind. — Wenn das Appellurtel hervorhebt, daß eine Schätzung des Schadens durch Sachverständige vorausgegangen sei, und darauf hinweist, daß die Versicherungsgesellschaft in Verschuldung sei, wenn sie die in dieser Weise ermittelte Summe nicht gezahlt habe: so ist die betreffende Thatsache offenbar ungenügend, um die Wirkung der in Frage stehenden Vertragsbestimmung aufzuheben, und sie erscheint schon deshalb ohne Belang, weil Kläger selbst jene Schätzung nicht gelten ließ und sich nicht erboten hatte, den Betrag derselben als Theilzahlung anzunehmen.

Wenn der Nichtigkeitsbeklagte hervorhebt, daß Prozeßzinsen nicht als reine Verzugszinsen zu betrachten seien, so mag dies richtig sein; jedoch ist daraus nicht zu folgern, daß die Stipulation, welche jede Zinsvergütung beseitigt, nicht auch die Prozeßzinsen treffe und treffen dürfe.

Nr. 11.

I. Senat. — Erkenntniß v. 21. Juni 72. (V.)

Gebr. Cramer •|. A. Mühle (Nr. 317 v. 72).

Preußen. **Nichtigkeitsbeschwerde.**

I. Instanz: Kreisgericht Brandenburg,
II. Instanz: Kammergericht Berlin.

Handelskauf. Beweislast über Identität und Probemäßigkeit der Waare. Editionseid.

1. Bei einem Kauf nach Probe hat der Bezahlung fordernde Verkäufer, wenn die Waare ihm rechtzeitig zur Disposition gestellt worden, die Probemäßigkeit der Waare zu beweisen.

§ 340, 348 HGB; § 271 ALR I. 5.
Rspr. II S. 90, V S. 184, 246, VII S. 256.

2. Wenn im Prozeß der Verkäufer die Vorlegung der Probe und der streitigen Waare behufs Vergleichung beider verlangt bzw. bewirkt, so hat er auch die Identität der zur Prüfung vorgelegten mit der angebotenen,

bzw. zur Disposition gestellten Waare zu erweisen, ebenso die etwa behauptete Nichtidentität der vom Käufer vorgelegten Probe darzuthun.

3. Der Editionseid bezieht sich im altpreuß. Prozeß nur auf eigentliche Urkunden.

AGO I. 10 § 88 bis 101.

Entscheidung des OHG:

Nach dem festgestellten Sachverhalt war unter den Parteien ein Kauf nach Probe geschlossen, die Probe in den Besitz der Bekl. als Käuferin gelangt und geblieben, die Waare sodann an die Bekl. abgeliefert, von dieser aber sofort wegen Nichtübereinstimmung mit der Probe zur Disposition gestellt. Kläger behauptet, die abgelieferte Waare habe in der That der Probe entsprochen und hat Klage auf Zahlung des Kaufgeldes erhoben, Verklagte jene Behauptung bestritten und Abweisung der Klage verlangt. Dem Begehren in der Klageschrift gemäß wurde in I. Instanz von der Bekl. die angebliche Probe sowohl wie die angeblich eingesandte Waare vorgelegt. Obschon ein Sachverständiger, nach Vergleichung der vorgelegten Waare mit der vorgelegten Probe, die Waare nicht für probemäßig erklärte, verurtheilte der I. Richter die Beklagte nach dem Klageantrage. Kläger nämlich hatte die Identität der vorgelegten Probe und Waare bestritten und der I. Richter meinte, der Bekl. liege in Ansehung der streitig gewordenen Identität der Probe die Beweispflicht ob, der sie zu genügen versäumt habe, demgemäß der Beweis der Probemäßigkeit der Waare für erbracht gelten müsse. Appellirend hat Beklagte diese Auffassung der Beweislast bekämpft. Sie glaubt, Kläger könne, wenn er die Identität der Probe bezweifle, „höchstens" die Ableistung des Editionseids fordern, den sie auf Verlangen abzuleisten bereit sei. Nur eventuell hat sie für die Identität der Probe und Waare Beweis angetreten, indem sie insbesondere über die Identität der Waare den Eid antrug. Dem entgegen erachtete Kläger die rechtliche Auffassung des I. Richters für richtig, acceptirte den deferirten Eid, verlangte jedoch eventuell sowohl in Ansehung der Probe als der Waare die Ableistung des Editionseids dahin, daß „Probe und Waare unverändert dieselben seien." Ungeachtet des Widerspruchs der Bekl. erhob der Appellrichter den über die Identität der Waare angetragenen und angenommenen Eid. Zur Rechtfertigung des das I. Urtel bestätigenden Erkenntnisses führt er aber aus:

„Beklagte habe unzweifelhaft die Identität der Waare zu beweisen; denn lege Käufer die abgelieferte Waare zur Prüfung nicht vor, so mache er dem Verkäufer den Beweis der Probemäßigkeit gewiß durch seine Schuld unmöglich."

Diese Ausführung ist rechtsirrthümlich. Der Appellrichter verkennt nicht, daß beim Verkauf nach Probe der Verkäufer, welcher nach Ablieferung der Waare die Zahlung des Kaufgeldes verlangt — sofern der Käufer den Empfang abgelehnt und die Waare sofort nach der Ablieferung wegen Nichtübereinstimmung mit der Probe zur Disposition gestellt hat — die probemäßige Beschaffenheit zu beweisen verpflichtet ist. In dieser Beziehung kann auch (nach Art. 340, 348 HGB, § 271 ALR I. 5, § 192 ALR I. 11 und § 28 AGO I. 13) ein gegründeter Zweifel nicht aufkommen. Mit jener Beweispflicht des Verkäufers ist es aber schlechthin unverträglich, den Käufer, sobald der Verkäufer zur Beweisführung die Vorlegung der Waare behufs Vergleichung mit der Probe verlangt, für verpflichtet zu erachten, die Identität der von ihm vorgelegten mit der abgelieferten Waare zu beweisen. Wäre der Käufer zu einer solchen Beweisführung verbunden, so würde sichtbar der Beweis der Probemäßigkeit der Lieferung nicht vom Verkäufer zu erbringen sein, sondern umgekehrt der Käufer in die Nothwendigkeit versetzt sein, in Folge eines einseitigen prozessualen Verhaltens seines Gegners die Probewidrigkeit der gelieferten Waare zu beweisen, obschon doch das Gesetz klar und deutlich das Gegentheil bestimmt. Der Appellrichter scheint für den Fall, daß nicht nach Probe verkauft, wohl aber eine besondere Eigenschaft der Waare vorbedungen ist, die Beweislast auch anders zu beurtheilen. Denn er legt bei seiner Ausführung sichtbar auf die Probe und darauf Gewicht, daß dem Verkäufer der Beweis der Probemäßigkeit nicht schuldbar unmöglich gemacht werden dürfe. Allein beide Fälle sind in Betreff der Entscheidung der Frage:

> ob der Käufer die Identität der zur Prüfung vorgelegten mit der abgelieferten, beziehentlich zur Dispositon gestellten Waare beweisen müsse?

völlig identisch. Ueber die Verpflichtung des Käufers sowohl in dem einen wie in dem andern Falle die abgelieferte und zur Disposition gestellte Waare vorzulegen, ist freilich ein Zweifel undenkbar. Entsteht aber Streit über die Identität der vorgelegten mit der abgelieferten Waare, so trifft nach dem vorentwickelten Grundsatz den Verkäufer, welcher die Identität bestreitet und die auf Betrug oder Irrthum beruhende Verwechselung behauptet, die Beweislast, weil diese eine nothwendige Konsequenz der Beweispflicht für die behauptete Vertragserfüllung ist. Erst wenn die Verwechselung erwiesen ist, kann von der in den Gründen des Appellrichters betonten schuldbaren Vereitelung der Beweisführung die Rede sein. Ist nach Probe verkauft und die letztere dem Käufer übergeben, so hat dieser ohne Zweifel außer der Waare auch die Probe vorzulegen. Wie diese besondere Verpflichtung auf die Entscheidung der Frage, welche der Parteien im Falle des Streits über die Identität der vorgelegten mit der abgelieferten Waare beweispflichtig sei, einen Einfluß zu üben vermöge, will jedoch in keiner Weise einleuchten. Hieraus erhellt, daß die Entscheidung des Appellrichters, weil die vorallegirten Gesetze verletzend, der Vernichtung unterliegt.

Bei freier Beurtheilung ist zunächst festzuhalten, daß nach der unbedenklich richtigen Ansicht der beiden Vorrichter Kläger zur Begründung seines Anspruchs die Probemäßigkeit der Lieferung zu beweisen verpflichtet ist. In der Klage hat er diesen ihm obliegenden Beweis erboten. Der von ihm in erster Reihe angetretene Zeugenbeweis ist aber nicht erhoben. Diese Beweisaufnahme muß nachgeholt werden, sofern sie nicht durch spätere Prozeßvorgänge entbehrlich geworden. Letzteres ist nicht der Fall. Die vom I. Richter angeordnete Beweisaufnahme führte zu dem bereits erwähnten, dem Kläger ungünstigen Ergebniß. Durch sachverständige Prüfung wurde die Probewidrigkeit der Lieferung festgestellt. Allein die Identität der zur Prüfung gestellten Probe und Waare war streitig geworden. Der I. Richter, die Beklagte in Ansehung der Identität der Probe (nicht der Waare) für beweispflichtig erachtend, entschied zum Nachtheil derselben. Der Entscheidungsgrund erscheint aus denselben Erwägungen unhaltbar, aus welcher nach Obigem der des II. Richters sich als rechtsirrthümlich und verfehlt darstellt.

In II. Instanz hat sodann Beklagte über die Identität der Waare dem Kläger den Eid angetragen, der angenommen und de ignorantia abgeleistet ist. Diese Eidesleistung muß jedoch für nicht geschehen erachtet werden und völlig unberücksichtigt bleiben, weil der Eid nur für den Fall angetragen war, daß Beklagte beweispflichtig sei, welche Voraussetzung, wie gezeigt, gerade nicht zutrifft.

Nun könnte freilich noch in Frage gestellt werden, ob nicht Kläger aus dem Grunde mit der Klage abzuweisen sei, weil er den in der Klageschrift erbotenen Beweis später zurückgezogen und einen anderen, jedoch unzulässigen dafür angetreten habe. In II. Instanz hat er nämlich — für den Fall, daß ihn die Beweislast in Betreff der streitigen Identität der Waare und Probe treffe (eine Voraussetzung, die als vorhanden anzusehen ist) — von der Bekl. den Editionseid dahin verlangt, daß Waare und Probe unverändert dieselben seien. Es kann aber nicht anerkannt werden, daß nach den Bestimmungen des preuß. Rechts in vorliegendem Falle die Ableistung des Editionseids gefordert werden könnte, obschon auch Beklagte die diesfällige Ansicht des Klägers zu theilen scheint. Die Vorschriften des preuß. Rechts über den Editionseid beziehen sich nach ihrer deutlichen Fassung nur auf Urkunden im engeren Sinne (§§ 88 bis 101 AGO I. 10). Kläger durfte daher nicht den, ganz eigenthümlichen Regeln unterliegenden und eine Relation nicht gestattenden, Editionseid verlangen, sondern er mußte sich, wenn er den in der Klage angetretenen Beweis aufgeben wollte, des Eidesantrages bedienen. Allein, ob er auch für den Fall der Unzulässigkeit des Editionseides von der in der Klage erbotenen Beweisführung habe zurücktreten wollen, bleibt dunkel. Es ist bei diesem Zweifel von der Vermuthung des Gegentheils auszugehen. Hieraus rechtfertigt es sich, die Sache zu anderweiter Verhandlung und Entscheidung in die II. Instanz zurückzuweisen.

Nr. 12.

II. Senat. — Erkenntniß v. 21. Juni 72 (B.)

Böhm & Greiner ·/. C. A. Schuhmann & Sohn (Nr. 369 v. 72).

Sachsen-Meiningen. **Ober-Appellation.**

I. Instanz: Kreisgericht Sonneberg,
II. Instanz: Appellationsgericht Hildburghausen.

Klage des Cessionars, Wiederklage des Schuldners.

Der vom Cessionar belangte Schuldner darf einen ihm gegen den Cedenten zustehenden Anspruch nicht wiederklagend geltend machen.

Angenommen vom II. Sen. des OHG

in Erwägung:

daß es dahingestellt bleiben kann, ob die Römer dem debitor cessus die Geltendmachung eines ihm gegen den Cedenten zustehenden Anspruchs durch Wiederklage gestatteten, da sie zu dieser Annahme jedenfalls nur von dem Gesichtspunkt aus kommen konnten, daß die Cession dem Schuldner gegenüber auf dem Wege der prozessualen Stellvertretung des Cedenten zu realisiren sei;

daß unser heutiges gemeines Recht* nicht von diesem Standpunkt ausgeht, sondern die Cession als ein lediglich dem materiellen Recht angehörendes Institut anerkennt, vermöge dessen der Cessionar einen Anspruch, welcher aus einem zwischen dem Cedenten und dessen Schuldner bestehenden Rechtsverhältniß entsprungen ist, erwirbt;

daß zwar gegen diesen Anspruch die aus dem betreffenden Rechtsverhältniß zu entnehmenden Vertheidigungsmittel geltend gemacht werden können, daß es dagegen an jedem Rechtsgrund dafür fehlt, daß der Schuldner einen ihm gegen den Cedenten zustehenden Anspruch auch angriffsweise geltend machen könne, daß daher die Verfolgung eines solchen Anspruchs im Wege der Wiederklage ausgeschlossen ist;

daß in diesem Versagen der Wiederklage auch nicht etwa insofern eine Rechtsverletzung des Schuldners liegt, als demselben dadurch, daß der Cessionar und nicht der Cedent klagend auftritt, die Möglichkeit im Gerichtsstand der Wiederklage sein Recht zu verfolgen, entzogen ist, da

* Ebenso das ALR, Rspr. II S. 363; vgl. kgl. sächs. bürgerl. GB § 968.

das Recht auf Belangen im forum der Hauptklage nicht vor Anstellung derselben existirt, vielmehr erst durch diese begründet wird;

daß wenn Oberappellantin sich auf „den allgemeinen Grundsatz über die besonders gutgläubige Behandlung der Rechtsgeschäfte unter Kaufleuten bezieht, welche es dem Cessionar nicht gestatte, bei einer derartigen Uebertragung blos den Nutzen sich abtreten zu lassen, ohne auch den Schaden zu riskiren", diese Auffassung dem Wesen der Cession, wie dasselbe insbesondere im Handelsverkehr aufgefaßt wird, direkt entgegen läuft und mithin keineswegs der bona fides entspricht, welche gerade verlangt, daß der vernünftige Wille der Parteien realisirt werde.

Nr. 13.

II. Senat. — Erkenntniß v. 22. Juni 72. (B.)

F. Mayne ·/. Kleimann & Hirschfeld (Nr. 256 v. 72).

Preußen. **Nichtigkeitsbeschwerde.**

I. Instanz: Kommerz- u. Admiralitäts-Kollegium zu Königsberg i/Pr.,
II. Instanz: Ostpreußisches Tribunal daselbst.

Beweislast bei Bedingungen.

1. Wenn der Beklagte behauptet, das der Klage zu Grunde liegende Rechtsgeschäft sei unter einer aufschiebenden (nicht eingetroffenen) Bedingung geschlossen: so hat Kläger die Existenz des in Anspruch genommenen Rechts durch den Nachweis des ohne Bedingung zu Stande gekommenen Geschäfts darzuthun.

Rspr. II. S. 80, III S. 310, 315, 361.

2. Wer dagegen eine auflösende Bedingung geltend macht, hat den Beweis dieser Nebenverabredung zu führen.

§ 114, 115 ALR I. 4; § 28 AGO I. 13.

Entscheidung des OHG:

Der Appellrichter nimmt zunächst an, daß ein Kauf auf Probe oder Besicht vorliegt. Er unterscheidet sodann genau zwischen den beiden Fällen, dem Kauf auf Probe unter suspensiver und dem unter resolutiver Bedingung. Er verkennt nicht, daß für die Existenz des ersteren die Vermuthung spricht; er entscheidet sich gleichwohl dafür, daß im Streitfalle nach der konkreten Sachlage das Gegentheil, nämlich ein Kauf auf Probe unter Resolutiv-Bedingung, anzunehmen sei. Zu dieser Annahme gelangt er im Wege der Interpretation. . .

Diese Annahme ist, soweit sie auf einer thatsächlichen Feststellung darüber, wohin der Wille der Kontrahenten gegangen ist, beruht, in Ermangelung eines prozessualen Angriffs einer Anfechtung im Nichtigkeitsverfahren nicht ausgesetzt [Rspr. VI S. 42, VIII S. 39]. Sie steht mit Art. 339 HGB überall nicht in Widerspruch, sie enthält vielmehr die Voraussetzungen für dessen Anwendung, insofern als dieser Artikel, indem er die mit dem Kauf auf Probe verbundene Bedingung im Zweifel für eine suspensive erklärt, anerkennt, daß auch die resolutive Natur der Bedingung dem Geschäfte den Charakter eines Kaufes auf Probe nicht entzieht. . .

Mit der Natur des vorliegenden Rechtsgeschäfts, als eines unter einer Resolutiv-Bedingung zu Stande gekommenen, ist auch die Lösung der Frage über die Beweislast gegeben. Wenn der Appellrichter letztere dem Bekl. auferlegt hat, so ist dies im Einklang mit den auch in der Rechtsprechung des OHG anerkannten Grundsätzen, nach welchen für die Frage der Beweislast auf die Verschiedenheit der rechtlichen Natur und Wirkung der aufschiebenden und der auflösenden Bedingung Gewicht gelegt wird. Wer den Abschluß eines einer Klage zu Grunde gelegten Rechtsgeschäfts unter einer aufschiebenden Bedingung behauptet, leugnet die unmittelbare Existenz des geltend gemachten Rechtes und bestreitet dessen Ausübung (§ 101, 102 ALR I. 4). Diesem Bestreiten gegenüber muß der die Existenz des Rechtes für sich in Anspruch nehmende Kläger diese Existenz durch den Nachweis des ohne Bedingung zu Stande gekommenen Geschäftes darthun*. Einer anderen Beurtheilung unterliegt dagegen die Resolutiv-Bedingung, bei der die vorhandene Wirkung der Willenserklärung wieder aufhört, das erworbene Recht wieder verloren geht (§ 114, 115 ALR I. 4). Wer sie geltend macht, räumt die Vollendung des Rechtsgeschäfts ein und behauptet nur, daß demselben eine dessen Wirkung eintretenden Falls wieder aufhebende Nebenverabredung hinzugefügt worden sei. Daß dem Behauptenden der Beweis dieser Nebenverabredung obliegt, ist eine Konsequenz der allgemeinen die Materie beherrschenden Grundsätze, deren Giltigkeit im Bereiche der preuß. Gesetzgebung nicht minder, wie in dem des gemeinen Rechtes anzuerkennen ist.

Es ist also der Vorwurf unrichtiger Regulirung der Beweislast (§ 28 AGO I. 13) hinfällig.

* Ebenso sagt der I. Senat des OHG in einem Erk. v. 10. Sept. 72 (Sache Nr. 398 v. 72 aus dem Großherzogthum Posen): Nach Behauptung des Klägers wäre ein unbedingter Kauf über eine individuell bestimmte Waare abgeschlossen, Beklagter dagegen bezeichnet das Kaufgeschäft unter einer aufschiebenden Bedingung errichtet. Er will nämlich die Waare nur unter der Bedingung gekauft haben, daß dieselbe „magazinmäßig“, d. h. vollkörniger, von Spreu, Kaff und Staub reiner Hafer sei, wie solchen das kgl. Proviantamt in Posen verlange und abnehme. In Fällen solcher Art liegt aber dem Kläger zu beweisen ob, daß das Geschäft unbedingt geschlossen sei; denn die Vertheidigung des Bekl. charakterisirt sich als allgemeines Leugnen des thatsächlichen Klagegrundes, so daß Kläger nach allgemeinen Rechtsgrundsätzen zum Beweise des letzteren genöthigt wird. Für das Gebiet des preuß. Rechts läßt sich das Gegentheil aus § 229 ALR I. 5 nicht entnehmen; denn dieser § 229 bezieht sich auf andere Fälle, namentlich auf den Fall, wenn der Abschluß des Geschäfts anderweit erwiesen ist und nicht erst aus einem so eminent qualifizirten Geständniß des Bekl. hergeleitet werden soll. Eine andere Auslegung würde zu einem unlöslichen Konflikt mit dem Beweisprinzip des § 28 AGO I. 13 führen. —

Nr. 14.

I. Senat. — Erkenntniß v. 3. Sept. 72. (V.)

A. Fons ./. J. Fons (Nr. 458 v. 72).

Preußen. **Wechselsache.** **Revision.**

I. Instanz: Kreisgericht Flatow,
II. Instanz: Appellationsgericht Marienwerder.

Wechsel, Durchstreichungen.

1. Durchstrichene Bestandtheile des Wechsels gelten (regelmäßig) als getilgt und nicht vorhanden.

DWO Art. 36, 55; Rspr. I S. 211, III S. 194, 220.

2. Ein Wechsel, auf welchem wesentliche Bestandtheile ausgestrichen sind, ist zur Begründung des Wechselprozesses untauglich.

§ 1, 8, 9, 10 AGO I. 27.

Entscheidung des OHG:

Der Klagewechsel trägt Spuren mehrfacher Veränderungen seiner ursprünglichen Gestalt an sich.

1) Der jetzt ersichtliche Ausstellungstag lautet auf 19. Dez. 68, der Verfalltag auf 19. Dez. 69. Kläger selbst giebt zu und der Augenschein bestätigt, daß betreffs beider Tage die Zahl „9" an die Stelle einer durch Rasur beseitigten anderen Zahl [3] getreten ist,
2) die den Betrag des Wechsels ausdrückenden Worte: „Summe von Fünfhundert Thalern" sind durchstrichen,
3) in der Unterschrift ist der Vorname „Albert" mit anderer Dinte überschrieben und dadurch das Lesen der diesen Vornamen bildenden Schriftzüge erschwert worden.

Der I. Richter hat auf Grund dieser Mängel den Kläger . . . abgewiesen, weil er annahm, der Wechsel habe

Veränderungen erlitten, welche seine Wirkung als Wechsel aufheben; in II. Instanz aber ist Beklagter mit Rücksicht auf das Ergebniß der Beweisaufnahme (vorbehaltlich eines vom Kläger zu leistenden Erfüllungseides), nach dem Klageantrage verurtheilt worden. Der Appellrichter geht davon aus, daß die Momente unter 1 und 3 bedeutungslos seien, weil zu 3 die Unterschrift noch lesbar sei, zu 1 aber keine Abänderung zum Nachtheil des Bekl. vorliege; ferner sei zu 2 (wenn Kläger den ihm anvertrauten Eid leiste) die Ausstreichung der Wechselsumme auf eine unerlaubte Handlung des Bekl. zurückzuführen, der gegenüber dieser den von ihm selbst und rechtswidrig verursachten Mangel der Wechselform nicht rügen könne, seine Verbindlichkeit vielmehr dergestalt dieselbe bleibe, daß er auch der Strenge des Wechselprozesses unterliege.

Nicht ohne Grund hat Beklagter sich durch diese Entscheidung für beschwert erachtet.

Zu den *wesentlichen* Erfordernissen eines Eigenwechsels gehört nach Art. 96 Nr. 2 DWO die Angabe der zu zahlenden *Geldsumme*. Diese ist in der Klageurkunde, wie der Augenschein lehrt, durchstrichen. *Durchstreichung* eines Bestandtheils des Wechsels aber bewirkt die *Tilgung des betreffenden Bestandtheils*: gleichviel, ob der ursprüngliche Inhalt noch lesbar geblieben ist, oder nicht. Die DWO erkennt das Ausstreichen eines Wechselbestandtheils als Mittel, das Erloschensein der einschlagenden Verpflichtung zu bekunden, in zwei Fällen ausdrücklich an: nach Art. 36 werden ausgestrichene Indossamente bei Prüfung der Legitimation nicht als geschrieben angesehen und nach Art. 55 kann jeder Indossant, der einen seiner Nachmänner befriedigt hat, sein eigenes und seiner Nachmänner Indossament ausstreichen. In beiden Fällen treten die ausgestrichenen Erklärungen aus der Reihe der *wirksamen* Wechselakte heraus. Wird die Angabe der Wechselsumme getilgt, so verliert die Verpflichtung ihr Objekt, der Wechsel selbst aber die gesetzlich vorgeschriebene Form, ohne welche er weder entstehen noch fortbestehen kann [Rspr. I S. 211, III S. 194].

Vgl. Hartmann DWR S. 180; Thöl WR § 173, 319; Renaud WR § 16.

Ob eine andere Beurtheilung Platz greifen müsse, wenn nachweislich die Tilgung durch einen Zufall erfolgt, oder gar wie in vorliegendem Falle Kläger behauptet, durch eine rechtswidrige Handlung des Wechselschuldners bewirkt ist, bedarf keiner näheren Prüfung. Kläger hat seine vermeintlichen Rechte im Wechselprozeß verfolgt, und letzterer ist seinem Antrage, „den Bekl. im Wechselverfahren zu verurtheilen", gemäß eingeleitet. Dem entsprechend hat auch der I. Richter den Kläger nur mit dem Antrage abgewiesen: „den Bekl. im Wechselverfahren zu verurtheilen 2c." Auch in seinen Entscheidungsgründen führt der I. Richter aus: Die Ansprüche des Klägers seien zur Durchführung im Wechselprozeß nicht geeignet, weil der Wechselprozeß einen in seiner äußeren Gestalt formgerechten Wechsel voraussetze. Die zunächst zu entscheidende Frage ist also nicht, ob der Kläger im Falle der Richtigkeit seiner Behauptungen die wechselmäßige Verurtheilung des Bekl. zu begehren befugt sei, sondern die, ob er seine vermeintlichen Ansprüche nach preuß. Prozeßrecht im Wege des den Bekl. in der Vertheidigung wesentlich beschränkenden Wechselprozesses geltend machen dürfe. Diese Frage muß, in Uebereinstimmung mit dem I. Richter und abweichend von der Ansicht des Appellrichters, verneint werden. Die Strenge des Wechselprozesses beruht vorzugsweise auf der Erwägung, daß die mit der Klage selbst vorzulegende Wechselurkunde unmittelbar die Verpflichtung des Bekl. ergiebt. Deshalb fordert das Gesetz zur Einleitung des Wechselprozesses die Vorlegung einer

Wechselurkunde, welche in ihrer äußeren Form an keinem wesentlichen Mangel leidet. (AGO I. 27 §§ 1, 8, 9). Findet sich ein solcher Mangel, so soll der Wechselprozeß versagt und der Kläger zum ordentlichen Prozeß verwiesen werden. (§§ 9, 10 a. a. O.) Diese Vorschriften stehen in vollem Einklange mit der bereits erwähnten exceptionellen Natur des Wechselprozesses und mit der ratio der vorgeschriebenen, nur das Verfahren und keineswegs auch die materiellen Wechselrechte berührenden Ausnahmen. Wenn nun, wie in vorliegendem Falle, der Wechsel in produzirter Gestalt an wesentlichen Mängeln leidet: so kann nach den allegirten Vorschriften und nach deren zweifelloser ratio unmöglich der Wechselprozeß zulässig sein, sollte auch Kläger für befugt erachtet werden müssen, den Nachweis zu führen daß wegen besonderer Umstände jene Mängel als unerheblich erscheinen. Diese besonderen Thatsachen und Verhältnisse sind es alsdann, von deren Nachweis der Anspruch des Klägers abhängt. Es wäre in höchstem Maaße irrational, dem Kläger behufs Erbringung des fehlenden Beweises in beliebiger Weise, wie es im ordentlichen Verfahren zulässig ist, den Wechselprozeß nachzulassen. Eine solche Begünstigung würde mindestens davon abhängig zu machen sein, daß die betr. Thatsachen sofort bei Anstellung der Klage durch Urkunden liquid gemacht würden; hierauf braucht jedoch nicht näher eingegangen zu werden, weil Kläger eine solche Bescheinigung nicht beigebracht hat. Der Appellrichter meint, der § 35 ALR I. 3 (aus unerlaubten Handlungen überkommt der Handelnde zwar Verbindlichkeiten, aber keine Recht) spreche zu Gunsten des Klägers. Die Ansicht ist irrig. Dieser § 35 kann nur auf das materielle Recht, nicht auch auf das formale oder Prozeßrecht bezogen werden. Denn nichts deutet auf die Absicht des Gesetzgebers, an jener Stelle zugleich eine prozessuale Regel aufzustellen. Sodann aber übersieht der

Appellrichter, daß bei der Entscheidung, ob in Fällen der vorliegenden Art der Wechselprozeß eingeleitet werden dürfe, die Frage, ob die behauptete unerlaubte Handlung begangen sei, noch in suspenso ist und im bevorstehenden Prozeß erst zum Austrag gelangen soll. Anscheinend hat der Appellrichter die materielle und formelle Wechselstrenge mit einander verwechselt. Ob und inwiefern die obigen Gründe auch zur Versagung des Wechselprozesses im Falle des Verlustes des Wechsels (Art. 73 DWO) nöthigen, bedarf keiner Untersuchung, da ein solcher Fall nicht vorliegt.

Hiernach war unter Abänderung des Appellurtels das I. Erk. herzustellen. Aus dem Obigen ergiebt sich zur Genüge, daß die Entscheidung dem Rechte des Klägers nicht vorgreift, im ordentlichen Verfahren die Verurtheilung des Bekl. nach Wechselrecht zu verlangen.

Nr. 15.

I. Senat. — Erkenntniß v. 6. Sept. 72. (B.)

F. Belser ·|. Hildt & Metzger (Nr. 430 v. 72).

Baden. **Ober-Appellation.**

I. Instanz: Kreis- u. Hofgericht Karlsruhe, Civilkammer,
II. Instanz: Appellationssenat desselben Gerichts.

Kauf oder Werkverdingung? Handelsgeschäft.

1. Der Ankauf von Maschinen für ein Fabrikgebäude stellt, wenn unter Kaufleuten erfolgt, ein Handelsgeschäft dar.

HGB Art. 271 Nr. 1, 273, 274.

2. Nach badischem Landrecht ist ein Vertrag, zufolge dessen der Verfertiger eines bestellten Werks auch die erforderlichen Stoffe zu liefern hat, als Kauf (nicht nach den Grundsätzen über Dienstmiethe) zu beurtheilen.

Badisches LR Art. 1711.
Zachariae Handbuch des franz. Civilrechts § 374 n. 2.
Vgl. Rspr. II S. 202, VI S. 245.

Auf Bestelluug hat Beklagter für seine Cementfabrik zwei Umfried'sche Patentmahlgänge mit Steinen vom Kläger erhalten. Der Preisrestforderung stellt er (verspätet) entgegen, daß die gelieferten Mahlgänge nicht die zum Cementmahlen nothwendige, auch bedungene Leistungsfähigkeit gezeigt haben.

Aus der Entscheidung des OHG:

Beklagter macht [als Oberappellant] geltend, es seien mit Unrecht die Bestimmungen des HGB angewendet und auf Grund derselben seine Wiederklage zurückgewiesen worden, da es sich um Herstellung eines Mühlenwerks handle, also Art. 275 HGB maaßgebend sei, welcher besage, daß Verträge über unbewegliche Sachen keine Handelsgeschäfte seien. Diese Ansicht ist unhaltbar.

Wie aus der Korrespondenz hervorgeht, bildete den Gegenstand des zwischen den Parteien abgeschlossenen Vertrages im Wesentlichen nur die Lieferung von zwei Umfried'schen Patent-Mahlgängen nebst Steinen zu den vereinbarten Preisen von 925, bzw. 850 Gulden. Die baulichen Vorrichtungen zur Aufstellung dieser Mahlgänge, sowie die Einrichtung derselben, insbesondere die Herstellung der erforderlichen Transmissionen hatte Beklagter auf seine Kosten zu besorgen, und wenn Kläger die bezüglichen Arbeiten angab, die nöthigen Zeichnungen fertigte und schließlich auf Wunsch des Bekl. einen seiner Werkführer beorderte, bei der Einrichtung technische Hülfe zu leisten: so geschah dies blos in Folge von Nebenabreden, welche das Wesen des Hauptvertrages nicht änderten.

Die Auslagen für diese Arbeiten kamen theils, als den Kläger nicht berührend, gar nicht in Anrechnung, theils wurden sie neben den Preisen der Mahlgänge gefordert in Ansatz gebracht.

Bei dieser Sachlage steht aber außer Zweifel, daß es sich in vorliegendem Falle dem Wesen nach nicht um Herrichtung von Bauwerken, sondern um Lieferung von Maschinen handelte, daß also, da beide Parteien Kaufleute sind und Lieferung sowohl als Anschaffung in ihrem kaufmännischen Geschäftsbetrieb erfolgte, ein Handelsgeschäft in Frage steht.

Für den Fall, daß ein Handelsgeschäft anzunehmen sei, wird in der Oberappellation nicht weiter bestritten, daß die Wiederklage, sofern sie eine Klage auf Gewährleistung von Mängeln bilde, nach Ablauf der entscheidenden Frist angebracht, somit als verspätet zurückzuweisen sei. Es wird jedoch der Nachweis versucht, daß es sich blos um eine Klage auf Vertragserfüllung handle. . . Nach badischem Landrecht ist ein Vertrag, zufolge dessen derjenige, welcher das Werk fertigt zugleich die Stoffe dazu liefert, nicht nach den Prinzipien der Dienstmiethe, sondern des Kaufs zu beurtheilen (badisches LR Art. 1711). Es müßte daher, selbst wenn Art. 349 HGB keine Anwendung finden könnte, nach Maaßgabe von Art. 1648 des badischen LR die Klage auf Gewährleistung als verwirkt betrachtet werden.

Was nun den Einwand betrifft, die Wiederklage sei nicht auf Vertragsauflösung und Zurücknahme der Lieferungen, sondern auf Vertragserfüllung gerichtet, so erscheint derselbe völlig grundlos. Die beiden Mahlgänge wurden bereits im Juni und August 68 geliefert und sofort in Betrieb gesetzt. Auf erhobene Reklamation wurden die Steine durch andere ersetzt, und dies geschah vor Ende des Jahres 68. Erst nachdem der Betrieb längere Zeit gedauert, im April 69, reklamirte Beklagter, indem er die vertragsmäßige Garantie des Klägers für Leistungsfähigkeit der gelieferten und eingerichteten Mahlgänge in Anspruch nahm. Bei dieser Sachlage kann es sich nicht mehr um eine Klage auf Vertragserfüllung, sondern nur um eine Klage wegen vertragswidriger Erfüllung, d. h.

um eine Garantieklage handeln, und dadurch, daß Wiederkläger vorerst nicht Entschädigung, sondern Beseitigung der vorhandenen Mängel fordert, kann er die Natur der Klage nicht ändern.

Wäre die Ansicht des Wiederklägers richtig, so würde der Käufer in allen Fällen, wo er bei einem Lieferungsvertrage eine mangelhafte Beschaffenheit der gelieferten Waaren behaupten könnte, befugt sein, die Bestimmungen des Art. 349 HGB zu umgehen, indem er, statt Aufhebung des Vertrages oder Entschädigung, unter dem Namen einer Klage auf Erfüllung die Beseitigung der Mängel begehren würde.

Nr. 16.

I. Senat. — Erkenntniß v. 6. Sept. 72. (B.)

A. v. Puttkamer ·/. H. Landetzke (Nr. 355 v. 72).

Preußen. Wechselsache. Nichtigkeitsbeschwerde.

I. Instanz: Kreisgericht Bütow,
II. Instanz: Appellationsgericht Coeslin.

Wechsel. Blancogiro und Cession.

Die wechselrechtliche Wirkung eines Blancogiro wird durch eine nebenher erfolgte Cession des Wechselanspruchs nicht beeinträchtigt.

DWO Art. 10, 12, 36.

Entscheidung des OHG:

Kläger ist Inhaber des Klagewechsels, welcher [jetzt] keine anderen als drei undurchstrichene Blancogiri hat. Kläger ist also, der Bekl. gegenüber, als Eigenthümer des Wechsels legitimirt (Art. 12, 36 DWO).

Ohne Grund behauptet Beklagte, daß das letzte Giro (von A. Elkan) ungiltig sei. Sie stützt diese Behauptung darauf, daß Elkan den Wechsel nicht durch Giro, sondern durch Cession des früheren Inhabers Wollenberg erworben hat. Allein als Wollenberg den Wechsel cedirte, stand das damals letzte Blancogiro v. A. Sk. wie auch jetzt, noch offen; er würde also befugt gewesen sein, den Wechsel unter Benutzung dieses Blancogiro durch bloße Tradition dem Elkan zu übereignen. Der Umstand, daß Wollenberg den Wechsel außerdem cedirte, war ungeeignet, die wechselrechtliche Wirkung der einfachen Tradition zu schwächen. Wie der Erbe eines mit Blancogiro versehenen Wechsels vermöge seines Erbrechts die aus dem bloßen rechtmäßigen Besitz hervorgehende Befugniß zu weiterer Girirung nicht einbüßt: so bleibt auch der Cessionar als Inhaber eines solchen Wechsels (ungeachtet der Cession) zu wechselrechtlicher Disposition befugt, er kann also entweder das Blancogiro ausfüllen oder unter dessen Benutzung oder unter neuem Giro begeben (Art. 13 DWO). Es ist daher grundlos, wenn die Beklagte behauptet, durch die Cession sei „der Zusammenhang der Giroreihe unterbrochen," auch die Befugniß zum Giriren auf Elkan nicht übergegangen. Elkan war vermöge des Besitzes des Wechsels dessen Eigenthümer; er konnte den Wechsel also in derjenigen wechselrechtlichen Form übertragen, welche dessen Beschaffenheit zuließ.

Die Rüge einer Verletzung der Art. 9, 10 und 36 DWO ist daher unbegründet, nicht minder die des Art. 16. Denn daß die gegen Elkan erhobene exceptio doli dem Kläger entgegengehalten werden darf, weil Letzterer den Wechsel erst nach dem Protest erworben, — dies ist vom Appellrichter nicht verkannt, sondern Grund seiner abändernden Entscheidung.

Nr. 17.

II. Senat. — Erkenntniß v. 7. Sept. 72 (V.)

Chr. Rauhut ·|. J. Kusel (Nr. 404 v. 72).

Preußen. **Nichtigkeitsbeschwerde.**

I. Instanz: Kreisgericht Thorn,
II. Instanz: Appellationsgericht Marienwerder.

Frachtgeschäft, Verlustfall.

1. Wann gilt Frachtgut für verloren (im Sinne des Art. 395, 396 HGB)?

Vgl. Rspr. IV S. 276.

2. Nichtüberlieferung des Frachtguts (an den Destinatär) und Verlust sind nicht identisch.

Entscheidung des OHG:

Kläger [Stromschiffer] ist blos deswegen, weil er einen Theil der ihm [zum Transport nach Cüstrin] übergebenen Hölzer am Bestimmungsort nicht abgeliefert hat, zum Ersatz des gemeinen Handelswerths derselben verurtheilt worden. Hiebei hat der Appellrichter übersehen, daß die durch Art. 395 HGB dem Frachtführer auferlegte strengere Verantwortlichkeit, vermöge welcher dieser ohne Weiteres für Verlust und Beschädigung einstehen muß (sofern er nicht nachweist, daß dieselben Folgen höherer Gewalt oder der Beschaffenheit des Gutes waren) sich nur auf den Schaden, welcher durch Verlust oder Beschädigung des Frachtguts im eigentlichen Sinne entsteht, bezieht, zur Begründung dieser Verantwortlichkeit aber die Thatsache der Nichtüberlieferung oder der verspäteten Ueberlieferung des Transportobjekts nicht ausreicht. Nichtüberlieferung und Verlust sind nicht identisch. Wenn auch der Verlust nicht in dem engeren Sinne einer Sache, von der man nicht weiß, wo sie verblieben, zu nehmen ist

[Rspr. IV. S. 288]: so gehört doch jedenfalls zum Begriff desselben, daß die Sache für den Eigenthümer nicht mehr existirt.

In diesem Sinne ist das streitige Transportobjekt hier nicht verloren. Es befindet sich noch in Posen [dort zurückgehalten, weil Kläger dasselbe unterwegs auf ein fremdes Floß geladen hatte und der Eigenthümer des letzteren, J., dafür Entschädigung forderte]. Der Inhaber ist [auf Klage des gegenwärtig Bekl. R.] zur Rückgabe desselben verurtheilt, dazu auch bereit.

Die den Kläger für den gemeinen Handelswerth des nicht abgelieferten Theiles der zu transportirenden Hölzer lediglich auf Grund des Art. 395 HGB ersatzpflichtig erklärende Entscheidung des Appellrichters enthält hienach eine unrichtige Anwendung dieses Artikels und unterliegt deshalb der Vernichtung. Dies führt indeß in der Sache selbst nicht zur Herstellung des den Bekl. nach dem Klageantrage verurtheilenden I. Erk. Denn liegt dem Kläger auch eine Verantwortlichkeit wegen (theilweisen) Verlusts des Frachtguts nicht ob: so hat er doch den Frachtvertrag seinerseits nicht erfüllt und ist deshalb zur Zeit nicht berechtigt, dessen Erfüllung vom Bekl. zu fordern. Es steht fest, daß er einen Theil der Hölzer, die er in Cüstrin abliefern sollte, nur bis Posen transportirt und durch sein Verfahren die Ansprüche der J., durch welche die Fortsetzung des Transports verhindert wurde, herbeigeführt hat. Diese Ansprüche zu beseitigen und dem Eigenthümer den Besitz des Transportguts zu verschaffen (locatori possessionem sine controversia reddere, L. 11 § 3 Dig. 19, 2), lag in der Natur seiner Verpflichtung als Frachtführer. Es bedurfte dazu nicht, wie der I. Richter vermeint, eines neuen Abkommens. Es ist an diesem Verhältniß auch durch das Urtel im Prozeß [des Bekl.] K. ./. J. nichts geändert. Wenn durch dasselbe entschieden ist, daß dem J.

ein Retentionsrecht an den streitigen Hölzern dem Eigenthümer K. gegenüber nicht zustehe: so berührt dies überall nicht die durch den Frachtvertrag zwischen den jetzigen Parteien begründeten Verpflichtungen. Es steht außerdem die in jenem Urtel enthaltene Verfügung, wonach die Rückgabe der von J. in Posen retinirten Hölzer an den Schiffer R. [Kläger] erfolgen soll, im Einklang mit der diesem obliegenden Pflicht zu deren vertragsmäßiger Weiterbeförderung.

Aus dem Bisherigen folgt, daß auf Abweisung der erhobenen Klage, jedoch nur angebrachter Maaßen hat erkannt und also das I. Erk. hat abgeändert werden müssen.

Nr. 18.

II. Senat. — Erkenntniß v. 7. Sept. 72. (Z.)

G. Siebel ·|. Fr. Rubeil (Nr. 419 v. 72).

Preußen. **Nichtigkeitsbeschwerde.**

I. Instanz: Kreisgericht Meseritz,
II. Instanz: Appellationsgericht Posen.

Abrechnung über gemeinsame Handelsgeschäfte. Vollmacht.

1. Die Abrechnung zweier Kaufleute über gemeinsam betriebene Handelsgeschäfte fällt beiderseits in den Bereich des Handelsgewerbes. Sie erscheint auch dann als ein Handelsgeschäft, wenn sie erst nach Aufhebung des Gesellschaftsverhältnisses und zu einer Zeit, wo beide Theile nicht mehr Kaufleute sind, geschieht.

HGB Art. 271, 273, 274.

2. Eine Bevollmächtigung zu solcher geschäftlichen Abrechnung ist formfrei.

HGB Art. 277, 317; Rspr. III S. 282.

Entscheidung des OHG:

1) Schon im Rubrum der Klage sowie im ganzen Laufe des Rechtsstreits sind beide Parteien als „Schwarz-

viehhändler" bezeichnet worden, ohne daß Beklagter [jetziger Implorant] die Unrichtigkeit dieser Bezeichnung gerügt oder auch nur bestritten hätte, daß er seinerseits noch jetzt ein solches Geschäft mit dem Ankauf und Wiederverkauf von Schweinen, Schafen und Gänsen, wie er es vom Herbst 66 bis zum Herbst 67 für gemeinschaftliche Rechnung mit dem Kläger betrieben hat, führe . . .

2) Der Appellrichter hat festgestellt, daß der Sohn des Bekl. im Auftrage des Letzteren die Handelsgeschäfte geführt und insbesondere auch die Berechnung mit dem Kläger über die gemeinschaftlichen Geschäfte, welche dem Klageanspruch zu Grunde liegt, gehalten hat. Er stellt ferner fest, daß Beklagter seinem Sohne eine schriftliche Vollmacht nicht gegeben habe, hält dies aber für unerheblich, da nach Art. 41 ff. des HGB, welches auf die Parteien jedenfalls Anwendung finden müsse, die in Handelssachen ertheilte Vollmacht auch mündlich mit voller Wirkung gegeben werden könne. Wenn nun Beklagter dem Appellrichter dieserhalb Gesetzes-Verletzungen . . . vorwirft, so ist zunächst unbedenklich dem beizutreten, daß hier das Handelsgesetzbuch zur Anwendung kommen muß; denn beide Parteien sind — wie als festgestellt anzunehmen — Kaufleute im Sinne des HGB, waren es jedenfalls (wie Beklagter nicht bestreitet) während der Dauer des zwischen ihnen bestehenden Gesellschaftsverhältnisses, ihr für gemeinschaftliche Rechnung betriebenes Geschäft aber hatte Ankäufe von Vieh zum Zweck des Wiederverkaufs, mithin nach Art. 271 Nr. 1 HGB Handelsgeschäfte zum Gegenstande, und nach Art. 274 Abs. 1 HGB gelten die von einem Kaufmann geschlossenen Verträge im Zweifel als zum Betrieb des Handelsgewerbes gehörig; in vorliegendem Falle ist endlich nichts festgestellt, was dieser gesetzlichen Vermuthung* widerspräche. Es muß daher für die Frage,

* Rspr. II S. 52, IV S. 150, 164, 319.

ob die im Auftrage des Bekl. von dessen Sohne mit dem Kläger gehaltene Abrechnung für den Bekl. bindend sei, der Art. 317 HGB zur Anwendung kommen, demzufolge bei Handelsgeschäften die Giltigkeit der Verträge durch schriftliche Abfassung oder andere Förmlichkeiten nicht bedingt ist. Denn nach Art. 273 Abs. 1 HGB sind alle einzelnen Geschäfte eines Kaufmanns, welche zum Betrieb seines Handelsgewerbes gehören, als Handelsgeschäfte anzusehen. Daß aber auch die zwischen Kaufleuten über das Ergebniß der von ihnen für gemeinschaftliche Rechnung betriebenen Handelsgeschäfte, sowie über die daraus zwischen den Gesellschaftern erwachsenen gegenseitigen Forderungen erfolgende Berechnung in den Betrieb des Handelsgewerbes fällt, mag dieselbe nun während des Bestehens der Gesellschaft, oder nach deren Beendigung geschehen und mögen im letzteren Falle die Kontrahenten auch zur Zeit der Berechnung noch Kaufleute sein oder nicht, kann nicht als zweifelhaft erscheinen. Ebenso wenig unterliegt es einem Zweifel, daß die Bestimmung des Art. 317 sich nicht nur auf den Abschluß der Handelsgeschäfte selbst, sondern auch auf die mit denselben im Zusammenhang stehenden und dazu gehörigen präparatorischen oder nachfolgenden Rechtsgeschäfte bezieht, was man eben durch die in zweiter Lesung gewählte Fassung „bei Handelsgeschäften" auszudrücken beabsichtigte.

Vgl. Lutz Prot. S. 1358 und 1359; Rspr. I S. 312 ff., IV S. 166, VI S. 44 ff.

Ob der Sohn des Bekl. noch zur Zeit der Berechnung Handelsgehilfe des Bekl. war, ist hiebei durchaus unerheblich, nicht minder, ob er Prokurist oder Handlungsbevollmächtigter des Bekl. gewesen sei und ob er, falls er nur Handlungsbevollmächtigter war, einer Spezial-Vollmacht bedurft hätte, — worüber der Appellrichter daher auch mit Recht nichts festgestellt hat, da seine Feststellung, daß Beklagter seinen Sohn zu der hier fraglichen Berechnung beauftragt habe, solche ferneren Feststellungen überflüssig macht. Um die Anwendung der Vorschriften des allgemeinen bürgerlichen Rechts [des ALR] über das Erforderniß einer schriftlichen Bevollmächtigung des Sohnes auszuschließen, genügt es, daß der Gegenstand des Auftrags — die Berechnung — ein Handelsgeschäft war.

Daß es bei Handelsgeschäften einer schriftlichen Bevollmächtigung seitens des Prinzipals nicht bedarf, ergiebt sich übrigens auch schon aus den vom Appellrichter allegirten Art. 41 ff. HGB, welche Gesetzesbestimmungen Beklagter daher mit Unrecht als verletzt bezeichnet hat. Denn darin, daß es hienach nicht einmal zur Bestellung eines Prokuristen oder Handlungsbevollmächtigen der schriftlichen Form bedarf, ist offenbar um so mehr der Rechtssatz ausgesprochen, daß dieselbe bei der Bevollmächtigung zu einem einzelnen, im Voraus speziell bestimmten Rechtsgeschäft ebenfalls nicht erforderlich sei.

Die endlich noch vom Bekl. angeregte Frage, ob das zwischen den Parteien bestandene Gesellschaftsverhältniß . . . sich als eine offene Handelsgesellschaft (Art. 85 ff. HGB), als eine Vereinigung zu einem oder mehreren einzelnen Handesgeschäften für gemeinschaftliche Rechnung (Art. 266 ff. HGB), als eine stille Gesellschaft (Art. 250 ff. HGB), vermöge deren sich die Parteien in vorliegendem Falle gegenseitig am Betrieb des Handelsgewerbes des Anderen betheiligt haben würden, oder als eine im HGB überall nicht vorgesehene Art von Gesellschaftsverhältniß charakterisirt, ist ebenfalls unerheblich, da in allen Fällen Handelsgeschäfte den Gegenstand der Gesellschaft gebildet haben und immer auch die Berechnung über dieselben ein Handelsgeschäft sein würde.

Der Appellrichter hat daher ebenso wenig Vorschriften

des ALR durch Nichtanwendung, als die bezeichneten Vorschriften des HGB durch Anwendung oder unrichtige Anwendung verletzt, wenn er eine schriftliche Bevollmächtigung hier für überflüssig erachtet.

Nr. 19.

I. Senat. — Erkenntniß v. 10. Sept. 72. (V.)

H. Höfer c/. J. G. Freytag & Sohn (Nr. 381 v. 72).

Preußen. **Nichtigkeitsbeschwerde.**

I. Instanz: Gerichtsdeputation Schwelm,
II. Instanz: Appellationsgericht Hamm.

Handelsgesellschafter, Benutzung der Handlungsbücher.

1. Art. 105 HGB enthält keine Bestimmung darüber, welche Rechte ehemaligen Gesellschaftern nach Aufhebung der Societät gegen einander zustehen.

Vgl. Rspr. III S. 266, VII S. 142.

2. Durch Art. 37 ff. HGB wird die Editionspflicht in Bezug auf Handlungsbücher, als Gegenstand besonderen (vorbereitenden) Rechtsstreits, nicht geregelt.

§ 93 AGO I. 10; vgl. Rspr. III S. 12.

3. Wo nach Auflösung einer Handelsgesellschaft und nach beendeter Liquidation die gemeinschaftlichen Bücher und Papiere verbleiben sollen, hat im Streitfall der Richter zu bestimmen.

HGB Art. 145.

4. Wie, wo und in welchem Umfange hat ein ehemaliger Gesellschafter Anspruch auf Vorlegung der Bücher und Papiere über gemeinsame Handelsgeschäfte?

Entscheidung des OHG:

Der Appellrichter geht davon aus, daß zwischen den Parteien hinsichtlich der Gußstahlfabrikation eine offene

Handelsgesellschaft, hinsichtlich der Feilenfabrikation mindestens eine nach bürgerlichem Recht zu beurtheilende Gesellschaft bestanden habe, daß die beklagte Handlung allein die kaufmännische Geschäftsführung beider inzwischen aufgelöster Societäten, insbesondere die gesammte Buchführung besorgt habe und deshalb dem Kläger, welcher behufs Feststellung seiner Ansprüche gegen die Beklagte Einsicht der Geschäfspapiere begehrt, solche verstatten müsse. Die weitergehenden Ansprüche des Klägers werden für ungegründet erklärt. Denn der Antrag auf Herausgabe der Bücher gründe sich nicht auf ein an den Büchern behauptetes Eigenthumsrecht oder ein nach HGB Art. 145 zustehendes Verwahrungsrecht — sei mindestens in dieser Richtung nicht substanzirt; vielmehr verlange Kläger überall nur eine zeitweise Deposition der Handlungsbücher in Hagen zum Zweck der Einsicht und Prüfung. Auf solche Deposition aber habe er nach HGB Art. 105, 28, 39 kein Recht, müsse sich vielmehr die Vorlegung der Bücher in Schwelm, dem gegenwärtigen Etablissementsort der Bekl., wohin sie die Bücher von dem früheren Geschäftssitz (Hagen) ohne Arglist gebracht habe, gefallen lassen.

Gegen diese Entscheidung hat die Nktbschw. u. A. den Vorwurf einer Verletzung der Art. 105, 28, 39 HGB durch unpassende Anwendung erhoben. Der Vorwurf erscheint begründet.

Ueber die Rechte gewesener Gesellschafter gegen einander nach aufgelöster Societät enthält Art. 105 HGB keine Bestimmung. Ein „Geschäftslokal,“ in welchem auch die nicht geschäftsführenden Gesellschafter jederzeit die Handelsbücher und Papiere der Gesellschaft einzusehen befugt und im Stande wären, besteht nach Auflösung der Gesellschaft nicht, mag auch deren Liquidation noch nicht beendigt sein. Vielmehr ist der ganze Unterschied zwischen geschäftsführenden Mitgliedern, unter deren un=

mittelbarer Aufsicht sich die Bücher und Papiere befinden, und den übrigen Socien weggefallen (HGB Art. 133, 134, 135, 140), und damit sind auch alle Konsequenzen dieses Unterschieds beseitigt. Insoweit greift das Prinzip des Art. 144 — die unveränderte Aufrechthaltung der bisherigen Rechtsverhältnisse bis zur beendigten Liquidation — nicht durch, sollte auch äußerlich die Stellung des bisher geschäftsführenden, nunmehr aber mit der Liquidation betrauten Gesellschafters anscheinend die gleiche geblieben sein. Nach beendigter Liquidation hat jeder gewesene Gesellschafter und jeder Rechtsnachfolger eines solchen ein Recht nicht nur auf Einsicht, sondern auch auf „Benutzung" der Bücher und Papiere (HGB Art. 145).

Ebensowenig läßt sich aus Art. 28, 39 HGB ein für den vorliegenden Fall maaßgebender Grundsatz entnehmen. Art. 28 ordnet gehörige Buchführung an; allein selbstverständlich wird deren Durchführbarkeit nicht dadurch beeinträchtigt, daß gewisse Bücher, insbesondere solche, welche einen bereits aufgegebenen Geschäftszweig betreffen, zeitweise entbehrt werden müssen. Art. 39 aber betrifft — wie dessen Zusammenhang mit dem Art. 37, 38, dessen Quellen und der Gang der Berathung klar ergeben [vgl. die Kommentare v. Hahn, Anschütz u. v. Völderndorff zum Art. 39) — lediglich die Vorlegung von Handlungsbüchern als Beweis- oder Gegenbeweismittel. Solche nach richterlichem Ermessen zu verfügende Vorlegung soll, sofern sich die Bücher nicht im Bezirk des Prozeßrichters befinden, durch das requirirte Gericht des Orts bewirkt werden, wo dieselben geführt werden. Eine Versendung ist sogar in diesem Falle nicht schlechthin ausgeschlossen; z. B. falls die Bücher zwar im Bezirk des Prozeßrichters, aber an einem anderen Orte als dem Gerichtssitz geführt werden. Gar nicht berührt aber ist in den Art. 37 ff. die über den einzelnen Prozeß hinaus liegende, den Gegenstand eines besonderen präparatorischen Rechtsstreits bildende Editionspflicht der Parteien.

Anschütz und v. Völderndorf I S. 282, II S. 291, 313, 159; § 93 AGO I, 10; Entsch. d. OTr. B. 32 S. 220, und Erk. v. 15. Juli 62, Arch. für WR B. XII S. 51 ff.

Hienach war die Nktbschw. für begründet zu erachten. In der Sache selbst jedoch mußte der materielle Inhalt des Appellurtels, mit einigen Modifikationen, aufrecht erhalten werden.

Die beiden Klageanträge haben einen durchaus verschiedenen Inhalt.

Der erste Antrag ist auf Herausgabe sämmtlicher das gemeinsame Geschäft betreffenden besonderen Bücher und Bilanzen gerichtet, und, falls solche fehlen sollten, auf Ertheilung beglaubigter Abschriften der das gemeinsame Geschäft betreffenden besonderen Conti aus den Handlungsbüchern der beklagten Handlung; der zweite Antrag dagegen geht auf zeitweise Deposition der das gemeinsame Geschäft nicht speziell betreffenden Handlungsbücher der beklagten Handlung, und zwar in Hagen.

Angenommen nun, daß Beklagte solche besondere Bücher oder doch besondere Conti über das gemeinsame Geschäft geführt hat: so steht zwar möglicherweise dem Kläger auf deren Herausgabe zu freier Verfügung oder Mitbenutzung ein Recht oder auf deren Verwahrung ein begründeter Anspruch zu; allein die thatsächlichen Grundlagen dafür sind nicht klargestellt, daher dieser Antrag zurückzuweisen war. Denn selbst angenommen, daß Kläger offener Gesellschafter der beklagten Handlung war, würde er an den von Letzterer für die gemeinsamen Fabrikationsgeschäfte geführten besonderen Büchern oder Conti nur Miteigenthum beanspruchen können, nicht aber ein ausschließendes Recht auf dieselben. Im günstigsten Falle waren diese Handlungsbücher somit gemeinschaftliche Urkunden im engeren Sinne, auf deren Mitbenutzung, nicht aber Herausgabe, dem Kläger ein mit der actio pro socio oder communi dividundo oder einer actio ad exhibendum bzw. in factum geltend zu machender Anspruch zustand:

L. 5, L. 8 pr. Dig. 10, 2; L. 9 pr. L. 3 § 14 Dig. 10, 4; L. 7 Cod. 2, 1; § 93 AGO I, 10; vgl. ALR Einleitung § 89, 90. Seuffert's Arch. IV Nr. 169, XIII Nr. 2981, XVIII Nr. 271, 274, XXII Nr. 148, XXIII Nr. 286; v. Vangerow Pandekten III § 708; Demelius die Exhibitionspflicht (Grätz 1872) S. 127 ff., 250 ff., 269 ff.; Renaud Civilprozeß § 125; C. F. Koch preuß. Privatrecht § 605.

Ist nun bei Auflösung der beiden Societäten keine Vereinbarung darüber getroffen worden, bei wem die Societäts-Bücher und Papiere zu verbleiben hätten: so war im Streitfall nach richterlichem Ermessen darüber Entscheidung zu treffen. Diese Entscheidung aber bestimmt sich nach mannigfachen Rücksichten. Während es einerseits von Einfluß sein kann, welcher Gesellschafter bisher die kaufmännische Leitung des Geschäfts einschließlich der Buchführung gehabt hat, ferner unter wessen Firma die Geschäfte geführt sind — so auf der andern Seite, wer von den Gesellschaftern „das Geschäft übernommen" hat; ja der Richter kann es geeignet finden, die Papiere einem Dritten in Verwahrung zu geben.

HGB Art. 145; vgl. L. 4 § 3, L. 5 Dig. 10, 2. Brinckmann Lehrbuch des HR § 52 gegen Ende.

Daß Handlungsbücher als „Pertinenzen" einer Handlung im Sinne der §§ 42, 44, 107 ALR I. 2 anzusehen seien, ist in dieser Allgemeinheit ebenso wenig richtig, als daß mit der sogen. Uebernahme der „Handlung" (welche allerdings hinsichtlich des Gußstahlgeschäfts seitens des Klägers stattgefunden hat) sich ohne Weiteres auch ein Anspruch auf die Handlungsbücher des „übernommenen" Geschäfts verbindet, zumal dessen Aktiva und Passiva nicht auf den Kläger übergegangen sind (Erk. des O.-App.-Ger. Lübeck von 1829 (Thöl, Entscheidungsgründe Nr. 27); v. Hahn Kom. I S. 105, 106 (2. Aufl.), sich vielmehr an die „Geschäftsübernahme" eine Liquidation des alten Geschäfts geknüpft hat, der Uebernehmer als solcher somit durch die früheren Geschäftsverhältnisse nicht berührt wird.

Jedenfalls ist (nach den eigenen Angaben des Klägers) dieser Anspruch zur Zeit nicht begründet. Denn in der Klage wird behauptet, daß die Liquidation des Feilenfabrikationsgeschäfts noch nicht beendigt sei, und in der Replik wird bestritten, daß die Liquidation des Gußstahlfabrikationsgeschäfts vertragsmäßig erledigt sei. Erst nach beendigter Liquidation aber ist über das weitere Schicksal der Bücher und Papiere richterliche Bestimmung zu treffen (HGB Art. 145), und dieselben dürfen bis zu diesem Zeitpunkt der Bekl. um so weniger entzogen werden, als diese die Liquidation besorgt. Wollte man daher auch den ersten Klageantrag im Sinne des zweiten verstehen, als auf nur zeitweise Deposition auch der besonderen Societätspapiere bei einem Dritten gerichtet: so kann auch diesem Antrag, sofern derselbe ein Recht auf Herausgabe voraussetzt, nicht entsprochen werden.

Beim zweiten Antrage handelt es sich nicht um Herausgabe, sondern um bloße Vorlegung. Ihre unzweifelhafte Editionspflicht hat Beklagte nicht bestritten, dagegen bilden Art, Ort und Umfang der Vorlegung Gegenstand des Streits.

Die Art der Vorlegung anlangend, unterliegt es keinem Bedenken, daß Kläger bei Einsicht und Prüfung der Bücher und Papiere sich der Hilfe Sachverständiger bedienen darf, zumal er unstreitig als bloßer Techniker mit der kaufmännischen Buchführung nicht vertraut ist, und das bis zur beendigten Liquidation allerdings streng persönliche Recht der Bucheinsicht nur die Vertretung durch Andere, nicht die Beihilfe Dritter ausschließt. Etwaigem Mißbrauch würde durch den Richter zu steuern sein.

Samml. handelsger. Entsch. in Bayern I. S. 8 ff.; Anschütz und v. Völderndorff Komm. I. S. 288, II. S. 214.

Den Ort der Vorlegung anlangend, will Kläger die Papiere in Hagen deponirt haben, Beklagte dieselben hingegen nur auf ihrem Comtoir in Schwelm vorlegen. Auf die Vorlegung in Hagen hat Kläger keinen Anspruch. Regelmäßig hat die Exhibition an demjenigen Orte zu geschehen, an welchem die Klage auf Exhibition angestellt wird; befindet sich die Sache ohne Arglist des Bekl. an einem dritten Orte, so braucht sie nur an diesem vorgelegt zu werden, es sei denn, daß Kläger auf seine Gefahr und Kosten deren Transport an den Klageort begehrt.

L. 38 Dig. 5, 1; L. 12 § 1 Dig. 16, 3; L. 11 § 1 Dig. 10, 4; L. 4 § 5 Dig. 2, 13. Demelius a. a. O. S. 191 ff.

In vorliegendem Falle ist Schwelm Ort der Klage und dort befinden sich zugleich die Papiere. Allerdings war Hagen Sitz des gemeinschaftlichen Geschäfts, und es mag bezweifelt werden, ob der Liquidator befugt sei, die Liquidation an einen dritten Ort zu verlegen. Allein Beklagte hatte zugleich ein eigenes Geschäft; dieses durfte sie nach Schwelm verlegen, und es erhellt nirgend, daß Kläger gegen die Liquidation des gemeinschaftlichen Geschäfts von Schwelm als Einsprache erhoben hat. Die Papiere befinden sich daher ordnungsmäßig in Schwelm. Inwieweit jedoch deren Vorlegung im Comtoir der

Bekl. ausreicht, um dem Kläger die erforderliche Prüfung zu ermöglichen und ob nicht für diesen Zweck die zeitweise Unterbringung der Papiere in einem anderen Lokal erforderlich sein wird, kann, als dem Vollstreckungsverfahren angehörig, zur Zeit auf sich beruhen.

Vgl. Seuffert's Arch. B. XV Nr. 124.

Betreffs des Umfangs der Edition endlich begehrt Kläger mit Recht die Vorlegung aller über die Societätsgeschäfte etwa geführten besonderen Bücher oder Conti, und hat Beklagte, welche deren Führung in Abrede stellt, den Editionseid, bzw. Manifestationseid zu leisten.

AGO I. 10 § 94, I. 22 § 28, 29 Nr. 1, 2.

Hat Beklagte keine besonderen Bücher über die Societätsgeschäfte geführt, so hat sie allerdings wider ihre Societätspflicht verstoßen (HGB Art. 28, 29, 5, 145); und es macht keinen Unterschied, ob sie die Societätsgeschäfte über die Feilen- und Gußstahlfabrikation als bloße Nebengeschäfte ihres seit langer Zeit betriebenen Eisen- und Stahlwaarengeschäfts angesehen hat, zumal sie selber zugiebt, daß sie um dieses Fabrikationsbetriebs willen während der Dauer von fünf Jahren den Sitz ihres Geschäfts von Schwelm nach Hagen verlegt hat. Wenn sie also (wie sie behauptet) sich damit begnügt hat, in die über ihr Eisen- und Stahlwaarengeschäft geführten Bücher zugleich die auf die Societätsgeschäfte bezüglichen Notizen einzutragen: so ist sie verbunden, die Gesammtheit dieser Bücher — insofern sie solche Notizen enthalten — seit Beginn des gemeinschaftlichen Betriebs, d. h. seit dem Jahre 59, dem Kläger zur Einsicht vorzulegen, da dem Kläger nicht zugemuthet werden kann, sich mit Abschriften einzelner Conti zu begnügen. Hierzu führt schon die Vorschrift des Art. 40 HGB

„die Mittheilung der Handelsbücher zur vollständigen Kenntnißnahme von ihrem ganzen Inhalt kann in — Gesellschaftstheilungssachen — gerichtlich verordnet werden,"

deren analoge Anwendung in vorliegendem Falle um so weniger Bedenken unterliegt, als während bestehender, wie nach aufgelöster Gesellschaft jedem Gesellschafter die Einsicht in sämmtliche die Societät betreffenden Bücher und Papiere ohne jede Beschränkung zusteht (HGB Art. 105, 145 Anschütz und v. Völderndorff Komm. II. S. 291, 313; Zschr. für HR XI. S. 135, 139).

Nachtrag.

Ebenso hat der II. Senat des OHG in der hessischen Oberappellationssache Steinhäuser ./. Wendel (Nr. 379 v. 72, I. Instanz: Landgericht Butzbach) durch Erk. v. 5. Juni 72 sich dahin ausgesprochen:

Kläger verlangen, daß Beklagter [mit welchem zusammen sie früher ein Weingeschäft geführt hatten] schuldig erkannt werde, alle in seinem Privateigenthum stehenden Bücher, soweit diese Aufzeichnungen in Bezug auf das gemeinschaftliche Weingeschäft enthalten, nicht nur für eine Gegenbeweisführung gegen die dem Bekl. obliegenden Einrede-Beweise, sondern auch zum Zwecke des Klage- und Replik-Beweises zu ediren. Diesem Antrage war zu entsprechen.

Es kann dahingestellt bleiben, ob eine prozessuale Editionsverbindlichkeit des Bekl. in dem von den Klägern verlangten Umfange begründet sein würde, wenn nicht eine civilrechtliche Verbindlichkeit dazu aus dem Societätsverhältniß, welches unter den Parteien zum Zweck des Betriebes eines gemeinschaftlichen Weinhandels bestanden hat, abzuleiten wäre. Beklagter war als socius verbunden, über die Einnahmen und Ausgaben für das Societätsgeschäft ordnungsmäßig Buch zu führen, den Klägern Rechenschaft zu geben und die über das Societätsgeschäft geführten Bücher den Klägern zur Einsicht vorzulegen (vgl. L. 9 pr. Dig. 2, 13). Bezüglich dieser, dem Bekl. als socius obliegenden, Pflicht kann es keinen Unterschied machen, ob Beklagter die auf das Societätsgeschäft bezüglichen Aufzeichnungen in ein ausschließlich dafür bestimmtes, den Gesellschaftern gemeinschaftlich gehörendes Buch oder auf besondere Blätter eines im Uebrigen zu Privataufzeichnungen des Bekl. dienenden, im alleinigen Privateigenthum des Bekl. befindlichen Buches oder auch vermischt mit Privataufzeichnungen eingetragen hat. Denn es ist einleuchtend, daß Beklagter durch eine unordentliche Buchführung sich nicht in eine günstigere, die Kläger nicht in eine ungünstigere Position bringen kann, als wenn er die Bücher durchaus ordnungsmäßig (vgl. Art. 28 ff. HGB) geführt hätte. Es ist auch offenbar unerheblich, ob die den Bekl. allein angehenden Aufzeichnungen oder die das gemeinschaftliche Weingeschäft betreffenden die überwiegenden sind. Den Klägern muß jedenfalls Einsicht aller zur letzteren Gattung gehörenden Aufzeichnungen gewährt werden. Den Klägern steht entschieden die Billigkeit, welche bei Fragen über die Editionspflicht von hervorragender Bedeutung ist (vgl. L. 3 § 11, 14 Dig. 10, 4; L. 1 Cod. 2, 1) zur Seite. Selbstverständlich ist, daß Kläger nur die auf das gemeinschaftliche Weingeschäft bezüglichen Stellen der zu edirenden Bücher einsehen dürfen, nicht aber die auf Privatverhältnisse des Bekl. allein bezüglichen Stellen (vgl. L. 10 § 2 Dig. 2, 13; c. 5 X. de fide instr. . . Art. 38 HGB). Welche Stellen zu der einen oder anderen Kategorie gehören, läßt sich zur Zeit genauer nicht bestimmen, darüber würde vielmehr im Streitfall noch eine besondere richterliche Entscheidung erfolgen müssen.

Nr. 20.

I. Senat. — Erkenntniß v. 10. Sept. 72. (B.)

Wittwe Weege ·|. H. Berger (Nr. 391 v. 72).

Preußen. **Wechselsache.** **Revision.**

I. Instanz: Stadtgericht Berlin,
II. Instanz: Kammergericht daselbst.

Preuß. Konkursrecht. Feststellung einer Forderung.

Hat nach der preuß. Konkursordnung v. 8. Mai 55 die Anerkennung einer angemeldeten Forderung durch den Konkursverwalter und die demgemäß erfolgende Feststellung des Anspruchs im Konkurse auch gegen die Person des Gemeinschuldners die Wirkung eines Urtels, namentlich für die Verjährungsfrage?

Vgl. Rspr. III S. 284 ff., 290 ff.

Entscheidung des OHG:

Die Klagewechsel, welche der Ehemann der Klägerin gezogen hat und welche Beklagter acceptirt haben soll, wurden in der Zeit vom letzten Januar bis 15. April 65 fällig. Der Konkurs über das Vermögen des Bekl. wurde am 9. Febr. 65 eröffnet und — nach erfolgter Vertheilung der Masse — am 30. Januar 68 beendet, diese Endschaft auch im Febr. 68 publizirt. Erst später als drei Jahre nach dieser Publikation (nämlich am 1. März 71) ist die vorliegende Klage eingegangen, welche den durch die Massenvertheilung nicht getilgten Rest der Wechselbeträge nebst Zinsen fordert. Dies Alles und daß die Wechselforderungen im Konkurse vom Massenverwalter anerkannt und vorschriftsmäßig als unstreitig festgestellt sind, ist unbestritten.

Die Klage ist mit Recht als verjährt zurückgewiesen. Die Verjährung würde nicht entgegenstehen, wenn das Anerkenntniß des Massenverwalters im Konkurse und die entsprechende Feststellung des Liquidats auch gegen den Gemeinschuldner persönlich und in Bezug auf sein nach der Konkursbeendigung erworbenes Vermögen die Kraft einer rechtskräftigen Entscheidung (Agnitionsresolution) hätte. Daß dies nicht der Fall, ist vom OHG bereits entschieden, und es genügt, auf das veröffentlichte Erk. v. 5. Dez. 71 [Rspr. III S. 290 ff.] zu verweisen. Sonach kann sich Klägerin auf die dreißigjährige Präskription (§ 10 des preuß. Ges. v. 31. März 38) nicht berufen. Für den nach Beendigung des Konkurses verfolgbaren Wechselanspruch gegen den Gemeinschuldner persönlich verblieb es vielmehr bei der kurzen Wechselverjährung (Art. 77, 80 DWO). Daraus ergiebt sich, daß die vorliegende Klage zu spät eingereicht und zugestellt ist.

Es ist nicht gegründet, daß die vorerwähnte Entscheidung des OHG einer früheren, v. 19. Sept. 71 [Rspr. III S. 285 ff.] widerspreche und letztere der Klägerin zur Seite stehe. Allerdings betraf diese frühere Entscheidung einen Thatbestand, welcher dem jetzt vorliegenden im Wesentlichen gleich war und das damals ergangene Appellurtel hatte im Resultat dem Wechselgläubiger eine längere Verjährungsfrist zugestanden, als die wechselmäßige. Allein dem OHG stand damals eine freie Beurtheilung des Falls nicht zu; es hatte lediglich über die erhobene Nichtigkeitsbeschwerde und die darin formulirten Angriffe zu befinden; und letztere (insbesondere die ihnen in der mündlichen Verhandlung gegebene Beschränkung) unterbreiteten dem OHG lediglich die Frage:

> ob der Feststellung einer Wechselforderung im Konkurse des Acceptanten durch Anerkenntniß des Verwalters an sich die Bedeutung einer rechtskräftigen Verurtheilung zukomme.

Nur diese Frage ist damals geprüft und entschieden. Es ist ausgesprochen, daß jene Feststellung — ungeachtet sie nicht in der Form eines Urtels erscheine und durch Rechtsmittel nicht angreifbar sei — „für den Konkursprozeß und dessen Endziel, nämlich die gesetzmäßige Vertheilung der Konkursmasse, in ihren materiellrechtlichen Folgen von einem rechtskräftigen Erkenntniß sich in nichts unterscheide", und daß es mit der vom Gesetzgeber intendirten „raschen Erledigung der Konkursprozesse" unvereinbar sei, jener Feststellung „nur die Wirkungen der Vollstreckbarkeit bei Vertheilung der Konkursmasse und nicht zugleich die einer rechtskräftigen Entscheidung beizulegen". Auch ist zum Schluß zu besserer Verdeutlichung ausdrücklich hervorgehoben: daß nicht sicher erkennbar sei, ob der (damalige) Appellrichter von dem Grundsatz ausgegangen:

> die Feststellung einer Forderung auf Grund des Anerkenntnisses des Verwalters habe auch gegen die Person des Gemeinschuldners und selbst im Falle der Konkursbeendigung durch Massevertheilung die Wirkungen einer rechtskräftigen Verurtheilung,

daß aber jedenfalls dieser Grundsatz bei der Beantwortung der nach Maaßgabe der erhobenen Angriffe allein zu entscheidenden Streitfrage der Prüfung nicht bedürfe, also auch nicht entschieden werde.

Klägerin hat noch geltend gemacht: „Beklagter sei bei der Erörterung der Liquidate gehört, habe auch die sämmtlichen Wechselforderungen als richtig anerkannt und auf dieses Anerkenntniß gründe sich das des Verwalters, wie Letzterer bezeugen werde." Aus dieser Aufstellung ist nicht ersichtlich, ob Klägerin nur eine private Besprechung des damaligen Gemeinschuldners mit dem Konkursverwalter gemeint hat, oder ob sie hat behaupten wollen, der Gemeinschuldner sei vom Richter-Kommissar vernommen, und sein Anerkenntniß sei nicht nur protokollarisch, sondern auch — gegen Brauch und Vorschrift — in der „tabellarischen Nachweisung" vermerkt (§ 170 bis 173 der Konkurs-Ordnung v. 8. Mai 55). Bei dieser Unklarheit des Anführens kann unerörtert bleiben, welche Bedeutung einem derartigen Vermerk gegen den Gemeinschuldner persönlich betreffs der Unterbrechung und der Dauer der Verjährung zukommen mag, und ob die im § 171 a. a. O. vorgeschriebene „Zuziehung des Gemeinschuldners" ihm nur die Stellung einer Auskunftsperson oder die einer Partei einräumen soll.

Nr. 21.

I. Senat. — Erkenntniß v. 10. Sept. 72. (V.)

H. Marcus c. J. Czapski (Nr. 398 v. 72).

Preußen. **Nichtigkeitsbeschwerde.**

I. Instanz: Kreisgericht Krotoschin,
II. Instanz: Appellationsgericht Posen.

Handelskauf, Selbsthilfemaaßregel des Verkäufers.

Wenn der Verkäufer im Falle des Art. 343 Abs. 2 HGB den Verkauf der Waare durch einen öffentlichen Beamten (namentlich einen beeideten Handelsmakler*) bewirken läßt, so braucht er zur Begründung einer Preisdifferenzforderung nicht zu beweisen, daß der Verkauf „zum laufenden Preise" erfolgt sei. Die Erzielung des laufenden Preises wird, bis zum Beweise des Gegentheils, vermuthet.

Entscheidung des OHG:

Der Appellrichter stellt fest, daß es sich um eine Waare handelt, welche am betreffenden Orte (Posen) einen Marktpreis hatte und daß Kläger den Verkauf in Gemäßheit

* Vgl. Art. 66 HGB und Rspr. IV S. 297, 301.

des Art. 343 HGB durch einen beeidigten Makler vornehmen ließ. Er vermißt jedoch den Nachweis, daß dieser Verkauf zum laufenden Preise geschehen sei und erklärt, weil Kläger einen derartigen Beweis nicht erboten, sei dessen Anspruch auf Entschädigung nicht begründet und der bewirkte Verkauf überhaupt für den Beklagten nicht bindend, so daß es auch ohne Belang sei, wenn dieser selbst zugestehe, der Marktpreis sei am betreffenden Tage nur 25 Thaler per Wispel Hafer gewesen.

Die Ansicht des Appellrichters ist rechtsirrthümlich und verstößt, wie die Nktbschw. mit Recht rügt, gegen Art. 343 und 354 HGB.

Die Ausnahmebestimmung, welche Art. 343 HGB für Waaren giebt, welche einen Börsenpreis oder Marktpreis haben, fand sich ursprünglich blos im Art. 235 des preuß. Entwurfs (jetzt Art. 311), welcher die Veräußerung von Faustpfändern behandelte, und wurde aus diesem entnommen, weil man auch dem Verkäufer ein Mittel geben wollte, dem säumigen Käufer gegenüber sich in schneller und einfacher Weise Selbsthilfe zu verschaffen, insbesondere sein Lager zu räumen und sich der Sorge für Aufbewahrung der Sache zu entschlagen.

Als jener Art. 235, welcher vom Verkauf zum „Tagespreise“ sprach, in erster Lesung berathen wurde, erhob man Bedenken, ob eine solche Bestimmung sachgemäß sei, weil der, zudem erst am Schlusse des Tages sich bestimmende Tagespreis etwas höchst Unsicheres sei und Prozesse über die Angemessenheit des Preises entstehen könnten. Es wurde jedoch diesem Bedenken nicht Rechnung getragen und nur beschlossen, statt „zum Tagespreise“ zu setzen: „zum laufenden Preise“, weil dieser Ausdruck, welcher im Wesen nichts Anderes sagen sollte, sachgemäßer sei (Sitzungs-Prot. der Nürnberger Konferenz S. 486 und 487).

Bei Art. 260 des preuß. Entwurfs (jetzt Art. 343) wurde beschlossen, auf jenen Art. 235 einfach Bezug zu nehmen (Prot. S. 629). In dem auf Grund der Beschlüsse erster Lesung bearbeiteten Entwurf der Redaktions-Kommission waren in den betreffenden Artt. 261 und 285 die Worte: „zum laufenden Preise" weggelassen.

Bei zweiter Lesung wurde zum Art. 261 eine Fassung beschlossen, welche besagte Worte wieder enthielt, (Prot. S. 1345 Anlage B) ohne daß jedoch die Wiederherstellung der früheren Fassung näher debattirt worden wäre. Zum Art. 285 Abs. 2 wurde jedoch ein Beschluß gefaßt, der besagte Worte nicht enthielt, gleichfalls ohne bezügliche Motivirung (Prot. S. 1374 und 1375). In dem auf Grund der Beschlüsse zweiter Lesung gefertigten Entwurf findet sich die jetzige Fassung, sind also beide Artikel in Uebereinstimmung gesetzt: Artt. 291, 320, 332.

Aus dieser Geschichte der Entstehung des fragl. Beisatzes läßt sich im Allgemeinen entnehmen, daß man einen besonderen Werth auf denselben nicht legte, und daß es die Absicht des Gesetzgebers nicht war, ihm eine so weitgreifende Bedeutung zu geben, wie sie der Appellrichter angenommen hat.

Es entspricht letzteres aber auch durchaus nicht dem Geiste des Gesetzes. Das Gesetz unterscheidet

1) gewöhnliche Waaren und
2) Waaren, die einen Börsenpreis oder Marktpreis haben.

In beiden Fällen erlaubt es zwar, ohne Anrufen des Richters zum Verkauf zu schretten, schützt jedoch das Interesse des anderen Theils durch besondere Vorschriften. Im ersten Fall besteht dieser Schutz darin, daß der Verkauf ein öffentlicher sein muß, im zweiten Falle darin, daß ein öffentlicher Beamter (beeidigter Makler 2c.), welcher kraft seines Amtes verpflichtet ist, für das Interesse beider Theile zu sorgen, den Verkauf vorzunehmen hat (Prot. S. 1339). Man hielt in letzterem Falle diese geringere Garantie für ausreichend im Hinblick auf die Natur der Waaren, weil diese einen Börsen- oder Marktpreis haben, also einestheils vorauszusetzen ist, es werde auch ohne Oeffentlichkeit leicht sein, sie zum wahren Preise zu veräußern, anderntheils es nicht schwierig ist, den Verkauf zu kontrolliren und festzustellen, ob in der That zum angemessenen Preise verkauft worden (Prot. S. 4573).

Wenn beigefügt ist, es müsse „zum laufenden Preise" verkauft werden: so soll dies bedeuten, daß im Gegensatz zum Falle des öffentlichen Verkaufs, es hier gestattet sein solle, auf Prüfung der Frage, ob in der That zum laufenden Preise verkauft sei, einzugehen und diese Frage nicht schon durch die Intervention eines öffentlichen Beamten oder Maklers für beseitigt zu halten. Es wird in dieser Weise nicht blos ein wirksamer Schutz gegen doloses oder nachlässiges Verhalten des mit dem Verkauf beauftragten Beamten gegeben, sondern auch der betreibende Theil veranlaßt, in Fällen, wo sich wegen besonderer Umstände ein angemessener Preis durch Verkauf aus freier Hand nicht erreichen läßt, den sichereren Weg des öffentlichen Verkaufs zu wählen.

Hieraus folgt nun aber keineswegs, daß das Gesetz von demjenigen, welcher bei Vorlage der gesetzlichen Voraussetzungen durch einen öffentlichen Beamten hat verkaufen lassen, den Beweis verlange, daß der wirkliche Marktpreis erzielt worden. Würde ein solcher Beweis verlangt, so wäre es unnöthig gewesen, den Verkauf durch einen öffentlichen Beamten vorzuschreiben; denn jener Beweis an und für sich würde für den Pfandschuldner oder Käufer genügende Garantie bieten, wie er denn auch beim Eintritt des Kommissionärs als Selbstkontrahent (Art. 376) oder bei Berechnung der Entschädigung des Käufers im

Fixgeschäft (Art. 357) als ausreichend erachtet wurde. Der Gesetzgeber hätte dann ohne alle Gefahr den Selbstverkauf gestatten können. Offenbar war daher der Gesetzgeber, indem er die Beiziehung eines öffentlichen Beamten oder Maklers verlangte, der Meinung, daß hiedurch der Nachweis des fragl. Preises — ein Nachweis, der in Fällen, wo amtliche Notirungen nicht stattfinden *, seine Schwierigkeiten hat — unnöthig gemacht werde, daß eine Vermuthung dafür bestehe, es habe jener Beamte pflichtgemäß zum laufenden Preise verkauft. Der Appellrichter verkennt daher den Sinn des Gesetzes, wenn er vom Kläger einen bezüglichen Beweis verlangt.

Sein Erkenntniß war daher zu vernichten.

Bei freier Beurtheilung kann es zunächst, nach der vorhergehenden Ausführung, keinem Bedenken unterliegen, daß die Klage nicht aus dem vom Appellrichter aufgestellten Grunde abgewiesen werden kann.

Nach Behauptung des Klägers ist der Verkauf der Waare durch einen amtlich bestellten Handelsmakler erfolgt. Der Makler war (wie sich aus den Anführungen des Klägers ferner ergiebt) beauftragt, zum laufenden Preise zu verkaufen. Daß dieser Auftrag erfüllt und zum laufenden Preise verkauft sei, dafür streitet nach obiger Darlegung die Vermuthung. Es war Sache des Bekl., in dieser Beziehung eine Einrede zu erheben und gehörig zu substanziren. Nirgend hat aber Beklagter im Laufe der Instanzen eine solche Einrede vorgeschützt; es ist daher jede Erörterung, ob unter dem laufenden Preise verkauft sei, ausgeschlossen. . .

Noch weniger kann Beklagter mit der Einrede Gehör finden, der Verkauf sei nach Art. 357 HGB verspätet. Die Voraussetzung, worauf diese Einrede beruht, das Ge-

* Vgl. Rspr. II S. 103 ff.

schäft sei als ein Fixgeschäft (im Sinne des Art. 357) anzusehen, ist unhaltbar. Mag den Angaben des einen oder anderen Theils gefolgt werden, so bleibt doch immer unersichtlich, wie die Annahme sich rechtfertigen ließe, eine wesentliche, den Charakter des Geschäfts bedingende Vertragsbestimmung sei gewesen, die Waare müsse genau zu einer festbestimmten Zeit oder binnen einer festbestimmten Frist geliefert werden [Rspr. II S. 79, IV S. 177, V S. 351, VI S. 91, 97, VII S. 206, 213].

Zweifelhaft könnte erscheinen, ob der Klage nicht der von Gewährung einer Nachfrist handelnde Art. 355 HGB entgegenstehe; aber auch dies ist nicht der Fall, weil (nach den übereinstimmenden Angaben der Parteien) Kläger erst dann zum Verkauf geschritten ist, als die Weigerung des Bekl., die Waare abzunehmen und den Vertrag zu erfüllen, zweifellos vorlag [Rspr. III S. 2 n., IV S. 61, 124, V S. 362, VI S. 278, VII S. 257].

Nr. 22.

I. Senat. — Erkenntniß v. 10. Sept. 72. (B.)

F. E. Szarbinowski's Erben . F. E. v. Loebbecke (Nr. 427 v. 72).

Preußen. **Nichtigkeitsbeschwerde.**

I. Instanz: Stadtgericht Breslau,
II. Instanz: Appellationsgericht daselbst.

Pfandvertrag, kommissorische Klausel.

§ 33 ALR I. 20 setzt voraus, daß bei ausbleibender Zahlung der Schuld dem Gläubiger das Unterpfand um einen gewissen Preis zufallen soll, und beruht auf der Erwägung, daß leichtfertige Schuldner sich immer der Hoffnung hingeben, bei Verfall der Schuld Zahlung leisten zu können. Der Zweck der Vorschrift ist, zu verhüten, daß dieser Leichtsinn vom Gläubiger ausgebeutet werde.

Vgl. Rspr. V S. 211.

Entscheidung des OHG:

Der Appellrichter spricht aus, daß die Klage — auch wenn an sich begründet — durch die Einrede, daß nachträglich (im Februar 56) ein giltiges Kaufgeschäft über die ursprünglich verpfändeten [jetzt zurückgeforderten] Werthpapiere zu Stande gekommen sei, beseitigt erscheine. Er adoptirt in dieser Beziehung die Ausführung des I. Richters, namentlich auch, soweit es sich um die Replik handelt, daß jenem Abkommen das Verbot des § 33 ALR I. 20 entgegenstehe. In letzterer Beziehung wird seine Entscheidung mit der Rüge angefochten, es seien § 33 und 34 ALR I. 20 verletzt, weil nicht festgestellt, daß das Kaufgeschäft nach Verfall der Darlehnsschuld abgeschlossen worden sei. Diese Rüge erscheint unbegründet.

Der I. Richter, dessen Auffassung der Appellrichter theilt, geht von der Unterstellung aus, es sei Mitte Okt. 55 ein Darlehn mit Pfandbestellung, rückzahlbar nach Verlauf eines Jahres, gegeben und dabei bedungen worden, daß der Gläubiger bis Febr. 56 berechtigt sei, die verpfändeten Werthpapiere um einen (den Darlehnsbetrag von 12000 Thalern übersteigenden) Preis von 15500 Thalern in Eigenthum zu übernehmen; von diesem Recht habe derselbe vertragsmäßig Gebrauch gemacht, es habe deshalb am 25. Febr. 56 eine Abrechnung stattgefunden, in Folge deren der Gläubiger auf die bedungene Valuta noch 1326 Thaler als Rest bezahlt und die Verpfändungsscheine dem Schuldner zurückgegeben habe.

Offenbar ist mit Recht angenommen, daß dieses Abkommen unter das Verbot des § 33 ALR I. 20 nicht falle. Letztere Gesetzesbestimmung setzt voraus, daß für den Fall *ausbleibender Zahlung der Schuld*, dem Gläubiger das Pfand um einen gewissen Preis zufallen soll. Es liegt ihr die Erwägung zu Grunde, daß leichtfertige Schuldner sich immer der Hoffnung hingeben, bei Verfall der Schuld Zahlung leisten zu können, und ihr Zweck ist, zu verhüten, daß dieser Leichtsinn vom Gläubiger ausgebeutet werde. Ganz anders verhält es sich in vorliegendem Falle. Es war hier dem Gläubiger ohne alle Rücksicht darauf, ob am Verfalltage Zahlung erfolge oder nicht, das Recht eingeräumt, sofort nach Abschluß des Vertrages, nach freiem Belieben die verpfändete Sache um einen bestimmten Preis zu erwerben, und der Zeitraum, innerhalb dessen seine Erklärung geschehen mußte, endete sogar vor dem Verfalltage. Der Schuldner wußte hier von vornherein, daß der Gläubiger unter allen Umständen (mochte Verzug in der Zahlung eintreten oder nicht) von dem vorbehaltenen Rechte Gebrauch machen dürfe, konnte also nicht durch die trügerische Hoffnung, zur bestimmten Zeit zahlen zu können, zur Eingehung der Stipulation verleitet worden sein.

Eine derartige Vereinbarung läßt sich unter das Verbot des § 33 ALR I. 20 unmöglich bringen; noch weniger aber könnte es gestattet sein, dieses Verbot aus den Bestimmungen des § 34 daselbst zu folgern.

Nr. 23.

I. Senat. — Erkenntniß v. 10. Sept. 72. (V.)

A. Hansen ./. Voigt & Speich (Nr. 541 v. 72).

Preußen. Wechselsache. Nichtigkeitsbeschwerde.

I. Instanz: Kreisgericht Quedlinburg,
II. Instanz: Appellationsgericht Halberstadt.

Sichtwechsel. Präsentationsfrist, Verjährung.

1. Die Festsetzung einer (gewillkürten oder gesetzlichen) Präsentationsfrist für Sichtwechsel hat die Bedeutung, dem Sichtwechsel bezüglich der Fälligkeit (im Wesentlichen) die Wirkung eines bedingten Datowechsels zu geben.

DWO Art. 31; Konf.-Prot. S. 42; Rspr. IV S. 40, 86.

2. Die Verjährung der Wechselklage beginnt bei einem Sichtwechsel dem Hauptwechselschuldner gegenüber mit dem Tage der Präsentation, sofern diese innerhalb der bestimmten Präsentationsfrist erfolgt, spätestens aber mit Ablauf letzterer Frist.

DWO Art. 31, 77, 100; Rspr. V S. 191.

Entscheidung des OHG:

Der Appellrichter verwirft die Einrede der Verjährung, indem er annimmt, daß bei Sichtwechseln die Verjährung der Wechselklage, dem Hauptwechselschuldner gegenüber, unbedingt erst beginne mit dem Tage der Präsentation des Wechsels, und daß insbesondere die im Art. 31 DWO für Sichtwechsel bestimmte zweijährige Präsentationsfrist für den Lauf der Verjährung ohne Belang sei. Die Nktbschw. rügt, daß durch diese Entscheidung die Art. 31, 98 und 100 DWO verletzt seien, und diese Rüge erscheint begründet.

Allerdings ist insofern dem Appellrichter beizupflichten, als er annimmt, es beginne die Verjährung der Wechselklage beim Sichtwechsel nicht mit dem Zeitpunkt, wo der Wechselinhaber befugt sei, dessen Zahlung zu verlangen, also vom Tage der Ausstellung. Nach Art. 100 DWO — welcher, da es sich um eigene Wechsel handelt, maaßgebend ist — verjährt der wechselmäßige Anspruch gegen den Aussteller des Eigenwechsels in 3 Jahren, vom Verfalltage des Wechsels an gerechnet, und im Art. 31 bzw. 98 DWO ist bestimmt, daß ein auf Sicht gestellter Wechsel bei der Vorzeigung fällig werde. Hieraus ergiebt sich klar als Regel, daß nicht das Recht zur Präsentation, sondern nur die erfolgte Präsentation den Wechsel im Sinne der DWO fällig macht, daß also nach dem Willen des Gesetzes dieser letztere Zeitpunkt für den Lauf der Verjährung maaßgebend ist.

Es ist dies um so zweifelloser, als bei den Verhandlungen der Leipziger Wechselkonferenz ausdrücklich ausgesprochen wurde, es könne bei Sichtwechseln die Verjährung vor erfolgter Präsentation nicht beginnen, und zwar in einer Weise, die erkennen läßt, daß man dies als selbstverständlich ansah (Prot. S. 44, zu Art. 19). Irrig ist es jedoch, wenn der Appellrichter meint, die Präsentationsfrist, welche Art. 31 DWO für Sichtwechsel festsetzt, sei in gleicher Weise, wie sie dem Acceptanten des gezogenen, sowie dem Aussteller des eigenen Wechsels gegenüber nicht präjudizirend wirke *, auch unerheblich für die Verjährung der gegen diese Personen bestehenden Wechselklage. — Es wird dies klar, wenn man Veranlassung und Zweck der Bestimmungen des zitirten Art. 31 in's Auge faßt.

Wenn es auch in der Natur des Sichtwechsels begründet ist, daß die Bestimmung des Zeitpunkts der Fälligkeit dieses Wechsels einige Zeit hindurch blos vom Belieben des Wechselinhabers abhängt: so müßte es doch als großer Mißstand erscheinen, wenn dieser Zustand unbegrenzte Zeit hindurch fortdauern würde, wenn es also unbedingt nur von der Willkür des Wechselinhabers abhinge, wie lange die Haftpflicht des Regreßpflichtigen dauern und wann der Lauf der Verjährung beginnen solle.

Um diesem Mißstand zu begegnen, fand sich der Gesetzgeber veranlaßt, vorzuschreiben, daß der Sichtwechsel binnen bestimmter Frist zur Zahlung präsentirt, also fällig gemacht werden müsse, oder (um mit seinen eigenen Worten zu sprechen) den Sichtwechsel durch Bestimmung einer Präsentationsfrist in eine Art Datowechsel umzuwandeln; Prot. S. 42, 45. Unverkennbar hat daher die Festsetzung einer Präsentationsfrist nach dem Willen des Gesetzgebers die Bedeutung, dem Sichtwechsel, was die Frage der Fällig-

* Vgl. Rspr. IV S. 40, 86.

keit betrifft, im Wesentlichen die Wirkungen eines bedingten Datowechsels zu geben; es ist also jeder Sichtwechsel in dieser Beziehung so aufzufassen, als ob er lautete: „Nach Sicht, spätestens aber 2 Jahre a dato, zahlen Sie oder zahle ich &c."

Sowie beim gewöhnlichen Datowechsel der Wechsel, welcher nicht rechtzeitig zur Zahlung präsentirt wird, bezüglich der Regreßansprüche präjudizirt erscheint, während der Wechselanspruch gegen den Hauptwechselschuldner fortbesteht, so lange er nicht verjährt ist: so ist es auch beim Sichtwechsel der Fall.

Mit dieser Auffassung steht die Bestimmung im Art. 20 Abs. 3 DWO in vollstem Einklange, welche offenbar nicht als Ausnahmebestimmung, sondern als Anwendung des den Gesetzgeber leitenden allgemeinen Prinzips aufzufassen ist. Die Bestimmung im Art. 31 Abs. 1 DWO, daß Sichtwechsel bei Vorzeigung fällig werden, steht mit derselben keineswegs im Widerspruch, denn sie bezieht sich selbstverständlich nur auf den Fall, wo der Wechselinhaber von seiner Befugniß, den Wechsel vor Ablauf der Präsentationsfrist zur Zahlung zu präsentiren, Gebrauch macht (vgl. Erk. v. 2. Jan. 72, Rspr. V S. 191).

Aus vorstehenden Erörterungen ergiebt sich, daß das Appellurtel zu vernichten ist.

Bei freier Beurtheilung erhebt sich zunächst die Frage, ob die eingeklagten Wechsel wegen Versäumung rechtzeitiger Präsentation dem Aussteller gegenüber als präjudizirt zu betrachten seien. Mit Recht wurde der bezügliche Einwand von beiden Vorrichtern verworfen.

Wenn Art. 31 DWO vom Verlust der wechselmäßigen Ansprüche gegen Aussteller und Indossanten spricht, so hat er nur deren Regreßpflicht im Auge, läßt sich also auf den Aussteller eines eigenen Wechsels, welcher als Haupt=

wechselschuldner in Anspruch genommen wird, nicht anwenden [Rspr. IV S. 86].

Was jedoch die Einrede der Verjährung betrifft, so erscheint dieselbe nach obigen Erörterungen begründet, da bei der Klageerhebung mehr als 5 Jahre seit Ausstellung der Wechsel verstrichen waren.

Nr. 24.

II. Senat. — Erkenntniß v. 11. Sept. 72. (Z.)

E. Hellendal ·/. A. Menge (Nr. 424 v. 72).

Preußen. **Nichtigkeitsbeschwerde.**

I. Instanz: Kreisgericht Rawicz,
II. Instanz: Appellationsgericht Posen.

Kompensation, Eintritt.

Sobald zwei zur Aufrechnung (Wettschlagung) geeignete Forderungen einander gegenüber stehen, ist das Recht zur Kompensation allerdings vorhanden (compensatio fit ipso iure); aber dieses Recht bedarf noch einer Verwirklichung (compensatio in actu).*

§ 300 ALR I. 16; L. 4, L. 21 Dig. 16, 2.
Windscheid Pandekten § 349 n. 3: „Die Kompensation wirkt nicht ipso iure, aber sie tritt ipso iure ein."

* In der sächsischen Appellsache Kölner ·/. Goldstein (Nr. 364 v. 72, I. Instanz: Handelsgericht Leipzig) hat der II. Senat des OHG durch Erk. v. 20. Sept. 72 ausgesprochen:

1) Die Grundsätze über die Anrechnung einer Zahlung beim Vorhandensein einer Mehrheit von Forderungen sind auch anwendbar, wenn beim Gegenüberstehen mehrerer kompensabler Gegenforderungen eine Aufrechnung geltend gemacht wird (kgl. sächs. bürgerl. GB § 993, 977 ff.).

2) Der Spruchpraxis des gemeinen Rechts ist der Rechtssatz, daß eine Kompensations-Einrede nicht durch eine replica compensationis entkräftet werden kann, wenigstens in Bezug auf nicht konnexe Gegenforderung keineswegs fremd.

Entscheidung des OHG:

Der . . . Satz, daß die Kompensation zweier einander gegenüberstehender Forderungen von Rechtswegen eintrete, wenn eine Partei sich darauf berufe, ist nur unter der Beschränkung und in dem Sinne richtig, daß das Recht zur Kompensation allerdings von Rechts wegen vorhanden ist, daß dasselbe aber dennoch einer Verwirklichung (compensatio in actu) bedarf. Wenn an dieses Verhältniß in der Wissenschaft des gemeinen Rechts sich noch Streitfragen knüpfen, so existiren solche nicht auf dem Gebiet des ALR. Letzteres definirt (§ 300 Tit. 16 Th. I) die Kompensation als die Aufhebung der Verbindlichkeiten durch gegenseitige Anrechnung dessen, was Einer dem Anderen schuldig ist. Indem es eine solche „Anrechnung" als zum Begriff der Kompensation nöthig voraussetzt, schneidet es den Schulstreit des gemeinen Rechts in Betreff der ipso jure eintretenden Wirkung des Kompensationsrechts ab.

Förster Theorie und Praxis 2c. B. I S. 568.

Nun hat in dem Vorprozeß, welchen N. als Cessionar gegen den Bekl. geführt, Beklagter zunächst die damals eingeklagte Forderung wegen Ungiltigkeit der erfolgten Cession bestritten, demnächst dem N. eine Reihe von Kompensationsforderungen entgegengestellt. Unter diesen figurirte auch die hier in Rede stehende Forderung, aber nur eventuell, an letzter Stelle, während derselben andere Forderungen, deren Betrag die N.'sche Forderung schon überstieg, vorhergingen. Wenn darauf hin N. seine Klage zurückgenommen hat, es also zu einer Feststellung der beiderseitigen Forderungen und zu einer Aufrechnung derselben gegen einander gar nicht gekommen ist: so hat der Appellrichter mit Recht und im Einklang mit den maaßgebenden Grundsätzen angenommen, daß eine Realisirung der streitigen Forderung durch Kompensation im N.'schen Prozeß sich nicht vollzogen hat.

Nachtrag.

Ueber den vorgedachten Rechtssatz sowie über die Kompensabilität bedingter oder betagter Forderungen (namentlich im Konkurse) hat der II. Senat des OHG sich nach gemeinem Recht in Sachen J. Mond ·/. Schmidt & Meyer, als Rechtsnachfolger der H. Malcomeß'schen Debitsache (Nr. 411 v. 73, I. Instanz: Kreisgericht Cassel) durch V. Erk. v. 11. Juni 73 dahin ausgesprochen:

H. Malcomeß hat eine ihm gegen Br. zustehende Forderung von angeblich 3000 Thlrn. dem Bekl. cedirt. Als Cessionsvaluta hat Beklagter zunächst nur 750 Thaler bezahlt, dem Cedenten jedoch am 20. Nov. 69 eine Urkunde des Inhalts ausgestellt:

> Nachdem mir heute Malcomeß seine Forderung an Br. . . . cedirt und über die Valuta quittirt hat, so bekenne ich, daß ich auf diese Valuta nur 750 Thaler bezahlt habe; den Rest der Valuta werde ich bezahlen, sobald und insoweit solche von dem cedirten Schuldner eingegangen ist.

Malcomeß hat am 16. Dez. 69 dem Gericht seine Insolvenz angezeigt und es ist demnächst Konkurs eröffnet; Beklagter hat gegen Br. 1200 Thaler eingeklagt, durch rechtskräftiges Urtel v. 21. Okt. 70 erstritten und bezahlt erhalten. Im vorliegenden, im Juni 71 anhängig gemachten Prozeß hat nun der Curator des Malcomeß'schen Konkurses gegen den Bekl. 450 Thaler von der Cessionsvaluta eingeklagt. Bei der Distribution der Masse ist dieser Anspruch der Firma Schmidt & Meyer überwiesen worden. Beklagter hat den eingeklagten Anspruch zwar nicht bestritten, aber excipiendo die Kompensation mit mehreren Forderungen verschiedener Gläubiger des Gemeinschuldners, welche ihm vor der Konkurs-Eröffnung cedirt worden, geltend gemacht. Der I. Richter hat die Einrede verworfen, weil der Anspruch des Gemeinschuldners gegen den Bekl. ein bedingter, von dem ungewissen Umstande, daß die cedirte Forderung an Br. eingehen würde, abhängiger, die Bedingung aber zur Zeit der Konkurs-Eröffnung noch nicht eingetreten gewesen sei. Der Appellrichter hat die Entscheidung von einem der Klägerin aufgelegten Delat-Eide darüber:

> daß Beklagter dem Malcomeß vor der Konkurs-Eröffnung nicht erklärt habe, es solle mit den fragl. Gegenforderungen gegen die jetzt eingeklagte Cessions-Valuta kompensirt sein,

abhängig gemacht, im Schwörungsfalle den Bekl. nach dem Klageantrage verurtheilt, im Ablehnungsfalle die Klage abgewiesen. Dagegen hat Beklagter Nktbschw. eingelegt, welche begründet erscheint, Kläger hat adhärirt [vgl. Rspr. I S. 271, V S. 65].

I. Der Appellrichter hat den Anspruch des Malcomeß auf die eingeklagte Cessions-Valuta nicht als einen bedingten, sondern wie einen betagten behandelt. Hiegegen ist die erste Beschwerde der Klägerin und Adhärentin gerichtet, welche den Anspruch als einen bedingten behandelt wissen will. Diese Beschwerde ist jedoch nicht begründet. Der Appellrichter gelangt durch Interpretation der Cessions-Urkunde zu folgender Auffassung des Rechtsverhältnisses: „Malcomeß habe seine Forderung an Br. dem Bekl. pure cedirt; die Cessions-Valuta sei auf den Nominal-Betrag der cedirten Forderung vereinbart, Malcomeß als Cedent habe aber die Gewähr nicht blos für die Verität, sondern auch für die Bonität der cedirten Forderung übernommen; zur Sicherung dieses Gewährleistungs-Anspruchs sei dem Cessionar das Recht eingeräumt, einen entsprechenden Betrag der Cessions-Valuta zu retiniren; sobald und insoweit der debitor cessus Zahlung leisten würde, sollte dieses Retentionsrecht zessiren und die Cessions-Valuta gezahlt werden; soweit aber Zahlung seitens des debitor cessus nicht geleistet würde, sollte der Gewährleistungsanspruch gegen den Anspruch auf die Cessions-Valuta aufgerechnet werden und in tantum erlöschen. Dieserhalb glaubt der Appellrichter die eingeklagte Forderung einer betagten gleichstellen zu dürfen. In dieser Argumentation kann eine Aktenwidrigkeit * nicht gefunden werden. . . Es ist auch nicht anzunehmen, daß der Appellrichter den Art. 278 HGB verletzt habe, da die Entscheidungsgründe nicht erkennen lassen, daß der Richter auf den Buchstaben der Cessionsurkunde mehr Gewicht, als auf einen ersichtlich abweichenden Willen der Kontrahenten gelegt habe, vielmehr im Gegentheil ergeben, daß der Richter bemüht gewesen ist, ohne Rücksicht auf die gebrauchten Worte die Intention der Kontrahenten ** zu erforschen. Endlich macht die Adhärentin dem Appellrichter mit Unrecht den Vorwurf, den Begriff der Bedingung verkannt und die L. 2 Dig. 35, 1 verletzt zu haben; das Appellurtel stellt „Bedingung" und „Zeitbestimmung" gegenüber, und in dem (wie bereits angegeben worden) durch Interpretation konstruirten Rechtsgeschäft ist jedenfalls eine Suspensiv-Bedingung nicht zu finden. Uebrigens wird sich ergeben, daß auch, wenn der Anspruch des Malcomeß auf die Cessions-Valuta als ein suspensiv-bedingter anzusehen wäre, die Kompensationseinrede dennoch begründet sein würde.

II. Der Appellrichter argumentirt weiter so: „da die Zeitbestimmung lediglich im Interesse des Schuldners beigefügt sei, so könne Letzterer die Schuld auch vor Eintritt des Zahlungstages tilgen; wenn jedoch die Tilgung durch Kompensation erfolgen solle, so sei weiter er-

* Vgl. Rspr. I S. 69, 113, 282, 396 unter d; IV S. 180.

** Vgl. Rspr. I S. 29, II S. 33, III S. 223, IV S. 308, V S. 210, 335.

forderlich, daß der Schuldner seinen auf Kompensation gerichteten Willen dem Gläubiger ausdrücklich erkläre, da derselbe ohnedies an eine Cession seiner Forderung (welcher in vorliegendem Falle die Insolvenz-Anzeige gleich zu achten sei) nicht gehindert sein würde, ohne daß der Schuldner nach Eintritt der Fälligkeit die inzwischen vorgenommene Disposition des Gläubigers über die Forderung als unwirksam behandeln könnte, und zwar müsse die Erklärung auf eine sofort eintretende Kompensation gerichtet sein, und dürfe nicht etwa nur die Ankündigung der Absicht demnächstiger Kompensation enthalten." Aus diesen Gründen hält der Appellrichter die zum Eide verstellte Behauptung des Bekl. für erheblich und entscheidend. Der Beklagte stellt dieser Ausführung drei angeblich verletzte Rechtssätze entgegen:

1) „Auch diejenige Forderung, welcher eine kompensable Gegenforderung gegenübersteht, kann wirksam cedirt werden, insbesondere auch im Falle des Konkurses auf die Gläubigerschaft übergehen".

Allein der Appellrichter bezweifelt nicht die Rechtsgiltigkeit einer Cession bzw. des Uebergangs auf den Gläubiger in dem Fragefalle; sondern er nimmt nur an, daß die Cession nicht den intendirten Erfolg, die beabsichtigte Wirkung habe, wenn der Schuldner kompensiren und durch die betr. Einrede den Anspruch des Cessionars bzw. der Gläubigerschaft elidiren könne.

Der Appellrichter soll

2) den Rechtssatz verletzt haben: „daß die Kompensation ispo jure wirke, d. h. daß schon mit dem Gegenübertreten der beiderseitigen Forderungen das Recht auf Kompensation dergestalt begründet werde, daß bei einem späteren Berufen darauf die Aufrechnung als bereits im Moment des Gegenübertretens erfolgt angesehen werde." Der Richter verneint jedoch keineswegs im Allgemeinen,

daß die Kompensation im angegebenen Sinne ipso jure wirke; er beschränkt nur bei betagten Forderungen die Kompensation in der Art, daß er eine Erklärung des Willens der sofort eintretenden Kompensation vor der Cession bzw. dem Uebergang auf die Gläubigerschaft fordert, um das aus der Betagtheit der Forderung sich ergebende Hinderniß der Kompensation zu beseitigen.

3) Der Appellrichter soll endlich den Grundsatz verletzt haben: „daß der Cessionar (im Falle des Konkurses die Gläubigerschaft) sich die Einreden aus der Person des Cedenten (Gemeinschuldners), insbesondere die Kompensation von Gegenforderungen an den Cedenten (Gemeinschuldner), welche zur Zeit der Cession (Konkurseröffnung, Insolvenz-Anzeige) bestanden, gefallen lassen müsse, auch wenn nicht vor der Cession (Insolvenz-Anzeige) der Wille zu kompensiren vom Schuldner ausdrücklich dem Gläubiger erklärt worden".

Auch diese Rüge trifft zwar nicht genau den Kern der Frage, um welche es sich handelt. Indeß ist doch in den Angriffen zu 2 und 3 gerügt, daß der Appellrichter rechtsirrthümlich das Erforderniß statuirt habe, daß der Wille zu kompensiren vor der Konkurs-Eröffnung erklärt sein müsse, und diese Rüge muß für begründet erachtet werden.

Eine Gegenforderung ist allerdings, nach dem hier maaßgebenden gemeinen Recht, nur dann zur Kompensation geeignet, wenn sie unbedingt und unbetagt ist. Wenn daher der Cedent vor der Cession eine unbedingte und unbetagte Forderung, der debitor cessus dagegen eine bedingte oder betagte Forderung hatte: so kann letztere dem Cessionar gegenüber nicht zur Kompensation gebracht werden, wenn auch nach der Cession die Bedingung oder die Fälligkeit eingetreten ist.

In gleicher Weise würde eine zur Zeit der Konkurs-

Eröffnung bedingte oder betagte Forderung eines Schuldners des Gemeinschuldners der Gläubigerschaft gegenüber nicht gegen eine unbedingte und unbetagte Forderung des Gemeinschuldners aufgerechnet werden können. Wesentlich anders liegt aber die Sache in dem umgekehrten Falle, wenn einer bedingten oder betagten Forderung des Cedenten bzw. Gemeinschuldners eine unbedingte oder unbetagte Forderung des debitor cessus bzw. des Gemeinschuldners gegenüber steht. Zwar wird auch in diesem Falle die Ansicht, daß die Kompensation nicht stattfinde, vertheidigt; indeß sind die Gründe, welche für die Zulassung der Kompensation sprechen, für überwiegend zu halten. Derjenige, welcher zur Zeit der Konkurs-Eröffnung an den Gemeinschuldner eine unbedingte und unbetagte Forderung hat, dem Gemeinschuldner dagegen sub die oder sub conditione schuldet, ist in der Lage, vor der Konkurs-Eröffnung vom Gemeinschuldner sofortige Zahlung zu fordern, ohne daß Letzterer sich ihm gegenüber auf die Kompensation mit seiner bedingten oder betagten Forderung berufen dürfte. Wenn derselbe von diesem Recht keinen Gebrauch macht, sondern es vorzieht, den Eintritt der Bedingung bzw. die Fälligkeit der Forderung des Gemeinschuldners abzuwarten, um dann mit derselben zu kompensiren: so darf er durch die Konkurs-Eröffnung nicht in eine schlechtere Lage kommen. Er braucht seine Forderung im Konkurse nicht zu liquidiren; er hat vielmehr das Objekt seiner Befriedigung in Händen, und kann ruhig abwarten, daß und wann der Gemeinschuldner bzw. die Gläubigerschaft die Forderung des Gemeinschuldners gegen ihn geltend machen wird. Dazu ist die Gläubigerschaft erst berechtigt, nachdem die Bedingung oder der Fälligkeitstermin eingetreten ist. Erst wenn die Gläubigerschaft nach Eintritt der Bedingung oder des Termins die Forderung des Gemeinschuldners geltend macht, namentlich durch Klage dieselbe beizutreiben versucht, ist der Zeitpunkt gekommen, in welchem der Schuldner des Gemeinschuldners veranlaßt ist, die Erklärung abzugeben, daß er kompensiren wolle. Vorher hat er dazu keine Verpflichtung und Veranlassung.

Es ist ein, aller Billigkeit widersprechendes Verlangen, daß der Schuldner des Gemeinschuldners, welcher eine unbedingte und unbetagte Forderung an den Gemeinschuldner hat, vor der Konkurs-Eröffnung auf die Bedingung, den dies verzichten, die Gegenforderung als eine unbedingte, unbetagte anerkennen soll, um sich die Möglichkeit der Kompensation zu verschaffen und bzw. zu erhalten. Ebenso unbegründet ist das Erforderniß, daß sein solcher Schuldner schon vor der Konkurs-Eröffnung eine auf sofortige Kompensation gerichtete Willenserklärung abgeben soll. Das Recht zur Kompensation wird vielmehr durch eine unbedingte und unbetagte Forderung an den Gemeinschuldner, ohne daß es eines Weiteren bedarf, begründet und durch die Konkurs-Eröffnung nicht alterirt. Die Wirkung der nach Geltendmachung der unbedingt und fällig gewordenen Forderung des Gemeinschuldners seitens der Gläubigerschaft zeitig abgegebenen Erklärung, kompensiren zu wollen, wird auf die Zeit, wo sich Forderung und Gegenforderung gegenüber treten, zurückbezogen; das ist eben die Bedeutung des Satzes: compensatio fit ipso jure. Diese Rechtsgrundsätze hat der Appellrichter verkannt und seine Entscheidung mußte daher vernichtet werden, wodurch sich die unbegründete Adhäsiv-Beschwerde der Klägerin erledigt.

III. Die Forderungen, welche Beklagter zur Kompensation bringen will, sind ihm vor der Konkurs-Eröffnung von verschiedenen Gläubigern des Gemeinschuldners cedirt worden. In der Replik wurde nun gegen die Kompensationseinrede geltend gemacht: Die Cession der Gegenforderungen sei nur zum Schein, nämlich zu dem Zwecke erfolgt, daß Beklagter im Interesse der Cedenten die Kompensation versuchen, und wenn dieses Manoeuvre gelänge, gegen eine dem Bekl. zu vergütende Provision den mittelst Kompensation erwirkten Betrag an die Cedenten vergüten, andernfalls aber, sofern der Versuch mißlinge, der Cession keine Folge gegeben werden solle. Der Appellrichter hat diese Replik verworfen, da Klägerin nicht bestreite, daß Beklagter von den Cedenten zur Vereinnahmung und Disposition der abgetretenen Forderung ermächtigt sei, alles Weitere aber nur das Verhältniß des Cessionars zum Cedenten berühre und vom Schuldner als aus dem Rechte eines Dritten entnommen * nicht geltend gemacht werden könne. Die hiegegen gerichteten Adhäsiv-Beschwerden der Klägerin sind grundlos.

Der Appellrichter stellt nicht in Frage, daß die Behauptung der Simulation eine wirkliche Einrede bzw. Replik sei; er nimmt aber an, daß in dem Vorbringen der Klägerin die Behauptung einer Simulation nicht zu finden sei, daß es nach den Behauptungen der Klägerin vielmehr die ernstliche Absicht der Paciszenten gewesen sei, daß Beklagter Cessionar sein oder als solcher die cedirten Forderungen gegen die Schuldner geltend machen solle, und daß die von der Klägerin behaupteten Verabredungen zwischen dem Bekl. und seinem Cedenten nur die Berechnung zwischen ihnen beträfen und den debitor cessus nicht tangirten. So ist die Cession in der That nach den eigenen Behauptungen der Klägerin nur gemeint gewesen. Beklagter sollte wirklicher Cessionar sein, als Cessionar die cedirten Forderungen gegen Malcomeß geltend machen; die Cedenten aber übernahmen die Gewähr dafür, daß die cedirten Forderungen in der intendirten Weise wirklich zu

* Vgl. Rspr. I S. 78, 109 ff.

realisiren seien; für den Fall, daß diese Erwartung getäuscht würde, sollten die Cessionen ganz oder in tantum rückgängig werden. Ein solches Geschäft ist durchaus erlaubt und rechtsbeständig.

Nr. 25.

II. Senat. — Erkenntniß v. 11. Sept. 72. (B.)

Ruschpler ./. Ferber (Nr. 490 v. 72).

Königreich Sachsen. **Weitere Berufung.**

I. Instanz: Handelsgericht im Bezirksgericht Leipzig,
II. Instanz: Appellationsgericht Leipzig.

Fungible Sache.

Ob in einem Vertragsverhältniß die zu leistende Sache als eine vertretbare, nur der Gattung nach bestimmte, oder als eine individuelle (als species) in Betracht kommt, entscheidet sich nicht sowohl nach ihrer gewöhnlichen Geltung im Geschäftsverkehr, als vielmehr nach der Natur des betreffenden Vertrages und nach der Auffassung der Betheiligten im Einzelfalle.

Vgl. Rspr. II S. 200, 201; Windscheid Pandekten § 142.

Entscheidung des OHG:

Den Vor-Erkenntnissen liegt die richtige Ansicht zu Grunde, daß die Frage,

ob in Vertragsverhältnissen die zu leistende Sache rein generisch oder individuell (als species) in Betracht komme,

mit der Frage:

ob sie im Verkehr gewöhnlich als vertretbar oder unvertretbar gelte,

nicht nothwendig zusammenfällt, sondern je nach der Beschaffenheit des jedesmaligen Rechtsgeschäfts und nach der (ausdrücklich oder thatsächlich ausgesprochenen) Meinung der Betheiligten im Einzelfalle zu beantworten ist, so daß selbst die Sachen, welche im Verkehr nach Maaß, Zahl oder Gewicht bestimmt werden, nicht schlechterdings und unter allen Umständen, sondern nur in der Regel zu den vertretbaren zu rechnen sind (bürgerl. GB für das Königreich Sachsen § 61; Goldschmidt Handbuch des HR B. 1 und 2 S. 358 ff.; Puchta Vorlesungen B. I S. 82 Nr. 3). Liefert (wie in vorliegendem Falle) der Besteller eines Werks den zu diesem erforderlichen Stoff, anstatt die Beschaffung desselben dem Uebernehmer zu überlassen: so kann man unbedenklich von der Voraussetzung ausgehen, daß er die Verwendung dieses, von ihm gelieferten Stoffs [Druckpapier] gewollt, nicht dem Gutbefinden des Gegenkontrahenten die Verwendnng beliebigen Materials anheimzugeben beabsichtigt habe. Selbstverständlich kann nach der Beschaffenheit der konkreten Umstände die (ausgesprochene oder stillschweigend verstandene) Meinung beider Theile auch eine andere gewesen sein. Allein dies ist wenigstens nicht zu vermuthen, und Kläger hat nirgend auf ein, jene Voraussetzung ausschließendes, positives Moment sich bezogen. Denn die Aeußerung, er könne dem Bekl., da er dessen Bezugsquelle kenne, Papier von gleicher Güte verschaffen, kann als ein solches offenbar nicht gelten, da sie, der Sache nach, nur auf eine unmotivirte, von unbescheinigter Unterlage ausgehende Verneinung jener Voraussetzung hinauskommt.

Nr. 26.

II. Senat. — Erkenntniß v. 11. Sept. 72. (D.)

S. Kokosky's Konkursverwalter J. H. Arnoldt (Nr. 586 v. 72).

Preußen. Wechselsache. Nichtigkeitsbeschwerde.

I. Instanz: Kommerz- u. Admiralitäts-Kollegium zu Königsberg i/Pr.,
II. Instanz: Ostpreußisches Tribunal daselbst.

Blancogiro, Begebung nach erhobenem Protest mangels Zahlung.

1. Der Rücklauf des Wechsels und dessen Einlösung durch einen Regreßpflichtigen begründet für den Einlösenden selbständige wechselmäßige Rechte gegen den Acceptanten ꝛc.

DWO Art. 14, 23, 41, 44, 51, 81; vgl. Rspr. I S. 57, 355; III S. 374, VI S. 301.

Ebenso: Erk. v. 18. Sept. 72, Nachtrag S. 108.

2. Der Regreßnehmer darf zu seiner Legitimation sich eines vor Verfall ertheilten Blancogiro, auch ohne Durchstreichung der etwa nachfolgenden Namens-Indossamente, bedienen.

DWO Art. 36, 55; Rspr. I S. 213, III S. 301, VII S. 138; Thöl HR II § 266.

3. Bei solcher Benutzung des Blancogiro findet Art. 16 Abs. 2 DWO nicht Anwendung.

Vgl. Rspr. III S. 375, IV S. 171.

Entscheidung des OHG:

Auf dem von A. Kraatz an eigene Order auf den jetzigen Bekl. gezogenen, von Letzterem acceptirten Klagewechsel befinden sich hinter den 3 Blanco-Giri des Ausstellers, des Hugo G. und des jetzigen Gemeinschuldners S. Kokosky [dessen Konkursmasse klagt] mehrere Namens-Indossamente, zunächst das des Levin Fr. Dieser erstritt in dem, aus demselben Wechsel gegen den Aussteller, den Acceptanten und Hugo P. angestrengten, Prozeß unterm 7. März 71 ein rechtskräftiges Erk., durch welches die damaligen Bekl. zur Zahlung der Wechselsumme ꝛc. solidarisch verurtheilt sind.

Nach Ansicht des Appellrichters hängt die Entscheidung des jetzigen Prozesses von Beantwortung der Frage ab, ob der vom Bekl. aus seiner Verurtheilung in jenem Prozeß hergeleitete Einwand der rechtskräftig entschiedenen Sache für begründet zu erachten.

Seine Bejahung der Frage motivirt der Appellrichter im Wesentlichen dahin: Klägerin könne, da sie den Wechsel erst nach der Protestaufnahme mangels Zahlung von ihrem Nachmann Levin Fr. eingelöst und ausgehändigt erhalten habe, sich zwar — gemäß Erk. des OHG v. 24. Okt. 71 [Rspr. IV S. 171] — zu ihrer Legitimation des Blancogiro von Hugo P. bedienen; es liege aber doch immer der Fall des Art. 16 Abs. 2 DWO vor, und demgemäß habe Klägerin gegen den Acceptanten nur die Rechte des Levin Fr. erworben, müsse sich also auch den, dem Letzteren entgegenzusetzenden Einwand der res judicata gefallen lassen.

Diese Argumentation beruht — abgesehen davon, daß sich der Klageanspruch auf eigene Provision der Klägerin erstreckt und diese nicht Gegenstand des vorgedachten Prozesses Levin Fr. wider Arnoldt und Genossen gewesen sein kann — auf Rechtsirrthum. Art. 16 DWO normirt die Rechtsverhältnisse aus Indossamenten nach Verfall. Im ersten Absatz handelt er vom Indossament eines wegen Versäumung der Protesterhebung mangels Zahlung präjudizirten Wechsels und im zweiten Absatz vom Indossament nach rechtzeitig erfolgter Protestaufnahme.

Vgl. Erk. v. 24. Febr. 71, Rspr. II S. 63 [vgl. auch IV S. 171].

Thatsächlich ist der Klagewechsel bei Verfall protestirt, demnächst aber nicht weiter indossirt worden. Der Gemeinschuldner war, bevor er durch sein Blanco-Indossament den Wechsel an Levin Fr. übertrug, zur Geltendmachung der Rechte aus dem Wechsel vermöge der vorausgehenden Blanco-Indossamente befugt. Er (bzw. für ihn seine Gläubigerschaft) hat den Wechsel vom Nachmann im Regreßwege eingelöst. Hiezu war Klägerin nach Art. 14, 81 DWO verpflichtet und zwar eben deshalb, weil rechtzeitig Protest erhoben worden (Art. 41 DWO). Durch Erfüllung dieser Verpflichtung ist für die Klägerin jene ursprüngliche Befugniß wieder aufgelebt. Klägerin durfte alle, dem Giro des Kridars nachfolgenden, Indossamente ausstreichen. Wenn sie dies unterlassen, so hat dadurch ihr Recht keinen Eintrag erlitten.

Vgl. Erk. des kgl. OTr. zu Berlin v. 26. Febr. 56, Strieth. Arch. B. 19 S. 364, und Erk. des OHG v. 24. Jan. 71 [Rspr. I S. 213].

Dieses Recht ist ein selbständiges, vom Rechte des Lewin Fr. gegenüber dem Bekl., als Acceptanten, unabhängiges. Zwischen den Indossanten Kokosky und Levin Fr. bestand und besteht keine Korrealität.

Erk. v. 18. Okt. 70, 14. März 71, 2. April 72, [Rspr. I S. 57, 355; VI S. 301].

Der Gemeinschuldner Kokosky (jetzt dessen Konkursverwalter) brauchte daher keinerlei Einreden des Bekl. aus dessen Rechtsverhältniß mit Levin Fr. gegen sich gelten zu lassen — selbst nicht den Einwand der Unächtheit des Levin Fr.'schen Indossaments, wenn derselbe erhoben wäre (Erk. v. 9. Mai 71, Rspr. II S. 186), folglich auch nicht den Einwand des Bekl. aus seiner rechtskräftigen Verurtheilung dem Levin Fr. gegenüber — mit anderen Worten: den Einwand, daß sie, Klägerin, nicht aus eigenem Rechte die fragliche Wechselforderung geltend machen könne, sondern nur als Rechtsnachfolgerin des Levin Fr., und daß sie sich daher auch die dem Bekl. gegen den Levin Fr. noch in der Exekutions-Instanz zuständigen Einreden opponiren lassen müßte. In Absicht der Geltendmachung solcher Einreden scheint der fragl. Einwand erhoben, da er sonst bedeutungslos wäre. Das Successions-Verhältniß zwischen

Levin Fr. und dem Gemeinschuldner aber, welches der Einwand voraussetzt, besteht nach Obigem nicht.

Nur wenn Levin Fr. bloßer Incasso-Giratar im Sinne des Art. 17 DWO gewesen wäre (vgl. Erk. v. 7. Febr. 71, Rspr. I S. 263), oder wenn der Gemeinschuldner bzw. dessen Gläubigerschaft unter Austritt aus dem Wechselverbande den Klagewechsel durch Giro nach der Protestaufnahme erworben hätte, würde der streitige Einwand — in letztgedachtem Falle in Anwendung des Art. 16 Abs. 2 DWO — für begründet erachtet werden können.

Wäre die gegentheilige Ansicht des Appellrichters die richtige, so müßte durch Erfüllung der Wechsel-Regreßpflicht seitens eines Indossanten die unmittelbare wechselrechtliche Verbindung zwischen diesem und dem Acceptanten aufgelöst werden, welche Auflösung aber nach dem Gesetz (außer dem Falle der Verjährung und der wechselmäßigen Tilgung der Wechselforderung) nur eintritt, „wenn die zur Erhaltung des Wechselrechts gesetzlich vorgeschriebenen Handlungen verabsäumt sind;" Art. 83 DWO.

Auffällig erscheint, daß der Appellrichter für seine Ansicht sich auf die Entscheidung des OHG v. 24. Okt. 71 [Rspr. IV S. 171] beruft. Denn in deren Motiven ist nicht blos an einer Stelle [S. 175 a. a. O.], sondern wiederholt [S. 176] hervorgehoben, daß die Firma, von welcher die damalige Klägerin die eingeklagten Wechsel erworben hatte, nicht im Wechselverbande gestanden und die Wechsel nicht im Regreßwege eingelöst hat. Die angerufene Entscheidung steht in vollem Einklang mit obiger Rechtsausführung und kann zu deren Erläuterung theils direkt, theils durch ihre gegensätzliche Deduktion dienen.

Hieraus resultirt, daß der Appellrichter gegen Fundamentalsätze des Wechselrechts verstoßen, insbesondere den Art. 16 Abs. 2 DWO verletzt und zugleich die Bestimmungen der AGO über die Wirkungen der Rechtskraft zu Unrecht auf gegenwärtigen Fall in Anwendung gebracht hat.

Diese Fehlgriffe sind in der Rktbschw. gerügt. Sie haben den Appellrichter zur Abweisung der Klageforderung geführt. Demzufolge war . . . das I. Erk. auf Grund der Appellationsbeschwerden der Klägerin, den betreffenden Anträgen gemäß, abzuändern.

Nachtrag.

In der Frankfurter Oberappellsache Söhner ·/. Lengler u. Co. (Nr. 454 v. 72, I. Instanz: Stadtgericht Frankfurt a. M.) hat der II. Sen. des OHG sich durch Ref. Erk. v. 18. Sept. 72 dahin ausgesprochen:

Klägerin ist durch den Inhalt und den Besitz des Wechsels Inhaberin des Wechselrechts. Als solcher muß ihr nach Art. 81 DWO Beklagter Zahlung leisten. Ihr Recht gegen den wechselmäßig Verpflichteten wird durch die angeblich von einem Dritten (dem Aussteller) ihr geleistete Zahlung nicht aufgehoben. Für den Bekl. gilt der Grundsatz des Art. 82 DWO, nach welchem er gegen die Wechselinhaberin sich nur mit solchen Einreden vertheidigen kann, die entweder aus dem Wechselrecht hervorgehen oder ihm unmittelbar gegen die Klägerin zustehen. Keine dieser Voraussetzungen liegt hier vor. Die Zahlung, welche Trassant der Klägerin geleistet haben soll (während Letztere nach wie vor im Besitz des Wechsels sich befindet, auch die behauptete Zahlung auf dem Wechsel nicht quittirt oder abgeschrieben ist), hat auf den objektiven Bestand des Wechselrechts keinen Einfluß*). Eine Berufung auf dieselbe

* Vgl. Rspr. III S. 374, V S. 106, VI S. 15, 301.

läßt sich als eine aus dem Wechselrecht hervorgehende oder als eine dem Bekl. unmittelbar gegen Klägerin zustehende Einrede nicht qualifiziren. Eine weitere Konsequenz des im Art. 82 DWO enthaltenen Grundsatzes ist, daß der wechselmäßig Verpflichtete auf Zahlungen, die er zwar selbst, aber nicht an den ihm gegenüberstehenden Inhaber geleistet hat, sich an sich nicht berufen kann. Es muß dafür ein besonderer Rechtsgrund vorhanden sein. Ein solcher ist nach Art. 16 Abs. 2 DWO vorhanden, wenn eine Uebertragung des Wechsels durch Indossament nach erfolgtem Protest stattfindet, in welchem Falle der Indossatar nur die Rechte seines Indossanten erwirbt und sich alle dem Wechselverpflichteten gegen Letzteren zustehenden Einreden gefallen lassen muß. Mit Recht hat der Appellrichter diesen Fall nicht für gegeben erachtet. Wenn es wahr wäre, daß der Wechsel nach erfolgtem Protest an den Aussteller zurückgegangen und von diesem der Klägerin zurückgegeben worden wäre: so würde in diesem Vorgang eine Indossirung im Sinne des Art. 16 DWO nicht enthalten sein. Klägerin ist durch den Inhalt des Wechsels, als vor dem Protest wechselberechtigt, legitimirt. Sie klagt aus ihrem ursprünglichen, formell feststehenden Wechselrecht. Es bedarf für sie nicht einer neuen Uebertragung. Sie leitet aus einer solchen ihr Klagerecht nicht her.

Hieraus folgt, daß auf dem vom I. Richter betretenen Wege zu dem Resultat nicht zu gelangen ist, daß Klägerin sich die Einrede einer vom Bekl. dem Wechselaussteller geleisteten Zahlung gefallen lassen und die Entscheidung lediglich vom Beweise derselben abhängig gemacht werden müsse. Vielmehr steht nach Lage der Sache dem Bekl. als Vertheidigungsmittel nur die exceptio doli zu Gebote. Diese ist dahin aufgestellt worden:

daß eine Abmachung zur Tilgung der fragl. Wechselschuld zwischen dem Bekl. und dem Wechselaussteller stattgefunden hat, daß der Wechsel vom Aussteller bei der Klägerin eingelöst worden ist; daß Klägerin, als sie den Wechsel vom Aussteller zurückerhielt, von der inmittelst zwischen diesem und dem Bekl. stattgehabten Abmachung Kenntniß hatte, und daß die Rückgabe nur zu dem Zweck erfolgt ist, um die Wechselklage für des Wechselausstellers Rechnung und Gefahr zu erheben.

Daß im Zusammenhang dieser Thatsachen die arglistige Absicht beider Theile, dem Bekl. die ihm gegen den Wechselaussteller zustehende Einrede zu entziehen, erkennbar sein würde, kann nicht bezweifelt werden.

Nr. 27.

I. Senat. — Erkenntniß v. 13. Sept. 72. (Z.)

Schönert ./. Kipping (Nr. 688 v. 72).

Königreich Sachsen. Wechselsache. Weitere Berufung.

I. Instanz: Handelsgericht im Bezirksgericht Leipzig,
II. Instanz: Appellationsgericht Leipzig.

Wechsel. Domizilvermerk, Durchstreichung.

Aus einem Wechsel, auf welchem der (noch lesbare) Domizilvermerk durchstrichen ist, findet nach kgl. sächs. Prozeßrecht die Klage im Wechselprozeß nicht Statt.

§ 4 des Anhangs zur Erläuterten Prozeß-Ordnung.*
§ 30, 34 des kgl. sächs. Ges. v. 7. Juni 49.

* Der Wechselprozeß ist im Königreich Sachsen auch unstatthaft aus einem Wechsel, bei welchem die im Kontext stehende, mit Buch-

Vgl. Rspr. VI S. 128.
Ebenso: Erk. v. 20. Januar 71 in Sachen Lemmerzahl ./. Hirt (Nr. 23 v. 71) nach sachsen-meiningischem Prozeßrecht.

Entscheidung des OHG:

Mit Recht hat der Appellrichter den Kläger, welcher den Wechselprozeß gewählt, „in der angebrachten Maaße" abgewiesen, weil durch die bei der Adresse des Bekl. befindlichen, zwar durchstrichenen, aber noch lesbaren Worte: „zahlbar beim Aussteller in Leipzig" die Integrität der Klageurkunde in einem wesentlichen Punkte zerstört sei. Der [sächsische] Wechselprozeß bildet, nach § 30 des Ges. v. 7. Juni 49, eine Unterart des Urkundenprozesses, welcher die Existenz eines instrumentum guarentigiatum zur Voraussetzung hat [vgl. Rspr. VI S. 130].

Nach ihrer dermaligen Gestalt enthält aber die Klageurkunde einen Mangel in essentialibus im Sinne des § 4 des Anhangs zur [kgl. sächs.] Erläuterten Prozeßordnung. Denn zu den wesentlichen Erfordernissen des Wechsels gehört nach Art. 4 Nr. 8 DWO die Angabe des Ortes, wo die Zahlung geschehen soll **, und der beim Namen des Bezogenen angegebene Ort gilt, wenn nicht ein eigener Zahlungsort angegeben ist, als Zahlungsort und zugleich als Wohnort des Bezogenen [Rspr. II S. 131 375; V S. 115 ff., 354]. Durch Beisetzung eines Domizils der hier fraglichen Art (Art. 24 DWO) wird nicht allein der Zahlungsort, sondern auch die Person geändert, welcher

staben geschriebene Angabe der zu zahlenden Geldsumme eine Korrektur (Durchstreichung des Wortes vier und Ueberschreibung von zwei) enthält. Die Statthaftigkeit der Klage hat der Richter von Amts wegen zu prüfen.
Erk. des OHG v. 8. Okt. 70 in Sachen Flöthe ./. Noack, Nr. 20 v. 70.

** Rspr. III S. 126, V S. 115 ff., 174, VI S. 271.

der Wechsel zur Zahlungszeit vorzulegen ist. Allerdings bildet der Domizilvermerk keinen wesentlichen Bestandtheil des Wechsels in dem Sinne, daß letzterer ohne diesen Vermerk seine Giltigkeit verlöre. Wo er fehlt, gelangen die im Kontext des Wechsels selbst enthaltenen Angaben über Ort und Person des Zahlers zur Geltung. Allein wesentlich für die Frage über den Inhalt der konkreten Wechselobligation ist dieser Vermerk. Wird er, bereits auf dem Wechsel stehend, durch Ausstreichen beseitigt und zwar so, daß über die Sachbewandtniß nicht sofort urkundlicher* Beweis geführt werden kann: so entsteht der für die Klageverfolgung erhebliche Zweifel, ob der noch übrige Wechselkontext den vollständigen Vertragswillen der Betheiligten zum Ausdruck bringe. Denn ungewiß wird alsdann, welche Bestimmung über Ort und Person des Zahlers getroffen sei. Ungewiß wird aber auch mit Rücksicht auf Art. 43 Abs. 2 DWO, ob nicht im Falle unterlassener Protesterhebung der Wechsel auch gegen den Acceptanten präjudizirt sei. Einer Urkunde, welche durch Abänderung ihrer ursprünglichen Gestalt derartigen Zweifeln über den in Wirklichkeit gewollten Vertragsinhalt Raum giebt, mangeln die Eigenschaften eines allseitig beweiskräftigen, sämmtliche Unterlagen der Condemnatoria in sich schließenden Dokuments, wie solches obige Gesetzesvorschrift voraussetzt. Die Durchstreichung des Domizilvermerks verletzt die Integrität der Wechselurkunde in so erheblicher Weise, daß dieselbe mindestens für den Wechselprozeß nach sächs. Recht ein taugliches Klagefundament nicht mehr gewährt. Freilich ist der Inhaber eines Wechsels unter Umständen berechtigt, gewisse von ihm ausgegangene, regelmäßig auf der Rückseite des Wechsels befindliche Er-

* Im Königreich Sachsen begründen nur Urkunden die für den Wechselprozeß erforderliche Liquidität, Rspr. I S. 395.

klärungen ohne Beeinträchtigung der Wechselform auszustreichen, — was sowohl von Indossamenten (Art. 55, 36 DWO) als von Quittungen [Rspr. III S. 220] gilt — und zwar mit dem Erfolge, daß die ausgestrichenen Erklärungen bei Prüfung des Wechselinhalts als nicht geschrieben angesehen werden. Allein diese, mit der besonderen Natur jener Erklärungen zusammenhängenden Grundsätze können nicht Anwendung finden, wo es (wie hier) um Tilgung einer solchen Erklärung sich handelt, welche, als fortbestehend gedacht, wesentlichen Einfluß auf den Inhalt des bekundeten Schriftvertrags äußert, deren spätere Beseitigung also auch nicht ohne Rückwirkung bleiben kann auf die Beweiskraft der noch unversehrten Bestandtheile des Wechsels. [Vgl. Rspr. III S. 123 ff., V S. 244].

Nun meint zwar Kläger, Beklagter dürfe auf den fragl. Mangel der Urkunde nicht zurückkommen, weil er unterlassen habe, im Wechselverhör einen ausdrücklichen Einwand daraus zu entnehmen. Auch hierin irrt Kläger. Es handelt sich um einen mit der Schlüssigkeit der Klage zusammenhängenden Punkt. Diese aber hat (nach § 34 des kgl. sächs. Ges. v. 7. Juni 49) der Richter amtlich zu prüfen. Einwendungen, welche sich auf wesentliche Mängel der Wechselurkunde beziehen, brauchen sonach vom Bekl. nicht ausdrücklich vorgeschützt zu werden [vgl. Rspr. II S. 232, VI S. 92, 285].

Nr. 28.

II. Senat. — Erkenntniß v. 14. Sept. 72. (V.)

E. Deter ·/. L. Gottschalk (Nr. 382 v. 72).

Preußen. **Nichtigkeitsbeschwerde.**

I. Instanz: Gerichtsdeputation Rathenow,
II. Instanz: Kammergericht zu Berlin.

Vertragsschluß, Vertragsurkunde.

1. Art. 317 HGB findet auch auf solche Rechtsgeschäfte Anwendung, die nur auf Seiten eines der Kontrahenten ein Handelsgeschäft sind.

Art. **277** HGB; Rspr. I S. 207, 313; II S. 220 n.; III S. 283; IV S. 166.

2. Wenn die Parteien die schriftliche Abfassung eines Handelsgeschäfts verabredet haben, so hängt es lediglich von dem (unter freier Würdigung des Einzelfalles festzustellenden) Willen der Kontrahenten ab, ob die Schriftform nur zum Beweise dienen, oder ob die Giltigkeit des Geschäfts durch das Zustandekommen einer Vertragsurkunde bedingt sein soll.

HGB Art. **278, 317.**

Die Parteien traten Anfangs Juli 70 in Vertrags-Unterhandlungen über Ankauf gewisser zur Essigfabrikation benutzter Geräthschaften (Essigbilder) des Bekl. und über die Vermiethung eines Fabriklokals an den Kläger. Hiebei hat Kläger eine Vorauszahlung von 150 Thlrn. geleistet, welche er jetzt zurückfordert, weil zufolge ausdrücklicher Abrede ein schriftlicher Vertrag habe errichtet werden sollen, aber vor dessen Zustandekommen die Unterhandlungen abgebrochen worden seien. Beklagter behauptet dagegen, es sei bezüglich des Kauf-Geschäfts ein vollständiger Vertrag der Parteien mündlich geschlossen worden, und erst nachher habe Kläger die Errichtung einer Vertrags-Urkunde angeregt, welche Beklagter nun entworfen und dem Kläger (nebst einem Miethsvertrags-Entwurf) übersendet haben will. Der I. Richter erkannte auf einen Eid des Bekl., daß die getroffenen Verabredungen nicht erst durch schriftliche Abfassung haben Giltigkeit erlangen sollen; der Appellrichter dagegen sprach (im Hinblick auf § 117 ALR I. 5, vgl. Rspr. II S. 221) dem Kläger den Eid darüber zu, daß er mit dem Bekl. die Errichtung eines schriftlichen Vertrages vereinbart habe. Auf Nktbschw. des Bekl. hat das OHG das Appellurtel vernichtet und das I. Erk. hergestellt.

Gründe:

Der in Rede stehende Kauf ist zweifellos als ein Handelskauf anzusehen . . . [Beklagter ist Kaufmann, vgl. Rspr. IV S. 150, 319]. Demnach wirft die Nktbschw. dem Appellrichter vor, den § 117 ALR I. 5 durch unpassende Anwendung und die Artt. 1, 277, 278 und 317 HGB sowie den handelsrechtlichen Grundsatz, daß bei allen Handelsgeschäften über das im Einzelfalle Vereinbarte lediglich der wahre Wille der Kontrahenten entscheide und daher als konkrete Thatsache ohne Rücksicht auf Form und Fassung seiner Aeußerung zu erforschen und zur Geltung zu bringen sei, durch Nichtanwendung verletzt zu haben. Dieser Vorwurf muß auch als begründet anerkannt werden.

Der Art. 317 HGB bestimmt:

„Bei Handelsgeschäften ist die Giltigkeit der Verträge durch schriftliche Abfassung oder andere Förmlichkeiten nicht bedingt.

„Ausnahmen von dieser Regel finden nur insoweit statt, als sie in diesem Gesetzbuch enthalten sind.

Das HGB stellt also, im Gegensatz zu dem System und den Formenvorschriften des preuß. ALR, für den Handelsverkehr als Regel die Giltigkeit der Verträge ohne Rücksicht auf die bei Abschließung derselben beobachteten Formen, insbesondere ohne Rücksicht auf ihre schriftliche Abfassung, auf. Damit hat nun zwar selbstverständlich nicht ausgesprochen werden sollen, daß (außer den im HGB selbst aufgestellten Ausnahmen von dieser Regel) die Kontrahenten nicht auch durch Privatwillkür die Giltigkeit eines Handelsgeschäfts von dessen schriftlicher Abfassung sollten abhängig machen können. — Eine andere Frage ist jedoch die, ob, wenn nicht eine solche Uebereinkunft getroffen, sondern nur schlechthin die schriftliche Abfassung eines Handelsgeschäfts verabredet ist, Inhalt und Wirkung dieser Verabredung ohne Weiteres nach den Bestimmungen des einschlagenden allg. bürgerlichen Rechts beurtheilt werden darf. Diese Frage ist zu verneinen. Denn nach Art. 1 HGB kommt in Handelssachen das allg. bürgerliche Recht nur insoweit zur Anwendung, als das HGB selbst keine Bestimmungen enthält. Nach Art. 278 HGB hat aber bei Beurtheilung und Auslegung der Handelsgeschäfte der Richter den Willen der Kontrahenten zu erforschen, ohne hiebei an Beweisregeln oder Präsumtionen des einschlagenden allg. bürgerlichen Rechts gebunden zu sein, was sowohl mit dem durch jenen Art. 278 dem Richter eingeräumten freien Ermessen, als auch mit einer gleichmäßigen Anwendung des für den ganzen Geltungsbereich des HGB im Art. 317 desselben ausgesprochenen, auf den Bedürfnissen des Handelsverkehrs beruhenden Prinzips der Formlosigkeit der Verträge kollidiren würde. Die Bedeutung der Verabredung schriftlicher Abfassung eines Handelsgeschäfts ist daher nur dann nach den Bestimmungen des allg. bürgerlichen Rechts zu beurtheilen, wenn im Einzelfalle angenommen werden muß, daß die Kontrahenten die Schriftlichkeit eben mit Rücksicht auf diese Bestimmungen verabredet, also eine Anwendung derselben gewollt, mithin stillschweigend vereinbart haben; was im Allgemeinen durchaus nicht ohne Weiteres angenommen werden kann, zumal wenn man an den — hier allerdings nicht vorliegenden — Fall denkt, daß die schriftliche Abfassung des Handelsgeschäfts zwischen Kontrahenten verabredet ist, welche zwar beide im Geltungsbereich des HGB, aber doch an verschiedenen Orten wohnen, in deren einem ein anderes allg. bürgerliches Recht gilt, als in dem anderen. Wenn daher der Appellrichter in vorliegendem Falle der verabredeten schriftlichen Abfassung des Vertrages nur auf Grund der im § 117 ALR I. 5 ausgesprochenen gesetzlichen Vermuthung die Bedeutung beilegt, daß die schriftliche Form des Vertrages nicht nur zum Beweise habe dienen sollen, sondern daß auch die verbindliche Kraft des Vertrages von dessen schriftlicher Abfassung abhängig gemacht sei: so verstößt er durch unpassende Anwendung dieser Bestimmung gegen die Artt. 1, 278 und 317 HGB, welche nach Art. 277 HGB selbst dann zur Anwendung zu bringen sein würden, wenn das vorliegende Rechtsgeschäft nur auf Seiten eines der Kontrahenten ein Handelsgeschäft wäre, da sich aus ihnen keineswegs ergiebt, daß sie sich nur auf denjenigen Kontrahenten beziehen sollen, auf dessen Seite das Geschäft ein Handelsgeschäft ist.

Vgl. Lesse in Busch's Arch. B. IV S. 138 ff.; Foerster Theorie und Praxis &c. B. I S. 436 n. 11; Gruchot Beiträge B. XII S. 77 ff.; Dernburg Lehrbuch des preuß. Privatrechts B. I n. 2 zu § 106.

Der mögliche Einwand, daß der § 117 ALR I. 5 nicht aus dem System des Landrechts entspringe, sondern die Entscheidung einer gemeinrechtlichen Kontroverse enthalte, trifft nicht zu, da eines Theils bei Entscheidung dieser Kontroverse die prinzipielle Begünstigung der Schriftlichkeit im ALR nicht ohne Einfluß geblieben sein kann, und da anderen Theils selbst dann, wenn die Entscheidung des ALR als die gemeinrechtlich richtige anzuerkennen wäre (was hier dahin gestellt bleiben mag), doch bei Handelsgeschäften nach Art. 278 HGB ebenso wenig die Interpretationsregeln und gesetzlichen Vermuthungen des gemeinen Rechts als diejenigen irgend eines anderen allg. bürgerlichen Rechts maaßgebend sein würden, vielmehr in jedem Einzelfalle der eigentliche Wille der Kontrahenten bei Verabredung der Schriftlichkeit vom Richter frei und unbeirrt durch solche allgemeine Auslegungsregeln des allg. Civilrechts zu ermitteln ist.

Bei der hienach eintretenden freien Beurtheilung der Sache ist zunächst (mit beiden Vorderrichtern) davon auszugehen, daß — abgesehen von der schriftlichen Form — ein Kaufvertrag zwischen den Parteien mündlich vereinbart ist und daß Kläger die fragl. 150 Thlr. als Anzahlung auf das bedungene Kaufgeld abgeführt hat. .. Bei dem (seitens des Bekl. unbestrittenen) Rücktritt des Klägers vom Vertrage kommt es daher lediglich darauf an, ob zwischen den Parteien verabredet ist, daß erst mit Vollziehung der schriftlichen Abfassung der Vertrag verbindliche Kraft erhalten solle. Diese seine Behauptung hat — da hier festgestellter Maaßen ein Handelsgeschäft in Frage steht, also von der gesetzlichen Präsumtion des § 117 ALR I. 5 abzusehen ist — Kläger zu beweisen; nicht etwa hat umgekehrt Beklagter zu beweisen, daß giltig kontrahirt sei, wie der Appellrichter auf Grund seiner, im Vorstehenden als irrig zurückgewiesenen, Rechtsanschauung angenommen hat... Die in Bezug genommenen Erklärungen [Briefe] und Thatsachen thun nur ein Einverständniß der Parteien über die schriftliche Abfassung der Verträge dar, sprechen aber an sich ebenso wenig dafür, daß von der schriftlichen Abfassung die Verbindlichkeit der Verträge abhängig gemacht sei, als dafür, daß sie nur zum Beweise des Verabredeten und zur Sicherung der Kontrahenten dienen sollte. Es bleibt also nur die (vom Bekl. zugestandene) Thatsache übrig, daß Kläger die schriftliche Abfassung des Vertrages gewünscht und Beklagter diesem Wunsche nachgegeben hat. Dies ist aber nach Erklärung des Bekl. erst geschehen, nachdem der Kaufvertrag bereits mündlich vollständig zum Abschluß gekommen war und mit der ausdrücklichen Bemerkung von

Seiten des Bekl., daß ein schriftlicher Vertrag deshalb unnöthig sei (welcher Umstand durch die Beweisführung des Klägers nicht im mindesten widerlegt wird). . . Dem Antrage des Bekl. gemäß war daher mit dem I. Richter der Ausgang der Sache nur noch von der Leistung des Eides abhängig zu machen, welchen Kläger dem Bekl. in Betreff der verabredeten schriftlichen Abfassung des Vertrages zugeschoben und Beklagter acceptirt hat.

Nr. 29.

II. Senat. — Erkenntniß v. 14. Sept. 72. (B.)

Dresdener Feuer-Versicherungs-Gesellschaft ./. Frau C. Maschke (Nr. 387 v. 72).

Preußen. **Nichtigkeitsbeschwerde.**

I. Instanz: Kreisgericht Gleiwitz,
II. Instanz: Appellationsgericht Ratibor.

Res iudicata. Verjährungsfristen.

1. Die Tragweite rechtskräftiger Vorentscheidung und die Berücksichtigung der Urtelsgründe bei Feststellung der Bedeutung eines Erkenntnisses,

(vgl. Rsp. I S. 180 f., II S. 331, VIII S. 7)

2. die Frage, welche Fristen nach ALR als Verjährungsfristen anzusehen sind,

wird erörtert in folgender

Entscheidung des OHG:

1) Im Vorprozeß ist unbestritten der Cessionar der jetzigen Klägerin (J.) lediglich aus dem Grunde mit seiner Klage [auf Zahlung einer Brandentschädigung] abgewiesen worden, weil nach § 11 der Versicherungs-Bedingungen die beklagte Gesellschaft, bevor ein angemeldeter Schade vollständig festgestellt worden, mit anderen Personen als dem Versicherten sich nicht einzulassen braucht, namentlich auch die Abtretung der Schadenforderung bis dahin zurückweisen

kann. Durch diese Entscheidung ist nur präjudiziell über die Legitimation des damaligen Klägers J., keineswegs aber über den Schadenanspruch selbst erkannt. Erlangen auch nach § 38 AGO I. 13 Entscheidungsgründe niemals die Kraft eines Urtels, so steht doch durchaus nichts entgegen, auf dieselben zur Erläuterung des Erkenntnißtenors zurückzugehen; es ist das sogar nothwendig, wenn (wie in vorliegendem Falle) in Frage kommt, aus welchem Grunde und mit welcher Wirkung ein Anspruch abgewiesen ist (Erk. des OTr. v. 16. Okt. 48, Entsch. B. 17 S. 462). — Der Vorwurf der Verletzung der Grundsätze über die Wirkung rechtskräftiger Entscheidungen (§§ 65, 66 der Einleitung, § 1 Theil I Tit. 16 der AGO) ist daher unbegründet. Die Voraussetzung des § 537 ALR I. 9 liegt nicht vor, es ist gegen Klägerin kein, den jetzigen Anspruch zurückweisendes rechtskräftiges Erkenntniß ergangen, und die, überdies nur prozessuale Vorschriften enthaltenden § 6 Th. I Tit. 9 und § 14 Th. I Tit. 28 der AGO passen nicht.

2) Anlangend sodann den zweiten, aus § 9 der allgemeinen Police-Bestimmungen hergeleiteten präjudiziellen Einwand der Bekl., so hat der Appellrichter die dort festgesetzte sechsmonatige Frist zur Geltendmachung des Entschädigungsanspruchs als eine Verjährungsfrist bezeichnet und angenommen, daß die Verjährung durch Anstellung der Klage seitens des Cessionars der Klägerin im Vorprozeß unterbrochen sei.

Diesen Entscheidungsgrund hat Implorantin durch verschiedene Angriffe zu beseitigen gesucht.

Dem Appellrichter werden unrichtige Beurtheilung des vorliegenden Rechtsgeschäfts (Nr. 9 der Instruktion v. 7. April 39) und Verletzung der §§ 500, 551, 554, 565, 566 ALR I. 9 vorgeworfen. Die Vorwürfe beruhen auf einer unrichtigen Deutung der Gründe des vorigen Richters.

Das Allgemeine Landrecht bestimmt im § 500 Th. I Tit. 9:

„Wenn durch den Ablauf einer bestimmten Zeit wegen unterlassener Ausübung gewisser Rechte eine Veränderung an diesen Rechten vermöge der Gesetze entsteht, so ist eine Verjährung vorhanden."

Nach dieser Bestimmung würde jede der mancherlei in verschiedenen Rechtsmaterien vorgeschriebenen Fristbestimmungen, an welche die Geltendmachung und Ausübung irgend eines Rechts geknüpft ist, als Verjährungsfrist aufgefaßt werden können; vgl. die Zusammenstellung dieser Fristen bei Bornemann (systematische Darstellung des preuß. Civilrechts B. 2 S. 50 Nr. 3) und im Pensum XIII S. 105 der Gesetz-Revision. Dieselben sind denn auch in der That nicht allein im ALR selbst (z. B. § 753 Th. I Tit. 11 und § 177 Th. I Tit. 14, vorzugsweise aber im Register unter „Verjährung"), sondern auch in der Rechtsprechung häufig als Verjährungsfristen bezeichnet worden, vgl. Erk. des OTr. v. 3. Juli 40, Entsch. B. 6 S. 385. Es wird auf die Motive zur Gesetz-Revision verwiesen und dort insbesondere zwischen den eigentlichen bzw. wirklichen Verjährungsfristen und jenen anderweit vorkommenden Zeitbestimmungen zur Ausübung gewisser Befugnisse unterschieden und darauf hingewiesen, daß im § 177 ALR I. 14 keineswegs der Unterschied deutlich hervorgehoben sei. Im Erk. des OTr. v. 22. Januar 44 (Entsch. B. 9 S. 44) wird mit Rücksicht auf die vage Vorschrift des § 500 ALR I. 9 von einer Verjährung im engeren und im weiteren Sinn gesprochen und anerkannt, daß man in letzterem jede Frist, an welche die Ausübung eines Rechts geknüpft ist, als Verjährung ansehen könne, daß hiezu jene Bestimmung im § 500 Veranlassung gebe und diese Fristbestimmungen auch im Register unter den Verjährungen mit aufgeführt seien.

Vgl. Entsch. des OTr. B. 14 S. 222, Erk. v. 13. März 46 und Plenarbeschluß v. 6. Dez. 58, Justiz-Ministerial-Blatt v. 1859 S. 27.

Auch hier ist anerkannt, daß unter die Bestimmung des § 500 alle dergleichen Fristbestimmungen fallen, dagegen ausgeführt: darüber, daß diese nicht an die Regeln der Verjährung gebunden, sei Praxis und Theorie längst einig.

Förster Theorie und Praxis etc. B. I S. 209; Bornemann systematische Darstellung B. II S. 41 ff.

Nur darüber herrschen in der Praxis verschiedene Ansichten, ob in derartig verabredeten Fristbestimmungen zur Ausübung eines Rechts eine Bedingung oder eine reine Fristbestimmung enthalten ist (vgl. Erk. des OTr. v. 13. März 46, Entsch. B. 14 S. 222, B. 17 S. 361; Strieth. Arch. B. 2 S. 130, B. 38 S. 35). Es kann indeß die Entscheidung dieser Frage hier dahin gestellt bleiben. Soviel ergiebt sich aus Obigem jedenfalls, daß für dergleichen Fristen zur Ausübung eines Rechts bei Verlust desselben — seien sie im Gesetze bestimmt oder von den Kontrahenten verabredet — vielfach auch der Ausdruck: „Verjährungsfristen" gebraucht wird; sie gehören zu den uneigentlichen Verjährungsfristen (Entsch. B. 6 S. 385), zu den Verjährungsfristen im weiteren Sinne (Entsch. B. 9 S. 45). Daher wird denn auch in jedem Einzelfalle zu prüfen sein, in welchem Sinne das Wort Verjährung vom Richter gebraucht, insbesondere ob darunter die eigentliche Verjährung verstanden ist. Letzteres läßt sich in vorliegendem Falle nicht annehmen. Die ganze Ausführung des Appellrichters geht darauf hinaus, daß nicht eine Bedingung sondern eine Fristbestimmung für Ausübung des Anspruchs auf Entschädigung im § 9 der Police-Bedingungen enthalten sei, und daß diese Fristbestimmung im Sinne des § 500 ALR I. 9 sich als Verjährung charakterisire. Der Appellrichter sagt:

die Bestimmung im § 9 enthält also keine Bedingung, sondern nur die Verabredung einer Frist, binnen welcher der Versicherte, falls der Versicherer seinen Anspruch nicht anerkennt, diesen bei Verlust seines Rechts vor dem kompetenten Richter geltend machen muß. Diese Frist charakterisirt sich im Sinne des § 500 Th. I Tit. 9 und auf Grund der Bestimmung in den §§ 2346 ff. Th. II Tit. 8 des ALR als eine Verjährung. — Ist aber diese Frist als Verjährung aufzufassen, so ist sie noch nicht abgelaufen.

Es wird dann gezeigt, daß J. im Vorprozeß den Anspruch rechtzeitig vor Gericht geltend gemacht habe und dadurch die Verjährung unterbrochen sei. Wenngleich die Ausdrücke und die Verweisung auf die Vorschriften über Unterbrechung der Verjährung auf eine eigentliche Verjährung hindeuten: so kam es dem Appellrichter wesentlich nur darauf an, nachzuweisen, einmal, daß im § 9 der Policebedingungen nicht eine Bedingung enthalten sei, wie der I. Richter angenommen, sondern eine Fristbestimmung, und sodann, daß diese Frist auch eingehalten worden. Ein der *eigentlichen* Verjährung *ausschließlich* zukommendes Merkmal ist nicht festgestellt. Der Ablauf der bestimmten Frist ist in beiden Fällen wesentlich und ebenso auch die Unterbrechung durch Ausübung des beanspruchten Rechts. Es hätte sogar — wie das im Erk. des OHG v. 24. Juni 71 [Rspr. II S. 354 ff.] geschehen — jene Erörterung des Appellrichters ganz dahingestellt bleiben können, ob im § 9 eine Bedingung oder Fristbestimmung bzw. Verjährung enthalten. Denn wenn der Anspruch im Vorprozeß erhoben war, so würde auch die Bedingung für erfüllt angesehen werden müssen. Ist hienach jener Annahme des Appellrichters, daß im § 9 eine „Verjährungsfrist" enthalten sei, ein irgend *entscheidendes* Gewicht nicht beizulegen, kam es vielmehr wesentlich nur darauf an, die Ausübung des Rechts innerhalb der bestimmten Frist von sechs Monaten festzustellen, ist aber diese Feststellung bewirkt: so zerfällt damit auch der eigentliche Grund des erhobenen Angriffs, der darauf beruht, daß der Appellrichter mit Unrecht im § 9 eine eigentliche Verjährungsfrist gefunden und deshalb die allegirten §§ des ALR I. 9 verletzt habe. Die Anstellung der Klage im Vorprozeß durch J. enthält immer eine Unterbrechung des Laufs jener uneigentlichen Verjährungsfrist. Der Anspruch war — wie bemerkt — im Vorprozeß durch den Cessionar der Klägerin geltend gemacht, die Cession war weder durch Gesetz noch auch durch Vertrag untersagt, nur war die Gesellschaft befugt, die Einlassung mit dem Cessionar abzulehnen. Im Uebrigen hatte die Cession volle Wirkung, und lag somit auch in der Verfolgung des Anspruchs seitens des Cessionars vor dem kompetenten Richter eine Unterbrechung der sechsmonatlichen Frist. Dem steht auch keineswegs entgegen, daß im Vorprozeß der Cessionar mit der erhobenen Klage abgewiesen worden. Denn diese Ab weisung ist nur deshalb erfolgt, weil Beklagte die Einlassung mit dem Cessionar nach § 11 der Policebestimmungen ablehnte. Es hätte sogar zur Frage kommen können, ob nicht die jetzige Klägerin, als Beklagte im Vorprozeß die Einlassung mit dem Cessionar der Klägerin ablehnte, befugt war, selbst als accessorische Intervenientin in jenen Prozeß einzutreten (§ 7 AGO I. 18) und denselben fortzusetzen. Es hätte dann der Ablauf der Präklusivfrist des § 9 der Versicherungsgedingungen unzweifelhaft nicht behauptet werden können.

Nr. 30.

II. Senat — Erkenntniß v. 14. Sept. 72. (Ref.)

Alsleben ·/. Herrmann (Nr. 389 v. 72).

Preußen. **Revision.**

I. Instanz: Kreisgericht Stolp,
II. Instanz: Appellationsgericht Coeslin.

Verkäufer, Selbsthilfemaaßregel des Verkaufs. Handelsbuch-Eintragung.

1. Art. 343 HGB verlangt nur eine vorgängige Androhung des Verkaufs (und zwar ohne Unterschied, ob dieser Verkauf öffentlich oder unter Hand — durch einen Handelsmakler 2c. — erfolgt), nicht aber eine Benachrichtigung vom Verkaufstermin.

2. Ist es für die Frage, ob ein Handelskauf zu Stande gekommen, bedeutsam, daß der Verkäufer dasselbe in seine Handelsbücher nicht eingetragen hat?

HGB Art. 28.

Entscheidung des OHG:

I. Wenn Beklagter [als Revident] darauf zurückkommt, daß Kläger in Betreff des öffentlichen Verkaufs der fragl. Waare den Vorschriften des Art. 343 HGB nicht nachgekommen und aus diesem Grunde die Klage abzuweisen sei: so erledigt sich dies dadurch, daß eine vorgängige Androhung des Verkaufs allerdings durch die Briefe v. 28. April und 2. Mai 70 erfolgt ist, daß es dagegen einer Benachrichtigung vom Verkaufstermin nicht bedurfte. Art. 343 schreibt deutlich nur die vorherige Androhung des beabsichtigten Verkaufs, und zwar ohne Unterschied, ob der Verkauf öffentlich oder unter der Hand (durch einen Handelsmakler 2c.) erfolgt, vor. Hätte er für ersteren Fall noch ein Weiteres, die Benachrichtigung vom Auktionstermin, verlangt, so würde es hiefür eines besonderen Ausdrucks bedurft haben.

II. Dagegen kann dem Appellrichter in der Beurtheilung des Ergebnisses der Beweisaufnahme nicht beigepflichtet werden. Es ist hiebei im Auge zu behalten, daß es sich nach Lage der Sache vor Allem um die Frage handelt, ob am 21. April 70 zwischen dem Kläger und dem Sohne des Bekl. ein Kaufgeschäft fest und ohne Vorbehalt zu Stande gekommen ist, oder ob der Sohn des Letzteren über den Ankauf von Leder nur unter Vorbehalt der Genehmigung seines Vaters unterhandelt hat, ein definitiver Abschluß dagegen nicht erfolgt ist. Ist letzteres der Fall, so muß — da feststeht, daß die vorbehaltene Genehmigung nicht eingetreten ist — die Klage abgewiesen werden. Hat dagegen ein fester und vorbehaltloser Abschluß des Kaufgeschäfts zwischen dem Kläger und dem Sohne des Bekl. stattgehabt, dann erst kommt die weitere Frage in Betracht, ob der Sohn zu solchem Abschluß im Allgemeinen ermächtigt, ob ihm Handlungsvollmacht zum Einkauf von Leder ertheilt war *.

Anlangend die erste Frage, so ist — bei genauer Erwägung des ganzen Hergangs — ein ungleich höherer Grad von Wahrscheinlichkeit für die Richtigkeit der vom Bekl. gegebenen Darstellung, also dafür vorhanden, daß es bei dem Vorgang am 21. April 70 in der That sich nur um eine Besichtigung der Waare und um Entgegennahme der Propositionen des Klägers gehandelt hat, ein fester Kauf damals aber nicht zu Stande gekommen ist. . . Endlich ist auch der Umstand von Gewicht, daß Kläger das Geschäft nicht in seine Handelsbücher eingetragen, damit also selbst anerkannt hat, daß dasselbe zur Perfektion nicht gelangt ist. Daß diese Nichteintragung für die bona fides des Klägers spricht, kann ihm zugegeben

* Hierüber ist eventuell Kläger zu einem Erfüllungseid (de credulitate) verstattet worden.

werden. Es ist aber ersichtlich, daß seine bona fides ihn genöthigt hat, für die Richtigkeit der Auffassung des Bekl. durch sein Verfahren selbst ein Zeugniß abzulegen *.

Diesem Allem nach erscheint es angezeigt, unter Abänderung des Appellurtels dem Bekl. zunächst den Reinigungseid de ignorantia dahin, daß ein vorbehaltloser (fester) Kauf nicht zu Stande gekommen, anzuvertrauen. Schwört Beklagter denselben, so fehlt es der Klage an jeglichem Grunde.

Nr. 31.

II. Senat. — Erkenntniß v. 14. Sept. 72. (Z.)

G. de Bäremäcker ./. C. G. Weber] (Nr. 426 v. 72).

Preußen. **Nichtigkeitsbeschwerde.**

I. Instanz: Kommerz- u. Admiralitäts-Kollegium zu Danzig,
II. Instanz: Appellationsgericht Marienwerder.

Agent, Aufträge von beiden Theilen.

Unter das Verbot des § 22 ALR I. 13 fällt ohne Weiteres nicht der von Käufer und Verkäufer an denselben Agenten ertheilte Auftrag, zwischen ihnen ein Kaufgeschäft zu vermitteln.

Vgl. HGB Art. 67 ff., 376.

Kläger hat zu Danzig als Handelsagent ein Weizenverkaufsgeschäfts zwischen dem Beklagten und einem eng-

* In der Stettiner Nktbschw.-Sache Lanser u. Wils ./. J. Wiese (Nr. 392 v. 72) hat der II. Sen. des OHG durch Z. Erk. v. 14. Sept. 72 ausgesprochen: Art. 28 HGB legt jedem Kaufmann die Verpflichtung auf, Bücher zu führen, aus welchen seine Handelsgeschäfte und die Lage seines Vermögens vollständig zu ersehen sind. Ueber die Beweiskraft dieser Handelsbücher giebt aber nur Art. 34 HGB bestimmte Vorschriften, und diese beruhen keineswegs allein auf der im Art. 28 ausgesprochenen Verpflichtung der Kaufleute zur Führung vollständiger Bücher

lischen Hause zu Stande gebracht. Er fordert dafür 2 % Provision. Beklagter wendet u. a. ein, daß Kläger gegen § 22 ALR I. 13 beiden Theilen gedient und deshalb den etwaigen Anspruch auf Provision verwirkt habe.

Nach Danziger Usanz gebührte dem Kläger eine Provision für die fragl. Geschäftsvermittelung nur, wenn und sobald der vermittelte Kauf durch Uebergabe der Waare und Bezahlung des Preises vollständig zur Ausführung gekommen oder falls etwa das vereinbarte Geschäft durch Schuld dessen, welcher die Provision zu zahlen hat, unausgeführt geblieben. Kläger behauptete letztere Alternative. Diese Grundsätze über die Bezahlung einer Agentenprovision sind — nach einem Gutachten der Aeltesten der Danziger Kaufmannschaft v. 12. Juli 71 — selbst dann maaßgebend, wenn der Agent sich die Provision von demjenigen versprechen läßt, mit welchem er im Auftrage seines Machtgebers kontrahirt hat.

Entscheidung des OHG:

Das Versprechen der Provision ist [nach vorgedachtem Gutachten] nicht abhängig von der Ertheilung eines Auftrags zur Vermittelung. Es würde aber auch ein solcher Auftrag dem Anspruch des Klägers keineswegs entgegenstehen.

Beklagter stützt nach dieser Richtung hin seinen Widerspruch auf § 22 ALR I. 13 und leitet [als Revident] aus den Artt. 56, 59, 96, 97 und 83 den Grundsatz her:

> Ein Agent darf bei Geschäftsvermittelungen nur Einem der kontrahiren sollenden bzw. wollenden Theile — welche sachlich stets verschiedene Interessen haben — sich zur Verfügung stellen und dienstbar machen; dies ist bei ihm vorauszusetzen, und er handelt arglistig, wenn er von beiden Parteien Versprechungen oder Aufträge annimmt.

Er übersieht dabei indeß, daß nach § 22 ALR I. 13 ein Bevollmächtigter Aufträge verschiedener Personen nur dann nicht annehmen darf, wenn deren Interessen einander entgegenlaufen. Bezieht sich diese Vorschrift nach Ansicht des [preuß.] OTr. (im Erk. v. 3. Juli 62, Entsch. B. 48 S. 87) auch auf Kommissionäre, so setzt sie doch voraus, daß sich die Aufträge der verschiedenen Auftraggeber einander entgegenlaufen. Diese Voraussetzung liegt aber hier nicht vor. Kläger behauptet nicht, daß er vom Bekl. beauftragt gewesen, den Verkauf des Weizens selbständig für den Bekl. als dessen Bevollmächtigter und unter bestimmten Bedingungen abzuschließen, sondern nur, daß er beauftragt gewesen, das Geschäft zu vermitteln. Ein solcher von Käufer und Verkäufer an dieselbe Person ertheilter Auftrag, zwischen ihnen ein Kaufgeschäft zu vermitteln, fällt keineswegs unter jene Bestimmung des § 22. Es wäre Sache des Bekl. gewesen, Umstände anzuführen, aus welchen ein Schluß darauf zu ziehen wäre, daß durch die Annahme des Auftrages sein Interesse benachtheiligt worden. Die Schriftsätze und Erklärungen des Bekl. enthalten dafür nicht einmal eine Andeutung.

Daraus, daß dem Bekl. bei den Verhandlungen mit dem Kläger Depeschen des Käufers vorgelegt worden, geht unzweideutig hervor, daß dem Bekl. die Stellung des Klägers zu dem auswärtigen Käufer bekannt gewesen, und hat augenscheinlich die Thätigkeit des Klägers lediglich in der Vermittelung zwischen den Kontrahenten bestanden, so daß also nach Lage der Akten von der Annahme verschiedener, entgegengesetzte Interessen verfolgender Aufträge nicht die Rede ist. Es gilt das vorzugsweise und allgemein im kaufmännischen Verkehr von den durch Makler vermittelten Geschäften. Makler erhalten Aufträge verschiedener Kontrahenten, vermitteln die Geschäfte für beide Theile

(Art. 67 ff. HGB) und erhalten ihre Gebühren — in Ermangelung besonderer Abrede und eines Ortsgebrauchs — von jeder Partei zur Hälfte (Art. 83), weil sie nach den Motiven im Interesse beider Theile fungiren. Auch der Kommissionär ist (nach Art. 376 HGB) unter Umständen sogar befugt, das ihm vom Kommittenten übertragene Geschäft als Gegenkontrahent dieses Kommittenten für eigene Rechnung zu übernehmen, und gleichwohl die gewöhnliche Provision für sich zu berechnen.* Der aus § 22 ALR I. 13 erhobene Einwand ist sonach durchaus unbegründet. Damit beseitigt sich auch die übrige, wesentlich auf derselben unrichtigen Voraussetzung beruhende Ausführung des Revidenten.

Hat sich hienach Beklagter völlig rechtsverbindlich zur Zahlung einer Provision von 2 % an Kläger verpflichtet, so würde er doch zur Erfüllung dieser Verpflichtung nicht weiter verbunden sein, wenn das Verkaufsgeschäft durch Zufall oder doch ohne seine Schuld nicht zur Ausführung gekommen wäre. Denn daß Kläger sich dieser in Danzig bestehenden Usanz fügen muß, kann nicht zweifelhaft sein, ist auch von ihm in III. Instanz nicht weiter zu widerlegen versucht worden.

Es kommt demnach (wie auch beide Vorderrichter übereinstimmend annehmen) nur darauf an:

> ob die Verspätung der Verladung des Weizens durch Schuld des Bekl. herbeigeführt worden.

Hierin war der Ansicht des Appellrichters beizutreten, daß den Bekl. allerdings die Schuld der Verzögerung und damit auch die der Aufhebung des Kaufvertrags trifft.

* Vgl. Rspr. IV S. 119 ff., VII S. 318, 319.

Nr. 32.

I. Senat. — Erkenntniß v. 17. Sept. 72. (Z.)

F. Voigt ·|. Harpener Bergbau-Aktiengesellschaft (Nr. 386 v. 72).

Preußen. **Revision.**

I. Instanz: Kreisgericht Dortmund,
II. Instanz: Appellationsgericht Hamm.

Vertragsschluß durch einen Makler, Perfektion.

Wann gilt unter Abwesenden der durch einen Makler vermittelte Vertrag als zu Stande gekommen?

HGB Art. 67, 76; vgl. Rspr. V S. 222, 370.

Entscheidung des OHG:

Kläger ist beeidigter Handelsmakler (Art. 66 HGB) und erhielt als solcher von der Bekl., nachdem mündliche Verhandlungen voraufgegangen waren, mittelst Schreibens v. 3. Dez. 69 folgenden Auftrag:

> „Auf Grund der mündlichen Unterredung geben wir Ihnen hiemit 1500 Waggons Coaks zum Preise von 6 Sgr. per Centner unter den Zahlungsbedingungen, wie Ihnen unterm 30. Nov. angegeben, bis zum 13. Dez. zum Verkauf an Hand. Für Provision bewilligen wir Ihnen 2 %" ꝛc.

Es ist als feststehend zu erachten, daß Beklagte durch dieses Schreiben den Kläger nicht bevollmächtigt hatte, für sie einen Verkauf abzuschließen; sie hatte sich vielmehr an ihn nur als vereideten Makler gewendet, damit er in dieser Eigenschaft und nach den für die Maklervermittelung handelsrechtlich geltenden Regeln und Vorschriften den Geschäftsabschluß mit einem noch nicht bekannten Dritten vermittele. Nach Art. 82 HGB hat nun der Handelsmakler die Maklergebühr (Sensarie) erst dann zu fordern, wenn das Geschäft als abgeschlossen (perfekt) erscheint, weshalb die Perfektion des hier in Frage stehenden Kaufvertrages die nothwendige Voraussetzung für die vom Kläger erhobene Forderung auf Bezahlung der Sensarie bildet. In Ansehung der Perfektion des vermittelten Geschäfts steht Folgendes thatsächlich fest:

Am 11. Dez. 69 erhielt Beklagte vom Kläger ein Telegramm des Inhalts:

„Acceptire die mir unterm 3. Dez. an Hand gegebenen 1500 Waggons Coaks unter stipulirten Bedingungen."

Unterm 14. Dez. 69 schrieb Kläger an die Beklagte, daß er die 1500 Waggons Coaks definitiv verkauft habe und sich vorbehalte, nach Empfang des vollzogenen Schlußscheins denselben an die Beklagte einzusenden und ihr „den Käufer aufzugeben." Die Uebersendung der vom Käufer J. Zapp unterzeichneten Schlußnote v. 12. Dez. 69 erfolgte aber erst mittelst Briefs v. 7. Januar 70, worauf Beklagte die Vollziehung der Schlußnote verweigert und die Anerkennung des Geschäfts abgelehnt hat.

Aus diesem Sachverhalt hat der Appellrichter gefolgert, daß der Vertrag nicht perfekt geworden; denn Kläger habe die Erklärung des Zapp, kaufen zu wollen, an die Beklagte zur eigenen, persönlichen Acceptation übermitteln müssen, so daß seine Mittheilung v. 14. Dez. 69 nur als Mittheilung eines Kaufantrages anzusehen sei, welchen letzteren die Beklagte mit der rechtlichen Wirkung der Zurückweisung des Geschäfts abgelehnt habe.

Es liegt somit die Frage zur Entscheidung vor, ob, wenn ein Makler angegangen wird, den Verkauf einer bestimmten Waare unter gewissen Bedingungen an einen nicht genannten, vom Makler erst zu erforschenden Dritten zu vermitteln, der Vertrag zwischen dem Dritten und dem Auftraggeber erst dann perfekt wird, wenn Letzterer durch den Makler von der Person des Käufers und davon in Kenntniß gesetzt wird, daß dieser Dritte in der proponirten

Weise zu kaufen bereit sei, und wenn hierauf der Auftraggeber als Verkäufer sein Einverständniß erklärt, oder ob die Perfektion schon mit der Kaufserklärung des Dritten an den Makler eintritt.

Bei Beantwortung dieser Frage ist zunächst zu beachten, daß der Makler als solcher kraft seiner Vermittlereigenschaft, die ein Repräsentations- oder Vollmachts-Verhältniß ausschließt und nur zu den faktischen Diensten eines Zwischenträgers berechtigt, den Consens der einen Partei an die andere nur übermittelt, nicht aber selbst den Consens ertheilt.* Weiter kommt in Betracht, daß das HGB die vorliegende Frage nicht ausdrücklich entschieden hat. Art. 76 insbesondere beschränkt sich auf die Bestimmung, die Perfektion des Geschäfts sei von der Eintragung in das Tagebuch des Maklers und von der Aushändigung der Schlußnoten unabhängig. Somit muß auf die allgemeinen Grundsätze zurückgegangen werden. Nach den letzteren kann aber, unter den gegebenen Voraussetzungen, der Vertrag erst dann für geschlossen gelten, wenn dem Verkäufer die Person des Käufers mitgetheilt und von Ersterem sein Einverständniß mit dieser Person erklärt ist. Denn, da der Makler nur Unterhändler, nicht Vollmachtsträger ist, da ferner die Person des Käufers dem Verkäufer regelmäßig nicht gleichgiltig sein kann: so läßt sich nicht annehmen, der Verkäufer habe durch die Beauftragung des Maklers sich zugleich damit einverstanden erklärt, eine von dem durch den Unterhändler zu ermittelnden Dritten nur diesem Unterhändler gegenüber abgegebene Erklärung, kaufen zu wollen, solle als unmittelbar dem Verkäufer gegenüber abgegeben und von Letzterem genehmigt gelten.

Demnach ist die oben aufgestellte Frage für Fälle

* Vgl. Rspr. V S. 222.

der vorliegenden Art mit dem Appellrichter dahin zu entscheiden, daß der Vertrag erst dann perfekt wird, wenn der Auftraggeber sein Einverständniß mit dem ihm vom Makler bezeichneten Käufer erklärt hat.

Da die Beklagte erst durch Uebersendung des Schlußscheins die Person des vom Kläger ermittelten Käufers erfahren und nunmehr das Geschäft sofort abgelehnt hat, so erscheint das vom Kläger vermittelte Geschäft als nicht zum Abschluß gelangt.

Zu gleichem Ergebniß führt die Betrachtung, daß Beklagte im Schreiben v. 3. Dez. 69 ihre Order auf die Zeit bis 13. Dez. beschränkt hatte. Denn hienach hatte Kläger überhaupt nur ein Recht, vor Ablauf des 13. Dez. 69 unter den ihm aufgegebenen Bedingungen einen Käufer zu ermitteln und der Bekl. zu bezeichnen. Aus obiger Erörterung folgt nämlich weiter, daß eine derartige Frist nicht blos für die Ermittelung des Käufers bestimmt ist, sondern daß auch innerhalb derselben die Bezeichnung des Käufers an den Verkäufer gelangt sein muß; denn erst durch diese wird die Consensertheilung des Verkäufers ermöglicht. Kläger hat aber weder im Telegramm v. 11. Dez. 69 noch in dem (verspäteten) Briefe v. 14. Dez. 69 der Bekl. den von ihm ermittelten Käufer bezeichnet, sondern erst bei Uebersendung der Schlußscheine mittelst Briefs v. 6. Januar 70 — mithin lange nach Ablauf der ihm gesetzten Frist. Dies konnte keinerlei Rechtsfolge für die Beklagte erzeugen, namentlich nicht als Ausführung ihrer Order v. 3. Dez. 69 gelten.

Nachtrag.

Auch die Klage des vorerwähnten Käufers J. Zapp, welcher von der beklagten Aktiengesellschaft Vertragserfüllung beansprucht, ist vom Kreisgericht Dortmund sowie in II. Instanz abgewiesen worden. Bei Verwerfung der Nktbschw. dieses Klägers (in Sachen Nr. 413 v. 73) hat der I. Sen. des OHG im Erk. v. 17. Sept. 72 hauptsächlich erwogen:

Der Appellrichter geht von der Unterstellung aus,
daß die Beklagte den Makler Voigt nicht bevollmächtigt hatte, das streitige Geschäft für sie und in ihrem Namen abzuschließen, sondern
daß sie denselben nur beauftragte, den Abschluß des Geschäfts als Makler nach den Normen zu vermitteln, welche für die Geschäftsvermittelung durch vereidete Makler handelsrechtlich gelten.

Diese Auffassung ist nach Lage der Sache wohl berechtigt. . . Die Nktbschw. wirft nun dem Appellrichter vor, das Wesen des zwischen Voigt und der Bekl. bestandenen Rechtsverhältnisses verkannt zu haben, indem Voigt nicht einfacher Geschäftsvermittler, sondern geschäftlicher Vertreter und Verkaufsbevollmächtigter gewesen sei. Der (auf Nr. 9 der Instruktion v. 7. April 39 gestützte) Angriff scheitert an der thatsächlichen Feststellung des Appellrichters [vgl. Rspr. I S. 395 am Ende, III S. 167], daß Voigt nur angegangen war, das fragl. Geschäft als Makler zu vermitteln und daß er blos in dieser Eigenschaft, nicht aber als Verkaufsbevollmächtigter fungirt hat. Freilich werden dem Appellrichter Omissionen vorgeworfen, die im Ganzen darauf beruhen, daß derselbe Behauptungen des Klägers übersehen habe, in denen Voigt „Beauftragter der Bekl." genannt wird ꝛc. Die Unerheblichkeit [vgl. Rspr. I S. 97] der betr. Behauptungen liegt jedoch klar zu Tage. Denn der Makler, welcher ein Geschäft zu vermitteln hat, muß allerdings — nach dem juristischen wie nach dem gewöhnlichen Sprachgebrauch — als Beauftragter der Partei, welche seine Thätigkeit anruft, angesehen werden; wie denn auch das Gesetz für einen solchen Fall wiederholt von einer Beauftragung, Auftragsertheilung 2c. redet (Art. 67, 69 HGB).

Jene Behauptungen erscheinen also mit der Feststellung, von welcher der Appellrichter ausgegangen ist, völlig verträglich. In der That war Voigt, nach der unerschütterten Feststellung des Appellrichters, nicht Verkaufsbevollmächtigter der Beklagten.

Nr. 33.

I. Senat. — Erkenntniß v. 17. Sept. 72. (B.)

Keben u. Co. ·|. J. S. Löwenthal (Nr. 408 v. 72).

Preußen. **Nichtigkeitsbeschwerde.**

I. Instanz: Kreis- u. Stadtgericht Magdeburg,
II. Instanz: Appellationsgericht daselbst.

Genuskauf; Lieferung vertragswidriger Waare, ob Vertragsofferte? Dispositionsstellung. Handelsgut.

1. Die Lieferung einer vertragswidrigen Waare stellt sich beim Genuskauf (regelmäßig) als Versuch der Erfüllung der übernommenen Verpflichtung dar, und der Erfolg solcher Erfüllung steht fest, sobald die nach Art. 347 HGB erforderliche rechtzeitige Rüge des Käufers unterbleibt. Als eine neue Vertragsofferte, welche um rechtliche Wirkung zu erlangen erst der Acceptation bedürfte, ist solche Lieferung im Zweifel nicht anzusehen.

HGB Art. 279, 319 ff., 347.

2. Einer speziellen Monirung bedürfen Mängel der Waare nicht, auf welche der übersendende Verkäufer in der Faktur 2c. selbst hingewiesen hat.

HGB Art. 347.

3. Bei allem Handels- und Kaufmannsgut ist Gesundheit (äußere Unverletztheit, namentlich Freiheit von Rissen) der Waare in ihren einzelnen Theilen begrifflich nothwendig.

HGB Art. 335.

Entscheidung des OHG:

Dem Bekl. wurde auf Bestellung seines Reisenden H. von der Klägerin ein Stück Waare (Favorit) übersendet, welches Beklagter am 4. Aug. 68 von der Bahnverwaltung zugestellt erhielt. In der hierauf bezüglichen, am 31. Juli zur Post gegebenen und am 1. Aug. dem Bekl. ausgeantworteten Faktur ist von der Klägerin selbst vermerkt, daß das gelieferte Zeug einen Riß enthalte, weshalb 1/4 Elle Vergütung gewährt werde. Beklagter hat schon am 5. Aug. die Waare retournirt und der Klägerin zur Verfügung gestellt, mittelst eines Briefs folgenden Inhalts:

> Das mir mit Ihrem Geehrten vom 31. Juli fakturirte Stück Favorit gefällt mir nicht, weil es zu schmal und ordinär ausfällt. Ich bedaure daher, Ihnen dasselbe retourniren zu müssen und bitte dessen Betrag meinem Conto zu entlasten.

Dies alles hat der Appellrichter festgestellt. Er nimmt aber nicht eine Dispositionsstellung nach Art. 347, sondern eine Vertragsablehnung nach Art. 319 HGB an. Unter dem Hinweis darauf, daß von der Klägerin nicht behauptet worden, es sei der vom Reisenden des Bekl. abgeschlossene Kaufvertrag auf Lieferung des mit einem Risse behafteten Zeugs gegangen, folgert der Richter aus den festgestellten Thatsachen, daß die Uebersendung eines fehlerhaften Stücks außerhalb des Bereichs der früheren Vertragsvereinigung gelegen habe und als eine neue, vom Bekl. jedoch zurückgewiesene Vertragsofferte sich qualifizire. Dieser Folgerung liegt somit nicht ein Sachverhalt der Art zu Grunde, daß Verkäufer ein körperlich anderes Objekt als das bestellte übersendet habe. Es handelt sich um Mängel der (in genere) bestellten Waare und der Appellrichter geht sichtbar von der Rechtsauffassung aus, daß der Verkäufer, welcher eine Waare liefert, die zwar unter die bestellte Gattung fällt, der aber die bedungenen (oder gesetzlich vorauszusetzenden) Eigenschaften mangeln, nicht sowohl — was richtig sein würde — den bestehenden Vertrag verletze, als vielmehr völlig außerhalb des Vertrages sich bewege, die Lieferung somit schlechthin und ohne Rücksicht auf besondere Beredungen ein aliud enthalte, welchem gegenüber von einem Willen des Absenders, die bestehende Obligation zu erfüllen, nicht die Rede sein könne. Diese Rechtsauffassung ist irrig. Sie verstößt, wie Klägerin mit Recht rügt, gegen die Grundsätze vom Zustandekommen des Kaufvertrags gleichermaaßen, wie gegen den Art. 347 HGB. Der Kaufvertrag setzt allerdings Einverständniß der Betheiligten über das Kaufobjekt voraus. Beim Specieskauf ist die Sache durch beiderseitige Uebereinkunft von vornherein bestimmt, beim Genuskauf erfolgt die Bestimmung durch Ausscheiden aus der entsprechenden Gattung. Hat aber der Verkäufer diese Ausscheidung bewirkt und übersendet er die solchergestalt individualisirte Waare [vgl. Rspr. VI S. 349] dem Käufer: so vollzieht dadurch der Verkäufer, seinem muthmaaßlichen Vertragswillen zufolge, den ihm vertragsmäßig obliegenden Traditionsakt — zunächst zwar nur vorläufig und in Erwartung des Einverständnisses des Käufers, jedoch mit dem Rechtserfolge, daß die Lieferung als eine vertragsmäßige definitiv dann gilt, wenn der Käufer unterläßt, die Nichtempfangbarkeit der Waare rechtzeitig zu rügen. Die Mängel der Waare, obwohl sie ihrem Begriffe nach Abweichungen von der vertragsmäßigen oder gesetzlichen Beschaffenheit der Sache enthalten, hindern, wie der Art. 347 HGB lehrt, diesen Erfolg nicht. Dieser Artikel schreibt vor: wenn sich die Waare nicht als vertragsmäßig oder gesetzmäßig ergiebt, so hat der Käufer dem Verkäufer 2c. sofort davon Anzeige zu machen. Er setzt also nothwendig die Geltung der Regel voraus, daß die Zusendung der Waare durch den

Verkäufer, auch wenn die Waare mit Fehlern behaftet ist, als Versuch der Vertragserfüllung sich darstellt, welcher vom Käufer freilich (mit Rücksicht auf das Ergebniß seiner Untersuchung) zurückgewiesen werden kann, jedoch immer nur unter Beobachtung der Form rechtzeitiger Dispositionsstellung, deren Vorhandensein hier nicht festgestellt ist.

Der Appellrichter hat somit rechtsgrundsätzlich gefehlt, und die Nktbschw. erscheint an sich begründet. Allein in der Sache selbst war das angefochtene Erk. aufrecht zu erhalten [vgl. Rspr. II S. 251]. Denn unbestritten hat Bekl. seinen Entschluß, die Waare nicht als Vertragserfüllung gelten zu lassen, der Klägerin rechtzeitig zu erkennen gegeben. Hiebei kann auf sich beruhen, inwiefern der Art. 347 eine spezielle Monitur*) der dem Verkäufer entgegenzuhaltenden Mängel fordert. In gegenwärtigem Falle hat die Verkäuferin selbst bei Uebersendung der Waare auf das Vorhandensein desjenigen Risses, auf welchen Beklagter jetzt seine Einwendung gegen die Kaufsklage stützt, hingewiesen. Beklagter dagegen hat unter Hinweis auf die Fehlerhaftigkeit der Waare und darauf, daß sie ihm nicht gefalle, deren Annahme bestimmt abgelehnt. Unter solchen Umständen bedurfte es zur Wahrung der Rechte des Bekl. einer speziellen und ausdrücklichen Bemängelung der Waare auf Grund jenes Risses nicht. Die gegentheilige Annahme würde — im Hinblick auf die von Klägerin selbst bei der versuchten Vertragserfüllung abgegebenen Erklärungen, die von ihr später nicht willkürlich ignorirt werden können — ebenso auf das Verlangen einer leeren Formalität hinauskommen, als gegen die Anforderungen von Treue und Glauben verstoßen.

Es kann sich daher nur fragen, ob der in Rede stehende

* Vgl. Rspr. VI S. 143, VII S. 143.

„Riß" den Bekl. in der That zur Zurückweisung der Waare berechtige, also einen wirklichen Mangel im rechtlichen Sinne involvirte. Die Frage ist zweifellos zu bejahen. Denn der Begriff des Handels- und Kaufmannsguts erfordert die Gesundheit, das ist: äußere Unversehrtheit der Waare in ihren einzelnen Bestandtheilen, demnach bei Stoffen die als Ganzes in den Handel übergehen, Freiheit von „Rissen" (Treitschke Kaufkontrakt § 93). Die von Klägerin in I. Instanz beantragte Abhörung eines Sachverständigen über diesen Punkt erledigt sich hienach, da die Unrichtigkeit der von Klägerin vertretenen abweichenden Auffassung über die Bedeutung des Risses ohne Weiteres nach dem Gesagten sich ergiebt.

Aus diesem Grunde war ohne Weiteres die Entscheidung des Appellrichters, soweit derselbe zur Abweisung der Klägerin gelangt ist, lediglich zu bestätigen.

Nr. 34.

I. Senat. — Erkenntniß v. 17. Sept. 72. (B.)

W. Spindler ·/. G. Becker (Nr. 409 v. 72).

Preußen. **Nichtigkeitsbeschwerde.**

I. Instanz: Stadtgericht Berlin,
II. Instanz: Kammergericht daselbst.

Ablieferung von Bahnfrachtgütern. Rollfuhrunternehmer.

Haftet der Rollfuhrunternehmer, durch welchen am Bestimmungsort des Frachtguts eine Bahnverwaltung die ihr obliegende Beförderung* des Guts vollendet, nur nach Maaßgabe der für die deutschen Bahnen reglementsmäßig geltenden Entschädigungsnormen?

HGB Art. 395, 401, 421, 427, 430.
Betriebsreglement für die nordd. Bahnen v. 10. Juni 70 § 14, 18.

* und Ablieferung (Rspr. II S. 163, 178; III S. 131 ff.)

Entscheidung des OHG:

Beklagter steht zur Berlin-Potsdam-Magdeburger Eisenbahngesellschaft im Vertragsverhältniß eines sogenannten Rollfuhrunternehmers. Insbesondere ist er verpflichtet, alle Güter, welche auf der Berlin-Potsdam-Magdeburger Bahn in Berlin ankommen, soweit ihm solche von den Expeditionen der genannten Bahn (nach Maaßgabe des jedesmal geltenden Reglements oder der Verfügungen der Direktion) übergeben worden, den Empfängern, dem kgl. Packhofe bzw. den Expeditionen der dortigen Anschlußbahnen zuzuführen uud an dieselben abzuliefern. Ein auf dem Bahnhof zu Berlin angekommenes, dem Rollkutscher des Bekl. zur Beförderung an den Kläger übergebenes Frachtstück ist unterwegs abhanden gekommen. Mit dem vom Bekl. angebotenen, nach Maaßgabe des für die Eisenbahnen reglementsmäßig geltenden maximalen Normalsatzes von 20 Thlrn. per Centner bestimmten Entschädigungsbetrage von 6 Thlrn. 6 Sgr. nicht zufrieden, hat Kläger Ersatz des auf mindestens 100 Thlr. berechneten gemeinen Werths begehrt. Mit diesem Anspruch ist er in zwei Instanzen abgewiesen. Der Appellrichter führt aus:

1. Beklagter sei nicht Spediteur im Sinne des Gesetzes,
2. er sei ein Frachtführer, welchem die Bahnverwaltung den Ballen zur Vollendung des ihr selbst obliegenden Transports übergeben hatte,
3. als solcher dürfe er sich auf das im Frachtbrief ausdrücklich in Bezug genommene Reglement der Berlin-Potsdam-Magdeburger Bahn beziehen, dessen § 23 Abs. 2 eine Vergütung von nur 20 Thlrn. per Centner verloren gegangener Gegenstände — mangels einer, unstreitig hier nicht vorhandenen, besonderen Deklaration — festsetzt,
4. der Vorwurf einer als „bösliche Handlungsweise“ anzusehenden groben Fahrlässigkeit gegen den Bekl.

bzw. gegen dessen Rollkutscher sei durch die Beweisaufnahme widerlegt.

Die Nktbschw. wendet sich gegen die zweite und die dritte Erwägung. Die zweite Erwägung wird vom Appellrichter in folgender Weise begründet: „Gerade der Eisenbahngesellschaft lag zufolge der Bestimmung des Frachtbriefs und des § 15A des Bahnreglements v. 15. Nov. 62 die Verbindlichkeit ob, den fragl. Ballen in die Wohnung des Empfängers zu besorgen. Sollten die gedachten Bestimmungen betreffs dieser vertragsmäßigen Verbindlichkeit der Bahn noch einen Zweifel lassen, so ist auf Grund der Art. 392 No. 4, 398, 403, 410, 414 No. 4, 418, 421 HGB die Bahn schon durch die bloße Frachtübernahme verpflichtet, die Transportgegenstände in die Wohnung des Adressaten zu liefern."

Die Nktbschw. vermißt eine thatsächliche Feststellung des Vertragsinhalts und behauptet unrichtige Anwendung der vom Appellrichter allegirten Gesetze, sowie Nichtanwendung des als verletzt bezeichneten Rechtsgrundsatzes:

> „Bei Frachtverträgen mit einer Eisenbahnverwaltung umfaßt, wenn der Ablieferungsort zugleich die letzte Bahnstation ist, der übernommene Transport präsumtiv nicht die Weiterbeförderung des Gutes in die Wohnung des Adressaten."

Eine juristische Präsumtion für das Gegentheil will Kläger wol selber nicht behaupten. Handelt es sich aber um eine nur thatsächliche Vermuthung, so ist selbstverständlich der Auslegung des konkreten Vertrages, unter Berücksichtigung aller Umstände, freister Spielraum zu gewähren. Um so weniger kann angenommen werden, daß der Appellrichter über den Inhalt der vertragsmäßigen Verpflichtung irgend welche Zweifel gehegt habe; auch deutet er solche nirgend an, sondern bemerkt nur, um seine Vertragsauslegung gleichsam zu befestigen, daß, auch abgesehen vom Inhalt des konkreten Vertrages bzw. des hier maaßgebenden Spezialreglements, schon die gesetzlichen Bestimmungen das Gleiche ergeben würden. Da nun die Vertragsauslegung selber von der Nktbschw. nicht angefochten ist, so liegt kein Anlaß vor, weder den behaupteten Rechtsgrundsatz zu prüfen, noch zu untersuchen, ob die vom Appellrichter allegirten Gesetze die Ansicht desselben rechtfertigen.

Seine dritte Erwägung begründet der Appellrichter damit, daß nach Art. 401 HGB jeder spätere Frachtführer in den Vertrag des vorgehenden eintritt, daß also auch Beklagter, welcher ein solches Glied in der Kette der Frachtführer ist, zwar denselben Verpflichtungen wie die vorhergehenden, denselben aber auch nicht in höherem Umfang als seine Vormänner unterliegt.

Diese Ausführung befindet sich im Einklang mit der bisherigen Rechtsprechung:

Urt. des Stadt-Ger., Kammer-Ger. und OTr. zu Berlin: Strieth. Arch. B. 58 S. 21 ff., vgl. Central-Organ (Alte Folge) III. S. 112, Neue Folge I. S. 450—453; des Handelsger. zu Hamburg (Hamburg. Gerichtsztg. v. 1864 No. 27), des Stadt- und Kammerger. zu Berlin v. 1868 (Busch's Archiv XV. S. 57 ff.).

Vgl. auch W. Koch in der Ztschr. für das gesammte HR X. S. 66, 67; VIII. S. 404—406; Wolff in Busch's Archiv XX. S. 404.

Ihr steht zur Seite die Vorschrift des Betriebsreglements v. 17. Febr. 62 für die preuß. Staats- und unter Staatsverwaltung stehenden Eisenbahnen § 14, 18, sowie die gleichlautenden Bestimmungen des Betriebsreglements für die Eisenbahnen im nordd. Bunde v. 10. Juni 70 B § 14, 18, nach welchen die Bahnverwaltung für die von ihr zum An- und Abfahren der Güter bestellten besonderen

Rollfuhrunternehmer in gleicher Weise wie für ihre Leute (HGB Art. 400) haftet.

Sofern nämlich (wie vorliegend nach der von der Nktbschw. nicht widerlegten Entscheidung des Appellrichters feststeht) durch die Rollfuhre nur der der Bahnverwaltung obliegende Transport vollendet wird: so haftet die Bahnverwaltung selbstverständlich auch für den Rollfuhrunternehmer nur nach Maaßgabe ihres Reglements, und es fehlt an jedem Rechtsgrunde, den direkt belangten Rollfuhrunternehmer einer umfassenderen Haftung zu unterwerfen.

Die entgegenstehende — von Lincke (in Busch's Arch. IV. S. 428 ff.) sowie vom Kläger in seinen Prozeßschriften vertretene — Auffassung stützt sich auf die doppelte unrichtige Voraussetzung, daß

1) zu Gunsten der Bahnverwaltungen ein dem gewöhnlichen Frachtführer zu versagendes Ausnahmsrecht bestehe — während es sich gerade umgekehrt verhält, insbesondere dem gewöhnlichen Frachtführer beliebige Stipulationen über den Umfang des Schadenersatzes freistehen —, und

2) Art. 401 HGB nur von gleichartigen oder gleichberechtigten Frachtführern zu verstehen sei — während das Gesetz zu solcher Unterscheidung keinen Anlaß giebt, aus Art. 430 vielmehr, welcher für einen Fall dieser Art eine sonst unstatthafte Beschränkung der Haftung gestattet, sich das klare Gegentheil ergiebt.

Inwiefern der als Zwischenfrachtführer in einen Eisenbahntransport eintretende Frachtführer, ungeachtet er nicht zu den Bahnverwaltungen gehört, den gesetzlichen Beschränkungen der Letzteren unterliegt, steht in vorliegendem Falle nicht in Frage, kann daher unerörtert bleiben.

Ungegründet ist ferner der in der Nktbschw. dahin formulirte Vorwurf, daß der Appellrichter die erforderliche

Prüfung unterlassen habe, ob auch nach der in solchen Fällen maaßgebenden Absicht der Kontrahenten Beklagter in die nur begrenzte Haftpflicht der Bahnverwaltung habe eintreten sollen. Denn es erhellt weder, daß solche Absichtsprüfung unterlassen ist, noch auch, daß dieselbe zu einem anderen als dem angenommenen Ergebniß geführt haben würde. Uebersehen wird endlich, daß die bloße, nicht ausgesprochene Absicht überall nicht in Betracht kommt. — Daß für den Transport vom Bahnhof in die Wohnung des Empfängers irgend ein anderes Reglement bestehe, als das allgemeine Reglement der Berlin-Potsdam-Magdeburger Eisenbahngesellschaft, welches den Maximalersatz auf 20 Thlr. per Centner normirt, wird nicht behauptet; es liegt somit nicht der Fall kollidirender Spezialreglements bei einem über mehrere, nicht im Verbandverkehr stehende Bahnen sich erstreckenden Transport vor, auf welchen allein die in der Nktbschw. angezogene Entscheidung des OHG v. 13. Juni 71 [Rspr. II S. 310] sich bezieht. Indem der Appellrichter das einzige vorhandene und im Frachtbrief in Bezug genommene Reglement auf den ganzen, erst durch Ablieferung an den Empfänger vollendeten Transport zur Anwendung brachte, hat er so wenig gegen Art. 401, wie mittelbar gegen Art. 395 HGB verstoßen.

Die hienach ungegründete Nktbschw. war somit zurückzuweisen.

Nr. 35.

I. Senat. — Erkenntniß v. 17. Sept. 72. (B.)

S. Bluhm ·/. A. Landsberg (Nr. 423 v. 72).

Preußen. **Nichtigkeitsbeschwerde.**

I. Instanz: Stadtgericht Berlin,
II. Instanz: Kammergericht daselbst.

Arrest und Klage gegen durchreisende Ausländer in Preußen.

1. Die wesentliche Berechtigung des Schuldners, nur vor seinem ordentlichen Richter Recht nehmen zu müssen, besteht in Preußen auch für Ausländer gegenüber einem ausländischen Gläubiger.

§ 1, 2, 28, 119 AGO I. 2.

2. Gegen einen durchreisenden (oder sonst sich nur vorübergehend in Preußen aufhaltenden) Ausländer darf nach der preuß. AGO regelmäßig ein Arrest wegen Forderungen von Ausländern nicht verfügt werden,

§ 88, 89 AGO I. 29; Strieth. Arch. B. 38 S. 226;

auch nicht, wenn der Anspruch erst nach dem Eintritt des Schuldners in das preuß. Staatsgebiet einem Preußen cedirt worden ist.

§ 405, 407, 408, 410 ALR I. 11.
OTr. Präj. Nr. 297 v. 17. Juni 37, vgl. Entsch. B. 51 S. 412.

Entscheidung des OHG:

Kläger geht [in seiner Rktbschw.] von dem richtigen Satze aus,

daß nach ALR der Cessionar nicht als Vertreter des Cedenten gilt, sondern das Eigenthum, bzw. das Gläubigerrecht in Betreff der cedirten Forderung erwirbt,

§ 376, 402 ALR I. 11 [Rspr. II S. 363];

daß also letztere aus dem Vermögen des bisherigen Gläubigers definitiv ausscheidet und ein Bestandtheil des Vermögens des Cessionars wird*).

Allein dieser Satz hat sein Correlat in dem anderen, daß der Cessionar sich seiner persönlichen Vorrechte gegen den Schuldner nicht bedienen kann,

* Vgl. Rspr. II S. 227 ff., Foerster Theorie ꝛc. (2. Auflage) II S. 632, 640.

und daß überhaupt die Verpflichtung des Schuldners durch Abtretung des Rechts an einem Anderen nicht erschwert werden darf;

§ 408, 410 ALR I. 11;

denn jedes Recht geht der Regel nach auf einen Anderen nur ebenso über, wie es dem Veräußerer zustand. Deshalb kann der Schuldner gegen den neuen Gläubiger die Vertheidigungsmittel gebrauchen, die ihm gegen den ersten gebührten.

§ 407 ALR I. 11; Förster Theorie rc. II. S. 640.

Dies gilt nicht nur von den Einwendungen, welche durch die Natur der abgetretenen Forderung begründet sind, sondern auch von denen, die aus der persönlichen Stellung des Schuldners zum ersten Gläubiger entspringen.

§ 17 AGO I. 49 (Beneficium competentiae).

Nun gehört es zu den wesentlichen Berechtigungen des Schuldners, nur vor seinem ordentlichen Richter Recht nehmen zu müssen, d. h. vor demjenigen Gericht, dem er vermöge der rechtlichen Natur seiner Verpflichtung und vermöge seines persönlichen Rechts unterworfen ist. Dem Gläubiger scheint daher die Befugniß zu fehlen, blos durch Abtretung seines Rechts und ohne Einwilligung des Schuldners diesen vor eine fremde Jurisdiktion zu zwingen. Denn diese Befugniß würde den Gläubiger befähigen, einseitig und selbst ohne Benachrichtigung des Schuldners dessen Gerichtsstände zu vervielfältigen und so die Vertheidigung des Letzteren zu erschweren.

Dennoch ist wenigstens für das gemeine Recht keineswegs unstreitig, ob der Cessionar gegen den Cessus seine privilegia fori geltend machen kann.

Vgl. Glück Pandekten VI S. 357 Nr. 6; Mühlenbruch Cession der Forderungs-Rechte 2. Aufl. S. 561; Windscheid Pand. II S. 245 n. 12.

Allein für das preußische Recht muß diese Frage,

wenigstens in Ansehung des hier streitigen Arrestforums, verneint werden.

Die eingeklagte Forderung stand vor der Cession v. 7. Febr. 71 der New-Yorker Firma J. und G. Lichtenstein zu. Als Beklagter diese Schuld in Nord-Amerika kontrahirte, war er Bürger der Union und in ihr domizilirt. Diese Eigenschaft hat er noch jetzt. Zur Zeit der Cession und Klageerhebung hielt er sich in Preußen (speziell in Berlin) nur besuchsweise auf. Dies Alles ist vom Appellrichter festgestellt.

Nach § 28 AGO I. 2 haben durchreisende Fremde in Preußen keinen ordentlichen persönlichen Gerichtsstand. Sie können aber u. a. wegen einer Forderung bei demjenigen preuß. Gericht Recht zu nehmen gezwungen werden, von welchem ordnungsmäßig Arrest gegen sie verhängt ist (§ 119 AGO I. 2). Aber wegen der Forderung eines Fremden gegen einen Fremden darf in der Regel gegen Letzteren in Preußen ein Arrest nicht verfügt werden, und von den Ausnahmen liegt, wie im Appellurtel gleichfalls festgestellt ist, hier keine vor (§ 88, 89 AGO I. 29, vgl. Strieth. Arch. B. 38 S. 226). Hätte also die Firma J. und G. Lichtenstein im Febr. 71 die Arrestverhängung gegen den Bekl. beantragt und ihn zugleich wegen ihrer Forderung belangt: so würde Letzterer mit Recht gegen die Arrestverfügung protestirt und die Inkompetenz des Stadtgerichts Berlin gerügt haben. Beklagter war daher, als er sich nach Preußen besuchsweise begab, gegen Arrestlegung wegen jener Forderung gesichert. Folglich darf seine Lage durch die erst nunmehr bewirkte Cession an einen Berliner Kaufmann, den Kläger, in dieser Richtung nicht verschlechtert werden. Wie früher auswärtigen Gläubigern eines „fremden" Gemeinschuldners versagt war, durch nachträgliche Cessionen auf inländische Gläubiger am inländischen Spezialkonkurse zu partizipiren (§ 665 ff. AGO I. 50, vgl. Anh. § 379): so ist ihnen auch nicht gestattet, ihre auswärtigen, in Preußen vorübergehend anwesenden Schuldner durch schleunige Cessionen an preuß. Staatsangehörige der preuß. Jurisdiktion zu unterwerfen, — einer Jurisdiktion, welche den fremden Schuldnern die Vertheidigung erschwert und vom preuß. Gesetz reprobirt ist. Denn die Anhangs-§§ 205 ff. (zu § 90 AGO I. 29) und die §§ 88 und 89 AGO I. 29 machen unzweifelhaft, daß das Gesetz „durchreisende Fremde" in Ansehung des Arrests nicht nur „mit ausgezeichneter Schonung" behandelt, sondern sie namentlich während ihres Aufenthalts in Preußen gegen Arreste wegen Schulden an Nichtpreußen geschützt wissen will. Diese Absicht des Gesetzes würde aber vereitelt werden, wenn der auswärtige Gläubiger durch eine nach dem Eintritt seines Schuldners in Preußen bewirkte Cession an einen Preußen den Schuldner vor das preuß. Arrestforum zu zwingen vermöchte.

Es hat daher auch das preuß. OTr. nicht nur im Präjudiz v. 17. Juni 37 (Nr. 297; Samml. I. S. 251), sondern auch in dem neueren Erk. v. 21. April 64 (Entsch. B. 51 S. 412) eine Arrestlegung wie die am 9. Febr. 71 auf Grund der Cession v. 7. Febr. verfügte für unstatthaft und die hier streitige Arrestbefugniß des Inländers mit Recht für ein im Verhältniß zum Recht des Ausländers gemäß dem § 405 ALR I. 11 zu behandelndes Vorrecht erklärt.

Nr. 36.

I. Senat. — Erkenntniß v. 17. Sept. 72. (B.)

A. Ritter's Erben c/. R. Schröder u. Co. (Nr. 469 v. 72).

Preußen. **Nichtigkeitsbeschwerde.**

I. Instanz: Kreisgericht Bromberg,
II. Instanz: Appellationsgericht daselbst.

Handlungsreisender, Befugnisse.

1. Der Handlungsreisende ist zunächst nur ermächtigt, Verkäufe im Handelsgewerbe des Prinzipals abzuschließen (Art. 47 HGB), regelmäßig aber erscheint er auch zur Mitwirkung beim Vollzug abgeschlossener Geschäfte berufen (vgl. HGB Art. 49 Satz 2).

2. Gleichwohl gilt als Regel, daß es ihm nicht zusteht, Geschäfte rückgängig zu machen, deren Abschluß er dem Prinzipal angezeigt und welche dieser bereits dergestalt vollzogen hat, daß ein Anspruch auf Kaufgeld begründet worden.

HGB Art. 47, 279.

Entscheidung des OHG:

Der Appellrichter stellt fest: der Erblasser der Bekl. habe die beim Reisenden der klagenden Firma bestellten Weine bereits im Dez. 69 erhalten und, obgleich er sofort deren mangelhafte Beschaffenheit entdeckt, davon der klagenden Firma gar nicht, jenem Reisenden aber erst am 23. Juni 70 (also 6 Monate später) Anzeige gemacht. Er folgert hieraus, daß die Sendung gemäß Art. 347 HGB als genehmigt zu gelten habe, und daß Beklagte verpflichtet seien, den Preis der Waare zu zahlen, ohne sich auf das im Juni 70 mit dem Reisenden der Klägerin getroffene Abkommen, wonach der schlechte Wein zurückgenommen und statt desselben guter geliefert werden sollte, berufen zu können; denn ein Handlungsreisender sei ohne speziellen Auftrag nicht befugt, abgeschlossene und erfüllte Verträge wieder aufzuheben.

Beklagte greifen diese Entscheidung als rechtsgrundsätzlich fehlgehend an.

Von einer Verletzung der Art. 47, 49 HGB kann nicht die Rede sein. Der Umfang der Vollmacht eines Handlungsreisenden bestimmt sich (zufolge Art. 49) zunächst durch die allgemeine Vorschrift des Art. 47 Abs. 1, wonach jener zu allen denjenigen Geschäften und Rechtshandlungen bevollmächtigt erscheint, welche die Verwendung von Handlungsreisenden der betreffenden Art zu Geschäften an auswärtigen Orten gewöhnlich mit sich bringt. Hinsichtlich der Frage, welche einzelne Geschäfte und Rechtshandlungen hienach unter die Vollmacht des Handlungsreisenden fallen, enthält das Gesetz nur einige Direktiven, gemäß deren gewisse Geschäfte und Rechtshandlungen als ausgeschlossen, gewisse andere als inbegriffen bezeichnet sind (Art. 47 Abs. 2 und Art. 49 HGB); im Uebrigen aber ist dem Richter überlassen, nach der von ihm zu ermittelnden kaufmännischen Uebung sowie nach dem Geiste des Gesetzes die Grenze zu bestimmen.

Es mag unerörtert bleiben, inwieweit überhaupt die Verletzung von Rechtsgrundsätzen in Frage kommen kann, wenn der Richter in Bezug auf Fälle, für welche das Gesetz nichts Spezielles verfügt, vielmehr die richterliche Würdigung frei gelassen hat, sich darüber ausspricht, ob ein Geschäft zu denjenigen zähle, zu welchen Handlungsreisende der in Frage stehenden Art verwendet zu werden pflegen. Denn in vorliegendem Falle kann von einer Verletzung der bezeichneten Gesetzesbestimmungen weder ihrem Wortlaute noch ihrem Geiste nach die Rede sein.

Handlungsreisende der betreffenden Art werden verwendet, um Abnehmer für Fabrikate und Handelswaaren zu suchen, und der Zweck ihrer Verwendung bedingt es, daß sie zunächst nur bevollmächtigt sind, Verkäufe im Handelsgewerbe ihres Prinzipals abzuschließen. Wenn auch ihre Mitwirkung zum Vollzug abgeschlossener Geschäfte nicht ausgeschlossen ist, — wie schon daraus erhellt, daß das Gesetz sie ausdrücklich zur Annahme von Zahlungen und zur Bewilligung von Zahlungsfristen für ermächtigt erklärt —: so muß doch als Regel gelten, daß es ihnen nicht zusteht (wie hier geschehen), Geschäfte, deren Abschluß sie dem Prinzipal angezeigt haben und die von diesem bereits dergestalt vollzogen sind, daß er einen begründeten Anspruch auf das Kaufgeld erlangt hat, wieder rückgängig zu machen und ohne jeden Rechtsgrund auf wohlerworbene Rechte des Prinzipals unentgeltlich Verzicht zu leisten. Diese Regel hat der Appellrichter offenbar nur anerkennen wollen, wenn er (in einer allerdings etwas weiten Fassung) erklärt, Handlungsreisende seien nicht befugt, bereits abgeschlossene und erfüllte Verträge wieder aufzuheben.

Ist dies richtig, so kann den Appellrichter der Vorwurf, die Art. 47 und 49 HGB verletzt zu haben, nicht treffen; insbesondere ist auch die Rüge grundlos, er habe versäumt die besonderen Umstände des Falles hervorzuheben und auf dieselben seine Entscheidung zu gründen, da diese Umstände genügend festgestellt sind und jene Erklärung nur auf den konkreten Thatbestand bezogen werden darf.

Nimmt man auch an, daß beim Hinzutreten noch anderer besonderer Umstände die besagte Regel eine Ausnahme erleiden könne: so hat doch der Appellrichter nicht gefehlt, wenn er nicht erörtert hat, unter welchen Voraussetzungen eine solche Ausnahme begründet sei.

Nr. 37.

I. Senat. — Erkenntniß v. 20. Sept. 72. (B.)

Pöhls ·/. G. u. J. Becquet Fréres (Nr. 497 v. 72).

Hamburg. **Ober-Appellation.**

I. Instanz: Handelsgericht Hamburg,
II. Instanz: Obergericht daselbst.

Handelskauf. Ausfallsmuster, Rügepflicht des Käufers.

Wenn im Einzelfalle die dem Käufer einer Waare vom verkaufenden Fabrikanten übersendeten Ausfalls-

proben als Repräsentanten der Waare selbst anzusehen sind: so hat Käufer eine vertragswidrige Beschaffenheit der Proben gemäß Art. 347 HGB zeitig zu rügen, namentlich wenn anzunehmen ist, daß der einsendende Fabrikant sonst in gleicher Weise fortarbeiten wird.

HGB Art. 279, 347; Prinzip von Treue und Glauben.
Vgl. Rspr. IV S. 233, VI S. 141 ff.

Entscheidung des OHG:

Die Vorschrift des Art. 347 HGB, daß bei Distanzgeschäften der Käufer die eintreffende Waare baldigstmöglich zu untersuchen und die dagegen etwa zu erhebenden Einwendungen (bei Verlust derselben) dem Verkäufer alsbald zu melden habe, kann zwar nicht ohne Weiteres auf solche Fälle Anwendung finden, in denen dem Käufer nicht die Waare selbst, sondern nur sogenannte Stück- oder Ausfallsproben zugesandt werden, mit der Wirkung, daß das Unterlassen einer Prüfung derselben und die Nichtanzeige der daran wahrnehmbaren Mängel den Käufer in die Lage bringe, die mit der Probe übereinstimmende Waare (selbst wenn diese nicht dem Kontrakt entsprechen sollte) als Erfüllung des Handels gelten zu lassen. Gleichwohl war in vorliegendem Falle mit dem Appellrichter anzunehmen, daß hier das Unterlassen der Monitur auf Seiten des Bekl. gegen die ihm von den Klägern zugesandten Ausfallsproben einer Genehmigung der daraus ersichtlichen Beschaffenheit der Waare, der Wirkung nach, gleich zu achten sei.

Entscheidend in dieser Richtung sind: der Inhalt des Geschäfts, auf welches sich jene Proben bezogen, und die später auf Anordnung des Bekl. hinzukommenden Vorgänge.

Beklagter hat die mehreren Partien Schuhstifte, welche Kläger für ihn anfertigen sollten, persönlich bei denselben bestellt, nicht etwa als Mitinhaber und bzw. Vertreter seiner (in den Akten mehrmals genannten) in Leon (im Innern Mexiko's) domizilirenden Firma für diese. Nun mögen zwar Kläger Grund zu der Annahme gehabt haben, daß die Waare vom Bekl. für Mexiko bestimmt sei; allein auf die rechtliche Stellung der Kläger zu ihm übte ihre Bekanntschaft mit dem Zweck, welchen Beklagter durch die Bestellung der Waare erreichen wollte, keinen Einfluß aus. Beklagter hat auch nicht etwa zu behaupten vermocht, die Bestellung sei in solcher Weise gemacht worden, daß Kläger die Versendung der Waare nach dem Inneren Mexiko's hätten geschehen lassen müssen, um erst dort (durch des Bekl. Korrespondenten) die schließliche Entgegennahme derselben und, wenn sie als vertragsmäßig sich ausweisen sollte, deren Empfang geschehen zu lassen. Bei der Abwesenheit einer solchen Ausbedingung waren Kläger befugt, Abnahme der Waare und dadurch Erledigung des Geschäfts, wenn nicht in ihrem Wohnort selbst (Brüssel), doch in einem anderen, durch Entfernung sie nicht beschwerenden Platze zu verlangen. Beklagter, anstatt demgemäß zu verfahren, beorderte Abfertigung der Waare nach Antwerpen, damit sie von dort nach Vera-Cruz verschifft werde. Weder im ersteren Platze, noch auch in Vera-Cruz, sollte es aber zur Besichtigung der Waare und eventuellen Empfangshandlung kommen; vielmehr mußten Kläger erwarten, daß die Waare von Vera-Cruz in das Innere von Mexiko würde verschickt werden; ob nach Leon, oder nach einem anderen Platze, das stand zur Bestimmung des Bekl. Wohin aber auch die Waare weiter befördert werden möchte, jedenfalls lag zufolge des Obigen schon Vera-Cruz außerhalb des Bereichs, innerhalb dessen Kläger auf das Ergebniß einer Untersuchung der Waare und auf eine Monitur des Bekl. sich einzulassen verpflichtet waren.

Wenn unter solchen Umständen Kläger zwar der oben erwähnten Weisung des Bekl. Folge leisteten, jedoch gleichzeitig mit Abfertigung der Waare nach Antwerpen dem Bekl. Ausfallsproben zugehen ließen: so konnte dies nur den Zweck haben, dem Bekl., welchem die Waare selbst nicht zu Gesicht kam, die Möglichkeit zu geben, jene Proben als Repräsentanten der Waare zu behandeln und statt derselben sie der Untersuchung und Beurtheilung zu unterziehen. Ging Beklagter auf diese ihm dargebotene Gelegenheit der Untersuchung und Monitur nicht ein, so wurde er in Folge der Maaßregeln, welche er in Betreff der Waare selbst getroffen hatte, des Rechts, Einwendungen gegen diese zu erheben, verlustig.

Wenn Beklagter meint, es sei Sache der Kläger gewesen, ihm besonders bemerklich zu machen, daß sie den gesandten Ausfallsproben die denselben im Prozeß gegebene Bedeutung beizulegen Willens seien, so ist dieß grundlos. In der Sendung der Proben, nachdem Beklagter durch seine in Betreff der Waare getroffenen Anordnungen die ohne dieselben vorhanden gewesene, ordentliche Erledigungsweise des Geschäfts unthunlich gemacht hatte, lag zu Gunsten des Bekl. ein Akt der Kläger, welcher keine andere Auslegung zuließ, als daß dem Bekl. ungeachtet jener Anordnungen noch verstattet, zugleich aber auch ihm zur Pflicht gemacht werde, die Proben bemerktermaaßen als Repräsentanten der Waare zu behandeln bzw. gelten zu lassen, also in Betreff ihrer das vorzunehmen, was ohne die zur Ausführung gebrachte Verfügung über die Waare an dieser selbst vorzunehmen gewesen sein würde.

Es kommt hienach nicht einmal darauf an, daß Beklagter (wie vom Appellrichter mit Recht angenommen worden) in präjudizirlicher Weise gegen die kontraktliche bona fides verstieß, als er — nachdem die zuerst ihm zugesandten Proben mangelhaft und zwar nach seiner Ansicht so mangelhaft sich ausgewiesen hatten, daß die Waare als schlechthin unannehmbar hätte zurückgewiesen werden dürfen, dies nicht sofort gegen die Kläger geltend machte, sondern Letztere fortfabriziren und mit überseeischer Versendung der fertig werdenden Fabrikate verfahren ließ — einer Versendung, welche die Kläger, wenn sie die Waare später hätten zurücknehmen müssen, mit schweren Kosten belastete.

Nr. 38.

II. Senat. — Erkenntniß v. 21. Sept. 72. (V.)

Th. Bocke ·/. J. Engelsdorf u. J. Goldstein (Nr. 462 v. 72).

Preußen. **Nichtigkeitsbeschwerde.**

I. Instanz: Stadt- und Kreisgericht Danzig,
II. Instanz: Appellationsgericht Marienwerder.

Konkurrenz von Gläubigern bei der Exekution. Ausgleichung eines Zuvielbezuges.

1. Wie regelt sich nach der preuß. Konkurs-Ordnung v. 8. Mai 55 Tit. 5 Abschnitt 1 die Befriedigung mehrerer Gläubiger aus derselben Exekutionsmasse?

2. Wenn in Folge irrthümlicher richterlicher Verfügung Jemand aus einer solchen Masse mehr, als ihm gesetzlich zukam, gezahlt erhalten hat: so wird dem dadurch Benachtheiligten gegen jenen eine Klage (condictio) auf Ausgleichung und Schadloshaltung gewährt.

Feste Praxis des preuß. OTr.

Entscheidung des OHG:

Sowohl Kläger, als beide Beklagte haben Geldforderungen an den Kaufmann Halber rechtskräftig erstritten und im Wege der Exekution Verfügungen der zuständigen Exekutions-Kommission zu Danzig erwirkt, wodurch eine dem Halber an die N.'sche Konkursmasse bzw. an den Gemeinschuldner zustehende Forderung theils mit Arrest belegt, theils mit den Wirkungen einer Assignation (nach Maaßgabe des Gesetzes v. 4. Juli 22) ihnen überwiesen wurde. Durch irrthümliche Verfügungen des Konkurs- und Exekutions-Richters ist es veranlaßt, daß das zum Exekutions-Objekt gemachte Halber'sche Percipiendum den beiden Bekl. zu gemeinschaftlichen Händen ausgeantwortet ist, und der leer ausgegangene Kläger kondizirt in vorliegendem Prozeß denjenigen Betrag, welcher ihm bei gehöriger Vertheilung des fraglichen Percipiendums hätte zufallen müssen. Die Klage ist vom I. Richter abgewiesen, weil nur der Zahlende kondiziren könne, die fragliche Zahlung aber nicht vom Kläger geleistet sei. Der Appellrichter hat diese Entscheidung zwar bestätigt, aber aus anderen Gründen; er führt aus:

> „Die Klage würde wohl begründet sein, wenn die Zuziehung des Klägers mit Unrecht unterblieben wäre; dies sei aber nicht anzunehmen, da Kläger am 1. März 69 von den für die Bekl. auf die Halber'sche Hebung bereits angelegten Arresten Nachricht erhalten, gleichwohl es versäumt habe, die Beitritts-Erklärung (§ 364 der Konkurs-Ordnung) zu erwirken, welche eine Vertheilung ohne seine Zuziehung verhindert haben würde (§ 366 daselbst), indem dadurch, aber auch nur dadurch, der Konflikt zwischen den Arrestlegern und eine Communio bezüglich der verkümmerten Forderungen in's Leben getreten wäre."

Diese Auffassung ist als eine rechtsirrthümliche, die Vorschriften der §§ 363, 364, 366 der [preuß.] Konkurs-Ordnung v. 8. Mai 55 verletzende vom Kläger angefochten worden. Die Beschwerde muß auch für begründet erachtet werden. Nach § 51 AGO I. 51 und § 380 des Anhangs dazu sollte, wenn mehrere Gläubiger im Wege der Exekution an dasselbe Vermögensstück sich halten wollen, die Priorität unter denselben (ohne öffentliche Aufforderung und Präklusion) nach der für den Konkurs geltenden Prioritäts-

Ordnung durch ein Erkenntniß regulirt werden, welches nur für die streitenden Theile rechtliche Wirkung haben sollte, so daß, wenn in der Folge andere Gläubiger sich meldeten, welche auf ein solches Objekt ein besseres Recht beanspruchten, denselben das rechtliche Gehör gegen die früher darauf angewiesenen Gläubiger, so lange das Objekt vorhanden bzw. die Distribution noch nicht wirklich erfolgt sei, nicht versagt werden solle. Nach § 447, 448 AGO I. 50 begründete die vor der Konkurs-Eröffnung erfolgte Auspfändung das Vorrecht der fünften Klasse, und unter mehreren Creditores immissi sollte die Zeit der Immission bzw. Auspfändung die Priorität bestimmen. Ferner ist im § 15 des Exekutions-Gesetzes v. 4. März 34 bestimmt, daß durch die nach § 2 des Gesetzes v. 4. Juli 22 dem Exekutionssucher ertheilte Ermächtigung zur Einklagung und Einziehung einer Aktivforderung des Schuldners der Erstere das im § 447 AGO I. 50 bestimmte Vorrecht der fünften Klasse erlange. Hienach ging derjenige, welcher früher eine solche Ermächtigung erwirkt hatte, demjenigen vor, welcher eine solche später erwirkt hatte. Dieser Rechtszustand wurde durch die Konkurs-Ordnung v. 8. Mai 55 in doppelter Richtung geändert. Einmal ist nämlich das Vorrecht der Creditores immissi gänzlich beseitigt worden; die konkurrirenden Gläubiger sollen pro rata theilen ohne Rücksicht darauf, ob der Eine früher als der Andere die Exekution erwirkt hat. Sodann sollte das Verfahren in Streitfällen in eine geregeltere Form gebracht werden. Zu dem Ende bestimmen § 362, 363 der Konkurs-Ordnung, daß, wenn ein Gläubiger eine Beschlagnahme, sei es von beweglichen Sachen oder von Aktivis, erwirkt habe, andere Gläubiger der Beschlagnahme bzw. der Ermächtigung zur Einklagung derselben **beitreten** und aus der in Beschlag genommenen Sache oder Forderung ihre Befriedigung suchen **können**. Der § 364 bestimmt sodann, daß die Beitritts-erklärung bei dem Gericht anzubringen sei, von welchem zuerst die Beschlagnahme bzw. die Ermächtigung zur Einklagung verfügt worden, daß dieselbe den Nachweis der Vollstreckbarkeit der Forderung enthalten, sowie den Betrag der Forderung angeben müsse, und daß, wenn die Beitrittserklärung zulässig befunden werde, dieselbe den übrigen Exekutionssuchern, dem Exequenden und bzw. dem Schuldner der in Beschlag genommenen Forderung bekannt zu machen sei. Nach § 366 soll im Falle der Unzulänglichkeit des Exekutions-Objekts zur Befriedigung der konkurrirenden Gläubiger die Vertheilung der Masse im Wege des Prioritäts-Verfahrens bewirkt werden. Nach diesen Bestimmungen, welche dem größeren Theile nach als bloße Ordnungsvorschriften aufzufassen sind, ist das Theilnahme-Recht der Gläubiger materiell nur dadurch bedingt, daß ihre Forderung exekutorisch ist und daß sie den zuständigen Richter um Vollstreckung anrufen. Es ist offenbar gleichgiltig, ob ein Gläubiger, welcher die Exekution nachsucht, nachdem dieselbe schon vorher von einem anderen Gläubiger nachgesucht bzw. erwirkt worden ist, das Wort „Beitritts-Erklärung" — wodurch nur hat ausgedrückt werden sollen, daß die Beschlagnahme zu Gunsten eines Gläubigers die weitere Beschlagnahme desselben Objekts zu Gunsten eines anderen Gläubigers nicht ausschließe — gebraucht oder nicht. Der Gläubiger, welcher, weil er von einer früher erfolgten Beschlagnahme zu Gunsten eines anderen Gläubigers nichts weiß und deshalb nicht „beitritt", sondern selbständig für sich die Beschlagnahme beantragt, erlangt zweifellos dieselben Rechte, wie der „Beitretende". Auch die richterliche „Zulassung" der Beitritts-Erklärung (§ 364 Abs. 3) ist — abgesehen von der hier nicht in Frage stehenden Bestimmung im § 368 Abs. 2 — ohne Einfluß auf die materiellen Rechte der betheiligten Gläubiger. Das kgl. preuß. OTr. hat auch im Urtel v. 18. Juli

61 (Strieth. Arch. B. 42 S. 276) erkannt, daß selbst wenn das Exekutions-Gericht die Beitritts-Erklärung durch Dekret für unzulässig erklärt habe, dadurch den materiellen Rechten des beitretenden Gläubigers nicht präjudizirt werde, derselbe vielmehr seine Ansprüche gegen denjenigen, welcher im Vollstreckungsverfahren zu viel erhalten, im Prozeßwege verfolgen könne. In vorliegendem Falle hat nun Kläger, nachdem beide Beklagte schon vorher bei der Exekutions-Kommission zu Danzig die Beschlagnahme des Halber'schen Percipiendums mit der Wirkung einer Assignation erwirkt, gleichfalls bei der Exekutions-Kommission zu Danzig am 30. Januar 69 den Antrag gestellt, wegen seiner unbestrittenen Judikatforderung das Halber'sche Percipiendum mit Arrest zu belegen und dem Kläger mit der Wirkung der Assignation zu überweisen. Diesem Antrage entsprechend hat die Exekutions-Kommission am 19. Febr. 69 verfügt, und ein Notifikatorium darüber zu den R.'schen Konkurs-Akten gelangen lassen. Hienach hatte Kläger Alles gethan, was ihm zur Wahrung seines Theilnahme-Rechts gesetzlich oblag. Daß der Konkursrichter jenes Notifikatorium mit einer Marginal-Verfügung v. 25. Febr. 69 (worin er in klarem Widerspruch mit den angeführten Grundsätzen der Konkursordnung aussprach, daß Kläger keine Befriedigung zu erwarten habe, weil die Bekl. die Beschlagnahme früher extrahirt) zu den Exekutions-Akten zurückgab und es dadurch möglich machte, daß demnächst bei Ausschüttung der Konkursmasse von den Ansprüchen des Klägers keine Notiz genommen wurde, kann dem Kläger sein gesetzliches Recht nicht entziehen. Kläger hat aber noch in drei an die Exekutions-Kommission gerichteten Eingaben v. 7., 22. und 28. Juni 69 — also noch zeitig vor der erst am 3. Juli erfolgten Ausschüttung des Percipiendums — die irrige Ansicht des Konkursrichters bekämpft und ratirliche Vertheilung des Percipiendums unter die konkurrirenden Gläu-

biger beantragt und dadurch seinen „Beitritt" in deutlichster Weise erklärt. Daß der Exekutionsrichter auf diese Anträge nicht verfügt hat, kann die Rechte des Klägers wiederum nicht beeinträchtigen.

Das Appellurtel war daher zu vernichten. Bei anderweiter Prüfung der Sache konnte aber auch der Grund, aus welchem der I. Richter die Klage abgewiesen hat, und welchen der Appellrichter bereits mißbilligt hat, nicht für zutreffend erachtet werden. Die erhobene Kondiktion wird nach konstanter Rechtsprechung des kgl. preuß. OTr., auf welche hier einfach Bezug genommen wird, weder dadurch, daß die Bekl. nicht mehr, als sie an sich an Halber zu fordern hatten, erhalten haben, noch dadurch, daß nicht Kläger dasjenige, was er jetzt kondizirt, gezahlt hat, ausgeschlossen. Die Kondiktion soll vielmehr dazu dienen, das den Bekl. in Folge irrthümlicher richterlicher Verfügungen aus der fraglichen Masse mehr, als ihnen bei gesetzlicher ratirlicher Vertheilung zukam, Gezahlte auszugleichen.

(Vgl. Entsch. des OTr. B. 6 S. 399, B. 13 S. 111; Strieth. Arch. B. 41 S. 145, B. 59 S. 129; Bornemann System B. III S. 348).

Die weitere Entscheidung mußte nach Lage der Sache den Instanzgerichten überwiesen werden.

Nr. 39.

II. Senat. — Erkenntniß v. 21. Sept. 72. (B.)

G. W. Müller ./. die (in Liquidation begriffene) Norddeutsche Packetbeförderungs-Gesellschaft Vallette, Reinecke, Randel u. Co. (Nr. 503 v. 72).

Preußen. **Revision.**

I. Instanz: Stadtgericht Berlin,
II. Instanz: Kammergericht daselbst.

Aktienzeichnung, Nebenabreden.

1. Jede Aktienzeichnung muß schriftlich und unbedingt erfolgen.

HGB Art. **174** Abs. 2, **177** Nr. 1 u. 2, **178**, **197**, **208** Abs. 3, **209** ff., **222**, **223**.

2. Bei Aktienzeichnungen sind Nebenabreden, Vorbehalte oder Zusicherungen, durch welche die Haftung des Aktienzeichners eingeschränkt oder aufgehoben werden soll, ungiltig.

So: Erk. des I. Sen. v. 2. Mai 73, unten S. 167.

Entscheidung des OHG:

Kläger hat sich bei der beklagten Kommandit-Gesellschaft auf Aktien mit 9 Aktien zu 200 Thlrn. betheiligt und darauf in verschiedenen Raten 50%, im Ganzen 900 Thlr., eingezahlt. Mit der auf Rückzahlung dieser 900 Thlr. gegen die Gesellschaft erhobenen Klage ist er durch das Appellurtel abgewiesen worden. Die hiegegen eingelegte Revision kann nicht für begründet erachtet werden.

Inhalts eines nach dem statutenmäßigen gedruckten Formular vom Kläger ausgestellten und unterschriebenen Zeichnungsscheins v. 13. Sept. 69 hat Kläger sich verpflichtet,

> der Gesellschaft als Aktionär mit 9 Aktien à 200 Thlr. beizutreten bzw. diese Aktien zu übernehmen, sowie die Bedingungen der Aktien-Zeichnung und sämmtliche Bestimmungen des Statuts, wovon genehmigend Kenntniß genommen ist, zu erfüllen.

Kläger selbst leugnet nicht, daß er die Aktien pure ohne alle Klauseln und Bedingungen gezeichnet hat. Auf Grund dieser schriftlichen Zeichnung (Art. 174 Abs. 2 HGB) war Kläger zweifellos zur Leistung der statutengemäß ausgeschriebenen Einzahlungen auf die Aktien verpflichtet und zur Rückforderung der gezahlten Beträge so wenig berechtigt, daß die Gesellschaft nach Art. 184, 197 HGB ihn von der Verpflichtung zur Einzahlung weder entbinden, noch ihm die eingezahlten Beträge zurückzahlen durfte. Die Klage wird nun wesentlich auf folgendes Sachverhältniß gegründet. Kläger hat vom Beginn der Gesellschaft bis zum März 70 als Haupt-Agent fungirt. Ueber die Uebernahme dieses Amts ist am 13. Sept. 69 zwischen dem Kläger und dem Subdirektor M. verhandelt. Nach den Statuten und den gedruckten Haupt-Agentur-Bedingungen bezieht der Haupt-Agent keine feste Tantième; diese wird vielmehr erst am Ende jedes Jahres von den betr. Gesellschafts-Organen je nach den Leistungen des Beamten festgesetzt. Andrerseits muß der Haupt-Agent sich mit einer Pflicht-Aktie bei der Gesellschaft betheiligen. Kläger wollte sich auf eine ganz unbestimmte Tantième nicht einlassen. Nach den zwischen dem Kläger und dem Subdirektor M. gepflogenen Unterhandlungen zeichnete Kläger außer der statutenmäßigen Pflicht-Aktie noch die fragl. neun Aktien, andrerseits sicherte M. dem Kläger für das erste Jahr eine feste Tantième von 200 Thlrn. zu. Die Gesellschaft, welcher M. sowohl den Vertrag über die Uebernahme der Agentur, als den Zeichnungsschein einreichte, reprobirte das Abkommen über eine fixe Tantième als statutenwidrig, weigerte auch die hierauf vom Kläger verlangte Rückgabe der bei der Aktienzeichnung eingezahlten Procente, da Kläger der Gesellschaft als Aktionär statutengemäß beigetreten und die verlangte Rückzahlung unzulässig sei. Kläger, welcher den Agentur-Vertrag und die Aktienzeichnung als einen einheitlichen Akt, die Aktienzeichnung als vertragsmäßige Gegenleistung gegen die Zusicherung einer festen Tantième angesehen wissen wollte, behauptete, daß die Gesellschaft, nachdem sie den

Agenturvertrag nicht genehmigt habe, auch die Vortheile aus der Aktienzeichnung nicht beanspruchen und behalten könne; die Gesellschaft wies aber diese Auffassung als ungesetzlich zurück und Kläger verstand sich laut Briefs v. 3. Okt. 69, mit welchem die übergebene Korrespondenz schließt, unter Wahrung seiner vorgedachten Rechte zur einstweiligen Uebernahme der Haupt-Agentur, zahlte auch am 15. Okt. 69 bei Aushändigung der Interimsscheine 20% und dann im März und Juli 70 die noch weiter ausgeschriebenen 10 bzw. 15 Procent ohne allen Vorbehalt ein, und erhob, nachdem er inzwischen die Haupt-Agentur im März 70 niedergelegt hatte, im Okt. 70 die vorliegende Klage, mittels deren er die eingezahlten 50% der 9 Aktien aus dem Grunde kondizirt, weil die Aktienzeichnung und der Agentur-Vertrag nach den zwischen dem Kläger und M. gepflogenen Verhandlungen als ein einheitlicher Akt erscheine, und die Beklagte, nachdem sie die Genehmigung des Agentur-Vertrags, namentlich die Abrede über die Tantième versagt habe, auch die auf die Aktien gezeichneten Beträge zurückzahlen müsse. Es kann dahin gestellt bleiben, ob und inwieweit das thatsächliche Klagefundament, namentlich die von der Bekl. bestrittene Behauptung, daß nach der Abrede zwischen Kläger und M. die Zeichnung der 9 Aktien nur das vertragsmäßige Aequivalent gegen die Zusicherung der festen Tantième gewesen sei, bewiesen ist, da auch im Falle der Führung dieses Beweises die Klage würde abgewiesen werden müssen. Die Aktienzeichnung, welche nach Art. 174 HGB schriftlich erfolgen muß, kann nicht unter Bedingungen erfolgen; sie muß (wie auch das statutenmäßige Formular sich ausdrückt) einfach und unbedingt sein; eine bedingte Aktienzeichnung ist keine Zeichnung im gesetzlichen Sinne. Die Gesellschaft bzw. das Gründungs-Comité würde sich auf eine bedingte Zeichnung niemals einlassen können, eine solche vielmehr als nicht erfolgt ansehen und den eine Bedingung enthaltenden Zeichnungs-Schein dem Zeichner ohne Weiteres zurückgeben müssen. Dies ergiebt schon die Erwägung, daß nach Art. 177 HGB die Eintragung in das Handelsregister, durch welche nach Art. 178 die rechtliche Existenz der Gesellschaft bedingt ist, die Bescheinigung, daß das ganze Aktien-Kapital gezeichnet und zwar selbstverständlich unbedingt gezeichnet ist, voraussetzt, die rechtliche Existenz der Gesellschaft aber nicht von Bedingungen abhängig gemacht werden kann, namentlich nicht von solchen Bedingungen, welche nicht im Zeichnungsschein Ausdruck gefunden haben, sondern auf bloß mündlichen Abreden zwischen dem Zeichner und einem Gesellschafts-Beamten beruhen oder in einer besonderen, neben dem Zeichnungs-Schein ausgestellten Urkunde verbrieft sind, und sich deshalb der Prüfung, welche der Eintragung in das Handelsregister vorhergehen muß, entziehen. In vorliegendem Falle hat Kläger ohne alle Bedingungen und Klauseln den Zeichnungs-Schein vollzogen und den betr. Gesellschafts-Organen ausgehändigt; er ist dadurch Theilhaber der Gesellschaft nach Maaßgabe des Betrags seiner Aktien geworden und diese Beträge bilden einen Theil des Fonds, welcher den Gesellschaftsgläubigern ihre Befriedigung sichern und gewährleisten soll, daher (nach Art. 197 HGB) vor Abwickelung der Verbindlichkeiten der Gesellschaft nicht zurückgezahlt werden darf. Die Nebenabreden, welche Kläger bei der Zeichnung mit einem Gesellschafts-Beamten getroffen haben will, können nur Ansprüche gegen die Person des betr. Gesellschafts-Beamten begründen, und selbst wenn dadurch Ansprüche gegen die Gesellschaft als solche begründet wären: so würde Kläger diese Ansprüche der Gesellschaft gegenüber zu liquidiren haben, sich aber der im Interesse sämmtlicher Gesellschafts-Gläubiger unerläßlichen Einzahlung der gezeichneten Beträge nicht entziehen, noch weniger die eingezahlten Beträge zurückfordern können. Wollte Kläger seine Verpflichtung aus der Aktien-Zeichnung von der Genehmigung der über die Tantième getroffenen Abrede abhängig machen: so mußte er entweder die Zeichnung bis dahin, daß die Genehmigung ertheilt war, aufschieben, oder in dem Zeichnungs-Schein selbst die Bedingung ausdrücken, in welchem letzteren Falle ihm die Zeichnung sofort als unzulässig zurückgegeben sein würde. Uebrigens wird die Zurückforderung der eingezahlten Beträge auch durch das fernere Verhalten des Klägers ausgeschlossen. Er hat bei der Zeichnung nur 5 Procent der gezeichneten Summe eingezahlt. Nachdem die Korrespondenz der Parteien über die Verpflichtung des Klägers aus der Aktienzeichnung mit dem oben erwähnten Briefe v. 3. Okt. 69 abgeschlossen war, hat Kläger nicht nur die Agentur faktisch übernommen, sondern die weiteren 45 Procent in den angegebenen Raten ohne alle Widerrede und ohne jeden Vorbehalt eingezahlt. Es fehlt daher an allen gesetzlichen Voraussetzungen der Kondiktion. Der Vorbehalt der Rechte im Briefe v. 3. Okt. 69 ist nicht geeignet, die späteren Zahlungen als unter Vorbehalt geleistet zu charakterisiren; vielmehr läßt das ganze Verhalten des Klägers vernünftigerweise nur die Auffassung zu, daß er den Anfangs erhobenen Widerspruch nach näherer Erwägung habe fallen lassen wollen. Auch ist die Bemerkung des Klägers in der Replik, daß er die Einzahlungen nur geleistet, „weil die Zeichnung thatsächlich geschehen war und das Statut den Zeichner ohne Weiteres zur pünktlichen Einzahlung bei Vermeidung ansehnlicher Konventional-Strafe verpflichte", nicht geeignet, seinen Anspruch zu stützen. Wenn Kläger, um der Gefahr, die Konventionalstrafe zahlen zu müssen, zu entgehen, sich zur Einzahlung entschloß: so kann er sich auch den gesetzlichen Wirkungen der ohne Vorbehalt geleisteten Zahlung nicht entziehen.

Nachtrag.

Noch entschiedener hat der I. Sen. des OHG die vorbemerkten Grundsätze [S. 162] ausgesprochen in der Revisions- und Wechsel-Sache der Feuer-Versicherungs-Aktien-Gesellschaft Patria ·/. J. G. Reer (Nr. 355 v. 73, I. Instanz: Stadtger. Berlin) durch Ref.-Erk. v. 2. Mai 73, wie folgt:

Das nur von der Klägerin angefochtene Appellurtel würde bestätigt werden müssen, falls die vom Bekl. gegen die Giltigkeit der Klagewechsel und der Wechselproteste erhobenen Einwendungen geeignet erschienen, zur Klageabweisung zu führen. Dies ist indeß nicht der Fall.

Es liegen domizilirte eigene Nachsichtwechsel vor. Die vorbehaltene, aber keineswegs die Wechselverpflichtung bedingende Bezeichnung eines Domiziliaten ist unterblieben. An Stelle der höchstens zweijährigen gesetzlichen Präsentationsfrist ist eine nahezu funfzigjährige vereinbart, nämlich 50 Jahre, gerechnet vom 26. Sept. 68 ab. An Stelle der gesetzlich erforderlichen Präsentation zur Sicht im Wohnort des Ausstellers (Hamburg) ist vertragsmäßig das Wechseldomizil (Berlin), d. h. der wechselmäßige Zahlungsort, zugleich zum Präsentationsorte behufs Sicht erhoben.

In allen diesen Beziehungen unterliegen die Klagewechsel den in zahlreichen ähnlichen Fällen vom OHG befolgten Grundsätzen [vgl. Rspr. IV S. 40 ff., 349].

Sie sind giltige Wechsel. Sie waren vor Ablauf der vertragsmäßigen Präsentationszeit dem Aussteller behufs Feststellung der Verfallzeit und demnächst zur Verfallzeit in Berlin zur Zahlung zu präsentiren. Präsentation behufs Feststellung der Verfallzeit und Präsentation zur Zahlung, sowie rechtzeitige und gehörige Protesterhebung sind erfolgt. Die Präsentation zur Zahlung ist in Berlin und, da der Aussteller daselbst nicht anzutreffen war, die Protesterhebung gemäß Art. 91 DWO erfolgt. Die Präsentation behufs Feststellung der Verfallzeit ist in Gemäßheit der gesetzlichen Bestimmungen erfolgt (DWO Art. 19, 20, 98 Nr. 3), nämlich dem Aussteller selbst in dessen Wohnort Hamburg, nicht an dem vertragsmäßigen Präsentationsort Berlin. Allein Beklagter hat hieraus keinen Einwand entnommen, im Gegentheil gerügt, daß nicht auch die Präsentation zur Zahlung in Hamburg erfolgt sei. Hat nun Klägerin durch die Präsentation zur Sicht in Hamburg auf das ihr vortheilhaftere Recht der Vorlegung im Wechseldomizil verzichtet und Beklagter sich hiebei beruhigt: so ist in beiderseitigem Einverständniß von der Festhaltung des vertragsmäßigen Präsentationsorts abgesehen worden, und es unterliegt die Wirksamkeit solcher Vereinbarung unter den unmittelbar Betheiligten um so weniger einem Bedenken, als dadurch die gesetzlichen Vorschriften nicht beseitigt, vielmehr umgekehrt gegen abändernden Vertrag wiederum in Kraft gesetzt worden sind. Sonach steht nur die vom Bekl. vorgeschützte exceptio doli in Frage, über deren Zulassung Klägerin sich beschwert. Diese Beschwerde ist begründet.

Beklagter hat als Agent der klägerischen Gesellschaft mindestens 20 Aktien derselben gezeichnet. Er hat über 20% des Nominalwerths Wechselaccepte gegeben und über 80% des Nominalwerths eigene Wechsel, darunter die Klagewechsel, gezeichnet. Er behauptet nun, daß der Oberinspektor der klägerischen Gesellschaft A. J. (kraft unumschränkter Vollmacht des Direktors Scheibler) ihm vor der Wechselausstellung einen Revers dahin ausgestellt, auch mündlich zugesichert habe, daß Beklagter für die besagte Zeichnung und für die zu vollziehenden Solawechsel keinerlei Obligo übernehme. Der Appellrichter erachtet eine solche Zusicherung an sich auch der Gesellschaft gegenüber verbindlich, und indem er für dargethan annimmt, daß J. vom Direktor Scheibler zur Ertheilung einer solchen Zusicherung bevollmächtigt gewesen, macht er die Entscheidung vom Erweise der Zusicherung abhängig.

Es kann dahingestellt bleiben, ob eine Zusicherung der gedachten Art gegen den Zusichernden Rechte begründet oder nicht vielmehr als ein gleichmäßig wider die guten Sitten wie gegen absolute, im öffentlichen Interesse bestehende Rechtsvorschriften verstoßendes Versprechen für schlechthin nichtig erachtet werden muß. Denn es unterliegt keinem Zweifel, daß der Aktiengesellschaft wie deren Gläubigern gegenüber der Zeichner durch keinerlei Zusage irgend eines Organs derselben, auch nicht eines zu unbeschränkter Vertretung der Gesellschaft befugten, von seiner Verpflichtung zur Erfüllung der unbedingt übernommenen Verbindlichkeit befreit werden kann [vgl. Rspr. VII S. 18, VIII S. 162]. Nach Art. 222, 223 HGB ist der Zeichner für die Einzeichnung des vollen Nominalbetrags unbedingt verhaftet. Lauten die Aktien auf Namen, so kann er von seiner Verbindlichkeit zur Zahlung des Rückstands nur dadurch befreit werden, daß er sein Anrecht überträgt und die Gesellschaft ihn liberirt. Lauten die Aktien auf Inhaber, so kann zwar die Gesellschaft ihn von seiner Verpflichtung zur Einzahlung des Rückstands befreien, jedoch nur durch ihr Statut und auch dies nur für den die ersten 40 Proc. übersteigenden Betrag. Daß einer dieser Fälle vorliege, hat Beklagter nicht behauptet. Wenn aber der Appellrichter der Klägerin die nähere Substanzirung eines Verstoßes wider Art. 222 Nr. 2 HGB auferlegt, und mangels derselben den Einwand für durchgreifend erachtet: so übersieht er, daß mit jenem Reverse kein anderer Zweck verbunden gewesen sein kann, als die aus der Aktienzeichnung übernommene Verpflichtung zum Nachtheil der Gesellschaft wie ihrer Gläubiger abzuwälzen und so Staatsregierung, Publikum und Aktionäre in einer höchst gefährlichen Weise zu täuschen. Ebenso wenig trifft das Bedenken des Appellrichters zu, daß es sich in vorliegendem Falle nicht um die Verpflichtung des Bekl. aus seiner Zeichnung, sondern um die Giltigkeit derjenigen Wechsel handle, welche er zur Sicherheit der übernommenen Zahlungsverbindlichkeit ausgestellt habe. Denn es stehen sicherlich dem Bekl. gegen seine unbedingte, behufs Sicherung bzw. Realisirung seiner Aktienzeichnung übernommene Wechselverpflichtung keinerlei Einreden zu, welche gegenüber der Klage aus der Aktienzeichnung nothwendig versagen müßten. Demgemäß kommt es auf den Erweis der behaupteten Vereinbarung nicht an, vielmehr war Beklagter schlechthin nach dem Klageantrage zu verurtheilen.

Nr. 40.

I. Senat. — Erkenntniß v. 24. Sept. 72. (B.)

Ladungs-Interessenten des nordd. Dampfers Emilie c/. A. Wittenhagen (Nr. 393 v. 72).

Preußen. **Nichtigkeitsbeschwerde.**

I. Instanz: See- und Handelsgericht Stettin,
II. Instanz: Appellationsgericht daselbst.

Seeschifffahrt. Reisehinderniß, Havereifall. Territorialität der Rechte.

1. Art. 729 HGB will nur das formelle Recht des Bestimmungsorts bzw. des Reiseendpunkts als für die Regulirung der großen Havereifälle maaßgebend hinstellen.

2. Nach der Praxis der meisten seefahrenden Nationen steht die große Haverei auch materiell unter der Herrschaft des Rechts desjenigen Ortes, wo die zwischen Schiff und Ladung bestehende Gemeinschaft aufhört.

So: Erk. v. 23. Dez. 72, im Nachtrag S. 177.
Vgl. HGB Art. 839.

3. Die Kosten eines Aufenthalts des beladenen Seeschiffs im Abladehafen sind auch dann als große Haverei zu vertheilen, wenn das Schiff wegen Kriegsausbruchs im Abladehafen liegen geblieben und die Kriegserklärung schon vor Vollendung der Abladung erfolgt und bekannt geworden ist.

HGB Art. 637.

Entscheidung des OHG:

Zunächst kommt in Frage, ob gegen die Anwendung des HGB ein wirksamer Angriff erhoben ist.

Das Schiff Emilie fuhr unter deutscher Flagge und ward in Antwerpen von einem dortigen Hause für eine Ladung Eisen nach Stettin gechartert. Bestimmungsort also war Stettin. Für die Anwendung des deutschen Seerechts hat sich der Appellrichter deshalb entschieden:

> „weil der Frachtvertrag durch Ablieferung der Waare in Stettin zu erfüllen, und weil nach Art. 729 HGB in Stettin die Dispache aufzunehmen war."

Dem Art. 729 also hat er keinen anderen Inhalt zugeschrieben, als den seinem Wortlaut entsprechenden:

> die Feststellung und Vertheilung der Schäden erfolgt an dem Bestimmungsorte ꝛc.

Nicht auf diesen Art. an sich hat der Appellrichter die Anwendung des deutschen Rechts gestützt, sondern vorwiegend auf die Thatsache, daß der Frachtvertrag in Stettin zu erfüllen war. Dieses zweite Argument hat die Nktbschw. unangefochten gelassen; sie hat sich begnügt, Verletzung des Art. 729 zu rügen. Bei diesem unzulänglichen Angriff kann unentschieden bleiben, ob der Art. 729 mehr normirt, als blos das Maaßgebende des formellen Rechts des Bestimmungsorts für die Havarie-große-Regulirung (Prot. S. 2755 bis 2758), und ob die Kontributionspflicht zur Havariegroße aus dem Frachtvertrage oder aus der Communion und den Aufwendungen Eines der Verbundenen zum Besten Aller abzuleiten ist. Für den vorliegenden Fall und für die Beurtheilung der Nktbschw. verbleibt es bei dem — zwar nicht unbestrittenen, aber anscheinend im Wesentlichen die Praxis der meisten seefahrenden Nationen beherrschenden — Rechtssatz, daß die Havariegroße auch materiell unter der Herrschaft des Rechts desjenigen Orts steht, wo die zwischen Schiff und Ladung gebildet gewesene Gemeinschaft aufhört — in casu also unter der Herrschaft des deutschen HGB.

Neues Archiv für HR von Voigt und Heinichen I. S. 210 ff., insbesondere S. 211, 214, 217, 225, 226, 232 bis 234, 305, 307 bis 309.

In der Sache selbst geht der Appellrichter von folgendem Thatbestande aus.

Die Emilie begann mit der Einnahme der Ladung zu Antwerpen am 15. Juli 70; sie beendete dieselbe am 22. desselben Monats. Inzwischen — am 19. Juli — wurde die französische Kriegserklärung in Berlin übergeben und an demselben Tage im Reichstage verkündet. Diese Kriegserklärung war dem Capitän der Emilie vor Beendigung der Ladung bekannt geworden. — In Folge derselben blieb der Capitän mit dem beladenen Schiffe in einem Antwerpener Dock liegen, bis er — nach dem Rückzug der französischen Flotte aus der Nord- und Ostsee — die Reise nach Stettin am 4. Okt. 70 antrat und am 9. Okt. glücklich vollendete. Sogleich nach der Ankunft in Stettin hat er wegen der Kosten seines Aufenthalts in Antwerpen (für 22. Juli bis 4. Okt.) von den Ladungs-Interessenten Kontribution begehrt und später nach den Grundsätzen der Havariegroße Dispache aufnehmen lassen.

Auf diesen Thatbestand hat der Appellrichter den

Art. 637 HGB für anwendbar erklärt. Und zwar mit Recht. Dieser Art. verordnet:

> Muß das Schiff, nachdem es die Ladung eingenommen hat, vor Antritt der Reise im Abladungshafen oder nach Antritt derselben in einem Zwischen- oder Nothhafen in Folge eines der im Art. 631 erwähnten Ereignisse liegen bleiben: so werden die Kosten des Aufenthalts, auch wenn die Erfordernisse der großen Haverei nicht vorliegen, über Schiff, Fracht und Ladung nach den Grundsätzen der großen Haverei vertheilt, gleichviel, ob demnächst der Vertrag aufgehoben oder vollständig erfüllt wird.

Schon dem Wortlaut nach trifft diese Bestimmung den vorliegenden Fall. Denn die Emilie blieb nach eingenommener Ladung und vor Antritt der Reise im Abladungshafen in Folge der eingetretenen Kriegsgefahr liegen. Auch der Sinn der Bestimmung steht dem bekl. Capitän zur Seite. Bei der Berathung des HGB ward für angemessen erachtet, auch außerhalb des Falls ächter havarie-grosse (Art. 708 No. 4) die dadurch entstehenden Kosten, daß der Schiffer wegen eines der im Art. 631 erwähnten Ereignisse nach Antritt der Reise in einem Zwischen- oder Nothhafen liegen bleiben muß, nach den Grundsätzen der großen Haverei zu vertheilen (Prot. S. 2409). Allein es wurde auch für richtig befunden, dieselbe Vertheilung dann eintreten zu lassen, wenn der Schiffer nach eingenommener Ladung und reisefertig durch eines jener Ereignisse am Antritt der Reise gehindert und zum Festliegen im Abladehafen gezwungen werde (Prot. S. 2409 bis 2411). In der That scheint es rechtlich keinen Unterschied zu machen, ob der Schiffer zwar die Ausreise antritt, aber wegen eingetretener Kriegsgefahr sogleich in den Abladehafen zurückkehren muß, oder ob er nach beendeter Ladung durch imminente Kriegsgefahr gehindert wird, die Ausreise überhaupt zu versuchen.

Allein Kläger glauben die Anwendbarkeit des Art. 631 auf den vorliegenden Fall deshalb ausgeschlossen, weil der deutsch-französische Krieg schon vor Beendigung der Ladung erklärt und dies dem Capitän bekannt gewesen und weil bei Berathung des HGB abgelehnt sei, die Kosten des Aufenthalts im Abladehafen auch dann nach den Regeln der havarie-grosse zu repartiren, wenn das hindernde Ereigniß vor Vollendung der Abladung eingetreten.

Diese Ansicht ist irrig. Zunächst der Zusatz, welcher bei Berathung des HGB betreffs der „Zeit vor Vollendung der Abladung" abgelehnt wurde, hatte eine andere Bedeutung. Er wollte die erwähnte Vertheilung der Liegekosten auch für den Fall eintreten lassen, daß die begonnene Abladung durch eins der im Art. 631 genannten Hindernisse unterbrochen (gestoppt) würde, das Schiff also, ohne die Abladung zu beendigen, liegen bliebe. Nur dieser Zusatz wurde abgelehnt, und zwar aus den S. 2410 der Protokolle hervorgehobenen Gründen.

Sodann ist der Natur der Sache nach nicht auf den Zeitpunkt des Eintritts des hindernden oder gefährdenden Ereignisses, z. B. einer Kriegserklärung, sondern darauf Gewicht gelegt, „wann dasselbe seine Wirksamkeit äußere" (Prot. ebendaselbst). Dieser Unterschied ist von Bedeutung. Eine Kriegserklärung bringt nicht nothwendig eine nahe und wahrscheinliche Gefahr für das an sich unfrei gewordene Schiff oder Gut. Selbst der Kriegsausbruch, die thatsächliche Eröffnung der Feindseligkeiten, braucht diese Folge nicht immer zu haben. Die Entfernung der Kriegshäfen des Feindes, die Abwesenheit seiner Kriegsschiffe aus den Meeren, welche das Schiff durchlaufen soll, die Nähe der bevorstehenden Abreise, die Kürze der Reise selbst, die Schwierigkeiten des zu durchfahrenden Meerestheils für verfolgende Kriegsschiffe können die Kriegsgefahr für Schiff oder Gut zu einer entfernten, unwahrscheinlichen machen. Unter Umständen also kann es im Interesse des Schiffers wie des Abladers liegen, den Frachtvertrag nicht aufzuheben, sondern in Hoffnung auf gefahrlose Abreise die Abladung zu vollenden. Aber diese Hoffnung kann täuschen. Die Umstände können sich unmittelbar nach Vollendung der Abladung ändern. Nunmehr kann Vorsicht dem Schiffer gebieten, mit dem vollgeladenen Schiff im Abladungshafen liegen zu bleiben. Verfährt er so, so ist der Fall des Art. 637 gegeben. Denn

> „das Schiff bleibt, nachdem es die Ladung ein-
> „genommen hat, vor Antritt der Reise im Ab-
> „ladungshafen wegen eines der im Art. 637 er-
> „wähnten Ereignisse, d. h. wegen Kriegsaus-
> „bruchs, liegen."

Alle die Gründe, welche bei Berathung des Art. 637 gegen dessen Ausdehnung auf „die Zeit vor Vollendung der Abladung" hervorgehoben wurden, fallen dann fort: die Gemeinschaft zwischen Schiff und Ladung ist vorhanden, eine Verweisung des Schiffers auf Liegegeld ist nach Vollendung der Abladung eben so undenkbar, wie die Schwierigkeit der Aufmachung einer gehörigen Dispache wegen nicht geladenen Theilguts. Wohl aber ist das so stark betonte Hauptererforderniß für die Anwendbarkeit des Art. 637 gegeben: nämlich das „hindernde Ereigniß" — die Kriegserklärung — hat nach beendeter Beladung „seine Wirksamkeit geäußert." Obenein sind die Ladungs-Interessenten im Stande, die Härte dieser Konsequenzen abzuwenden: wie sie die Vollendung der Abladung nach der Kriegserklärung durch Aufhebung des Frachtvertrags, durch Herausnahme ihrer Ladung hindern können, so vermögen sie (bzw. der Ablader) die Kosten des verlängerten Aufenthalts im Abladungshafen als gemeinschaftliche durch das gleiche Mittel zu beenden.

Ein Fall, wie der vorausgesetzte, lag dem Appellrichter zur Beurtheilung vor. Die plötzliche Kriegserklärung v. 19. Juli 70 fiel zwar mitten in die Abladung; aber sie veranlaßte weder den Schiffer noch den Ablader zur Aufhebung des Frachtvertrags; ungeachtet der Nähe französischer Kriegshäfen wurde die Abladung fortgesetzt und binnen 3 Tagen vollendet —, unverkennbar in der beiderseitigen Annahme, daß der Ausbruch der Feindseligkeiten nicht so schnell eintreten, die Reise also gelingen werde. Wenn aber nach vollendeter Abladung der Schiffer die Abreise dennoch nicht wagte, angeblich, weil bereits am 22. Juli einzelne französische Kriegsschiffe ausgelaufen: so hat der Appellrichter betreffs der Aufenthaltskosten vom 23. Juli ab den Art. 637 richtig angewendet.

Auch die übrigen Angriffe der Nktbschw. sind grundlos.

Die nebensächliche Bemerkung im Appellurtel:

> durch die Einlieferung des restirenden Theils der Ladung in das Schiff nach Eintritt der Gefahr habe der Ablader unzweideutig zu erkennen gegeben, daß er nicht nur beim Vertrage stehen bleiben, sondern auch diesen Theil der Ladung der bereits bestehenden gemeinsamen Gefahr unterwerfen wolle,

bildet keinen Entscheidungsgrund für die Hauptfrage, sondern ist nur gemacht, um zu folgern, daß es „der Beweisaufnahme über das behauptete ausdrückliche Einverständniß des Abladers nicht bedürfe." Jedenfalls kann durch diese Bemerkung der Art. 639 HGB und der aus ihm resultirende Rechtssatz:

> selbst in gemeinsamer Gefahr trägt, mangels abweichender gesetzlicher Bestimmung, Jeder allein den sein Eigenthum treffenden Schaden,

nicht verletzt sein. Denn, wie gezeigt, ist die im Art. 637 gegebene „abweichende gesetzliche Bestimmung" mit Recht angewendet und der Art. 639 disponirt ausdrücklich nur von anderen Zufällen als den „in den Art. 631 bis 638" vorgesehenen.

Die Frage, ob etwa die Ladung für sich allein frei gewesen, ist nach ausdrücklicher Bestimmung des Art. 631 am Ende und Art. 637 (verbis „auch wenn die Erfordernisse der großen Haverei nicht vorliegen"; Prot. S. 2675—2677), für die Anwendung dieses Art. 637 unerheblich. Der Appellrichter hatte deshalb nicht nöthig, des Beweisantritts dafür zu erwähnen, daß das Eisen von einem belgischen Hause an eine österreichische Eisenbahngesellschaft verkauft gewesen. . . Auch übersieht die Nktbschw., daß dem Schiffer nicht zugemuthet wird, zu entscheiden, ob Schiff oder Ladung nach richtiger Rechtsauslegung frei ist, sondern daß ihm nur eine verständige Erwägung obliegt, ob in Folge des Kriegsausbruchs Schiff oder Ladung von den Befehlshabern feindlicher Kriegsschiffe nach summarischer Prüfung als unfrei betrachtet werden kann (Art. 631 No. 2), ferner, daß die Ladung nach Stettin bestimmt war und daß schon die Aufbringung des Schiffs zugleich eine Beschlagnahme der Ladung, also erhebliche Nachtheile für die Ladungs-Interessenten zur Folge gehabt haben würde.

Vgl. Samml. der Erk. des OAppG. Lübeck in Hamburger Sachen B. II S. 538, 539.

Nachtrag.

In der Nktbschw.-Sache der Ladungsinteressenten des Schiffes W. E. Anderson (Wehmer u. Reinhardt u. Gen.) ·/. den Schiffscapitän W. Drummond (Nr. 700 v. 72, I. Instanz: See- u. HGer. Stettin) hat der I. Sen. des OHG im zurückweisenden Erk. v. 23. Dez. 72 ausgesprochen:

1) den vorher (S. 170) unter Nr. 2 mitgetheilten Grundsatz,

2) im Falle einer Blockirung des Bestimmungshafens unterliegt es, wenn deshalb der ausgereiste Seeschiffer in einen Nothhafen eingelaufen ist, der thatsächlichen Würdigung des Richters, ob auch bei nur notifizirter, aber (völkerrechtlich) nicht wirksam fortgesetzter Blockade jenes Hafens die Weiterreise des Schiffes eine gemeinsame Gefahr für Schiff und Ladung herbeigeführt hätte oder eine solche doch verständiger Weise vom Schiffer als vorhanden angenommen werden durfte.

HGB Art. **631** Nr. 1, **637**, **702**, **708** Nr. 4.

Entscheidungsgründe:

Das vom Bekl. geführte amerikanische Segelschiff W. E. Anderson, abgegangen am 9. Juli 70 mit einer Ladung Petroleum von Philadelphia nach Stettin, lief, nachdem Beklagter unterwegs den Ausbruch des deutsch-französischen Kriegs erfahren hatte, am 31. Aug. Helsingör an und blieb daselbst (nach Rücksprache mit dem Consul der Vereinigten Staaten) wegen Blockade Stettin's, bzw. Swinemünde's bis zum 19. Sept. Morgens liegen. Am 20. Sept. traf es in Swinemünde und demnächst in Stettin ein. Gegen die auf Antrag des bekl. Capitäns in Stettin ordnungsmäßig aufgemachte Dispache, welche die Kosten des Schiffsaufenthalts in Helsingör (nebst einigen Nebenposten) als große Haverei über Schiff, Ladung und Fracht vertheilt hat, sind seitens mehrerer Ladungsinteressenten zu Stettin Einwendungen erhoben und im Wege der Klage gegen den Capitän D. ausgeführt worden. Diese Einwendungen sind verworfen. Die Nktbschw. der Kläger greift das Appellurtel in zwei Richtungen an:

I. In wie weit und in welchem Umfange zwischen Schiff und Ladung eine Gefahrsgemeinschaft eintrete, sei nicht nach dem in Stettin geltenden deutschen, sondern nach dem in Philadelphia, als dem Orte des Frachtvertragschlusses und der Abladung, geltenden amerikanischen Recht zu beurtheilen. Durch die entgegengesetzte Annahme habe der Appellrichter wider die Art. 729, 631, 637 HGB, welche in vorliegendem Falle überhaupt nicht anwendbar waren, verstoßen. In den Prozeßschriften ist überdies die Behauptung auf- und unter Beweis gestellt, daß nach englisch-amerikanischem Seerecht die durch Blockade des Bestimmungshafens verursachten Kosten vom Schiffer allein getragen werden müßten.

Dieser Angriff ist ungegründet.

Art. 729 HGB bestimmt:

> Die Feststellung und Vertheilung der Schäden erfolgt am Bestimmungsort und, wenn dieser nicht erreicht wird, in dem Hafen, wo die Reise endet.

Damit ist der Bestimmungshafen oder anderweitige Endigungshafen zum Regulirungsort der Seeschäden erklärt, dagegen nicht auch entschieden, nach den Grundsätzen welchen Ortes die Regulirung erfolgen solle. Diese Grundsätze aber kommen in doppelter Beziehung in Betracht: einmal hinsichtlich der Preisverhältnisse, zweitens hinsichtlich der Rechtssätze. Hinsichtlich der Preisverhältnisse ist nun regelmäßig der Bestimmungshafen, bzw. der solchen vertretende Endigungs- oder Rettungshafen maaßgebend: HGB Art. 711, 713, 714, 716, 717, 719 bis 721, 723. Anlangend hingegen die Rechtssätze, so trug man allerdings Bedenken, dem zum Art. 729 (preuß. Entwurf Art. 579 Abs. 1) gestellten Zusatzantrag beizustimmen:

> „Die Feststellung der Schäden und die Vertheilung derselben durch die Havereirechnung erfolgt nach dem Recht des Bestimmungsorts des Schiffes oder wenn die Reise früher beendigt wird, nach dem am Endpunkt der Reise geltenden Recht."

Man befürchtete, durch eine solche allgemeine Regel, dem Willen der Betheiligten zuwider, die Anwendung des deutschen Rechts in zahlreichen Fällen auszuschließen. Daß aber regelmäßig mit dem Ort der Dispache auch die Anwendung des an diesem Orte geltenden Rechts gegeben sei, wurde ebenso wenig bezweifelt, als die Anwendbarkeit des deutschen Rechts in dem Falle, daß die Reise in einem deutschen Bestimmungshafen endigt und in diesem die Haverei-Regulirung erfolgt (Prot. S. 2755 bis 2757, 2766). Bei der Berathung des Seeversicherungsrechts kam man auf diese Frage zurück und erledigte sie im Sinne des soeben erwähnten Antrags. Nach HGB Art. 838 Nr. 1 fallen dem Versicherer u. a. „die Beiträge zur großen Haverei" zur Last, und Art. 839 bestimmt:

> „In Ansehung der Beiträge zur großen Haverei bestimmen sich die Verpflichtungen des Versicherers nach der am gehörigen Orte im Inlande oder Auslande, im Einklang mit dem am Orte der Aufmachung geltenden Recht aufgemachten Dispache. — Auch kann der Versicherte, wenn der Schade nach dem am Orte der Aufmachung geltenden Rechte als große Haverei nicht anzusehen ist, den Ersatz des Schaden vom Versicherer nicht aus dem Grunde fordern, weil der Schade nach einem anderen Rechte, insbesondere nach dem Rechte des Versicherungsorts, große Haverei sei."

Art. 84 verordnet:

> „Ist die Dispache von einer durch Gesetz oder Gebrauch dazu berufenen Person aufgemacht, so kann der Versicherer dieselbe wegen Nichtübereinstimmung mit dem am Orte der Aufmachung geltenden Recht und der dadurch bewirkten Benachtheiligung des Versicherten

nicht anfechten, es sei denn, daß der Versicherte durch mangelhafte Wahrnehmung seiner Rechte die Benachtheiligung verschuldet hat. Dem Versicherten liegt jedoch ob, die Ansprüche gegen die zu seinem Nachtheil Begünstigten dem Versicherer abzutreten. Dagegen ist der Versicherer befugt, in allen Fällen die Dispache dem Versicherten gegenüber insoweit anzufechten, als ein von dem Versicherten selbst erlittener Schade, für welchen ihm nach dem am Orte der Aufmachung der Dispache geltenden Rechte eine Vergütung nicht gebührt hätte, gleichwohl als große Haverei behandelt worden ist."

Im Verhältniß zwischen Versicherer und Versicherten ist somit anerkannt, daß das am gehörigen Dispacheort geltende Recht — von besonderen Stipulationen abgesehen — darüber entscheidet, welche Schäden als große Haverei zu betrachten sind, und in welcher Weise deren Regulirung zu erfolgen hat, der Art, daß die Anwendung eines anderen Rechts zum Vortheil des Versicherten vom Versicherer schlechthin, die Anwendung eines anderen Rechts zum Nachtheil des Versicherten vom Versicherer gegenüber den sonstigen Havereiinteressenten und unter Umständen auch gegenüber dem Versicherten angefochten werden kann. Daß in letzterem Falle die Anfechtung gegenüber dem Versicherten nicht schlechthin statthaft ist, beruht auf der Tendenz, den unter falscher Rechtsanwendung schuldlos leidenden Versicherten zu schützen, und auf der Erwägung, daß der Versicherer auch diese Gefahr unrichtiger Rechtsanwendung übernommen habe. Das für die Beziehungen zwischen Versicherer und Versichertem anerkannte Prinzip aber muß nothwendig auch für die Beziehungen zwischen dem Versicherten und den übrigen Havereiinteressenten gelten, da entgegengesetztenfalls der vom Versicherer nach Art. 838 Nr. 1 zu ersetzende Havereibeitrag wider die klare Absicht des Gesetzgebers mit dem wirklichen Havereibeitrag nicht übereinstimmen würde. Auch läßt der Gesetzgeber nicht etwa darum zwischen Versicherer und Versichertem das Recht des gehörigen Dispachirungsorts entscheiden, weil der Versicherungsvertrag oder die allgemeinen Grundsätze des Versicherungsrechts zu diesem Ergebniß führen (vielmehr würden diese, wie die Motive zum preuß. Entwurf Art. 670 S. 362 richtig hervorheben, prinzipiell für die Anwendung des am Versicherungsort geltenden Rechts sprechen); sondern umgekehrt, weil das am Dispacheort geltende Recht die Verhältnisse zwischen den Havereiinteressenten normirt, und es ebenso unangemessen, wie praktisch bedenklich erschien, von der natürlichen und den Gesetzgeber überall leitenden Wechselbeziehung abzusehen, welche zwischen der Regulirung der Seeschäden unter den Havereiinteressenten und deren Vergütung durch den Versicherer besteht.

Motive zum preuß. Entwurf S. 303, 632;
Prot. S. 3525 bis 3532, 3538 bis 3548, 4349, 4358.

Allerdings deuten die Konferenzprotokolle darauf hin, daß die Gesetze des Dispachirungsorts, oder genauer das am Dispachirungsort anwendbare Recht, nicht nothwendig mit dessen Havereiordnung zusammenfallen. Es ist denkbar, daß nach Gesetz oder Usanz des Dispachirungsorts unter Umständen das Recht eines anderen Platzes für die Havereiregulirung maaßgebend sei, etwa das Recht des Abgangs- oder Bestimmungsorts, des Versicherungsplatzes u. dgl. m. (Prot. S. 3529, 3538). Allein solche Fälle bilden die Ausnahme, und es erhellt nirgend, daß in Stettin für dort zu regulirende Havereifälle überhaupt oder für den vorliegenden Fall eines in den Vereinigten Staaten von Amerika befrachteten und wegen Kriegsgefahr in einem dänischen Hafen verbliebenen, demnächst aber nach seinem Bestimmungshafen Stettin gesegelten Schiffes andere Rechtsnormen als die dortige Havereiordnung, d. h. die Vorschriften des HGB, maaßgebend seien. Wenn klägerischerseits behauptet wird, daß nach den Grundsätzen des preuß. Rechts der in Philadelphia geschlossene Frachtvertrag nach dortigem, angeblich den Grundsätzen des deutschen HGB widerstreitendem Recht zu beurtheilen sei: so ist dabei außer Acht gelassen, daß das örtliche Recht des Kontraktorts keineswegs schlechthin entscheidet, sowie daß die Regelung der Seeschäden in großer Haverei nicht auf dem Frachtvertrage, sondern auf der zwischen Schiff und Ladung bestehenden Gemeinschaft beruht. Und wenn in der Nktbschw. hervorgehoben wird, daß auch diese Gemeinschaft in Philadelphia ihren Anfang genommen: so besteht doch weder ein Gesetz, noch ist ein in Stettin geltender Handelsgebrauch behauptet worden, vermöge dessen das Recht desjenigen Ortes die Regulirung der Seeschäden normirt, an welchem die Gefahrsgemeinschaft begonnen hat. Der Rechtsgedanke vielmehr, welcher im HGB Ausdruck gefunden hat, geht dahin, daß das Recht desjenigen Platzes die Havereiregulirung ordnet, an welchem die Gefahrsgemeinschaft ihr Ende nimmt, und es liegt dem die doppelte verständige Erwägung zu Grunde, daß eine Dispachirung nach dem Recht eines anderen Platzes, wenn überhaupt, schwer und selten mit voller Zuverlässigkeit durchführbar ist, und daß die bei entgegengesetzter Annahme häufig gebotene Nothwendigkeit, nach den verschiedenen Rechten mehrerer Plätze die Havereiregulirung zu bewirken, zu kaum löslichen Verwickelungen führen müßte. Geschieht endlich, wie in vorliegendem Falle, die Dispachirung am Bestimmungsort: so liegt die Annahme am nächsten, daß sämmtliche Interessenten sich dem Recht des Bestimmungsorts haben unterwerfen wollen, und es ist zumal für die dortigen Ladungsempfänger eine andere Unterstellung schwerlich denkbar.

Die gleichen Grundsätze wurden schon vor Geltung des HGB in den deutschen Seeplätzen, sogar dem Versicherer gegenüber, anerkannt:

Allg. Plan Hamburgischer Seeversicherungen (1847, 1853) § 87;

vgl. allg. Seeversicherungsbedingungen von 1867 § 86;

Versicherungsbedingungen der Bremischen Versicherungs-Gesellschaften (1854) § 9;

Benecke System des Assekuranz- und Bodmereiwesens III S. 53, IV S. 153, 156 (Dasselbe, herausgegeben von Nolte B. II S. 723 ff.);

Voigt Neues Archiv für HR I S. 210 ff., 298 ff., und die späteren Erk. der Hamburger Gerichte bei Ullrich Nr. 250, 353, Seebohm Nr. 61, 128, 170, 188.

Hiemit stimmt überein die französische und holländische Praxis, die Vorschrift des spanischen HandelsGB von 1829 Art. 966 und des italienischen HandelsGB Art. 507, endlich auch im Wesentlichen die englisch-amerikanische Praxis. Denn wenngleich es streitig ist, ob die nach den Gesetzen und Gebräuchen des auswärtigen Hafens bewirkte Havereiregulirung auch die Versicherer bindet, und mindestens strikter Beweis des fremden, vom englischen abweichenden Rechts erfordert wird: so besteht doch weder in Praxis noch Doktrin ein Zweifel, daß unter den Havereiinteressenten die Regulirung schlechthin nach Gesetz und Gebrauch des ordnungsmäßigen Dispacheorts erfolgt, sofern nicht ein Anderes vereinbart ist.

Indem der Appellrichter dieses Prinzip nicht nur des deutschen, sondern auch des europäisch-amerikanischen Seerechts zur Anwendung gebracht hat, fällt ihm der gerügte

Verstoß gegen den behaupteten Grundsatz des preuß. Rechts nicht zur Last.

II. Der Appellrichter soll die Art. 478, 631 Nr. 1, Art. 637, 708 Nr. 4 HGB, § 219 ALR I. 9, die unterm 12. Juni 56 publizirte Erklärung v. 16. April 56 Nr. 4 und die §§ 20, 22 des Prisenreglements v. 20. Juni 64 durch folgende Ausführung verletzt haben:

„Art. 637 HGB setzt voraus, daß das Schiff in einem Zwischenhafen liegen bleiben muß, weil der Bestimmungshafen blockirt ist. Der Hafen von Swinemünde war im Sinne des Art. 631 Nr. 1 daselbst blockirt, weil ein französisches Kriegsgeschwader die Blockade am 18. August 70 offiziell angesagt und das Geschwader sich bis zum 19. Sept. noch nicht aus der Ostsee wieder entfernt hatte. Ob die Blockade im Sinne des Völkerrechts rechtsverbindlich war, hat Beklagter mit den Klägern nicht auszumachen. Allerdings hat die Verordnung v. 12. Juni 56 die Erklärung der zur Pariser Konferenz bevollmächtigten Minister v. 16. April 56 genehmigt, welche dahin ging, daß die Blockaden, um rechtsverbindlich zu sein, wirksam sein . . . müssen; diese Verordnung kann jedoch auf Verhältnisse, welche nach dem HGB zu beurtheilen sind, nicht angewendet werden, und es ist unzulässig, anzunehmen, daß im Art. 631 desselben nur eine nach Völkerrecht verbindliche Blockade des Bestimmungshafens gemeint ist. Auch wenn die französische Streitmacht nicht hinreichte, um den Zugang zur preuß. Küste wirklich zu verhindern, wenn sie aber gleichwohl das Schiff des Bekl. aufgebracht hätte, würden die Kläger dem Bekl. mit Recht vorzuwerfen befugt gewesen sein, daß er gegen Art. 478 HGB gefehlt und die Wegnahme der Ladung verschuldet habe und Beklagter würde sich mit dem Einwand nicht haben entschuldigen können, daß die Blockade rechtsunverbindlich gewesen sei. Uebrigens muß auch die Rechtsverbindlichkeit der Blockade angenommen werden, da ein in der Ostsee kreuzendes französisches Geschwader hinreicht, um den Zugang zu den preuß. Häfen zu versperren, d. h. den offenen und zu jeder Zeit zu unternehmenden ungefährdeten Zugang; wobei auf den Umstand kein Gewicht gelegt werden kann, daß viele Schiffe auf eigene Gefahr die Blockade durchbrochen haben und unangefochten in den Hafen gelangt sind."

Die Entscheidung des Appellrichters beruht auf zwei, von einander völlig unabhängigen Gründen:

1) die einmal thatsächlich ins Werk gesetzte und gehörig notifizirte Blockade des Bestimmungshafens berechtigt den Schiffer, in einen Nothhafen einzulaufen, bzw. im Zwischenhafen zu verbleiben, sollte auch die Blockade wegen erheblicher Entfernung des feindlichen Geschwaders vom Bestimmungshafen im Sinne des Völkerrechts für wieder aufgehoben zu erachten sein;

2) die französische Blockade von Swinemünde sei auch völkerrechtlich wirksam gewesen.

Die gegen den ersten Entscheidungsgrund gerichteten Angriffe erscheinen verfehlt und bedarf es daher der Prüfung des zweiten Entscheidungsgrundes nicht.

Es ergiebt sich aus dem vom Appellrichter zu Grunde gelegten Thatbestand und den von ihm angezogenen Gesetzen nicht mit völliger Sicherheit, ob Beklagter um der Blockade des Bestimmungshafens willen in Helsingör eingelaufen, oder ob er in dem aus anderen Gründen angelaufenen Hafen um der Blockade willen verblieben ist. Liegt im ersten Falle echte Havariegrosse vor (HGB Art. 708

Nr. 4, Art. 702; vgl. Motive zum preuß. Entwurf S. 308): so unterliegt der zweite Fall nur analog und mit gewissen Beschränkungen den für große Haverei geltenden Regeln (HGB Art. 637). Indessen steht rechtskräftig fest, daß eventuell zu den in großer Haverei zu repartirenden Posten auch die Kosten des Ein- und Auslaufens in Helsingör gehören. Die Instanzrichter sind somit davon ausgegangen, daß das Schiff Anderson um der Blockade von Swinemünde willen Helsingör als Nothhafen angelaufen ist. Unter dieser Voraussetzung könnte dahingestellt bleiben, ob im Art. 631 Nr. 1 HGB mit den Worten „der Abladungs- oder Bestimmungshafen blockirt" eine nach Völkerrecht wirksame Blockade gemeint sei. Denn jedenfalls macht Handelsgesetzbuch Art. 708 Nr. 4 das Vorhandensein einer großen Haverei nicht allein vom Bestande einer völkerrechtlich wirksamen Blockade abhängig, faßt vielmehr die Blockade nebst anderen ähnlichen Kriegs- und sonstigen Gefahren in dem Satze zusammen:

> „Wenn das Schiff zur Vermeidung einer dem Schiff und der Ladung im Falle der Fortsetzung der Reise drohenden gemeinsamen Gefahr in einen Nothhafen eingelaufen ist."

Vgl. Motive zum preuß. Entwurf S. 308, Prot. S. 2671.

Hienach bleibt es der thatsächlichen Würdigung des Richters überlassen, ob im Falle der Fortsetzung der Reise bei auch nur notifizirter, wenngleich völkerrechtlich nicht wirksam fortgesetzter Blockade des Bestimmungshafens für Schiff und Ladung eine gemeinsame Gefahr vorhanden war oder doch verständiger Weise vom Schiffer als vorhanden angenommen werden durfte. Auch das letztere genügt. Denn so wenig eine nur eingebildete Gefahr oder bloße Zweckmäßigkeitsrücksichten zur Begründung der großen Haverei ausreichen (Prot. S. 2661, 2662,

2686 ff., 2692, 2693): so hat man doch mit gutem Grunde es abgelehnt, die Entscheidung lediglich von objektiven Momenten abhängig zu machen. Vielmehr wurde der Antrag, die Worte des Art. 702 „aus einer gemeinsamen Gefahr" durch die Fassung „aus einer erheblichen gemeinsamen Gefahr" zu ersetzen, mit allen gegen eine Stimme abgelehnt. Vielmehr habe der Schiffer zu beurtheilen, ob eine konkrete, als erheblich zu betrachtende Gefahr vorhanden sei, und wenn er das annehme, ohne daß ihn dabei der geringste Vorwurf treffe, so könnten die anderen Haverei-Betheiligten nicht darunter leiden, daß nachträglich die Gefahr für unerheblich erachtet worden (Prot. S. 4077). Von diesem allgemeinen Standpunkt des Havereirechts aus trifft den Bekl. keinerlei Vorwurf. Er durfte annehmen, daß die unstreitig sowohl gehörig notifizirte, wie thatsächlich eingetretene Blockade von Swinemünde so lange fortgedauert habe, bis ihm deren Aufhebung in sicherer Weise bekannt geworden war. Daß dies aber vor der Abfahrt des Bekl. oder auch nur in diesem Zeitpunkt geschehen sei, haben Kläger nicht einmal behauptet, vielmehr geht aus dem Schreiben eines Mitklägers . . . hervor, daß wenigstens dieser am 1. Sept. die Blockade für fortbestehend erachtete.

Ueberdies würde durch eine entgegengesetzte Handlungsweise Beklagter nicht allein gegen seine Pflicht als ordentlicher Schiffer verstoßen haben und allen Betheiligten verantwortlich geworden sein (HGB Art. 478, 479), sondern auch die Interessen seiner Rhederei aufs schwerste geschädigt haben (HGB Art. 704). Denn der sorgfältige Schiffer setzt, sobald ihm die Blockade des Bestimmungshafens genügend bekannt geworden ist, die Reise nach demselben nicht fort, läuft vielmehr, je nach Umständen, in den Abgangshafen zurück oder in einen Zwischenhafen ein. Von einer positiven gesetzlichen Vorschrift dieses Inhalts, welche in zahlreichen älteren und neueren Seerechten enthalten ist —

ALR Th. II Tit. 8 § 1686; Code de commerce Art. 279; spanisches HandelsGB Art. 780; holländisches HandelsGB Art. 370 —

und welche auch im preuß. Entwurf Art. 427 sich findet, hat man nur deshalb Abstand genommen, um den Schiffer in Ergreifung der nach Umständen am angemessensten erscheinenden Maaßregeln nicht zu behindern (Prot. S. 1867, 1868; vgl. S. 2408, 2413, 2675).

Die Behauptung der Kläger, daß es Pflicht des Schiffers sei, nach dem angeblich blockirten Hafen auszusegeln und sich dort vom wirklichen Bestande der Blockade zu überzeugen, ist völlig ungegründet. Denn der Schiffer würde damit Schiff und Ladung, wenn auch vielleicht nicht prisengerichtlicher Kondemnation, mindestens der Gefahr der Zurückweisung, meist auch der Gefahr der Aufbringung aussetzen, und sogar der Kondemnation, sofern die Blockade wirklich besteht. Die auch in Preußen durch kgl. Verordnung v. 12. Juni 56 (Ges.-Sammlung S. 585) veröffentlichte und genehmigte Erklärung der zur Pariser Konferenz bevollmächtigten Minister v. 16. April 56 bestimmt lediglich, daß die Blockaden, um rechtsverbindlich zu sein, wirksam sein, d. h. durch eine Streitmacht aufrecht erhalten werden müssen, welche hinreicht, um den Zugang zu der Küste des Feindes wirklich zu verhindern. Allein sie enthält keineswegs, weder ausdrücklich noch auch nur als nothwendige Konsequenz, zugleich den weiteren, von neueren Völkerrechtslehrern empfohlenen und in neueren Staatsverträgen, wie auch im preuß. Prisenreglement v. 20. Juni 64 (Ges.Sammlung S. 369 ff.) § 25 aufgestellten Grundsatz:

> „Die Ausklarirung nach einem blockirten Hafen oder der Lauf des Schiffes nach einem solchen Hafen gilt noch nicht als Versuch, die Blockade zu durchbrechen;"

vielmehr herrscht vielfach in der Praxis, zumal Großbritanniens, noch der entgegengesetzte Grundsatz vor, und es wird namentlich nicht leicht der Beweis nachgelassen, daß die Fortsetzung der Reise ohne Absicht des Blockadebruchs lediglich zu dem Zweck erfolgt sei, über den Fortbestand der Blockade sich zu orientiren und nur im Falle ihrer bereits rechtlich erfolgten Aufhebung einzulaufen. Daß von französischer Seite schlechthin das mildere moderne Prinzip anerkannt worden sei, erhellt nicht. Zu keinem anderen Ergebniß führen die vom Appellrichter zu Grunde gelegten Art. 637 u. 631 Nr. 1 HGB. Es kann unerörtert bleiben, ob in allen Beziehungen, für welche nach dem Gesetzbuch die Blockade von rechtlicher Bedeutung ist (z. B. hinsichtlich der Entlassung des Schiffers und der Schiffsmannschaft, hinsichtlich des Rücktritts vom Frachtvertrag, hinsichtlich der Nichthaftung des Versicherers für Kriegsgefahr, HGB Art. 517 Abs. 1, Art. 543 Nr. 4, Art. 631 Nr. 1, Art. 853), es nicht sowohl auf die Frage, ob eine völkerrechtlich wirksame Blockade vorliege, als vielmehr darauf ankomme, ob die Umstände ein dieser Voraussetzung entsprechendes Verhalten rechtfertigen. Denn unzweifelhaft will der hier allein in Betracht kommende Art. 637 — indem er die Kosten des Aufenthalts im Abladungshafen, Zwischenhafen oder Nothhafen „in Folge eines der im Art. 631 erwähnten Ereignisse", somit auch „wenn der . . . Bestimmungshafen blockirt ist", nach den Grundsätzen der großen Haverei vertheilt, ungeachtet deren Erfordernisse nicht vorliegen — die Frage von dem Einfluß der Blockade nach gleichen Grundsätzen beurtheilt wissen, welche in dem echten Havariegrossefall gelten, falls nämlich um der Blockade des Bestimmungshafens willen das Schiff einen Nothhafen anläuft. In der That war denn auch der Fall des Liegenbleibens im Zwischenhafen wegen einer Schiff und Ladung drohenden Kriegsgefahr ursprünglich unmittelbar hinter den echten Havariegrossefällen aufgeführt (preuß. Entwurf Art. 559) und wurde erst später mit dem Art. 512 des preuß. Entwurfs, welcher das Liegenbleiben im Abgangshafen normirt, verbunden und in die Lehre vom Frachtvertrag herübergenommen (Prot. S. 2674 bis 2677, 2682, 2694, 2695). Durch diese veränderte Stellung aber hat dem Satze ein anderer als der ursprüngliche Sinn nicht beigelegt werden sollen.

Hat hienach der Appellrichter die Art. 478, 631 Nr. 1, 637, 708 Nr. 4 des HGB vollkommen richtig angewendet, so erscheinen auch die weiteren Vorwürfe der Nktbschw. ungegründet. Denn die unterm 12. Juni 56 publizirte Pariser Deklaration v. 16. April 56 Nr. 4 enthält, wie bereits hervorgehoben, so wenig als § 20, 22 des preuß. Prisenreglements v. 20. Juni 64, welches ohnehin nur für die preußische (nicht für die französische) Kriegsmarine maaßgebend ist, eine Norm dafür, ob und inwieweit eine völkerrechtlich unwirksame Blockade den Schiffer zum Einlaufen in einen Zwischenhafen oder zum Verbleiben in einem solchen mit der Wirkung befugt, daß die Kosten des Aufenthalts nach den Grundsätzen der großen Haverei vertheilt werden. — Endlich § 219 ALR I. 9:

> „für eingeschlossen ist ein Hafen zu achten, wenn derselbe durch eine feindliche Landbatterie oder durch Kriegsschiffe, die vor dem Hafen stationirt sind, gesperrt ist"

enthält keineswegs eine auch für das Gebiet des deutschen HGB maaßgebende Legaldefinition der Blockade, noch diente er diesem allgemeinen Zweck unter der Herrschaft des älteren preuß. Handelsrechts; er diente vielmehr lediglich dazu, den Begriff der „verbotenen Waaren" (Contrebande) im Sinne des Prisenrechts und des Versicherungsrechts festzustellen (ALR Th. I Tit. 9 § 211 bis 218, Anhang § 8, Th. II Tit. 8 § 2033 bis 2042). —

Nr. 41.

I. Senat. — Erkenntniß v. 24. Sept. 72. (Z.)

Stern & Walter ·/. C. H. Herm. Schmidt (Nr. 416 v. 72).

Preußen. **Nichtigkeitsbeschwerde.**

I. Instanz: Stadtgericht Berlin,
II. Instanz: Kammergericht daselbst.

Marktpreis einer Handelswaare.

Bei Waaren, welche (ohne auf Märkten oder Börsen gehandelt zu werden) regelmäßig im Umsatz befindlich und verwerthbar sind, darf auch im Falle des Art. 357 Abs. 3 HGB als Marktpreis vom Richter derjenige Durchschnittspreis angenommen werden, welcher sich aus der Vergleichung der zur Zeit und am Orte der Erfüllung geschlossenen Kaufgeschäfte ergiebt.

HGB Art. **353, 357** Abs. 3; Rspr. II S. 103, VI S. 236.

Kläger fordert Schadenersatz für ihm nicht gelieferte 200 Dutzend Rippsjacken, unter der Behauptung, es sei bei allen drei Gattungen der gekauften Waare durchschnittlich zur vertragsmäßigen Erfüllungszeit der Preis pro Dutzend um $1^{7}/_{8}$ Thlr. höher als der vereinbarte Kaufpreis gewesen. Der Appellrichter stellt dies fest und verurtheilt demgemäß den Bekl., dessen Nktbschw. vom OHG zurückgewiesen wird.

Gründe:

In Folge seiner Feststellung war der Appellrichter berechtigt, auf die klägerische Entschädigungsforderung den Art. 357 Abs. 3 HGB anzuwenden und dabei den Art. 353 in vergleichende Rücksicht zu nehmen.

Jene Feststellung läßt sich nämlich sehr wohl dahin auffassen, daß der Appellrichter in der fragl. Behauptung des Klägers auch jene findet, es handle sich um eine regelmäßig im Umsatz befindliche und zu einem Durchschnittspreise regelmäßig verwerthbare, also um eine marktgängige Waare. Daß nun aber bei solcher Eigenschaft der Waare die klägerische Differenzforderung im Art. 357 Abs. 3 HGB ihre rechtliche Grundlage findet, kann unbedenklich angenommen werden, wie schon in einer früheren Entscheidung des OHG nachgewiesen ist [Rspr. II S. 103 ff.].

So wenig die angeführte Gesetzesstelle den Markt- oder Börsenpreis an das Vorhandensein einer amtlichen Preisfeststellung hat knüpfen wollen, ebensowenig hat sie darunter nur den auf einem Markte oder einer Börse erzielten Preis der Waare verstanden; mithin verstößt es auch nicht gegen das Gesetz, wenn der Appellrichter ausgesprochen hat, daß unter dem Markt- und Börsenpreise nach Abs. 3 des Art. 357 HGB nicht nur derjenige Preis zu verstehen sei, welcher durch amtliche Markt- oder Coursberichte sofort konstatirt werden könne, vielmehr diese Bestimmung für Waaren der oben bezeichneten Art, wenn sie auf Märkten oder Börsen nicht gehandelt werden, denjenigen Durchschnittspreis umfasse, welcher sich aus der Vergleichung der zur Zeit und am Orte der Erfüllung geschlossenen Kaufverträge ergiebt.

Wenn der Appellrichter zur Motivirung seines Ausspruches den Art. 353 HGB und ein Erk. des preuß. OTr. (in dessen Entsch. B. 63 S. 307) allegirt: so ist allerdings richtig, daß Art. 353 nicht seinem ganzen Inhalt nach analog verwerthet werden kann, um den Begriff einer Waare, die Börsen- oder Marktpreis hat, auch für den Art. 357 HGB zu bestimmen,

Goldschmidt Handbuch I, 2 S. 587, n. 28;

namentlich gilt dies insofern, als Art. 353 für seinen Fall (Kontrahiren zum Markt- oder Börsenpreise) unter Umständen als den von den Parteien gewollten Preis auch den Durchschnitt solcher Preise anzunehmen gestattet, die nur als Gelegenheitspreise sich darstellen.

Goldschmidt I. 2 S. 584, 585.

In dieser Beziehung ist nicht zu übersehen, daß es sich im Art. 357 Abs. 2 u. 3 nicht um Ermittelung des Parteiwillens handelt, sondern um die Voraussetzung einer vom Gesetz dem Käufer bzw. Verkäufer eingeräumten Befugniß.

Dagegen ist Art. 353 immerhin insofern zur Erläuterung von Art. 357 Abs. 2 und 3 dienlich, als er erkennen läßt, daß der Gesetzgeber unter Börsen- und Marktpreis nicht ausschließlich jenen verstanden hat, welcher sich aus den amtlichen Preisnotirungen ergiebt oder auf Börsen und Märkten im engeren Sinne herausstellt.

Sollte nun auch das preuß. OTr. in jener Entscheidung den Art. 353 HGB in mehr ausgedehnter Weise zur Auslegung des Art. 357 herangezogen haben: so ist doch nicht ersichtlich, daß der Appellrichter sich diese Anschauung in vollem Maaße angeeignet habe; vielmehr ist nach der vorhergehenden Erörterung jene seine Allegirung des Art. 353 in dem oben bezeichneten, beschränkten und richtigen Sinne zu verstehen.

Hienach stellt der erhobene Angriff sich als unbegründet dar.

Nr. 42.

I. Senat. — Erkenntniß v. 24. Sept. 72. (B.)

F. Neumann c/. H. Friedmann (Nr. 681 v. 72).

Preußen. **Nichtigkeitsbeschwerde.**

I. Instanz: Kreisgericht Schwetz,
II. Instanz: Appellationsgericht Marienwerder.

Preuß. Wechselprozeß. Nachholung versäumter Eidesleistung.

Nach der preuß. AGO kann auch im Wechselprozeß eine versäumte Eidesleistung in zweiter Instanz nachgeholt werden.

§ 376 AGO I. 10; Borchardt ADWO Zusatz 961 S. 682.

Entscheidung des OHG:

Der Appellrichter hat, in voller Uebereinstimmung mit der Ausführung des preuß. OTr. im Erk. v. 12. April 55 (Strieth. Arch. B. 16 S. 335), dargethan, daß nach richtiger Interpretation des § 31 der Verordnung v. 21. Juli 46 in Wechselsachen die Restitution gegen die Versäumniß des Termins zur Eidesleistung unstatthaft sei, hat also dadurch diesen Rechtsgrundsatz und den allegirten § 31, sowie das Gesetz v. 28. März 40 über die Restitution gegen Purifikations-Resolutionen, sowie den Art. 14 der Deklaration v. 6. April 39 nicht verletzt [vgl. Rspr. I S. 55].

Derselbe sagt aber ferner, es stehe dem Verlangen des Klägers, noch in II. Instanz zu der in I. Instanz versäumten Eidesleistung verstattet zu werden, kein Gesetz entgegen. Hiedurch soll der Richter rechtsgrundsätzlich gefehlt und § 19, 31 AGO I. 27 verletzt haben. Die Meinung des Imploranten geht anscheinend dahin, daß bei der Unzulässigkeit der Restitution gegen die in I. Instanz stattgehabte Versäumniß des Termins zur Eidesleistung es auch unzulässig sei, diese Eidesleistung in zweiter Instanz in Folge der eingelegten Appellation nachholen zu wollen, daß also die in erster Instanz in contumaciam festgestellte Thatsache, Kläger könne oder wolle den angenommenen Eid nicht leisten, auch für die zweite Instanz unabänderlich stehen bleibe.

Diese Ansicht erscheint irrthümlich, und es ist der des Appellrichters lediglich beizutreten.

Für das gewöhnliche Verfahren ist die in Rede stehende Frage durch § 376 AGO I. 10 klar und bestimmt dahin entschieden, daß in der Appell-Instanz die Nachholung des Versäumten zulässig ist. Diese Bestimmung ist noch geltendes Recht, weil ein späteres Gesetz sie nicht aufgehoben oder geändert hat. (Vgl. Präjudiz des OTr. Nr. 1633, Strieth. Arch. 20 S. 313 und Entsch. B. 45 S. 451.)

Sie findet aber auch im Wechselprozeß Anwendung, denn das Gegentheil ist in der Wechselprozeßordnung nirgend angedeutet und aus der Unzulässigkeit des Rechtsmittels der Restitution wegen der völligen Verschiedenheit der Fälle keineswegs zu folgern (vgl. Entscheidung des OTr. bei Borchardt ADWO Zusatz 961). Dazu kommt, daß es sich um Anwendung einer Prozeßvorschrift handelt, die als eine wesentliche im Sinne der Gesetze über die Nichtigkeitsbeschwerde*) sich nicht betrachten läßt, während die Beschwerdeschrift auch einen anderweiten Angriff, welcher zum Ziele führen könnte, nicht enthält.

Nr. 43.

II. Senat. — Erkenntniß v. 25. Sept. 72. (J.)

G. Hein ./. Frau E. Oder (Nr. 501 v. 72).

Preußen. Wechselsache. Nichtigkeitsbeschwerde.

I. Instanz: Kreisgericht Breslau,
II. Instanz: Appellationsgericht daselbst.

Res iudicata. Wechselprotest, Mängel.

1. Die Protesturkunde ist für die Wechselregreßklage nicht blos Beweismittel, sondern auch ein zur Klagebegründung unerläßlicher Solennitätsakt. Sie ist das einzige Mittel, die rechtzeitige Präsentation des Wechsels und die Nichterlangung der Zahlung zu konstatiren, somit ein wesentlicher Theil des Fundaments der Regreßklage.

DWO Art. 41, 43, 44, 48, 54.
Hartmann DWR § 128, 129; S. 386 ff.

2. Die Abweisung der Wechselregreßklage wegen eines äußerlichen Mangels der beigebrachten Protesturkunde macht es an sich (nach den Grundsätzen über res iudicata) nicht

* Vgl. Rspr. I S. 270, 398, II S. 119.

unstatthaft, daß wegen derselben Forderung eine neue Wechselklage auf Grund einer fehlerfreien (neuen oder verbesserten) Protesturkunde erhoben wird.

L. 3, L. 7 § 4, L. 19, 22 Dig. 44, 2; vgl. § 14 AGO I. 28. § 66 der Einleitung zur AGO.

3. Vor Ablauf der im Schlußsatz des Art. 41 DWO bestimmten Frist muß, bei Verlust des Regreßrechts, eine vollständige Protesturkunde hergestellt werden.

DWO Art. 41, 48, 54, 63, 87, 88.

Was gehört dazu in Preußen?

Entscheidung des OHG:

Die Beklagte hat am 16. Nov. 71 einen nach drei Monaten a dato zahlbaren Wechsel über 50 Thlr. auf ihren Ehemann an eigene Order gezogen und dann in blanco girirt. Kläger, auf welchen der Wechsel durch Giro übergegangen ist, hat, da der Wechsel zur Verfallzeit nicht honorirt ist, am 20. Febr. 72 die Beklagte als Trassantin und Blanko-Indossantin mit der Wechsel-Regreßklage auf Zahlung der Wechselsumme &c. in Anspruch genommen und mit der Klage außer dem Original-Wechsel eine Protesturkunde v. 17. Febr. 72 produzirt, welche jedoch damals vom instrumentirenden Notar nicht vollzogen war. Durch Urtel des Kreisgerichts Breslau v. 27. Febr. 72 wurde, obwohl Beklagte im Verhandlungstermin nicht erschien, auf Abweisung der Regreßklage erkannt,

weil es der mit der Klage überreichten Protesturkunde v. 17. Febr. an dem zu ihrer Rechtsbeständigkeit nach Art. 88 Nr. 6 DWO wesentlichen Erforderniß der Unterschrift des den Protest aufnehmenden Beamten fehle und Kläger, da es hienach an einem rechtzeitig aufgenommenen Protest überhaupt fehle, sein Wechselrecht gegen die Beklagte als Ausstellerin nach Art. 41 DWO verloren habe.

Bei diesem Urtel hat sich Kläger ausdrücklich beruhigt. Nach demselben ist der Mangel der Protesturkunde zu heben gesucht, indem der instrumentirende Notar den Protest nachträglich unterschrieben hat. Nunmehr hat Kläger, unter Beifügung des Original-Wechsels und der ergänzten Protesturkunde, von Neuem die Wechsel-Regreßklage gegen die beklagte Ehefrau auf Zahlung der Wechselsumme ꝛc. erhoben, indem er anführt, daß er durch die Vervollständigung der Protesturkunde ein neues Klagefundament gegen die Beklagte habe. In beiden Vorinstanzen ist die von der Bekl. zunächst vorgeschützte Einrede der rechtskräftig entschiedenen Sache für zutreffend erachtet und die Klage abgewiesen. Die gegen diese Entscheidung erhobene Nichtigkeitsbeschwerde mußte für begründet erachtet werden.

Der Appellrichter führt aus: die vorliegende Klage beruhe auf demselben Fundament, wie die Klage im Vorprozeß, nämlich auf dem Wechsel und der Thatsache der Nicht-Einlösung zur Verfallzeit; beide Klagen unterschieden sich nur dadurch, daß die im Vorprozeß beigefügte Protesturkunde eine mangelhafte gewesen, die in vorliegendem Prozeß vorgelegte äußerlich fehlerfrei erscheine; die Protesturkunde sei nur Beweismittel, nicht Theil des Klagefundaments; bei gleichem Klagefundament könne eine Verschiedenheit der Beweismittel die Zulässigkeit der neuen Klage nicht begründen.

Diese Ausführung ist mit Recht als eine rechtsirrthümliche angefochten worden. Wäre dieselbe richtig, so hätte schon im Vorprozeß die Beklagte dem Klageantrage gemäß verurtheilt werden müssen, da die Thatsache, daß der Wechsel zur Verfallzeit dem Trassaten und Acceptanten präsentirt, aber nicht eingelöst worden, schon in der Klage des Vorprozesses behauptet war und beim Nicht-Erscheinen der Bekl. im Verhandlungstermin in contumaciam als zugestanden hätte angenommen werden müssen. So ist aber mit Recht nicht erkannt worden. Es kann zugegeben werden, daß die Protesturkunde zugleich Beweismittel für die gedachte Thatsache ist, als solches auch im Art. 41 DWO bezeichnet wird. Die Protesturkunde ist aber nicht bloßes Beweismittel, sondern auch, wiewohl nicht gleich dem Wechsel ein Formalakt, doch ein zur Begründung der Wechselregreß-Klage unerläßlicher Solennitäts-Akt; sie ist das einzige, ausschließliche Mittel, die Präsentation des Wechsels zur Verfallzeit und die Nichterlangung der Zahlung — also die gesetzlichen Bedingungen und Voraussetzungen des Regreßanspruchs — zu konstatiren. Insoweit ist die Protesturkunde ein wesentlicher Theil des Fundaments der Regreßklage, welche auch dann nicht zugelassen werden darf, wenn beide Parteien über die Thatsache der gesetzmäßigen Präsentation des Wechsels und der Erhebung des Protests einverstanden sind, die Protesturkunde aber dem Gesetz nicht entspricht. Da nun im Vorprozeß eine äußerlich mangelhafte, im vorliegenden Prozeß dagegen eine äußerlich fehlerfreie Protesturkunde vorgelegt ist: so ist das Klagefundament in beiden Prozessen ein verschiedenes. Es liegt auch in beiden Prozessen nicht eadem quaestio zur Entscheidung vor. Das Urtel im Vorprozeß erging selbstverständlich nach damaliger Sachlage, nach welcher die Frage, ob es zulässig sei, den Mangel der Unterschrift des instrumentirenden Notars nach Ablauf der Protestfrist zu ergänzen, noch nicht aufgeworfen werden konnte, weil die damals noch fehlende Unterschrift erst nach beendigtem Vorprozeß ergänzt worden ist. Diese Frage ist aber für den vorliegenden Prozeß die entscheidende; Kläger bezeichnet die nachträgliche Ergänzung der Urkunde durch

Hinzufügung der Unterschrift als das neue Fundament seiner vorliegenden Klage, und der Richter kann sich der Entscheidung der Frage, ob dieses Klagefundament ein begründetes sei, nicht durch Verweisung auf das, diese Frage nicht berührende Urtel im Vorprozesse entziehen.

Was die anderweite Entscheidung der Sache betrifft, so mußte die angefochtene Entscheidung ihrem ganzen Inhalt nach aufrecht erhalten werden*), da die Ausstellungen der Bekl. gegen die Rechtsgiltigkeit der Protesturkunde auch in ihrer vorliegenden Gestalt für begründet zu erachten sind.

Die mit der Klage vorgelegte Urkunde ist nicht als eine Ausfertigung der Protesturkunde im Sinne des § 16 der preuß. Notariats-Ordnung v. 11. Juli 45 anzusehen. Nachdem die § 10 bis 15 daselbst über die Form und den Inhalt des in den Händen des Notars verbleibenden Notariats-Grundprotokolls Bestimmung getroffen, im § 15 namentlich die — nach § 41, 42 als eine wesentliche, die Eigenschaft einer öffentlichen Urkunde bedingende — Vorschrift gegeben ist, daß das Grundprotokoll von dem Notar und den Zeugen mit Vor- und Zunamen unterschrieben werden soll: bestimmt § 16, daß die den Parteien zu ertheilenden Ausfertigungen eine mit der Ausfertigungsklausel nebst Ort und Zeit der Ausfertigung, Notariatssiegel und Unterschrift des Notars mit Beifügung seines Amtstitels zu versehende, wortgetreue Abschrift des Grundprotokolls mit allen Unterschriften enthalten soll. Während hienach eine Ausfertigung zweimal den Namen des Notars enthalten muß, einmal als Theil der Abschrift des Grundprotokolls und außerdem unter der Ausfertigungsklausel, stellt die mit der Klage vorgelegte Urkunde das, jetzt mit der einmaligen Original-Unterschrift des Notars R. und mit dem Amtssiegel versehene Original-Protestprotokoll vor. Es kann daher

* Vgl. Rspr. II S. 251.

ganz unerörtert bleiben, ob der gedachte § 16 für notarielle Wechselproteste noch maaßgebend ist und ob eine dem § 16 entsprechende Ausfertigung nach Ablauf der Protestfristen noch ertheilt werden könnte. Die zu entscheidende Frage ist vielmehr die: ob es ein die Giltigkeit der Protesturkunde bedingendes, wesentliches Erforderniß des der Partei ausgehändigten Original-Protest-Protokolls ist, daß der Notar dasselbe innerhalb der im Art. 41 DWO für die Protest-Erhebung bestimmten Frist unterschreibt, oder ob der ursprüngliche Mangel dadurch gehoben werden kann, daß der Notar nach Ablauf jener Frist seine Unterschrift beifügt. Es ist schon nach allgemeinen Vorschriften mindestens als eine grobe Irregularität zu bezeichnen, daß der Notar der an der Spitze das Datum des 17. Febr. 72 führenden Urkunde einfach seine Namens-Unterschrift nachträglich beifügt, ohne dabei zu bemerken, daß und wann dies nachträglich geschehen sei, und dadurch der Urkunde den äußerlichen Schein giebt, als ob dieselbe uno actu aufgenommen und unterschrieben sei. Die — in § 41, 42 als wesentlich bezeichnete — Vorschrift des § 15 der Notariats-Ordnung kann nur dahin verstanden werden, daß die Unterschrift des Notars sofort nach Aufnahme des Protokolls, dessen wesentlichen Theil eben die Unterschrift bildet, erfolgen soll; § 16 schreibt auch ausdrücklich vor, daß die Ausfertigung die Zeit der Ertheilung derselben ergeben soll. Der Notar konnte also dem wesentlichen Mangel der Protesturkunde dadurch, daß er nach Monaten nachträglich den Akt unterschrieb, nicht mehr abhelfen. Ein solches Verfahren würde, wenn es zugelassen würde, das Vertrauen auf derartige öffentliche Urkunden völlig zu untergraben geeignet sein. Aber auch die speziellen Vorschriften der DWO lassen die nachträgliche Ergänzung der Unterschrift des Notars nicht zu. Nach Art. 88 No. 6 muß der Protest die Unterschrift des

Notars, welcher den Protest aufgenommen hat, mit Beifügung des Amtssiegels enthalten. Darüber, daß diese Vorschrift eine wesentliche ist, kann kein Zweifel obwalten. Wenn nun Art. 41 vorschreibt, daß die Erhebung des Protests spätestens am zweiten Werktage nach dem Zahlungstage geschehen müsse: so ist die Absicht des Gesetzgebers dahin aufzufassen, daß innerhalb dieser Frist auch die Protest-Urkunde in allen Essentialien vollendet sein muß, einem wesentlichen Mangel durch spätere Ergänzung nicht mehr abzuhelfen ist. Weder die DWO noch die Leipziger Konferenz-Protokolle enthalten eine Andeutung, daß das anderwärts hergebrachte bloße Notiren der Proteste innerhalb der im Art. 41 bestimmten Frist für genügend habe erklärt und eine spätere Vollendung der Protesturkunde habe zugelassen werden sollen. In den Leipziger Konferenz-Verhandlungen ist die Kürze der Protestfrist für große Handelsstädte, namentlich Hamburg und Bremen, wiederholt zur Sprache gekommen; man hat aber schließlich die im Art. 41 normirte Frist allgemein für ausreichend erachtet. Dazu kommt, daß anderweite Bestimmungen der DWO mit Sicherheit darauf schließen lassen, daß die Vollendung der Protesturkunde innerhalb der Protestfrist hat erfordert werden sollen. Nach Art. 48 ist jeder Wechselschuldner berechtigt, gegen Zahlung der Wechselsumme 2c. die Auslieferung des quittirten Wechsels und des wegen Nichtzahlung erhobenen Protests vom Inhaber zu fordern. Nach Art. 58 muß der Ehren-Acceptant sich den Protest Mangels Annahme aushändigen und in einem Anhange zu demselben die Ehren-Annahme bemerken lassen, auch den Honoraten unter Uebersendung des Protests von der geschehenen Intervention benachrichtigen, und diese Benachrichtigung mit dem Protest innerhalb zweier Tage nach dem Tage der Protest-Erhebung zur Post geben. Nach Art. 62 muß der Wechsel-Inhaber den Wechsel spätestens am zweiten Werktage nach dem Zahlungstage den sämmtlichen Noth-Adressen und dem Ehren-Acceptanten zur Zahlung vorlegen und den Erfolg im Protest Mangels Zahlung oder in einem Anhange zu demselben bemerken lassen. Nach Art. 63 muß dem Ehrenzahler der Wechsel und der Protest Mangels Zahlung ausgehändigt werden. Nach Art. 64 hat der Intervenient, welcher zahlt, obwohl aus dem Wechsel oder Protest ersichtlich ist, daß ein Anderer, dem er nachstehen müßte, den Wechsel einzulösen bereit war, keinen Regreß gegen diejenigen, welche durch Zahlung des Anderen befreit wären. Alle diese Bestimmungen beruhen auf der Voraussetzung, daß die Protesturkunde innerhalb der Protestfrist auch vollständig und fertig aufgenommen wird. In der App.-Rechtfertigung hat Kläger noch, unter dem Erbieten der Vorlegung des Protest-Registers des instrumentirenden Notars, Zeugenbeweis darüber angetreten, daß der Notar jeden Protest zunächst in Urschrift im Wechsel-Protest-Buch aufnehme und daselbst eigenhändig unterschreibe, daß so auch in vorliegendem Falle verfahren, am 17. Febr. Nachmittags zwischen 3 und 4 Uhr der Wechselprotest vollständig erhoben, im Protestregister beurkundet und vom Notar unterschrieben sei. Es kann dahin gestellt bleiben, ob, da in I. Instanz vom Protestregister gar keine Rede gewesen ist, Kläger seinen Anspruch in II. Instanz in dieser neuen Weise stützen durfte, und ob die Beweisantretung den für den Wechselprozeß geltenden besonderen Vorschriften entspricht. Denn das zu beweisende Faktum ist unerheblich. Die preuß. Notariats-Ordnung v. 11. Juli 45 machte im § 36 den Notaren die Führung eines Registers nach gewissen Kolonnen zur Pflicht, welches indeß zweifellos bezüglich der Beurkundung der Notariats-Akte gar keine Bedeutung hat, sondern nur zur geschäftlichen Kontrolle dient. Nach dem Muster des Art. 176

des Code de commerce hat auch Art. 90 DWO den Notaren die Führung eines Protest-Registers zur Pflicht gemacht, welches sich von jenem preußischen Register dadurch unterscheidet, daß die Notare die von ihnen aufgenommenen Proteste nach deren ganzem Inhalt und nach Ordnung des Datums eintragen sollen. Ueber Zweck und Bedeutung dieses Registers hat sich die DWO nicht näher ausgesprochen. Darüber kann aber kein Zweifel aufkommen, daß dieses Register, in welches Abschriften der bereits aufgenommenen Protesturkunden eingetragen werden sollen, nicht dazu bestimmt ist, die Notariats-Grundprotokolle (§ 10 bis 15 der Notariats-Ordnung), auf Grund deren nach § 16 die den Parteien zu behändigenden Ausfertigungen ertheilt werden sollen, zu ersetzen. Die mit der Klage überreichte Protesturkunde ist auch, wie schon oben bemerkt worden, überhaupt keine Ausfertigung im Sinne des § 16, namentlich also auch keine Ausfertigung auf Grund des angeblich als Grundprotokoll dienenden Protest-Registers, sondern sie ist das Original-Protest-Protokoll, welches nur nicht in der gesetzlichen Art und Form abgeschlossen ist. Ob das Protest-Register unter Umständen dazu dienen kann, eine verlorene oder vernichtete Protesturkunde durch eine andere zu ersetzen, kann dahin gestellt bleiben, da ein solcher Fall nicht zur Entscheidung vorliegt. Das Protest-Register selbst als solches kann aber nicht dazu dienen, den Erfordernissen des Art. 41 zu genügen, da die Protesturkunde (Art. 88) mit dem nicht honorirten Wechsel den Rücklauf machen muß, und es nach dem Zweck der Protesterhebung wesentlich darauf ankommt, daß diese Urkunde, welche mit dem Wechsel den Rücklauf macht, allen gesetzlichen Erfordernissen entspricht, das Protest-Register aber seiner Bestimmung gemäß im Geschäftslokal des instrumentirenden Notars bleiben muß.

Da hienach die gesetzlichen Bedingungen des Wechsel-

Regreß-Anspruchs nicht vorliegen, muß die erhobene Regreßklage als unbegründet zurückgewiesen werden.

Nachtrag.

Zur Erläuterung vorstehenden Urtels in Bezug auf die oben S. 197 unter 3 aufgeworfene Frage dient ein Erkenntniß des II. Senats des OHG v. 21. Mai 73 (in der ostpreuß. Revisionssache H. Kutschkow und Gen. ·/. N. Sternfeld, Nr. 195 v. 73; I. Instanz: Kreisgericht Braunsberg), lautend:

Kläger liquidirt, als Blancoindossatar, im Konkurse des Wechselausstellers Regreßansprüche. . . Nach Art. 82 DWO bedarf es nur einer Prüfung der gegen die beigebrachten Proteste erhobenen Einwendungen.

In II. Instanz sind die Proteste deshalb bemängelt worden, weil die Protesterhebung sich überall nur gegen den Domiziliaten [nicht gegen den eigentlich zahlungspflichtigen Acceptanten] gerichtet habe. Hier ist der Gegenausführung des Appellrichters lediglich beizutreten, wonach es dem Art. 88 No. 2 DWO genügt, wenn aus dem Protest hervorgeht, für und gegen wen derselbe erhoben worden, bzw. wenn der Domiziliat als derjenige, gegen welchen die Protesterhebung gerichtet ist, gehörig bezeichnet ist; vgl. die Erk. des preuß. OTr. v. 22. Mai und 13. Juli 56 und v. 29. Juni 58 (Justiz-Ministerial-Bl. v. 1856 S. 150 und v. 1857 S. 150; Siebenhaar's Arch., B. VII S. 396).

In jetziger Instanz rügen die Bekl. unter Bezugnahme auf ein diesseitiges Erk. v. 25. Sept. 72 [vorher S. 196 ff.] Verletzung des angeblichen Rechtsgrundsatzes:

> „Für Preußen gehört zur Giltigkeit einer notariellen Protesturkunde, daß dieselbe das vollständige Protestprotokoll mit der Unterschrift des pro-

testirenden Notars wiedergiebt und außerdem einen nochmals vom Notar zu vollziehenden Ausfertigungs-Vermerk enthält."

Allerdings entsprechen diesen Anforderungen die fraglichen Proteste nicht. Zu denselben sind die in Preußen üblichen Formulare verwendet, in welchen es am Schluß — vor der Unterschrift des Notars — heißt:

„Es hat der Unterschriebene ...... hierüber dieses Protokoll aufgenommen und nach dessen Inhalt den Protest ausgefertigt."

Demgemäß besteht die Protesturkunde in dem aufgenommenen Protokoll. Ihre Unterschrift beseitigt jeden möglichen Zweifel hierüber. Eine „Ausfertigung" nach § 16 des Notariatsgesetzes v. 11. Juli 45 (preuß. Ges.-Sammlung S. 487) ist nicht gemacht, wenigstens nicht eingereicht. Der aufgestellte Rechtsgrundsatz findet aber im Gesetz keine Begründung.

In den Gründen des citirten Erkenntnisses ist wiederholt hervorgehoben, daß es sich in dem bezüglichen Rechtsfalle lediglich darum handelte, ob es ein die Giltigkeit der Protesturkunde bedingendes wesentliches Erforderniß des der Partei ausgehändigten Original-Protest-Protokolls ist, daß „der Notar dasselbe innerhalb der im Art. 41 DWO für die Protest-Erhebuug bestimmten Frist unterschreibt."

Zwar ist zur Motivirung der bejahenden Beantwortung dieser Frage auch der § 16 des [preuß.] Notariatsgesetzes herangezogen, aber ausdrücklich gesagt, daß seine Geltung dahin gestellt bleiben könne (vgl. oben S. 201). Der § 23 des Notariatsgesetzes verordnet: „In Ansehung der Formen der Wechselproteste und Vidimationen bleibt es bei den bestehenden Gesetzen." Es haben hienach die §§ 1053 ff. ALR II. 8 Geltung behalten. Dieselben gehören nun zwar zu den durch die Einführungsordnung zur DWO für

Deutschland v. 6. Januar 49 (preuß. Ges.=Sammlung S. 49) aufgehobenen Gesetzen. Da aber diese Verordnung für ganz Deutschland bestimmt war, so erscheint es zweifellos, daß mit ihr die Ausdehnung des Notariatsgesetzes v. 11. Juli 45 auf Wechselproteste nicht bezweckt ist. Für Preußen konnte in der Verordnung von 1849 nur die Veranlassung zu anderweiten gesetzlichen Bestimmungen über die Formen der Wechselproteste liegen. Das preuß. Einf.=Ges. zur DWO v. 15. Febr. 50 disponirt aber nur im § 1, daß es bei obgedachter Aufhebung der Vorschriften des ALR sein Bewenden behalte. In Ansehung der Wechselproteste enthalten die beiden vorerwähnten Einführungsordnungen nur Bestimmungen über die Tageszeit der Protestaufnahme (§ 4). — Demgemäß sind die Formvorschriften des preuß. Notariatsgesetzes von 1845, insbesondere die im § 41 daselbst als wesentliche bezeichneten — zu denen übrigens der § 16 nicht gehört —, für Wechselproteste an und für sich nicht maaßgebend. Auf ihre Befolgung kann es nur ankommen, wenn es sich um die Legalität eines in Ausfertigung vorliegenden Protests handelt. Prinzipiell ist die formelle Giltigkeit der Wechselproteste nur durch die Erkennbarkeit der von einem Notar (oder Gerichtsbeamten) erfolgten Aufnahme bedingt; §§ 1035 ff. ALR II. 8, Art. 87 DWO. — Dieses Prinzip ist auch in der preuß. Wechselprozeß=Praxis konsequent anerkannt (Borchardt ADWO Zus. 730, S. 562, 563). Hieraus aber folgt, daß die vorliegenden Proteste formell genügen, da sich auf ihnen, neben der Unterschrift des Notars, der Abdruck von dessen Amtssiegel befindet.

In Ansehung der betr. Klagepositionen war daher das Appellurtel zu bestätigen.

Nr. 44.

II. Senat. — Erkenntnisse v. 25. Sept. u. 14. Dez. 72. (B.)

Preußen. **Nichtigkeitsbeschwerde.**

Viehhandel. Wandelungsklage. Futterkosten und Nutzung des Thiers nach ALR.

Bei Wandelungsklagen, die in Bezug auf Viehkäufe mit Erfolg erhoben werden, bildet — sofern das ALR als Entscheidungsnorm gilt — in der Praxis die Frage, ob und wie für die Zwischenzeit (vom Kauf bis zur Rückgewähr des Thiers) der Nutzungswerth des betreffenden Thiers in Betracht komme, auch dem klagenden Käufer die aufgewendeten Unterhaltungskosten zu ersetzen seien, häufig besondere Schwierigkeiten. Hier hat nun unser OHG — theilweise unter Abweichung von der Praxis des preuß. OTr. — folgende Grundsätze ausgesprochen:

A) in Sachen H. Itzig c. F. W. Markurth —
I. Instanz: Gerichtsdeputation Pritzwalk,
II. Instanz: Kammergericht zu Berlin —

durch Erk. v. 25. Sept. 72:

1. Soweit die vom Käufer gezogenen Nutzungen die Unterhaltungskosten des Thiers decken, findet wegen der letzteren im Falle der Wandelung eine Ersatzforderung nicht Statt.

§ 216 ALR I. 7; § 337, 338 ALR I. 5.

2. Hiebei trifft regelmäßig den Verkäufer die Beweislast, daß und wie der Käufer das gekaufte Thier benutzt hat (oder doch hätte nutzen können) und welchen — die Unterhaltungskosten ganz oder theilweise aufwiegenden — Vortheil derselbe daraus gezogen hat, bzw. hätte ziehen können.

§ 28 AGO I. 13.

3. Eine allgemeine rechtliche Vermuthung, daß ein an sich nutzbares Thier seinem Inhaber die zur Futterung und sonstigen Erhaltung erforderlichen Kosten durch den Gebrauch (ganz oder theilweise) deckt, besteht weder gemeinrechtlich, noch nach dem ALR.

Entscheidung des OHG:

1) Der § 216 ALR I. 7 — lautend:

> soweit die Erhaltungskosten aus den Nutzungen des Jahres, in welchem sie vorgefallen sind, haben gewonnen werden können, ist der Eigenthümer zu keinem Ersatz verpflichtet —

ist keineswegs verletzt. Denn der Appellrichter erkennt ausdrücklich an, daß die Unterhaltungskosten ganz fortfallen, wenn die Nutzungen gleich hoch oder höher sind; indem er zugleich den Einwand des Bekl., die Unterhaltungskosten des Pferdes würden durch dessen Gebrauch aufgewogen, zuläßt — ungeachtet des den Bekl. in die Erstattung der Unterhaltungskosten des Pferdes verurtheilenden Vorerkenntnisses, da dieselben nach diesem Vorerkenntniß erst ermittelt werden sollen.

Der angeführte § 216 kann also durch die vom Appellrichter — welcher (wie seine weiteren Ausführungen ergeben) auch diejenigen Nutzungen, welche Kläger hätte machen können, vor Augen hat — zugelassene Aufrechnung der Nutzungen des Pferdes gegen dessen Unterhaltungskosten nicht verletzt sein.

2) Die Nktbschw. wirft dem Appellrichter ferner die Verletzung des Rechtsgrundsatzes vor:

> Der Besitzer eines nutzbaren Thieres, welcher vom Eigenthümer Ersatz der Unterhaltungskosten fordert, hat zur Begründung seiner Forderung zu beweisen, daß er das Thier während der Zeit der Unterhaltung nicht hat nutzen können.

Es kann dahin gestellt bleiben, ob die Existenz eines solchen Rechtsgrundsatzes unter gewissen thatsächlichen Voraussetzungen und Beschränkungen überhaupt anzuerkennen ist, da der Appellrichter denselben nicht schlechterdings in Abrede gestellt hat und sich jedenfalls aus seinen thatsächlichen Feststellungen nichts ergiebt, wodurch die Anwendung eines solchen Rechtsgrundsatzes in vorliegendem Falle gerechtfertigt sein würde. Denn der Appellrichter hat in thatsächlicher Beziehung festgestellt, daß die Behauptung des Bekl., Kläger habe das fragliche Pferd vom 1. Nov. 68 bis 31. Juli 69 als Arbeitspferd benutzt, nicht bewiesen und durch Eid des Klägers sogar widerlegt sei.

Ueberdies war es auch jedenfalls Sache des Beklagten, seinerseits darzulegen und zu beweisen, daß und wie Kläger das Pferd benutzt habe oder doch habe benutzen können und welchen, die Unterhaltungskosten ganz oder theilweise aufwiegenden, Vortheil er daraus gezogen habe oder habe ziehen können. Denn während die Unterhaltungskosten des Pferdes mit dessen Besitz in unzertrennlicher Verbindung stehen, steht in vorliegendem Falle anderseits fest, daß das fragliche Pferd vom Tage nach Abschluß des Kaufes an bis zum 1. Nov. 68 — mithin länger als drei Monate — wegen Lahmheit überhaupt nicht hat benutzt werden können, welchem dauernden Fehler gegenüber auch nicht einmal von einer blos faktischen Vermuthung zu Gunsten des Bekl. die Rede sein kann.

Eine allgemeine rechtliche Vermuthung, daß ein an sich nutzbares Thier die zu seiner Futterung und sonstigen Erhaltung erforderlichen Ausgaben seines Inhabers durch den Gebrauch ganz oder theilweise gedeckt habe, ist aber weder gemeinrechtlich anzuerkennen, noch aus dem preußischen Recht herzuleiten. Insbesondere läßt sich dieselbe auch durch Berufung auf § 216 (verglichen mit § 212 und 218) ALR I. 7 nicht begründen. Denn nur bei gewissen Arten von nutzbaren Thieren und unter gewissen Voraussetzungen (z. B. daß sie gesund sind) läßt sich als Resultat der praktischen Erfahrung der Satz aufstellen, daß die Nutzungen des Thiers dessen Futterungskosten übersteigen. Es beruht daher auch offenbar nur auf einer solchen wirthschaftlichen und mithin thatsächlichen Erwägung, wenn das Obertribunal zu Berlin annimmt, daß die Nutzungen von einem Arbeitspferde dessen Unterhaltungskosten übersteigen (vgl. dessen Entsch. B. 19 S. 82).

B) in Sachen F. Bartel ·/. A. Wölffert (Nr. 627 v. 72) —
I. Instanz: Stadtgericht Berlin,
II. Instanz: Kammergericht daselbst —

durch Erk. v. 14. Dez. 72:

4. Der Käufer, welcher wegen fehlerhafter Beschaffenheit der gekauften Sache zur Wandelungsklage schreitet, kann regelmäßig — in gleicher Art, wie ein redlicher Besitzer — die zur Erhaltung der Substanz der Sache erforderlichen Kosten (namentlich die Futter-, Stall- und Abwartekosten eines Pferdes) ersetzt verlangen ohne besonderen Nachweis, daß er durch deren Aufwendung den Vortheil des die Sache zurückerhaltenden Verkäufers befördert habe.

§ 212 ff. ALR I. 7; § 337 ALR I. 5; § 268, 270 ALR I. 13.
Vgl. Rspr. III S. 187.
Anders: feste Praxis des preuß. OTr., vgl. Koch Kommentar zu ALR I. 7 § 212 n. 16 cc.

Entscheidung des OHG:

Der Appellrichter hat in thatsächlicher Beziehung (unangefochten) festgestellt, daß in Ansehung der beiden Pferde, zu deren Redhibition Kläger für berechtigt erklärt ist, 1) bei dem erkrankten Pferde, welches Kläger schon vom 6. Mai 70 an bis zu dessen Tödtung dauernd in ärztlicher

Behandlung, und seit dem 9. Mai sogar außerhalb seiner Stallung haben mußte, von Nutzungen gar keine Rede sein könne, und daß auch 2) bei dem gesunden Pferde die vom Bekl. aufgestellte ganz allgemeine Behauptung, Kläger habe dasselbe (bis zum 9. Mai mit dem anderen zusammen und von da an allein) während seiner ganzen Besitzzeit in Gebrauch gehabt, in Ermangelung jeder Angabe über die Art und Weise des Gebrauchs nicht gehörig substanzirt sei, da sich nicht beurtheilen lasse, in wie weit dem Kläger Nutzungen daraus erwachsen seien. Ueberdies hat der Appellrichter festgestellt, daß die beiden Pferde vom Kläger nicht nur für einen Gesammtpreis, sondern auch als Gespann gekauft sind, und daß durch die Erkrankung des einen Pferdes der vertragsmäßige Gebrauch beider als Gespann vereitelt war, unter welchen Umständen es einer Substanzirung des behaupteten Gebrauchs des gesunden Pferdes um so mehr bedurft haben würde, als Kläger sich . . . schon in der Klage darauf berufen habe, daß die Pferde einzeln nicht zu gebrauchen seien. Der Appellrichter hat mithin keineswegs verkannt, daß Beklagter, soweit die Erhaltungskosten der Pferde aus den Nutzungen derselben haben genommen werden können, zu keinem Ersatz verpflichtet sei, sondern den diesfälligen Einwand für thatsächlich unbegründet. bzw. für unsubstanzirt erachtet. Der erhobene Vorwurf einer Verletzung des § 216 ALR I. 7 trifft daher nicht zu (vgl. das vorher unter A mitgetheilte Erk. des OHG).

Aber auch die weiteren Angriffe der Nktbschw. sind unbegründet. Nach § 337 Th. I. Tit. 5, verglichen mit § 198 Th. I Tit. 11 des ALR ist der Käufer allerdings in allen Fällen, wo er die Sache zurückgiebt, wegen der genossenen Früchte, wegen Verbesserungen und Verschlimmerungen und auch sonst überall als redlicher Besitzer (Tit. 7 § 188 ff.) anzusehen. Auch hat nach

§ 212 ALR I. 7 der Eigenthümer dem redlichen Besitzer Ausgaben, welche zur Erhaltung der Substanz nothwendig waren und mit dem Besitz der Sache in unzertrennlicher Verbindung standen, nur zu vergüten, soweit dadurch sein Vortheil befördert ist. Dem widerspricht aber auch der Appellrichter nicht. Er stellt zwar nicht ausdrücklich fest, daß die vom Kläger beanspruchten Futter-, Stall- und Abwartungs-Kosten für die beiden fraglichen Pferde die so eben erwähnten Eigenschaften an sich tragen, sagt aber unter ausdrücklicher Bezugnahme auf den allegirten § 212:

> Von dem Gesichtspunkt aus, daß Kläger bei der Rückgabe in allen Stücken die Rechte eines redlichen Besitzers hat, rechtfertigt sich auch der im Prinzip vom I. Richter zuerkannte Anspruch auf Erstattung der erwachsenen Futter-, Stall- und Abwartungs-Kosten.

Außerdem billigt der Appellrichter die rechtlichen Schlußfolgerungen, welche der I. Richter aus dem konstatirten Krankheitszustande des einen Pferdes am 3. Mai 70 (dem Tage des Kaufs und der Uebergabe) gezogen hat, und der I. Richter sagt in dieser Beziehung:

> Die Nebenkosten an Futter-, Stall- und Abwartungskosten hat Beklagter gleichfalls zu erstatten, denn es sind unvermeidliche, bzw. nützliche Ausgaben, welche derselbe, wenn er die Pferde nicht verkauft oder wieder in seine Gewahrsam zurückgenommen hätte, zu ihrer Erhaltung gleichfalls gehabt haben würde; ihre Verauslagung durch Kläger ist daher für den Bekl. nützliche Verwendung.

Es wird hienach wol angenommen werden müssen, daß der Appellrichter in vorliegendem Falle thatsächlich hat konstatiren wollen, daß diese Ausgaben nothwendig waren, mit dem Besitz der Pferde in unzertrennlicher Verbindung standen und daß der Vortheil des Bekl. in Höhe dieser Ausgaben befördert ist, wie solches im allegirten § 212 vorausgesetzt wird.

Hinsichtlich der ersten beiden Erfordernisse scheint auch die Nktbschw. dies nicht zu bestreiten, mindestens vermißt sie die Feststellung der Nothwendigkeit ebenso wenig, als sie dem Appellrichter in dieser Beziehung eine Verletzung jenes § 212 zum Vorwurf macht. Sie wirft ihm vielmehr nur die Verkennung der Vorschrift des § 212 vor, daß auch zur Erhaltung der Sache nothwendige und von ihrem Besitz unzertrennliche Ausgaben nur insoweit ersetzt zu werden brauchen, als dadurch der Vortheil des Eigenthümers befördert ist. In Betreff dieses Punktes erscheint es denn auch in der That einigermaaßen zweifelhaft, ob der Appellrichter die Beförderung des Vortheils des Bekl. durch die gedachten Ausgaben des Klägers in concreto positiv und thatsächlich festgestellt oder ob er dieselbe nur im Allgemeinen aus der Nothwendigkeit derselben gefolgert hat, für welches letztere sich anführen läßt, daß auch der I. Richter die nützliche Verwendung für den Bekl. nur daraus entnommen hat, daß Beklagter selbst diese Ausgaben zur Erhaltung der Pferde hätte machen müssen, wenn er sie nicht verkauft oder wieder zurückgenommen hätte. Allein auch in letzterem Falle würde der Appellrichter sich einer Verletzung des § 212 nicht schuldig gemacht haben; denn den Ausführungen des preuß. Ober-Tribunals (vgl. Strieth. Arch. B. 48 S. 169, B. 56 S. 36 und B. 72 S. 3 ff.), auf welche Beklagter sich berufen hat, kann nicht beigetreten werden.

Zunächst ist davon auszugehen, daß schon nach römischem Recht der Zweck der Redhibition die Wiederherstellung des früheren Zustandes unter den Parteien, eine Art in integrum restitutio gegen den unter ihnen abgeschlossenen Vertrag, ist*, und daß auch das preuß. ALR auf diesem Grundgedanken beruht, nur daß es den Redhibenten dadurch, daß es ihn überall als redlichen Besitzer behandelt wissen will, noch begünstigt hat, indem diesem nach § 189 Th. I Tit. 7 alle während des Besitzes der Sache davon gezogenen Früchte und Nutzungen verbleiben sollen, soweit er sich nur nicht mit dem Schaden des anderen Theils bereichert (§ 338 Th. I Tit. 5).

Vgl. Förster Theorie und Praxis B. I S. 482.

Die Herstellung des früheren Zustandes schließt nun aber offenbar an sich die Erstattung der nothwendigen, mit dem Besitz der Sache unzertrennlich verbundenen Ausgaben ein, und nur, insoweit dieselben aus den Nutzungen der Sache haben bestritten werden können, hat der § 216 ALR I. 7 den Eigenthümer zum Ersatz nicht für verpflichtet erklärt, wodurch zugleich implicite anerkannt ist, daß die bloße Absicht des Redhibenten, die Erhaltungskosten aufzuwenden, um seinerseits die Sache zu benutzen (welche überdies schon an sich auch nur bei der Klage aus einer nützlichen Geschäftsführung in Betracht kommen würde), seinen Anspruch auf Erstattung nicht ausschließt, wenn — wie in vorliegendem Falle feststeht, — diese Benutzung nicht hat stattfinden können. Auch daß der Redhibent nach § 327 ALR I. 5 die Sache in dem Zustande, in welchem er sie empfangen hat, zurückgeben muß, und daß er daher auch seinerseits, selbst wenn er die Sache nicht benutzen konnte, ein Interesse an deren Erhaltung hatte, soll seinen Anspruch auf Erstattung der nothwendigen Unterhaltungskosten nach § 212 ALR I. 7 nicht ausschließen, soweit eben durch deren Aufwendung nur der Vortheil des Redhibitionsverpflichteten befördert ist. Es handelt sich daher ledig-

* Vgl. Rspr. III S. 232.

lich um die rechtliche Bedeutung dieser gesetzlichen Beschränkung der Ersatzpflicht. Dabei leuchtet zunächst ein, daß dadurch nicht etwa die Rückgabe der redhibirten Sache in einem verbesserten Zustande oder irgend ein sonstiger besonderer, dem Redhibitionspflichtigen durch die betreffenden Ausgaben gewährter, Vortheil hat bezeichnet werden sollen; denn von solchen Verbesserungen und Vortheilen handeln die voraufgehenden §§ 204 bis 211 desselben Titels, während die §§ 212 ff. sich umgekehrt auf die zur Erhaltung der Substanz der Sache nothwendigen Ausgaben beziehen. Daß also der Eigenthümer, bzw. Verkäufer durch die Rückgabe der Sache mehr wieder erhält, als er gegeben hat, ist zur Begründung des Anspruchs aus dem § 212 nicht erforderlich. Die Worte „soweit dadurch sein (des Eigenthümers) Vortheil befördert ist", können hienach vielmehr nur den Sinn haben, daß der Eigenthümer, bzw. Redhibitionspflichtige Ausgaben zur Erhaltung der Substanz der Sache, auch wenn sie nothwendig waren und mit dem Besitz der Sache in unzertrennlicher Verbindung standen, welche ihn also, wenn er sich im Besitz befunden hätte, ebenfalls getroffen haben würden, dem Besitzer, bzw. Redhibenten dann nicht zu vergüten gehalten sein soll, wenn und soweit sie dennoch ausnahmsweise dem Erfolge nach nicht wirklich zu seinem Nutzen verwendet sind.

Denn die Ausdrücke: „Nutzen", „Vortheil" und „Bereicherung" werden im ALR offenbar promiscue gebraucht (vgl. §§ 204 und 212 Th. I Tit. 7; §§ 231, 232, 233, 238, 240 bis 245, 253, 254, 260, 262, 264 ff., 274 bis 276 und 280 Th. I Tit. 13), und es läßt sich, auch abgesehen davon, ein Unterschied zwischen der Beförderung des Vortheils eines Anderen und der Verwendung in dessen Nutzen, wo es sich um das Vermögen handelt, nicht erkennen, da an sich beides dieselbe Wirkung (Bereicherung des Anderen) zur Folge hat. An und für sich ist aber dasjenige, womit nöthige Ausgaben für einen Anderen bestritten werden, als in dessen Nutzen verwendet zu achten und sind zu den nothwendigen Ausgaben diejenigen zu rechnen, welche nicht ohne Gefahr eines größeren Uebels vermieden werden konnten (§§ 268 und 270 ALR I. 13), zunächst also die zur Erhaltung der Substanz der Sache erforderlichen Kosten. Daraus folgt aber, daß in der Regel der redliche Besitzer, welcher zur Erhaltung der Substanz der Sache nothwendige Kosten vom Eigenthümer erstattet zu haben verlangt, daneben nicht noch besonders darzuthun braucht, daß er durch deren Aufwendung den Vortheil des Eigenthümers befördert habe. Zur Substanzirung dieses Anspruchs genügt vielmehr an sich die Nothwendigkeit der Ausgaben behufs Erhaltung der Sache, und dieses Erforderniß hat offenbar auch der Appellrichter in concreto als vorhanden angenommen. Beklagter hat aber seinerseits nichts angeführt, woraus entnommen werden könnte, daß durch Erhaltung der Pferde in vorliegendem Falle sein Vortheil nicht befördert sei, und es bedarf daher auch keines Eingehens auf die Frage, ob — wenn er dies gethan hätte — die diesfällige Beweislast ihm oder dem Kläger obgelegen haben würde.

In vorliegendem Falle hat nun zwar das eine der beiden hier fraglichen Pferde dem Bekl. nicht zurückgegeben werden können, weil es wegen seiner, die Redhibition begründenden Krankheit hat getödtet werden müssen; und es könnte sich daher fragen, ob nicht wenigstens die auf dieses Pferd verwendeten Unterhaltungskosten nach § 215 Th. I Tit. 7 und § 327 und 328 Th. I Tit. 5 ALR dem Kläger zur Last bleiben müßten. Allein auch diese Frage ist zu verneinen, weil eines Theils die Pflicht zur Rückgabe in unverändertem Zustande offenbar da cessirt, wo die Sache gerade in Folge des die Redhibition begründenden, schon vor der Uebergabe vorhanden gewesenen Fehlers untergegangen ist *, und weil anderen Theils festgestellt ist, daß die Tödtung des Pferdes erst während des Rechtsstreits und mithin nach eingetretenem Verzuge des Bekl. in der Rücknahme erfolgte.

Wenn der Appellrichter sich hienach der gerügten Verletzung des § 212 Th. I Tit. 7, von § 337 und §§ 327 ff. Th. I Tit. 5, sowie der §§ 262, 268 und 270 Th. I Tit. 13 des ALR nicht schuldig gemacht hat: so trifft ihn schließlich auch nicht der Vorwurf einer Verletzung des § 99 Th. I Tit. 11 und der §§ 213 und 218 Th. I Tit. 16 des ALR; denn diese bestimmen nur, daß Kläger sich von der eigenen Erhaltung der Pferde durch die Uebergabe derselben zur gerichtlichen Aufbewahrung hätte befreien können, nicht aber, daß er durch Unterlassung der Ausübung dieses seines Rechts des Anspruchs auf Erstattung der Erhaltungskosten verlustig geworden ist, welche letzteren übrigens ja auch im Falle einer gerichtlichen Deposition nach § 223 ALR I. 16 nicht den Kläger, sondern den unterliegenden Bekl. getroffen haben würden.

Vgl. übrigens Gruchot Beiträge B. VIII S. 520 ff. und B. XV S. 29 ff.

Die schließliche Rüge, daß Beklagter nach § 212 ALR I. 7 jedenfalls nur zur Erstattung der zur Erhaltung der Pferde nothwendigen, nicht aber — wie geschehen — der dem Kläger dieserhalb erwachsenen Kosten hätte verurtheilt werden dürfen, trifft ebenfalls nicht zu; denn unter dem Kläger erwachsenen Futter-, Stall- und Abwartungs-Kosten haben die Vorderrichter — welche dieselben dem Kläger nur im Prinzip zugesprochen, die Feststellung des

* Vgl. Rspr. III S. 274, VI S. 114 f.

Betrages aber einem besonderen Verfahren vorbehalten haben — augenscheinlich eben nur die dem Kläger nothwendig erwachsenen Kosten verstanden.

Nr. 45.

I. Senat. — Erkenntniß v. 27. Sept. 72. (B.)

Rosenthal c/. Wodiczka (Nr. 589 v. 72).

Preußen. Wechselsache. Nichtigkeitsbeschwerde.

I. Instanz: Kreisgericht Wiesbaden,
II. Instanz: Appellationsgericht daselbst.

Eigenwechsel an eigene Order.

Ein auf eigene Order gestellter Eigenwechsel ist ungiltig, und der solchem Wechsel anhaftende Mangel (der Benennung eines Wechselnehmers) wird auch durch das Hinzutreten eines vollständigen Indossaments nicht ergänzt.

DWO Art. 96 Nr. 3, 98 Nr. 1; Art. 7.

Entscheidung des OHG:

Die DWO hat im Art. 6 für den gezogenen Wechsel die Ausstellung an eigene Order ausdrücklich zugelassen, es kann also auch ein trassirt-eigener Wechsel giltig auf eigene Order gestellt werden.

Im Art. 98 sind diejenigen für gezogene Wechsel gegebenen Vorschriften der DWO, welche auch für eigene Wechsel gelten sollen, einzeln aufgezählt: Art. 6 befindet sich nicht darunter. Wohl aber nennt Art. 96 unter den wesentlichen Erfordernissen eines Eigenwechsels:

unter 3: den Namen der Person oder der Firma, an welche (oder deren Order) der Aussteller Zahlung leisten will, und

unter 5: die Unterschrift des Ausstellers mit seinem Namen oder seiner Firma.

Nach der Sprache des Gesetzes sind also **Remittent** und **Aussteller** als **verschiedene** Personen gedacht. Dieselben Ausdrücke wiederholen sich im Art. 4 bei Feststellung der Essentialien einer **Tratte**. In der That führt die Form sowohl der Tratte als des Eigenwechsels — Zahlungsanweisung und Zahlungsversprechen — zunächst zur Forderung der Personenverschiedenheit des Ausstellers und des Remittenten: denn der Aussteller kann Zahlung weder sich selbst anweisen, noch sich selbst versprechen. Indeß ist diese Forderung vor dem Verkehrsbedürfniß gewichen, aber nur zu Gunsten des eigentlichen Handelswechsels, nämlich der **Tratte**.

Vgl. Motive zum preuß. Entw. einer WO von 1847 zu § 5 e.

Wenn daher § 5 dieses Entwurfs — übereinstimmend mit Art. 6 DWO — bestimmte:

„der Aussteller kann sich selbst als Remittenten benenen",

so war dies nicht eine selbstverständliche **Erläuterung**, sondern eine **Erweiterung** des Art. 4, welcher als Regel auch für die Tratte Verschiedenheit des Ausstellers und des Remittenten forderte.

Es läßt sich also nicht folgern, daß, weil Art. 96 unter 3 und 5 für den Eigenwechsel in Ansehung des Remittenten und Ausstellers im Wesentlichen die Vorschrift des Art. 4 Nr. 3 und 5 wiederhole, **auch** Art. 6 als eine Erläuterung der Nr. 3 auf den **eigenen** Wechsel anwendbar sei.

Vgl. Fick der trassirt-eigene Wechsel, S. 68 n. 1 am Ende.

Auch steht dieser Folgerung ein zweiter Grund entgegen. Die DWO hat **Inhaberwechsel** nicht zulassen wollen.

Motive zum preuß. Entwurf, Leipziger Ausgabe

S. XXXI und Prot. der Leipz. Konferenz 4. Sitzung, daselbst S. 11.

Die Ausstellung von Eigenwechseln an eigene Order aber kann unter Benutzung des Blancogiro kaum einen anderen Zweck haben, als Inhaberwechsel zu kreiren und papiergeld-ähnliche Werthe au porteur privatim zu emittiren. Zwar durch den trassirt-eigenen, an eigene Order gestellten, in blanco girirten Wechsel läßt sich ein ähnliches Resultat erreichen; allein diese, beim Entwurf der DWO nicht übersehene Möglichkeit (Motive a. a. O. unter 3 a) gestattet vermöge der Acceptabilität der Tratte nicht dieselbe leichte, papiergeld-ähnliche Cirkulation und wendet sich nicht direkt gegen den gewollten Ausschluß der lettres au porteur in Wechselform.

Vgl. Fick a. a. O. S. 68 ff., S. 81; Hoffmann Erläuterungen der DWO, 2. Ausgabe S. 154.

Wennschon daher in den Motiven zum preuß. Entwurf der WO gesagt ist (zu §§ 87 bis 89):

> im Uebrigen gelten für die eigenen Wechsel überall die Bestimmungen über gezogene Wechsel, insofern nicht durch den Umstand, daß bei ersterem Aussteller und Bezogener eine und dieselbe Person sind, Modifikationen nothwendig werden,
>
> (Leipziger Ausgabe S. LXXVII)

und wennschon es richtig, daß der trassirt-eigene Wechsel sachlich („im Grunde"; Erk. v. 27. Juni 71, Rspr. II S. 377) ein Eigenwechsel ist: so muß doch dafür gehalten werden, daß durch die im Art. 98 DWO unterlassene Mitaufnahme des Art. 6 dessen Anwendbarkeit auf den Eigenwechsel ausgeschlossen, die Stellung des letzteren an eigene Order also unstatthaft ist.

Dieses Ergebniß wird auch von der deutschen Rechtsprechung und Rechtslehre überwiegend vertreten.

Vgl. Borchardt ADWO 5. Aufl. Zusatz 782,

S. 599; Hoffmann a. a. O. S. 649 am Ende; Renaud Lehrbuch des DWR 3. Aufl., S. 166; Wächter WR des nordd. Bundes S. 630 Nr. 3; Fick a. a. O. S. 83; Thöl HR II (2. Aufl.) § 171 Nr. 5c, § 296 unter II, Nr. 3 u. IV.

Ist aber der auf eigene Order gestellte Eigenwechsel ungiltig, so ist er auch unfähig, girirt zu werden. Denn eine wirksame Girirung setzt die Existenz eines giltigen Wechsels voraus; und gehört die Benennung des Remittenten in den Eigenwechsel, so ist selbst das Vollindossament (die vom Aussteller auf der Rückseite des Wechsels bewirkte Begebung an einen benannten Dritten) ungeeignet, dieses Erforderniß zu ersetzen (Art. 7 und 98 Nr. 1 DWO)*.

Es ergiebt sich, daß die Nktbschw. mit Unrecht die Existenz des Rechtssatzes: „der Eigenwechsel kann gleich dem trassirt-eigenen giltig an eigene Order gestellt werden", behauptet, aus den Artt. 6, 96 Nr. 3 und 98 DWO gefolgert und die Verletzung sowohl jenes Satzes als dieser Bestimmungen gerügt, daß hingegen der Appellrichter auf den Eigenwechsel die Regeln:

„der Schuldner kann sich nicht als seinen eigenen Gläubiger bezeichnen" und „Niemand kann gegen sich selbst Forderungsrechte geltend machen"

mit Recht angewendet hat.

Es kann auch nicht anerkannt werden, das der Rechtssatz:

„der Eigenwechsel an eigene Order ist giltig"

wenigstens dann bestehe, „wenn Ausstellungs- und Zahlungsort verschieden seien." Die bloße Verschiedenheit dieser Orte — ohne Benennung eines vom Aussteller verschiedenen Domiziliaten — ändert nichts an der Eigen-

* Anders: Thöl HR II § 296 S. 602 Nr. 4; Fick der trassirt-eigene Wechsel S. 84.

thümlichkeit des Eigenwechsels an eigene Order als eines Versprechens des Ausstellers, an sich selbst zu zahlen. Blos hiedurch nähert sich der Eigenwechsel nicht „der Form der Tratte", welcher die Aufforderung, Anweisung oder der Befehl zur Zahlung wesentlich ist.

Bluntschli DWO S. 139; Thöl a. a. O. S. 595 Nr. 3 und S. 602 zu IV; Fick a. a. O. S. 23.

Ein solcher Wechsel muß also durchweg als Eigenwechsel behandelt werden; mithin ist Art. 6 DWO auf ihn unanwendbar.

Zwar der Klagewechsel hat nicht nur die Verschiedenheit des Ausstellungs- und Zahlungsortes, sondern er ist auch bei Fr. J., also bei einem Anderen als dem Aussteller, domizilirt. Allein auf diese Thatsache hat die Nktbschw. einen Angriff nicht gestützt. Es bedarf daher keiner Entscheidung, ob Diejenigen Recht haben, welche in einer solchen Domizilirung einen Zahlungsauftrag (Subtratte) an den Domiziliaten sehen, deshalb den so domizilirten Eigenwechsel in dieser Richtung wie einen trassirt-eigenen behandeln, also seine Stellung an eigene Order gestatten, — oder Diejenigen, welche zur Vermeidung sonst unausbleiblicher Rechtsunsicherheit das entscheidende Gewicht auf die Form des Wechsels selbst legen, folglich einen trassirt-eigenen Wechsel ohne Zahlungsauftrag des Ausstellers an sich selbst nicht zulassen.

Vgl. Prot. der Leipziger Konf. Sitzung 24, Leipziger Ausgabe S. 159; Fick a. a. O. S. 21 ff., 23; Thöl a. a. O. S. 602; Renaud a. a. O. S. 155.

Wenn endlich noch die Verletzung des Rechtssatzes:

„im Indossament liegt die giltige Bezeichnung des Forderungsberechtigten"

gerügt wird: so ist bereits dargelegt, daß und warum beim Eigenwechsel auf eigene Order das Giro eine solche giltige Bezeichnung nicht enthält.

Nr. 46.

I. Senat. — Erkenntniß v. 27. Sept. 72. (Z.)

Müller c/. Heymann (Nr. 709 v. 72).

Königreich Sachsen. Wechselsache. Weitere Berufung.

I. Instanz: Handelsgericht im Bezirksgericht Dresden,
II. Instanz: Appellationsgericht Dresden.

Tratte mit mehreren Zahlungsorten.

Ein gezogener Wechsel, welcher mehrere Zahlungsorte hinstellt, ist ungiltig.

Art. 4 Nr. 8, Art. 7, 56, 62 DWO.
Vgl. Rspr. V S. 116, VI S. 271.

Entscheidung des OHG:

Beklagter ist Acceptant eines vom Kläger an eigene Order gezogenen Wechsels... Unter der Adresse des Bekl. — lautend:

Herrn F. R. Heymann in Dresden, . . Gasse Nr. 12 —

steht der Vermerk:

„zahlbar in Rokitnitz beim Aussteller oder bei Herrn Ed. Siegel, Schreibergasse in Dresden."

Der Einwand des Bekl., daß dem Klagewechsel . . . die Eigenschaft formeller Giltigkeit abgehe, war für begründet zu erachten.

Es liegt die Hinstellung eines zweifachen Zahlungsortes vor. Zwar nicht im Sinne eines doppelten Domizils. Denn zu dessen Begriff gehört (Art. 24 DWO) die Verschiedenheit vom Wohnort des Bezogenen, und diese ist nur bei der ersten, nicht bei der zweiten Alternative des betr. Vermerks vorhanden. Allein da in vorliegendem Falle neben dem Domizilvermerk noch eine als Wohnort des Bezogenen geltende Zahlungsadresse vorgeschrieben ist: so muß dadurch nothwendig Zweifel über den Zahlungsort und die bei Eintritt der Verfallzeit vom Inhaber einzuhaltenden Formalitäten (Art. 41 f.) entstehen. Die Bestimmtheit des Zahlungsorts, welche nach Art. 4 Nr. 8 ein wesentliches Requisit eines formgiltigen Wechsels bildet und als Postulat der Einheit offenbar den über die Nothadresse handelnden Vorschriften in Artt. 56 und 62 zu Grunde liegt, wird in solchem Falle ebenso alterirt, wie im Falle der Beifügung eines doppelten Domizils, welcher bei Erörterung der einschlagenden Streitfrage vorzugsweise ins Auge gefaßt zu werden pflegt. Die Bestimmung mehrerer Zahlungsorte ist mit der Wechselform unverträglich. Der Zahlungsort kann im Sinne der DWO nur einer sein. Es gilt in dieser Hinsicht wesentlich dasselbe, was der Gerichtshof bereits hinsichtlich der Unzulässigkeit einer alternativen Zahlungszeit ausgeführt hat [Rspr. II S. 287, V S. 70, 263 n.]. Die hier vertretene Ansicht wird außer den im I. Urtel angeführten Autoritäten auch von Hartmann (DWR S. 169) festgehalten.

Die Judicatur deutscher Gerichtshöfe ist mehrfach (vgl. Borchardt ADWO Zusatz 138 und Note 102, S. 83) nach dem Vorgange von Thöl (WR § 186 n. 7 und 8, S. 173) zu einem anderen Ergebniß gelangt. Thöl nimmt an, daß eine Tratte mit mehreren bestimmten Zahlungsorten nicht nur nicht formwidrig sei, sondern auch den Inhaber zu ordnungsmäßiger Anmeldung bei allen Zahlungsorten verpflichte. Aber der Grund, auf den er sich stützt, rechtfertigt nicht die darauf basirte Ansicht. Freilich dürfen nach der DWO der Wohnort des Adressaten und der Zahlungsort verschiedene Orte sein. Aber wenn auch hienach, wie nicht zu bezweifeln, das Gesetz die Möglichkeit statuirt, daß der Protest „Mangels Annahme" und der Protest „Mangels Zahlung" an verschiedenen Orten zu erheben: so folgt daraus doch nicht, daß dem Wechsel-Inhaber die ganz andere, weiter gehende Pflicht aufzulegen sei, die Zahlung zur Verfallzeit an zwei verschiedenen Orten — am Orte des Wechseldomizils und und am Wohnort des Bezogenen — zu suchen, eine Pflicht, die in den positiven Vorschriften der DWO keine Unterstützung findet, deren Ausführung auch auf faktische Schwierigkeiten stoßen müßte. Die Erfüllung könnte unter Umständen außer dem Bereich physischer Möglichkeit liegen, wenn die verschiedenen Zahlungsorte räumlich weit von einander entfernt sind, oder wenn (was bei Annahme des fragl. Prinzips nicht auszuschließen wäre) mehr als zwei entlegene Zahlungsorte bestimmt sein sollten.

Andere — z. B. Volkmar und Löwy (DWO S. 40 n. 4), Hoffmann (in Siebenhaar's Arch. für WR B. XVI S. 355) — wollen in Fällen der fraglichen Art nur die auf wahlweise Befragung der Adresse an den einzelnen Zahlungsorten gerichtete Absicht des Ausstellers ausgedrückt finden. Ein statuirtes Wahlrecht des Inhabers würde zwar dem Wortlaut einer Urkunde, wie der Klagewechsel, entsprechen, aber doch immer dem Wesen des allseitige Bestimmtheit der Obligation fordernden Schriftvertrages widerstreiten; denn es darf nicht verkannt werden, daß die wechselmäßige Zusicherung, je nachdem sie an dem einen oder dem anderen Orte erfüllt wird, einen anderen Inhalt erhält.

Endlich läßt sich auch die durch den zweiten Zahlungsort hervorgerufene Schwierigkeit nicht, wie angenommen worden (Siebenhaar Arch. B. XII S. 407), dadurch lösen, daß der letztere für nicht geschrieben erachtet werden könnte. Ein derartiger Vermerk bezieht sich auf einen nach Art. 4 Nr. 8 DWO wesentlichen Theil des Wechsels: die Normirung des Zahlungsorts. Nichts berechtigt, eine darauf bezügliche Willenserklärung der Betheiligten unbeachtet zu lassen. Das Prinzip der Novelle 4 zum Art. 7 DWO kann zwar unter Umständen (vgl. Erk. v. 27. Juni

72, betr. den Verzicht auf Wechselverjährung, Rspr. VII S. 325) solchen Klauseln gegenüber zur Anwendung kommen, welche Zusätze zu einem an sich nach Art. 4 giltigen Wechsel enthalten, allein nicht bei solchen Bestimmungen, welche die Form des Wechsels selbst beeinflussen [vgl. Rspr. II S. 291].

Nr. 47.

I. Senat. — Erkenntniß v. 1. Okt. 72. (B.)

Carl Niepel und Fr. Wolff ·/. Goguel u. Roth's Konkurs-Verwalter (Nr. 465 v. 72).

Preußen. **Nichtigkeitsbeschwerde.**

I. Instanz: Kreisgericht Reichenbach in Schlesien,
II. Instanz: Appellationsgericht Breslau.

Eidesformel, Feststellung, Bemängelung der Eidesformel.

1. Wie erfolgt im altpreuß. Prozeß die Feststellung der Eidesformel für einen Schiedseid?

2. Wie wirkt die Weigerung einen geforderten Parteieid in der durch Resolut festgesetzten Norm zu leisten, bei gleichzeitiger Bemängelung der Eidesformel und bei Hinzufügung des Antrages, daß der Eid zum Erkenntniß gestellt werden möge?

Entscheidung des OHG:

In der Klage war bei Begründung des prinzipalen Anspruchs zum Beweise einer wesentlichen Thatsache, der Kenntniß der Zahlungseinstellung bei Abschluß des Kaufvertrags v. 29. Sept. 70, den beiden Bekl. der Eid unbedingt und ohne Vorbehalt deferirt. In der Klagebeantwortung wurde der Eid gleichfalls bedingungs- und vorbehaltlos acceptirt. Das Prozeßgericht erließ am 15. März 71 im Anschluß an die erste mündliche Verhandlung ein Beweisresolut, welches den Eid normirte und dessen Ableistung anordnete. Nach dem Vermerk, mit welchem das betr. Audienzprotokoll schließt, hatten die Sachwalter beider Parteien gegen die Eidesnorm nichts erinnert. Gleichwohl verlangten die Bekl. in dem zur Eidesleistung und zur weiteren Verhandlung bestimmten Termin eine „Berichtigung" der Eidesnorm, indem sie eventuell baten, „den Eid zum Erkenntniß zu stellen". Nachdem der Gegner der Aenderung der Eidesnorm widersprochen hatte, trat das Prozeßgericht von Neuem in Berathung und erließ nun den Beschluß: „daß die beantragte Aenderung für unzulässig zu erachten und an der festgesetzten Eidesnorm festzuhalten sei". Als dieser Beschluß verkündet war, erklärten die Bekl.:

> „daß die Leistnng des Eides in der vorliegenden Norm verweigert und wiederholt beantragt werde, den Eid zum Erkenntniß zu stellen."

Der § 376 AGO I. 10 bestimmt:

> „Wenn eine Partei zum Protokoll oder schriftlich ausdrücklich erkärt hat, daß sie einen angetragenen oder zurückgeschobenen Eid nicht schwören könne oder wolle: so kann sie mit einem Widerruf sothaner Erklärung weder in dieser noch in den folgenden Instanzen gehört werden."

Auf Grund dieser Bestimmung hat der Appellrichter der von den Bekl. in II. Instanz abgegebenen Erklärung, „den Eid in der vom I. Richter bestimmten Norm leisten zu wollen, wenn letztere von den Richtern der höheren Instanz gebilligt werde", Berücksichtigung versagt und, der Auffassung des I. Richters über die Sachgemäßheit der im Beweisresolut festgesetzten Norm sich anschließend, dem Präjudiz der Eidesweigerung (§ 10 AGO I. 13) im Einklang mit dem I. Richter Folge gegeben. Wird nun die Erklärung der Bekl. ins Auge gefaßt, „die Leistung des Eides in der vorliegenden Norm werde verweigert": so kann nicht zweifelhaft sein, daß der Appellrichter eine prozeßrechtliche Vorschrift richtig angewendet hat und der in der Nktbschw. erhobene Vorwurf der Verletzung einer wesentlichen Vorschrift durch Anwendung eines im untergebenen Falle nicht passenden Präjudizes unbegründet ist. Allein jener Erklärung ist sofort eine zweite hinzugefügt, nämlich die: „es werde wiederholt beantragt, den Eid zum Erkenntniß zu stellen". Der Zusatz macht es zweifelhaft, wie die vorhergehende Weigerung zu verstehen sei, ob als Beschränkung derselben in dem Sinne, daß sie nur eine vorläufige, aber keine definitive sei und daß sie nicht gelten solle, falls durch rechtskräftiges Urtel die Norm bestätigt werde, oder ob durch den Zusatz nicht die Weigerung beschränkt, sondern darin nur der Antrag zu finden sei, im Urtel darüber zu entscheiden, ob die im Resolut bestimmte Norm gerechtfertigt erscheine oder eine andere an deren Stelle treten müsse, in welchem ersteren Falle die Weigerung ihre Geltung behaupte. Schon der Wortverstand spricht mehr für das erste als das zweite Verständniß. Jene erste Auslegung verdient aber um so mehr den Vorzug, als das Gesetz bestimmt, im Falle eines Streits über die Eidesnorm sei regelmäßig die Abnahme des Eides auszusetzen und die Norm des Eides im Urtel zu bestimmen (§ 305 ff. AGO I. 10). Unter allen Umständen müßte bei dem Doppelsinn der Erklärung für die den Bekl. günstigere Auslegung entschieden werden. Hienach erscheint in der That der in der Nktbschw. erhobene Vorwurf nicht unbegründet. Derselbe wird auch durch die vom I. Richter allegirte des Vorschrift § 300 a. a. O. — „dem Schwörenden ist keine eigenmächtige Abänderung der einmal feststehenden Eidesformel erlaubt" — nicht an sich schon entkräftet. Denn diese Vorschrift besagt nur, daß, wenn einmal die Eidesformel endgiltig feststeht, es dabei verbleiben muß. Ihre Anwendbarkeit in vorliegendem Falle hängt also davon ab, ob zur Zeit der Weigerung die Eidesnorm bereits endgiltig feststand. Die Frage wäre unbedenklich zu verneinen, wenn nur der Streit über die Eidesnorm in Betracht käme. Die Eidesnorm war durch Resolut des Prozeßgerichts bestimmt, ohne daß, so viel die Akten ergeben, über die Norm unter den Parteien vorher verhandelt war. Das Verfahren stand nicht im Einklang mit § 30 der Prozeßnovelle v. 1. Juni 33 und § 40 der Instruktion v. 24. Juli 33. Die vom Prozeßgericht bestimmte Norm entsprach zudem nach Lage der Akten vielleicht nicht einmal genau der Delation. . . Daß die Parteien die Norm gebilligt und insbesondere die Bekl. damit sich einverstanden erklärt hätten, läßt sich ebensowenig annehmen. Zwar schließt das Audienzprotokoll v. 15. März 71 mit der Bemerkung: „gegen die Eidesnorm wurde nichts erinnert". Allein abgesehen davon, daß nicht erhellt, ob diese Schlußbemerkung vorgelesen worden (§ 36 der Verordnung v. 1. Juni 33), wird darin nur ein nicht erhobener Widerspruch bezeugt. Einen solchen zu erheben, hatten die Sachwalter aber auch weder Anlaß noch Gelegenheit, da mit der Publikation des Beweisresoluts die Verhandlung geschlossen war und von deren Wiederaufnahme nichts konstirt. Der Widerspruch, welchen die Bekl. im Termin zur Eidesleistung und weiteren Verhandlung erhoben, läßt sich daher keineswegs als verspätet betrachten. War er aber nicht verspätet, so blieb die allegirte Bestimmung des § 304 unanwendbar und der Antrag der Bekl. den Streit über die Eidesnorm durch Urtel zu entscheiden, durfte nicht unberücksichtigt bleiben.

Allein es kommt ein anderer Umstand in Betracht. Jenem Antrage ist Berücksichtigung nicht versagt. Das Prozeßgericht hat ihn der Prüfung unterzogen, deren Ergebniß der Beschluß war: der Eid sei vor Erlassung des Urtels in der früher bestimmten Norm zu leisten. Nach Verkündung dieses Beschlusses erfolgte die mehrerwähnte

Weigerung mit dem wiederholten Antrage, den Eid zum Erkenntniß zu stellen. Wenn das Gesetz als ausnahmslose Regel vorgeschrieben hätte, ein Streit über die Eidesnorm sei stets durch Urtel zu schlichten: so würde das Verfahren des I. Richters als gesetzwidrig zu mißbilligen und seine Entscheidung sowie die des Appellrichters den in der Nktbschw. erhobenen Vorwurf verdienen. Allein gedachte Voraussetzung trifft nicht zu. Nach § 306 ff. AGO I. 10 soll die Regel eine Ausnahme erleiden, wenn von Leistung oder Nichtleistung des Eides eine weitere Instruktion abhängt. In solchem Falle ist das Prozeßgericht befugt, den Streit durch Resolut zu entscheiden. Bei dieser Entscheidung soll es alsdann, wie § 308 vorschreibt, „für die gegenwärtige Instanz schlechterdings sein Bewenden behalten", obgleich übrigens (wie das Gesetz fortfährt) „in der Sache selbst — sowie durchgehends, also auch darüber, inwiefern die Thatsache und der darüber geleistete Eid erheblich seien oder nicht, und was daraus rechtlich folge — dem Richter in dieser und in den folgenden Instanzen sein pflichtmäßiger Befund unverschränkt bleibe". Unleugbar waren die Voraussetzungen, von welchen das ausnahmsweise Verfahren abhängt, gegeben. Der Grund lag in der eventuellen Klagebitte, die für den Fall gestellt war, daß sich die Unhaltbarkeit des prinzipalen Klageantrags ergeben möchte. Zur Rechtfertigung des letzteren gehörte wesentlich der Beweis der Thatsache, auf welche sich der fragliche Eidesantrag bezog. Wurde der Beweis jener Thatsache dadurch geführt, daß Beklagte die Ableistung des darüber angetragenen Eides verweigerten: so war die Endentscheidung möglich, die Verurtheilung der Bekl. nach dem prinzipalen Klageantrage nämlich gerechtfertigt. Erfolgte dagegen die Leistung des Eides, so stellte sich freilich der Hauptantrag der Klage als unhaltbar und dessen Abweisung als unausweichlich dar. Für diesen

Fall erübrigte aber noch die eventuelle Klagebitte, über die noch nicht erkannt werden konnte, weil wesentliche, eine anderweite und anscheinend weitläufige Beweisaufnahme erheischende Thatsachen unter den Parteien streitig geblieben waren. Das Prozeßgericht war also außer Stande, das bei Streitigkeiten über die Eidesnorm als Regel vorgeschriebene bedingte Endurtel zu erlassen, weil dieses die Entscheidung für beide Fälle, den Fall der Leistung des Eides und den entgegengesetzten Fall enthalten soll (§ 307, 377 AGO I. 10). Um das bedingte Endurtel erlassen zu können, bedurfte es zuvor der Beweisaufnahme über die auf die eventuelle Klagebitte sich beziehenden streitigen Thatsachen. Damit betreffenden Falles diese Beweisaufnahme erspart werde, war das Prozeßgericht den zuvor allegirten Vorschriften gemäß befugt, den Streit über die Eidesnorm durch ein nicht bindendes Resolut zu entscheiden und die Ableistung des Eides in der bestimmten Norm vor Erlassung des Urtels anzuordnen. Von dieser Befugniß hat unverkennbar das Prozeßgericht Gebrauch machen wollen und Gebrauch gemacht, als es, nachdem nachträglich der Streit über die Eidesnorm sich erhoben hatte, in Berathung trat, den Beschluß faßte, daß es bei der früher von ihm bestimmten Norm verbleiben müsse, und die Anordnung der Eidesleistung aufrecht erhielt. Die Bekl. haben hierauf in der oben mitgetheilten Weise die Eidesleistung bestimmt, wiewohl mit dem Zusatz verweigert, es werde wiederholt beantragt, den Eid zum Erkenntniß zu stellen.

Wird die Erklärung nun auch so verstanden, als wenn sie gelautet hätte: „die Eidesleistung werde nur jetzt und vorläufig (nicht definitiv) abgelehnt, indem vorher durch Urtel darüber zu entscheiden sei, ob es bei der Norm des Resoluts verbleiben müsse, oder eine andere Norm an deren Stelle zu treten habe, in welchem ersteren Falle nach der

Rechtskraft des Urtels der Eid geleistet werden würde": so bleibt doch gewiß und unanfechtbar, daß die Ableistung des Eides in der Norm des Resoluts zu der Zeit verweigert ist, als seine Ableistung nach dem vom Prozeßgericht in Ausübung seiner gesetzlichen Befugnisse erlassenen Beschluß erfolgen mußte und eine den Gesetzen entsprechende Aufforderung zur sofortigen Leistung erfolgt war.

Der I. Richter konnte nicht anders, wie auch die Nktbschw. nicht verkennt, als den Eid für verweigert erachten, zur Abfassung des Endurtels schreiten und, wenn er nunmehr bei nochmaliger Prüfung fand, daß der Eid im Resolut richtig normirt sei, das Präjudiz der Eidesweigerung zu verwirklichen (§ 308 AGO I. 10). Ein anderes Verfahren würde zu einer völligen Vereitelung des Zweck des Gesetzes führen und die Wirksamkeit einer dem Prozeßgericht beigelegten Befugniß von der Willkür der eidespflichtigen Partei abhängig machen, in deren Belieben es stände, gegen den diesfälligen Beschluß des Prozeßgerichts mit Erfolg sich aufzulehnen. Wenn aber der I. Richter die Weigerung als eine definitive anzusehen hatte, so kann dieselbe unmöglich in den höheren Instanzen ihren Charakter ändern. Dies folgt mit Nothwendigkeit aus § 376 a. a. O., wonach die in I. Instanz erklärte Weigerung auch in den folgenden Instanzen wirkt. Erachtete also in untergebenem Falle der Appellrichter die im Resolut des I. Richters festgesetzte Norm für sachgemäß und richtig: so hatte er auch die Ableistung dieses entscheidenden Eides für verweigert anzunehmen und den Antrag der Betl., zur Eidesleistung eventuell bereit zu sein, auf Grund des § 376 zu verwerfen. Denn der Eid in der vom I. Richter bestimmten Norm war in der That früher zu Protokoll verweigert, die Weigerung nicht auf ein ungehöriges Ansinnen des I. Richters, sondern auf eine den Gesetzen entsprechende Aufforderung desselben, den

Eid sofort zu leisten, in deutlicher Weise erklärt und die Wirksamkeit dieser Erklärung nicht dadurch beeinträchtigt, daß ihr ein unstatthafter Antrag hinzugefügt wurde. Vergebens wird in der Nktbschw. hervorgehoben, der § 308 bestimme nur: es solle bei dem Beschluß des Prozeßgerichts für die gegenwärtige Instanz bewenden. Es liegt zu Tage, daß diese Bestimmung sich nur auf die Zulässigkeit der Rechtsmittel bezieht, die unbedingt ausgeschlossen werden. Der Beschluß wird für unanfechtbar erklärt, vorbehaltlich seiner erneuten Prüfung bei Erlassung des Endurtels und vorbehaltlich der gegen letzteres zulässigen Rechtsmittel Auf die Frage, wie die Weigerung wirke, einen Eid zu leisten, dessen sofortige Ableistung der Beschluß anordnet, hat die Bestimmung nach Sinn und Zusammenhang keinen Bezug. Diese Frage wird im § 376 beantwortet und zwar dahin: die Weigerung wirke für die anhängige und alle folgenden Instanzen. Hienach muß der in der Nktbschw. erhobene Vorwurf der Verletzung einer wesentlichen Prozeßvorschrift durch Anwendung eines nicht passenden Präjudizes für ungerechtfertigt erachtet werden. Ob die Ansicht der Vorderrichter über die Sachgemäßheit der streitig gewordenen Eidesnorm Billigung verdiene, entzieht sich in Ermangelung eines geeigneten Angriffs der Kritik des Nichtigkeitsrichters. Der am Schluß der Nktbschw. sich findende Vorwurf, der Appellrichter habe die Grundsätze über res judicata verletzt, steht mit der vorerörterten im nächsten Zusammenhange, findet also in dem Obigen gleichfalls seine Widerlegung, abgesehen davon, daß er an sich schon der näheren Begründung entbehrt.

Nr. 48.

I. Senat — Erkenntniß v. 1. Okt. 72. (Ref.)

J. v. Wezyk ./. Breslau-Warschauer Eisenbahngesellschaft (Nr. 602 v. 72).

Preußen. **Revision.**

I. Instanz: Kreisgericht Polnisch-Wartenberg,
II. Instanz: Appellationsgericht Breslau.

Gründung eines Aktienunternehmens, Haftung der Zeichner.

1. **Das landesherrlich bestätigte und durch die betr. Gesetzsammlung veröffentlichte Statut einer Aktiengesellschaft hat nicht die Natur eines Gesetzes.**

Rspr. IV S. 348, VII S. 4; vgl. VII S. 165 Nr. 4.

2. **Art. 208 HGB regelt nur die Form der Errichtung eines Gesellschafts-Statuts.**

An dem formellen Akt der Statutenerrichtung brauchen nicht nothwendig alle einzelnen Aktienzeichner theilzunehmen.

Das HGB hat die Frage offen gelassen, ob ein Aktienzeichner dem ohne seinen Willen errichteten Gesellschaftsstatut unterworfen ist.

3. **Eine Aktiengesellschaft ist ohne genaue Feststellung gewisser Punkte (namentlich der Gesellschaftszwecke, des Grundkapitals, der Höhe der einzelnen Aktien, des Namens und der Verfassung der Gesellschaft) rechtlich undenkbar.**

HGB Art. **209, 210, 211.**
Renaud Recht der Aktiengesellschaften S. 269 ff.

4. **Ein Verein, welcher die Begründung eines Aktienunternehmens bezweckt (sogenanntes Gründungs-Comité), entbehrt ohne Vereinbarung mindestens der wesentlichen Bestimmungen des künftigen Gesellschafts-Statuts selbst eines hinreichend bestimmten Zwecks. Die Feststellung des gemeinschaftlichen Endzwecks und der Mittel, durch welche**

derselbe erreicht werden soll, gehört zur Perfektion einer jeden Societät.

§ 169, 170 ALR I. 17.
Windscheid Pandekten § 405, B. II S. 477.

5. Aktienzeichnungen, welche auf Grund eines die nothwendigen Grundzüge des künftigen Gesellschaftsstatuts nicht enthaltenden Prospekts erfolgen, verbinden nicht zur Anerkennung des später ohne Zuziehung des Zeichners vom Gründungscomité gefertigten (selbst landesherrlich bestätigten und in der Landesgesetzsammlung veröffentlichten) Statuts der zu Stande gekommenen Aktiengesellschaft.

Entscheidung des OHG:

Ein gedruckter Prospekt, de dato Berlin 1869, betreffend „die direkte Breslau-Kempen-Warschauer Eisenbahn", im Namen eines Gründungs-Comité unterzeichnet von dessen Ehrenpräsidenten Prinz Biron von Curland und dessen Vorsitzendem Freiherrn von Maltzahn, bezeichnet 1) die Baulinie als „bis zur preuß. Grenze und darüber hinaus bis zur Einmündung in die Warschau-Wiener Bahn" gehend und 2) als „Baukapital" preußischen Antheils die Summe von rund 3 Millionen Thalern, als Baukapital des polnischen Antheils aber 6 Millionen Silberrubel. Weiter ist bemerkt: „das zur Herstellung der Bahn auf preuß. Gebiet erforderliche Anlagekapital soll durch Emission von Stamm-Prioritäts- und Stammaktien aufgebracht werden". Im Uebrigen enthält der Prospekt Rentabilitätsberechnungen, die Erklärung, daß das „Gründungscomité" die bereitwilligste Unterstützung bei den beiderseitigen hohen Staatsregierungen gefunden hat und die allerhöchsten Konzessionen seines Unternehmens erlangen wird", endlich am Schluß die Bitte: „unserem Unternehmen Ihre thätige Betheiligung widmen und uns die nachstehende Beitritts- bzw. Zeichnungs-Erklärung ausgefüllt und vollzogen recht bald zurücksenden zu wollen."

Das Formular der „Erklärung" lautet:

„Für das vorbemerkte Unternehmen einer Eisenbahn zur direkten Verbindung von Breslau nach Warschau und zwar zunächst für die Bahn von Oels bis zur preußisch-polnischen Landesgrenze in der Richtung nach Podzamcze verpflichten sich unter den Bedingungen des zu entwerfenden und zu bestätigenden Statuts gegen Zahlung der entsprechenden Beträge zur Uebernahme folgender Stammaktien:"

Darauf folgen rubrikmäßig Name, Stand, Wohnort des Zeichners und die Zeichnungssumme.

Ein solches Formular soll Beklagter mit seinem Namen und der Summe „10000 Thlr." ausgefüllt haben.

Dem Prospekt lag ein Statutenentwurf nicht bei. Auch ist Beklagter zur Vereinbarung des Statuts niemals aufgefordert oder zugezogen worden. Vielmehr ist das Statut der Breslau-Warschauer Eisenbahngesellschaft (preußische Abtheilung) allein vom Gründungscomité, welches aus 5 Mitgliedern bestand (oder auch nur von 4 derselben) entworfen, am 1. März 70 notariell vollzogen und zur landesherrlichen Genehmigung vorgelegt. Mittelst kgl. Order v. 12. März 70 ist der gedachten Aktiengesellschaft die landesherrliche Genehmigung ertheilt, das Statut landesherrlich bestätigt, und Konzessions- und Bestätigungs-Urkunde durch Nr. 17 der preuß. Gesetzsammlung unterm 30. März 70 (G.-Samml. S. 209 ff.) veröffentlicht.

Zu der in Aussicht genommenen Weiterführung der Bahn auf russisches Gebiet und zu deren Anschluß an die polnischen Bahnen ist bisher eine Konzession seitens der russischen Regierung nicht ertheilt, die auf der (kleineren) preußischen Strecke in Bau genommene Bahnlinie somit ohne Anschluß.

Der statutenmäßigen Aufforderung zur Einzahlung der ersten 10 % des Aktienkapitals ist Beklagter nicht nachgekommen. Die gegen ihn vom Verwaltungsrath der Gesellschaft erhobene Klage ist dahin gerichtet, daß er schuldig sei, der klagenden Gesellschaft als Aktionär mit dem Betrage von 10000 Thlrn. beizutreten, und sofort 10 % dieses Betrages mit 1000 Thlrn. nebst 6 % Verzugszinsen seit dem 15. Juni 70 zur Kasse der Gesellschaft zu zahlen. Belangt ist Beklagter nicht im Gerichtsstande seines Wohnsitzes (vor dem Kreisgericht Kempen) sondern im Gerichtsstande der Gesellschaft (vor dem Kreisgericht Polnisch-Wartenberg) auf Grund der §§ 11, 57 des Statuts — von denen § 11 bestimmt, daß Rechtsstreitigkeiten zwischen der Gesellschaft und den Aktionären wegen rückständig gebliebener Einzahlungen auf die Aktien im Gerichtsstande der Gesellschaft anhängig zu machen sind, welchem sich jeder Aktienzeichner und dessen Rechtsnachfolger durch die Zeichnung bzw. durch den Erwerb der Rechte aus der Zeichnung kraft des gegenwärtigen Statuts unterwirft, § 57 aber festsetzt:

> „Wer durch Aktienzeichnung dem Unternehmen beitritt, unterwirft sich damit den vom Gründungscomité (§ 55) verlautbarten Bestimmungen dieses Statuts und erkennt alle von dem Comité als Stellvertreter der Gesellschaft innerhalb der statutenmäßigen Grenzen getroffenen Maaßnahmen und eingegangenen Verpflichtungen als für ihn verbindlich an."

Beklagter hat u. a. wegen Unverbindlichkeit des Statuts den Einwand der Inkompetenz des Prozeßgerichts erhoben, und es ist aus diesem Grunde in I. Instanz die Klage abgewiesen. Hingegen hat der Appellrichter, unter Verwerfung sämmtlicher Einwendungen, abändernd nach den Klageanträgen erkannt.

Die hiegegen mit dem Rechtsmittel der Revision erhobenen Beschwerden des Bekl. erscheinen jedoch begründet, und darf, da die Inkompetenz-Einrede durchgreift, weder auf die sonstigen Einwendungen des Bekl. eingegangen, noch auch nur erörtert werden, wieweit seine Aktienzeichnung materielle Verbindlichkeiten gegen die Gründer oder gegen die klagende Gesellschaft zu erzeugen vermocht hat.

Der vom Bekl. angeblich unterzeichnete Prospekt enthält eine Prorogation des Gerichtsstandes nicht; noch bezeichnet er den gegenwärtigen Prozeßort, an welchem übrigens Beklagter zur Zeit der Klageanstellung sich nicht befunden hat, als Ort der Vertragsschließung oder als Erfüllungsort; AGO Th. I Tit. 2 § 148 bis 150. Endlich vermag auch das Statut v. 12. März 70 einen außerordentlichen Gerichtsstand (AGO Th. I Tit. 2 § 7, 131 ff.) gegen den Bekl. nur unter der Voraussetzung zu begründen, daß dessen Inhalt den Charakter einer mit dem Bekl. vereinbarten Satzung trägt. Allerdings ist es, „in einzelnen Fällen zur Beförderung einer unparteiischen Rechtspflege, oder um die Vervielfältigung der Prozesse zu verhüten", dem Staate erlaubt, eine Ausnahme von dem ordentlichen Gerichtsstande zu machen (AGO Th. I Tit. 2 § 7 Ziffer 1). Allein diese Fälle sind durch die Prozeßordnung (§ 131 ff. AGO I. 2, verbunden mit §§ 16, 17 der Verordnung v. 2. Januar 49 und Art. V des Gesetzes v. 26. April 51) gesetzlich fixirt, und es gilt im Uebrigen nach Art. 7 der preuß. Verfassungs-Urkunde v. 31. Januar 50 der Grundsatz, daß Niemand seinem gesetzlichen Richter entzogen werden darf. Mit diesen Gesetzen hat sich selbstverständlich das landesherrlich bestätigte Statut v. 12. März 70 weder in Widerspruch setzen können noch wollen. Es ordnet vielmehr lediglich den außerordentlichen

Gerichtsstand am Sitze der Gesellschaft gegen diejenigen Personen, welche dem Statut zur Zeit seiner Emanation unterworfen waren oder nachträglich unterworfen sein würden; wenn es aber als Kriterium dieser Unterwerfung die Aktienzeichnung oder den Erwerb von Rechten aus der Zeichnung angiebt: so geht es dabei von der, in der Regel allerdings zutreffenden, Unterstellung aus, daß schon die Aktienzeichnung eine solche Unterwerfung enthalte. Die Behauptung der Klägerin, daß das landesherrlich bestätigte und durch die Gesetzsammlung publizirte Statut eines Aktienvereins schlechthin die Natur eines Gesetzes trage, welches die Rechtsverhältnisse der Betheiligten mit zwingender Wirkung, ja mit rückwirkender Kraft normire, widerstreitet gleichmäßig dem Wesen des Gesetzes wie des Statuts von Aktiengesellschaften [Rspr. IV S. 348, VII S. 4].

Vgl. Strieth. Arch. B. 70 S. 275 ff.; Ztschr. für HR III S. 562 ff., VI S. 609, 610; Sammlung der Entsch. des OAG zu Lübeck in Hamburgischen Rechtssachen I S. 991; Arch. für Civil- und Criminalrecht der preuß. Rheinprovinz B. 59 S. 119; Brinkmann Lehrbuch des HR S. 247; Endemann DHR S. 304 n. 12; v. Hahn Komm. I S. 593 (2. Ausg.); Anschütz und v. Völderndorff Komm. II S. 476, 430, 431; Weinhagen Recht der Aktiengesellschaften S. 95, 96, 112 bis 115.

Wenn ferner Art. 208 des HGB bestimmt:

„Ueber die Errichtung und den Inhalt des Gesellschaftsvertrags (Statuts) muß eine gerichtliche oder notarielle Urkunde aufgenommen werden.

Zur Aktienzeichnung genügt eine schriftliche Erklärung",

so hat damit zwar geordnet werden sollen, in welcher

Form die Errichtung des Statuts zu geschehen habe und dessen Inhalt festzustellen sei, so wie daß nicht nothwendig alle einzelnen Aktienzeichner an dem formellen Akt der Statutenerrichtung mitzuwirken haben, endlich, daß zwar nicht die mündliche aber doch die einfache schriftliche Erklärung sich bei einem Aktienunternehmen betheiligen zu wollen, zu dieser Betheiligung nach Maaßgabe der Zeichnung verpflichtet. Inwiefern aber der Aktienzeichner dem ohne seinen Willen errichteten Statut unterworfen sei, hat das Gesetz weder bestimmt noch bestimmen wollen, vielmehr diese, wie alle übrigen die Vorbereitung des Unternehmens betreffenden Fragen absichtlich offen gelassen (Prot. S. 314 bis 326, 1034 bis 1038, 4540). Die maaßgebenden Rechtsgrundsätze aber führen zu deren Verneinung.

Vor der Eintragung in das Handelsregister besteht eine Aktiengesellschaft nicht (HGB Art. 211). Nach der älteren, für den vorliegenden Fall noch leitenden Vorschrift hat der Eintragung die staatliche Genehmigung vorauszugehen und nach § 3 des preuß. Gesetzes v. 3. Nov. 38 über Eisenbahnunternehmungen bestimmen sich, so lange die landesherrliche Bestätigung des Statuts nicht erfolgt ist, die Verhältnisse der Gesellschaft und ihrer Vertreter nach den allgemeinen gesetzlichen Vorschriften über Gesellschafts- und Mandatsverträge. Das Statut, dessen landesherrliche Bestätigung erbeten wird, soll nach § 1 daselbst unter den Aktienzeichnern vereinbart sein. Dieses Gesetz unterstellt somit eine vor Konstituirung des Aktienvereins bestehende anderweitige Gesellschaft mit einem sogenannten Gesellschaftsvertrag oder (provisorischen) Statut — sei es unter sämmtlichen Zeichnern, sei es zwischen den Gründern als solchen und allen Zeichnern —, und dasselbe ist (ungeachtet die theoretischen Konstruktionen weit auseinander gingen) in diesem Sinne konstant in der preußischen Praxis aufgefaßt worden, wenn auch nicht immer unter scharfer Scheidung der Gründer- bzw. Zeichner-Gesellschaft von der aus ihr hervorgehenden Korporation des Aktienvereins:

Entsch. des OTr. B. 24 S. 347; Strieth. Arch. B. 4 S. 303, B. 42 S. 246; Archiv für WR B. XIII S. 47 ff.; Ztschr. für Gesetzgebung und Rechtspflege in Preußen B. IV S. 756 ff.

Vgl. v. Savigny Obligationenrecht II § 64 n. f.; Gad Handbuch des HR S. 41 n. 8; Witte in der Ztschr. für HR B. VIII S. 23 ff.

Solcher Auffassung steht auch Art. 211 HGB:

„wenn vor erfolgter Eintragung in das Handelsregister im Namen der Gesellschaft gehandelt worden ist, so haften die Handelnden persönlich und solidarisch",

entschieden zur Seite (Anschütz, Archiv für WR B. XIII S. 50).

Von dieser Auffassung geht, mit den Parteien, auch der Appellrichter aus. Er prüft, ob unter dem Gesichtspunkt des Societätsvertrages eine bindende Verpflichtung des Bekl. gegen das Gründungscomité entstanden sei, und er bejaht diese Frage, weil durch den Prospekt die Grundzüge des Unternehmens gegeben waren, der Gründungsvertrag die Details für die Ausführung des Unternehmens nicht zu erwähnen brauche, und Beklagter, da derselbe nach Inhalt des Zeichnungsbogens sich dem künftig zu fertigenden Statut unterworfen habe, eben hiedurch dem Gründungscomité den rechtsgiltigen Auftrag ertheilt habe, ein Statut nach allen Erfordernissen des Art. 209 HGB zu entwerfen und solches der Staatsregierung zur Genehmigung vorzulegen, Klägerin aber diesem Auftrage nachgekommen, somit der Vertrag von ihrer Seite erfüllt sei.

Bei dieser Deduktion übersieht der Appellrichter jedoch

den inneren Zusammenhang, welcher zwischen dem unterstellten Gesellschaftsvertrage der Zeichner mit den Gründern und dem Statut des zu begründenden Aktienvereins besteht, und er gelangt so zu einer von unrichtigen Rechtsvoraussetzungen ausgehenden Interpretation der im Zeichnungsbogen enthaltenen Erklärung.

Zur Perfektion einer Societät gehört an sich lediglich die Feststellung des gemeinschaftlichen Endzwecks und der Mittel, durch welche derselbe erreicht werden soll *; ob nur durch Vermögensleistungen oder nur durch Arbeitsleistungen oder beides, und nur soweit hiezu erforderlich ist, muß — abgesehen von den zur Giltigkeit der Schriftform bedürfenden Gesellschaftsverträgen — auch über „das Verhältniß der Verbundenen bei und zur Erlangung des Endzwecks" Feststellung getroffen werden (§ 169, 170 ALR I. 17). Alles Fehlende wird nach den subsidiären gesetzlichen bzw. gewohnheitlichen Rechtsnormen ergänzt. So mag es genügen, falls die zur Erbauung einer Eisenbahn zusammengetretene Unternehmergesellschaft lediglich vereinbart, daß die ihrer Richtung nach genau bestimmte Bahn mit gemeinschaftlichen Mitteln errichtet werden solle; denn sogar das nicht vereinbarte Maaß der Beitragspflicht regelt sich nach dem Gesetz (§ 189, 175 ALR I. 17; HGB Art. 267, vgl. Art. 102).

Ist hingegen Zweck dieser Gesellschaft die Begründung eines Aktienvereins für Erbauung, bzw. Betrieb der Bahn: so genügt eine Vereinbarung der gedachten Art, auch nur zur Perfektion der Gründungsgesellschaft, keineswegs. Denn ist ein Aktienverein überall ohne mannigfache Feststellungen, insbesondere über die Höhe des Grundkapitals, über die Höhe der Antheilseinheiten (Aktien), über Namen und Verfassung, gar nicht denkbar (Renaud Recht

* Vgl. Rspr. V S. 90.

der Aktiengesellschaften S. 269 ff.), ja erfordern die Gesetze zum Zweck der staatlichen Genehmigung, gegenwärtig sogar zum Zweck der die Existenz der Aktiengesellschaft bedingenden Eintragung (preuß. Ges. v. 9. Nov. 43 § 2; HGB Art. 209, 210, 211, verbunden mit den entsprechenden Artikeln des BdGes. v. 11. Juni 70, BdGes.Bl. Nr. 21) noch anderweitige in das Statut aufgenommene Vereinbarungen: so ist klar, daß ohne Vereinbarung mindestens der wesentlichen Bestimmungen des künftigen Statuts die Gründungsgesellschaft selber eines hinreichend bestimmten Zwecks entbehrt. Zur Perfektion der Gründungsgesellschaft reicht daher keineswegs aus, daß der Zweck des künftigen Aktienvereins vereinbart werde; sondern es muß mindestens auch die Höhe des Grundkapitals, die Art seiner Aufbringung, die Höhe der einzelnen Aktie, die Verfassung des Vereins in seinen Grundzügen festgestellt sein. So lange es hieran fehlt, besteht wegen Unbestimmtheit des Zwecks auch die vorbereitende Gründungsgesellschaft, deren Gesellschaftsvertrag dem Statut des künftigen Aktienvereins zur Grundlage dient, nicht zu Recht, kann vielmehr am Dissens über einen jener wesentlichen Punkte scheitern.

Dem entspricht auch die notorische Praxis bei Begründung von Aktienvereinen. Von den Gründern (mögen sie das Aktienkapital ganz oder theilweise selbst übernommen haben und für das zunächst selber übernommene Kapital Zeichnungen eröffnen, oder mögen sie es ganz oder theilweise zur Zeichnung auflegen) wird das fertige Statut oder doch ein Statutenentwurf den Zeichnern vorgelegt, bzw. zur Einsicht für dieselben veröffentlicht, und es finden, soweit nicht Abänderungen und Ergänzungen vorbehalten sind, die Zeichnungen überall nur auf der Grundlage dieses Statuts statt; behufs Vornahme von Aenderungen oder Ergänzungen (namentlich soweit solche behufs staatlicher Konzession des Unternehmens erforderlich sind, bzw. waren) wird mitunter dem sogenannten Gründungscomité oder anderen Personen Vollmacht ertheilt.

Für Fälle dieser Art wird denn auch die Wirksamkeit sogar der abgeänderten, wenngleich von den Zeichnern nicht mitvollzogenen Statuten allgemein anerkannt:

Entsch. des preuß. OTr. B. 24 S. 343 ff.; Strieth. Arch. B. 42 S. 243 ff.; B. 46 S. 104 ff.

Erk. des OHG v. 2. Jan. 72 in Sachen Lagowitz ·/. Frankfurter Aktien-Bank (Nr. 592 v. 71).

In dem seltenen Falle, daß eine Abänderung des Entwurfs ohne Ermächtigung der Zeichner erfolgt ist, bedarf es unzweifelhaft der Genehmigung der Statuts-Abänderungen durch die Zeichner, und es wird nur darüber gestritten, ob für diesen Zweck die Uebereinstimmung aller Zeichner erforderlich ist, oder ein Beschluß der für diesen Zweck berufenen General'versammlung (einstimmiger oder gar nur der Mehrheit) genügt. Ist nicht einmal ein solcher Mehrheitsbeschluß erzielt oder auch nur versucht, so darf dem Zeichner nicht entgegengehalten werden, daß das landesherrlich genehmigte, gegen den Entwurf abgeänderte Statut von der Mehrheit der Zeichner würde gebilligt worden sein, noch weniger (wie Klägerin prätendirt) von dem Zeichner der Nachweis begehrt werden, daß solche Billigung nicht erfolgt sein würde (Urtel des OAG zu Lübeck, Hamburger Sammlung I S. 762, 763; Ladenburg in der Ztschr. für HR XV S. 49, 50; vgl. ALR Th. I Tit. 17 § 10 ff., 173, 174).

Noch weiter ab liegt der Fall, daß die Feststellung des nicht einmal im Entwurf vorliegenden Statuts mit bindender Wirkung gegen alle Zeichner bestimmten Personen, dem Gründungscomité oder Anderen, übertragen wird. Daß in dieser Weise die Zeichner Zweck und Inhalt des Aktienvereins, somit auch des Gründungsvertrages schlechthin in das Belieben oder selbst das billige Ermessen Dritter oder gar von Mitzeichnern stellen sollten, ist schwerlich denkbar (vgl. Prot. S. 323, 325, 326), und soweit das bloße Belieben entscheiden soll, auch rechtlich unstatthaft (ALR Th. I Tit. 5 § 71, 72; vgl. § 238 bis 240). Wollte man aber auch eine Vereinbarung dieser Art für statthaft erachten, so bedürfte es zu deren Annahme mindestens einer völlig unzweideutigen Willenserklärung (§ 266 bis 268, 253 ALR I. 5).

An solcher fehlt es in vorliegendem Falle durchaus. Die Worte des Erklärungsformulars: „verpflichten sich unter den Bedingungen des zu entwerfenden und zu bestätigenden Statuts" enthalten nicht die geringste Andeutung, daß die Zeichner sich jedem beliebigen, von den (nicht einmal genannten) Personen des Gründungscomité entworfenen und demnächst landesherrlich bestätigten Statut haben unterwerfen wollen. Aus der Vollmacht zur Erwirkung der landesherrlichen Konzessionirung und Statutsbestätigung folgt selbstverständlich nicht die Ermächtigung, ein Statut ohne Mitwirkung sämmtlicher oder doch der Mehrheit der Zeichner festzustellen.

Der Prospekt aber enthält — auch abgesehen von der hier zunächst allein in Betracht kommenden Frage des Gerichtsstands — nicht einmal die dürftigsten Grundzüge eines Statuts. Denn er bezeichnet lediglich die Baulinie der projektirten Eisenbahn, und besagt im Uebrigen, daß das „Baukapital" preußischen Antheils auf rund 3 Millionen Thaler berechnet worden sei, sowie daß das „Anlagekapital" durch Emission von Stamm-Prioritäts- und Stamm-Aktien aufgebracht werden solle. Weder die Höhe des Grundkapitals, welche durch das Statut auf nur 2,670000 Thlr. festgestellt worden ist, noch die Zahl und Höhe der Stamm-Prioritäts- und der Stamm-Aktien, noch irgend ein anderes zur Begründung eines Aktienvereins wesentliches Moment findet sich hier erwähnt, geschweige denn festgestellt. Zur Grundlage eines ohne alle Zuziehung der Zeichner entworfenen Statuts war ein solcher Prospekt völlig ungeeignet und besteht hierüber in der wissenschaftlichen Doktrin kein Zweifel.

Pöhls das Recht der Aktiengesellschaften S. 20, vgl. S. 157, 158;
Jolly Ztschr. für Deutsches Recht XI S. 351 ff.;
Brackenhöft in Weiske's Rechtslexikon V S. 89;
Auerbach Gesellschaftswesen S. 230, 231, 240, 241;
Bessel und Kühlwetter preußisches Eisenbahnrecht I S. 3 bis 8;
Brinkmann Handelsrecht S. 239, 240, 248;
Renaud Aktiengesellschaften S. 269 ff.;
Endemann DHR S. 286, 287, 291, 292, 296, 298, 302 bis 304, 307;
v. Hahn Komm. B. I (2. Aufl.) S. 593, 598;
Anschütz und v. Völderndorff Komm. II S. 479, 480; 477, 428; 419;
Bekker Ztschr. für HR B. XVII S. 396, 432, 406 ff.

Vgl. Protokolle der Nürnberger Konferenz S. 373, 379, 380, 1036, 1037.

Monit. 194 zur dritten Lesung und Prot. S. 4540.

Hienach war das I. Urtel wieder herzustellen.

Nachtrag.

I. Auch in verschiedenen anderen Fällen sind Klagen der Breslau-Warschauer Eisenbahngesellschaft gegen Personen, welche auf den Prospekt ihres Gründungscomités Aktienzeichnungen gemacht hatten, vom OHG — unter Abänderung, bzw. Vernichtung der verurtheilenden Erkenntnisse des App.Ger. Breslau — abgewiesen worden. Dabei ist mehrfach die Gerichtsstandsfrage nicht zur Erörterung gekommen und in der Sache selbst endgiltig erkannt worden, daß das Gesellschaftsstatut v. 1./12. März 70 für die bei dessen Errichtung nicht zugezogenen Aktienzeichner unverbindlich sei, z. B. durch vernichtendes Erk. des OHG I. Sen. v. 1. Okt. 72 in der Nktbschw.-Sache W. Bielsky ·/. die Breslau-Warschauer Eisenbahn-Gesellschaft (Nr. 420 v. 72, I. Instanz: Kreisgericht Polnisch-Wartenberg).

II. Später ist noch die Frage zur Entscheidung gekommen,

ob die (ohne erweisliche Kenntniß vom Inhalt des Gesellschaftsstatuts) geleistete Zahlung der ersten Aktien-Rate den betreffenden Aktienzeichner dem Statut unterwerfe und zu weiteren Einzahlungen eines Aktionärs verpflichte.

Dies ist vom OHG verneint worden in der Revisions-Sache A. Zadik ·/. die Breslau-Warschauer Eisenbahn-Gesellschaft (Nr. 417 v. 73, I. Instanz: Kreisgericht Polnisch-Wartenberg) durch reformirendes Erk. des I. Senats v. 13. Juni 73 unter Kundgebung der Grundsätze:

1. **Nur für gehörig verkündete Gesetze besteht die Fiktion, daß sie allgemein bekannt seien.**

Einl. zum ALR § 12.

2. **Die Annahme einer prorogatio fori auf Grund einer dem Prozeß vorausgegangenen Uebereinkunft setzt (wenn sie überhaupt statthaft ist) wesentlich voraus, daß die Parteien sich mit Wissen und Willen — sei es übrigens ausdrücklich oder stillschweigend — dem unzuständigen Gericht haben unterwerfen wollen.**

Entscheidung des OHG:

Die vom Bekl. mit dem Rechtsmittel der Revision gegen das verurtheilende Erk. des Appellrichters erhobenen Beschwerden erscheinen begründet, und darf, da die Inkompetenz-Einrede durchgreift, weder auf die sonstigen Einwendungen des Bekl. eingegangen, noch auch nur erörtert werden, inwiefern eine dem Art. 208 HGB entsprechende Aktienzeichnung durch Nichtleistung des Diffessionseides für erwiesen zu erachten ist.

Beklagter wird nicht in seinem ordentlichen Gerichtsstande (vor dem Kreisgericht Kempen), sondern in dem statutenmäßigen Gerichtsstande der Breslau-Warschauer Eisenbahngesellschaft auf Grund der §§ 11, 57 ihres Statuts v. 12. März 70 belangt. § 11 bestimmt, daß Rechtsstreitigkeiten zwischen der Gesellschaft und den Aktionären wegen rückständig gebliebener Einzahlungen auf die Aktien im Gerichtsstande der Gesellschaft anhängig zu machen sind, welchem sich jeder Aktienzeichner und dessen Rechtsnachfolger durch die Zeichnung, bzw. durch Erwerb der Rechte aus der Zeichnung kraft des gegenwärtigen Statuts unterwirft. § 57 setzt fest:

> „Wer durch Aktienzeichnung dem Unternehmen beitritt, unterwirft sich damit den von dem Gründungscomité (§ 55) verlautbarten Bestimmungen dieses Statuts".

Nun enthält der dem vom Bekl. angeblich vollzogenen Zeichnungsschein (nach Behauptung der Klägerin) beigefügt gewesene Prospekt eine Prorogation des Gerichtsstandes nicht, noch bezeichnet er etwa den gegenwärtigen Prozeßort, an welchem auch Beklagter zur Zeit der Klageerhebung sich nicht befunden hat (§ 148 bis 150 AGO I. 2) als Ort der Vertragsschließung oder als Erfüllungsort.

Endlich vermag auch, wie bereits in zahlreichen ähnlichen Fällen vom OHG entschieden ist, das Statut v. 12. März 70 nur unter der Voraussetzung einen außerordentlichen Gerichtsstand gegen den Bekl. zu begründen, daß dessen Inhalt den Charakter einer mit dem Beklagten vereinbarten Satzung trägt.

Die bejahende Annahme stützt der Appellrichter auf zwei Erwägungen:

1) daß Beklagter sich nach Inhalt des Zeichnungsbogens dem künftig zu fertigenden Statut unterworfen und hiedurch dem Gründungscomité den rechtsgiltigen Auftrag ertheilt habe, ein gehöriges Statut zu entwerfen und der Staatsregierung zur Genehmigung vorzulegen, daß dies geschehen und demgemäß Beklagter an den gesammten Inhalt des Statuts gebunden sei;

2) daß in vorliegendem Falle Beklagter durch Einzahlung der ersten, zum 15. Juni 70 zahlbaren Rate und durch Annahme des ihm ertheilten Quittungsbogens das inzwischen in Kraft getretene, in der [preuß.] Gesetzsammlung von 1870 veröffentlichte Statut durch konkludente Handlungen nachträglich genehmigt habe, so daß er den einzelnen Bestimmungen desselben unterworfen ist.

Die erste Erwägung vermag, nach den in zahlreichen ähnlichen Fällen vom OHG angenommenen Grundsätzen, . . . das Urtel nicht zu tragen.

Aber auch die zweite Erwägung trifft nicht zu.

Beklagter wird auf Einzahlung der zweiten und dritten Rate der angeblich gezeichneten 5000 Thlr. Stamm-Aktien von je 1000 Thlrn. nebst Verzugszinsen und auf Zahlung von 200 Thlrn. Konventionalstrafe wegen verzögerter Einzahlung gemäß §§ 13, 17, 18 des Statuts belangt. Er hat unstreitig die erste Rate von 10 % gezahlt und dagegen einen Quittungsbogen empfangen. Daß dieser Quittungsbogen auch nur auf das inzwischen in der Gesetzsammlung verkündete Statut der Gesellschaft verwiesen habe, ist nicht behauptet; vielmehr zeigt das in der Gesetzsammlung v. 1870 S. 241 abgedruckte Formular, — dahin lautend:

„Quittungsbogen der Breslau=Warschauer Eisenbahngesellschaft (preußische Abtheilung).

Nr.

Herr . . . . . hat sich durch Zeichnung einer

{ Stamm=Prioritäts= / Stamm= } Aktie

von { Zweihundert / Einhundert } Thalern preuß. Courant bei der Breslau=Warschauer Eisenbahn=Gesellschaft (preuß. Abtheilung) betheiligt und auf diesen Betrag die hierunter von dem Verwaltungsrath der Gesellschaft zu quittirenden Raten eingezahlt.

Die Aushändigung der Aktie gegen Rückgabe dieses Quittungsbogens geschieht, nachdem der Betrag der Aktie voll eingezahlt ist.

. . . . den . . . . 18 . . .

Der Verwaltungsrath der Breslau=Warschauer Eisenbahngesellschaft" —

mit welchem (nach § 19 des Statuts) der ausgehändigte Quittungsbogen übereingestimmt haben muß, das Gegentheil. Daß im Uebrigen Beklagter überhaupt oder bei Einforderung der ersten Ratenzahlung um den Inhalt des Statuts, ja auch nur um dessen Existenz gewußt habe, ist von Klägerin nirgend angeführt. Die Behauptung der Beantwortungsschrift des Revisionsberichts, welche gegnerischerseits bestritten ist, es seien sämmtliche Aktionäre, darunter auch Beklagter, durch besondere Schreiben v. 25. März 70 davon benachrichtigt, daß das Statut der Breslau=Warschauer Eisenbahngesellschaft, preußische Abtheilung, unterm 12. März 70 landesherrlich bestätigt worden, kommt schon als verspätet nicht in Betracht; AGO Th. I Tit. 15 § 10, 11, 16, 17. Die Verkündung des Statuts in der Gesetzsammlung begründet für sich allein ein Wissen oder auch nur ein Kennen=

müssen des Bekl. nicht, da zwar für gehörig verkündigte Gesetze die Fiktion der allgemeinen Kenntniß besteht (Einl. zum ALR § 12), das Statut eines Aktienvereins aber ungeachtet landesherrlicher Bestätigung in seinen lediglich die Beziehungen zwischen dem Vereine und den Aktionären normirenden Bestimmungen des gesetzlichen Charakters entbehrt (Rspr. IV S. 348, VII S. 4, VIII S. 235).

Nun soll nach § 163 AGO I. 2 eine Prorogation des Gerichtsstands eigentlich nur dann Platz greifen, wenn ein Gericht wahrscheinlichen Grund gehabt hat, sich für den gehörigen Richter in der Sache zu halten, oder wenn Kläger noch vor Erlassung der Citation eine Erklärung des Bekl., daß dieser die Prorogation sich gefallen lasse, beibringt, und nach § 7 Nr. 2 daselbst findet ein außerordentlicher Gerichtsstand statt, wenn die Parteien mit Erlaubniß des Staates einem anderen als dem ordentlichen Gerichtsstande entweder durch ausdrückliche Erklärungen oder durch vorhergehende Handlungen, woraus das Gesetz ihre Einwilligung folgert, sich unterwerfen; vgl. § 2 Nr. 3, § 7 AGO I. 16.

Solche vom Gesetz gezogenen Folgerungen enthalten die §§ 143 bis 165 AGO I. 2, indem nicht allein die freiwillige Klagebeantwortung vor dem an sich inkompetenten Gericht die Prorogation begründet, sondern auch die Gerichtsstände des Vertragsschlusses, der Erfüllung, der geführten Verwaltung und der Wiederklage unter den gleichen Gesichtspunkt prorogirter Gerichtsstände gestellt sind.

Ob auch darüber hinaus eine stillschweigende Prorogation statthaft ist, ob also zur Annahme einer Prorogation außer den vom Gesetz für konkludent erklärten Umständen auch die vom Richter dafür erachteten ausreichen, ist mindestens sehr zweifelhaft, wie denn im gemeinen Prozeßrecht sogar die direkte Wirksamkeit einer dem Prozeß vorausgehenden ausdrücklichen Uebereinkunft bestritten wird. Sicherlich aber setzt die Annahme einer verbindlichen stillschweigenden Uebereinkunft voraus, daß die Parteien sich mit Wissen und Willen dem an sich unzuständigen Gericht unterworfen haben. L. 1, 2 pr. Dig. 5, 1; L. 15 Dig. 2, 1; L. 1 Cod. 3, 13; § 58 ALR I. 4.

Es bedarf keiner Ausführung, daß weder die bloße Theilzahlung noch auch die Entgegennahme eines Quittungsbogens, welcher lediglich die erfolgte Zahlung erweist und zur Aushändigung der Aktie legitimirt, welcher aber weder weitere Rechte gewährt noch Verbindlichkeiten begründet, einen nur einigermaßen sicheren Schluß darauf zulassen, es habe sich Beklagter dem ihm unbekannten Statut der Breslau-Warschauer Eisenbahngesellschaft überhaupt und insbesondere dessen Bestimmungen über den Gerichtsstand unterwerfen wollen.

Demgemäß war das die Klage abweisende I. Erk. herzustellen und über den Kostenpunkt wie geschehen zu befinden (AGO Th. I Tit. 23 § 10). Es war jedoch im Tenor des Urtels ausdrücklich hervorzuheben, daß nur wegen Inkompetenz die Abweisung erfolgt. Der erste Richter hat dies nicht allein unterlassen, sondern auch rechtswidrig aus verschiedenen Gründen die Abweisung ausgesprochen, da doch, sobald der Inkompetenzeinwand durchgreifend erschien, jede weitere Erörterung als unstatthaft unterbleiben mußte.

Nr. 49.

II. Senat. — Erkenntniß v. 2. Okt. 72. (V.)

S. Lewy ·/. Br. Lewy (Nr. 425 v. 72).

Preußen. **Nichtigkeitsbeschwerde.**

I. Instanz: Kommerz- u. Admiralitäts-Kollegium zu Königsberg i/Pr.,
II. Instanz: Ostpreuß. Tribunal daselbst.

Kaufmännischer Verpflichtungsschein. Einreden des Ausstellers.

1. Zum Wesen eines kaufmännischen Verpflichtungsscheins (im Sinne des Art. 301 HGB) gehört es nicht, daß der Schein an Order laute. Nur die Indossabilität wird durch die Stellung an Order bedingt.

Ebenso: Erk. v. 12. Febr. 73, Nachtrag S. 262; auch Erk. v. 25. Jan. 73 i. S. Böhm ·/. Schmiedecke's Erben, Nr. 764 v. 72.

2. Dem aus solchem Verpflichtungsschein Belangten stehen alle Einreden, welche in einem Rechtsverhältniß zwischen dem Beklagten und dem klagenden Berechtigten ihren Entstehungsgrund haben, ausnahmslos zu. Namentlich kann ein in der Vereinbarung selbst, durch welche der Verpflichtungsschein zur Existenz gelangt ist, begründeter, die Haftung aus dem Schein ausschließender Einwand vom Aussteller des Scheins demjenigen entgegengesetzt werden, welcher jene Vereinbarung eingegangen ist und nunmehr aus dem Schein Klage erhebt.

HGB Art. **303** Abs. 2, DWO Art. 82.

Vgl. Rspr. I S. 57, II S. 142, IV S. 68, V S. 265, 270, VI S. 199, 311.

Entscheidung des OHG:

Dem Appellrichter ist in der Charakterisirung der Klageurkunde als eines kaufmännischen Verpflichtungsscheins im Sinne des Art. 301 HGB beizutreten*). Ein Bedenken hiegegen könnte nur daraus hergeleitet werden, daß der Schein nicht an Order lautet. Dasselbe ist jedoch für begründet nicht zu erachten.

Zwar sind bei Vorberathung des Art. 301 in der

* Der Schein lautet: „Hrn. Br. L., Memel [Kläger]. Hiemit übernehme ich, für Ihre Rechnung an den Herrn A. Z. zu Königsberg am 10. d. Mts. 750 Thlr. zu zahlen; dagegen übernehmen Sie es, mir diese 750 Thlr. zurückzuzahlen, sobald ich Ihnen den Nachweis liefere, daß ich Ihnen diesen Betrag nicht schulde. Memel, 4. Febr. 71. (Unterschrift des Bekl.)"

Nürnberger Kommission nur Verpflichtungsscheine an Order zur Sprache gekommen.

Vgl. Ladenburg im Central-Organ B. V S. 20 ff. und in Busch's Arch. B. XVIII S. 284 ff.; Lesse ebendaselbst B. IX S. 10 ff.

Daraus folgt aber nicht, daß die Ausstellung an Order zum Kriterium gemacht werden sollte. Im Gesetz selbst ist sie als solches nicht ausgedrückt. Vielmehr läßt dessen Wortlaut:

— — „Verpflichtungsscheine . . . können durch Indossament übertragen werden, wenn sie an Order lauten,"

gar keine andere Deutung zu, als daß nur die Indossabilität durch die Ausstellung an Order bedingt wird.

Vgl. Meyer in Hinschius' Ztschr. für Gesetzgebung und Rechtspflege, B. II S. 754, 768; preuß. OTr., Erk. v. 25. Sept. 66, Strieth. Arch. B. 64 S. 261. Auch im Erk. v. 27. April 69 (B. 74 S. 288) geht hievon das OTr. aus.

Im Einklang mit diesem Wortlaut des Gesetzes steht die erkennbare ratio desselben. Veranlaßt ist die Befreiung der kaufmännischen Anweisungen und Verpflichtungsscheine von dem Erforderniß des Valuta-Empfangsbekenntnisses und der Angabe des Rechtsgrundes durch das vielfach im Geschäftsleben, ganz besonders im Handelsverkehr hervorgetretene Bedürfniß, dem Ausdruck des Verpflichtungswillens als solchen schon rechtsverbindliche Kraft beigelegt zu wissen. Diesem Bedürfniß hatte bereits die neuere Jurisprudenz und Rechtssprechung auf dem Wege der Interpretation Befriedigung in weitem Umfange zu verschaffen gesucht. Hervorgehoben sei in dieser Hinsicht die rechtliche Bedeutung, zu welcher das Anerkenntniß in seinen mannigfachen Gestaltungen gelangt ist.

Vgl. R. Koch in Goldschmidt's Ztschr. B. X S. 428

No. X und in Gruchot's Beiträgen B. X S. 484 No. 10; Erk. des preuß. OTr. v. 20. April 67 in Seuffert's Arch. B. XXI No. 30; insbesondere die Erk. des OHG v. 17. Dez. 70, 14. März 71, 27. Juni 71, 8. Nov. 71 und 5. Jan. 72. [Rspr. I S. 339, II S. 15, 347, IV S. 247, 371, V S. 196, 222.]

Von den hergehörigen Bestimmungen des HGB verordnet Art. 300, daß ein Kaufmann, welcher eine auf ihn ausgestellte Anweisung, gleichviel ob der Aussteller Kaufmann ist oder nicht, angenommen hat, demjenigen gegenüber, zu dessen Gunsten die Anweisung lautet, unbedingt zur Erfüllung verpflichtet ist, und daß diese Acceptation als Zahlungsversprechen gilt, wenn sie auf eine Anweisungsurkunde geschrieben ist.

Demgemäß haftet der Acceptant in letzterem Falle aus seiner Willenserklärung, als einem Zahlungsversprechen, auch dann, wenn er überhaupt nichts verschuldet. Er haftet also, obgleich weder die Anweisung noch sein Zahlungsversprechen an Order lauten, gleichwie aus einem Verpflichtungsschein, der weder die Angabe des Verpflichtungsgrundes noch ein Empfangsbekenntniß enthält, Art. 303 Absatz 2. Im Anschluß an Art. 300 behandelt der Art. 301 Abs. 1 als eine besondere Art von Anweisungen und Verpflichtungsscheinen diejenigen, „welche von Kaufleuten über Leistungen von Geld oder eine Quantität vertretbarer Sachen ausgestellt sind, ohne daß darin die Verpflichtung zur Leistung von einer Gegenleistung abhängig gemacht ist." Durch die mit dieser Begriffsbestimmung verbundene, obgedachte Vorschrift, daß diese Urkunden „durch Indossament" übertragen werden können, „wenn sie an Order lauten", kann daher nur eine für die Anwendung der folgenden Vorschriften (Abs. 2 und 3 Art. 301, Art. 303 und 305) maaßgebende Unterscheidung bezweckt sein, welche keinenfalls die nicht an Order lautenden Verpflichtungsscheine von der Disposition des Abs. 2 Art. 301 ausschließt, wonach

> zur Giltigkeit der Urkunde . . . nicht erforderlich ist, daß sie die Angabe des Verpflichtungsgrundes oder das Empfangsbekenntniß der Valuta enthält.

Die entgegengesetzte Auslegung führt, wie sich aus obiger Erörterung des kaufmännischen Accepts einer schriftlichen Anweisung ergiebt, zu einer Inkonsequenz, welche dem Gesetzgeber nicht ohne unbedingt zwingende Gründe zugetraut werden kann. Solche Gründe liegen nicht vor.

Obige Auffassung findet nicht blos in dem schon hervorgehobenen Verkehrsbedürfniß, sondern auch im Zusammenhang der Art. 301 und 302 HGB Unterstützung und Bestätigung. Denn auch im Art. 302 ist gesagt, daß die in demselben bezeichneten Handelspapiere — auf welche das Requisit des Art. 301, betreffend den Gegenstand und die Unabhängigkeit von einer Gegenleistung, nicht paßt — „durch Indossament übertragen werden können, wenn sie an Order lauten." In Bezug auf diese Papiere kann aber unmöglich bezweifelt werden und ist noch nicht bezweifelt worden, daß durch ihre Ausstellung an Order lediglich ihre Indossabilität bedingt ist. Die nachfolgenden Art. 303 und 305 beziehen sich sowohl auf die Papiere des Art. 302 als auch auf die des Art. 301. Der Schwerpunkt der Unterscheidung in fraglicher Beziehung kann daher nicht in der Wirkung der Klausel „an Order", sondern nur darin gefunden werden, daß diese Wirkung jenes in der Begriffsbestimmung ausgesprochene Requisit bei den Anweisungen und Verpflichtungsscheinen zur Voraussetzung hat. Wenn es daher im Art. 301 heißt:

> „die Giltigkeit der Urkunde oder des Indossaments" 2c.

so muß dies dahin verstanden werden, daß sowohl die das mehrerwähnte Requisit enthaltende Urkunde selbst, als auch das, wenn sie an Order lautet, ihr beigefügte Indossament an sich zur Giltigkeit einer Angabe des Verpflichtungsgrundes und des Valuta-Empfangsbekenntnisses nicht bedarf.

Jeder Zweifel an der Richtigkeit dieser Auffassung findet in der Erwägung seine Erledigung, daß — wie die Artt. 300 ff. HGB, insbesondere die wesentliche Uebereinstimmung des Art. 303 Abs. 2 daselbst mit Art. 82, 98 Nr. 10 DWO und die Hinweisungen im Art. 305 HGB auf die Art. 11 bis 13, 36, 73 und 74 DWO nicht verkennen lassen — der Gesetzgeber bei den fraglichen Bestimmungen über Anweisungen, bzw. deren Acceptation und über Verpflichtungsscheine analoge Vorschriften der DWO vor Augen gehabt, also eine gewisse Gleichstellung der kaufmännischen Anweisung mit der Tratte und des kaufmännischen Verpflichtungsscheins mit dem Eigenwechsel beabsichtigt hat. In Ansehung der Indossabilität besteht der Unterschied darin, daß dergleichen Anweisungen und Verpflichtungsscheine an Order gestellt sein müssen, um indossirungsfähig zu sein, während diese Fähigkeit dem Wechsel nur dann fehlt, wenn er „nicht an Order" lautet (Art. 9 und 98 Nr. 2 DWO). Daher ist anzunehmen, daß der Gesetzgeber, wenn er bei erstgedachten Urkunden von der Klausel „an Order" noch andere Eigenthümlichkeiten abhängig machen wollte, dies klar ausgesprochen hätte.

Uebrigens ist Gegenstand des Angriffs der Nktbschw. aus Art. 301 in Verbindung mit 317 HGB lediglich die Ausführung des Appellrichters:

> mit der Natur eines kaufmännischen Verpflichtungsscheins lasse es sich nicht vereinbaren, die verbindliche Kraft desselben von mündlichen Abreden, welche der Ausstellung zu Grunde liegen, abhängig zu machen; das Wesen eines solchen

Scheins liege gerade in der Schriftform; seine Giltigkeit hänge nicht einmal von der Angabe des Grundes ab, und es könnten danach bei der singulären Natur der kaufmännischen Verpflichtungsscheine weder die civilrechtlichen Vorschriften über die Wirkungen mündlicher Abreden bei schriftlichen Verträgen, noch der Art. 317 HGB Anwendung finden.

Dieser Angriff ist in der That begründet. Art. 303 verordnet im Abs. 2:

Der Verpflichtete kann sich nur solcher Einreden bedienen, welche ihm nach Maaßgabe der Urkunde selbst oder unmittelbar gegen den jedesmaligen Kläger zustehen.

Hiemit erkennt das Gesetz — in wesentlicher Uebereinstimmung mit Art. 82 DWO — die Zulässigkeit aller Einreden, welche in einem Rechtsverhältniß zwischen dem aus dem Verpflichtungsschein Verhafteten und dem Berechtigten ihren Entstehungsgrund haben, ausnahmslos an. Es bezieht sich die fragliche Bestimmung auf indossirte Urkunden der in den Artt. 301 und 302 bezeichneten Art. Dies ergiebt Abs. 1 des Art. 303. Um so zweifelloser erscheint es, daß ein in der Vereinbarung selbst, durch welche der Verpflichtungsschein zur Existenz gelangt ist, begründeter, die Haftung aus dem Schein exkludirender Einwand vom Aussteller des Scheins demjenigen entgegengesetzt werden kann, der mit ihm unmittelbar kontrahirt, nämlich jene Vereinbarung geschlossen hat, und nunmehr gegen ihn aus dem Schein Klage erhebt. Nur die Statthaftigkeit des Einwands, daß ein Verpflichtungsschein, überhaupt jeder von einem Kaufmanne gezeichnete Schuldschein, nicht im Betrieb des Handelsgewerbes ausgestellt sei, ist dadurch bedingt, daß sich die Richtigkeit dieser Behauptung aus der Urkunde selbst ergiebt (Art. 274 Abs. 2 HGB). — Völlig unzutreffend erscheint ferner die Berufung des Appellrichters darauf, daß nach Art. 301 Abs. 2 zur Giltigkeit des Verpflichtungsscheins (oder dessen Indossaments) die Angabe des Verpflichtungsgrunds nicht gehört. Hiemit ist — obiger Erörterung gemäß — nur eine der Eigenthümlichkeiten des kaufmännischen Verpflichtungsscheins sanktionirt, keineswegs aber ausgesprochen, daß nicht aus dem unterliegenden Geschäft eine Einrede (bzw. nach Maaßgabe des Art. 303 Abs. 2) solle hergeleitet werden können.

In der Nürnberger Kommission wurde bei der Berathung, aus welcher Art. 303 Abs. 2 in jetziger Fassung (nach Inhalt des Prot. S. 1329) hervorgegangen ist, ausdrücklich betont, daß „die Geltendmachung materieller Einreden dem ersten Inhaber (des Verpflichtungsscheins) gegenüber nicht abgeschnitten werden dürfe." — Selbst dann, wenn die Zulässigkeit von Einreden auf solche, welche einen dolus im civilrechtlichen Sinne zum Gegenstand haben, zu beschränken wäre, würde darin die in Rede stehende Bezugnahme des Appellrichters keine Stütze finden, da die hier excipirte Behauptung: daß nach der bei Ausstellung des streitigen Verpflichtungsscheins getroffenen Vereinbarung der Schein nur unter einer fakultativen Bedingung gelten sollte und daß Kläger dieser Bedingung entgegen gehandelt habe, unzweifelhaft zu den Einreden obgedachter Art zu zählen ist.

Ob der Appellrichter einen selbständigen Grund für seine Verwerfung dieser Einrede darin erblickt, daß die angebliche Vereinbarung blos mündlich abgeschlossen ist, kann unentschieden bleiben; denn auch mit diesem Grunde macht er sich einer Gesetzes-Verletzung schuldig, nämlich der Verletzung des Art. 317 HGB. Daß die fragliche Vereinbarung mit Einschluß der Ausstellung des Verpflichtungsscheins als Handelsgeschäft beurtheilt werden muß, folgt schon aus Art. 274 HGB, wird auch vom Appellrichter nicht verkannt. Nach Art. 317 aber ist bei Handelsgeschäften die Giltigkeit der Verträge durch schriftliche Abfassung oder andere Förmlichkeiten nicht bedingt und von dieser Regel finden Ausnahmen nur insoweit statt, als sie im Handelsgesetzbuch selbst enthalten sind. Daß als solche Ausnahme eine Vereinbarung, wie die in Rede stehende, zu betrachten sei, dafür enthält das HGB auch nicht die entfernteste Andeutung.

Allerdings befindet sich der Appellrichter bei seiner Argumentation im Einklang mit der des kgl. OTr. zu Berlin im oben citirten Erk. v. 27. April 69. Durch diese hat sich jedoch das OTr. mit seiner eigenen Ausführung in dem — gleichfalls schon angezogenen — Urtel v. 25. Sept. 66 in Widerspruch gesetzt, und sie entbehrt jeder rechtlichen Motivirung, giebt daher zu keinen weiteren Erörterungen Anlaß. — Muß demnach die Nktbschw. wegen Verletzung der Art. 301 und 317 HGB für begründet erachtet werden, so kann es sich bei der Beurtheilung der Sache selbst nur fragen: ob unter Vernichtung des Appellurtels der für den streitigen Einwand angetretene Beweis und Gegenbeweis zu erheben, oder ob nach Art. 11 der Deklaration v. 6. April 39 das angefochtene Erk. aus dem Entscheidungsgrunde des I. Richters, nämlich deshalb aufrecht zu erhalten ist, weil nach der Behauptung des Bekl. Kläger den Verpflichtungsschein nur an die, darin als Zahlungsempfängerin bezeichnete, Handlung A. Z. ausgehändigt hat. Der I. Richter nimmt an, daß, wenn auch die vom Bekl. als Einwand geltend gemachte Abrede, wonach Kläger seines Rechts aus dem Verpflichtungsschein durch Aushändigung desselben an einen Dritten verlustig gehen sollte, stattgefunden hätte, dieselbe doch auf die Aushändigung an die designirte Zahlungsempfängerin nicht bezogen werden könnte.

Es kann zugegeben werden, daß diese Auffassung vielleicht der Absicht der Kontrahenten entspricht. Kläger selbst hat sie jedoch nicht prätendirt, namentlich in II. Instanz gegen den Angriff des appellirenden Bekl. nicht in Schutz genommen. Jedenfalls erscheint es bedenklich, sie ohne Weiteres zum Entscheidungsmoment zu machen. Deshalb war die Erhebung der den streitigen Einwand betreffenden Beweise durch Vernehmung der von beiden Seiten angerufenen Zeugen zu beschließen und zur Ausführung des Beschlusses die Sache in die I. Instanz zurückzuweisen (§ 17 der Verordnung v. 14. Dez. 33).

Nachtrag.

In demselben Sinne hat der II. Sen. des OHG am 12. Febr. 73 in der Nktbschw.-Sache F. Arnicke gen. Meicke ./. Wittwe Schäffer (Nr. 882 v. 73, I. Instanz: Stadtgericht Berlin) entschieden bei Zurückweisung der Nktbschw. des Bekl.

Gründe:

Zunächst ist dem Appellrichter in der Ausführung, daß die Bestimmung des zweiten Absatzes im Art. 301 HGB sich auch auf solche Verpflichtungsscheine bezieht, welche die im Abs. 1 daselbst erforderten Eigenschaften an sich tragen, aber nicht an Order lauten, im Wesentlichen beizutreten. Denselben Rechtssatz hat das OHG bereits durch Erk. v. 2. Okt. 72 (oben S. 253) ausgesprochen. Daß der hier in Streit befangene Dispositionsschein obgedachte Eigenschaften besitzt, ist unstreitig. Demnach entbehrt der vom Bekl. dem Appellrichter gemachte Vorwurf, den Art. 301 durch Anwendung verletzt zu haben, der Begründung.

Anlangend sodann die gerügte Verletzung des Art. 303 Abs. 2 HGB, so ist richtig, daß hier vorausgesetzt wird, daß die Urkunden der in den Artt. 301 und 302 bezeichneten Arten mit Indossamenten versehen sind. Nun geht zwar, obgleich jener Dispositionsschein nicht indossabel ist, der Appellrichter bei Prüfung der dem Anspruch aus demselben entgegengestellten Einreden von der Bestimmung des Art. 303 Abs. 2 aus, das Resultat seiner Erwägungen beruht aber nicht hierauf. Inhalts der letzteren erscheint die fragliche Bestimmung völlig bedeutungslos. Der Streit über die Rechte aus dem Dispositionsschein wird zwischen dessen Aussteller und der Klägerin, als der testamentarisch eingesetzten Nutznießerin vom ganzen Nachlaß dessen, welchem der Schein ausgestellt und behändigt worden ist, geführt. Das Rechtsverhältniß der Parteien ist deshalb so zu beurtheilen, als wenn der ursprünglich Berechtigte und Verpflichtete sich gegenüberständen. Diese Beurtheilung würde zu gleichem Ergebniß führen, auch wenn jene Gesetzesbestimmung gar nicht existirte. Eine Verletzung der Gesetzesbestimmung würde nur vorliegen, wenn auf Grund der letzteren die obgedachten Einreden des Bekl. als unzulässig unberücksichtigt gelassen worden wären. Der Appellrichter hat sich aber — wie schon bemerkt — der Prüfung dieser Einreden unterzogen und dieselben keineswegs für unstatthaft erklärt, sondern theils als beweislos, theils als unsubstanzirt, theils als unerheblich verworfen. Dem in Rede stehenden Angriffe muß hiernach der Erfolg versagt werden. . . Aus der Rechtsverbindlichkeit des fraglichen Dispositionsscheins folgt nach Art. 301 HGB, daß Beklagter die darin übernommene Verpflichtung: zur Disposition des Ehemannes der Klägerin 3000 Thlr. bereit zu halten — d. h. diese Summe jederzeit auf Verlangen zu zahlen —, erfüllen muß. Die Behauptung des Bekl.: es seien ihm die 3000 Thlr. als Betriebsmittel eines gemeinschaftlichen Pferdehandels vom Ehemann der Klägerin belassen worden, kann nur dahin verstanden werden, daß Letzterer sein Forderungsrecht aus dem Dispositionsschein im Interesse des gemeinschaftlichen Geschäfts nicht geltend gemacht habe. Selbst wenn sich derselbe aber zu dieser Unterlassung rechtsgiltig verpflichtet hätte, würde Klägerin daran nicht gebunden sein, da durch den Tod ihres Ehemannes dessen Geschäftsverbindung mit dem Bekl. aufgehört hat. Könnte man jene Behauptung des Bekl. dahin auffassen, daß von ihm die 3000 Thlr. wirklich in das Geschäft verwendet worden, und wäre im Falle dieser Verwendung die Verbindlichkeit des Bekl. aus dem Dispositionsschein als getilgt anzusehen: so würde ihm, dem Beklagten, der Beweis der behaupteten Thatsache obliegen. Daß dieser Beweis geführt oder angetreten, bzw. durch Zugeständniß der Klägerin erübrigt sei, hat aber der Appellrichter nicht festgestellt. Von demselben ist auch die fragliche Behauptung nicht in letztgedachtem Sinne aufgefaßt worden. Wäre sie in diesem Sinne aufzufassen, so würde dem Appellrichter doch nur der Vorwurf unrichtiger Interpretation, keinenfalls aber der einer Verletzung der citirten oder anderer materieller Gesetzesvorschriften gemacht werden können. Gemäß der Sachdarstellung in den Vorurteln, — welche nach § 16 Abs. 2 der Verordnung v. 14. Dez. 33 allein maaßgebend ist — hat übrigens nicht Beklagter, sondern Klägerin die Behauptung in Rede vorgebracht, Beklagter auf dieselbe sich nur berufen. Und daß Klägerin mit der Behauptung kein Anerkenntniß hat abgeben wollen, erhellt aus allen ihren sonstigen Erklärungen. Was Beklagter aus der, dem Dispositionsschein zu Grunde liegenden Vereinbarung und seiner Geschäftsverbindung mit dem Ehemann in den Instanzen hergeleitet und einwandsweise geltend gemacht hat, läuft daraus hinaus, daß ihm aus dem gemeinschaftlichen Handel Ansprüche zuständen oder daß wenigstens noch nicht feststehe: von welchem Theile an den anderen etwas — bzw. wie viel — zur

Ausgleichung herauszuzahlen sei. Schon wegen Illiquidität dieses Einwands ist es vollkommen gerechtfertigt, daß Beklagter mit demselben vom Appellrichter zum Auseinandersetzungsverfahren verwiesen worden. —

Nr. 50.

II. Senat. — Erkenntniß v. 2. Okt. 72. (B.)

Gütervertreter von Uhland und Carstens ·/. Kriesch (Nr. 664 v. 72).

Königreich Sachsen. **Weitere Berufung.**

I. Instanz: Gerichtsamt Wurzen,
II. Instanz: Appellationsgericht Leipzig.

Kaufmännisches Zurückbehaltungsrecht.

Unter Kaufleuten hat der Empfänger einer probeweise versendeten Maschine ein Zurückbehaltungsrecht wegen des in Erwartung ihres Ankaufs gemachten Vorschusses auch, wenn das betreffende Kaufgeschäft nicht zu Stande gekommen ist.

HGB Art. 313 ff., 273, 274.

Beklagter (Mühlenbesitzer) wird auf Rückgabe eines Mahlgangs belangt, welchen ihm ein Kaufmann in Erwartung eines Kaufabschlusses zur Probe übersendet hatte. Beklagter hat den Ankauf abgelehnt, den Mahlgang aber auf Ansuchen noch in seinen Geschäftsräumen stehen lassen.

Der Eigenthümer des Mahlgangs ist in Konkurs verfallen, dem klagenden Gütervertreter verweigert Beklagter die Herausgabe, weil er wegen eines während der Kaufsunterhandlungen dem jetzigen Gemeinschuldner gemachten Vorschusses von 200 Thlrn. ein Zurückbehaltungsrecht an dem Mahlgange ausüben will. Dieses Zurückbehaltungsrecht ist vom OHG anerkannt worden.

Gründe:

Nach Lage der Sache bedarf es keiner eingehenden Erörterung, ob mit dem Appellrichter anzunehmen sei, daß das unter dem Parteien getroffene Abkommen (über Zusendung des streitigen Mahlgangs an den Bekl. und über dessen Aufstellung im Geschäftslokal des Letzteren) den Abschluß eines Kaufs auf Probe enthalte oder nur (wie Kläger meint) die thatsächliche Zustellung und Annahme zur Probe motivire. Den Mangel einer Preisbestimmung — noch abgesehen davon, ob beim Einverständniß der Betheiligten über die beabsichtigte vergeltliche Ueberlassung der Sache von einem solchen im Hinblick auf § 820 der bürgerl. GB. für das Königreich Sachsen überhaupt die Rede sein könne — kann wenigstens Kläger nicht für sich geltend machen, da (nach seiner eigenen Angabe) dem Bekl. bei Ablieferung des Mahlgangs dessen Preis von 425 Thlrn. notifizirt worden ist. In jedem Falle ist dem Appellrichter darin beizustimmen, daß das eingegangene Rechtsverhältniß — mag man es (wie Beklagter selbst meint) als ein Commodat oder als Hinterlegungs-Vertrag betrachten oder nach der Anschauung des römischen Rechts darin einen sogenannten Innominatkontrakt erblicken (L. 1 § 2, L. 17 § 2, L. 20 § 1, 2 Dig. 19, 5) — immer als Handelsgeschäft sich darstellt. Es streitet dafür, da beide Theile (unbestritten) Kaufleute im Sinne von Art. 4 HGB sind, nach Art. 273 Abs. 1 und Art. 274 die Vermuthung*, zu welcher hier noch der Umstand hinzutritt, daß der Gegenstand des Vertrages ein solcher ist, dessen Vertrieb zum Handelsgewerbe des jetzigen Gemeinschuldners gehörte und dessen Benutzung ebenfalls im Handelsgewerbe des Bekl. liegt (Art. 273 Abs. 2). Der Einwand, daß dies (wenn überhaupt) höchstens bis dahin gelten könne, als Beklagter die käufliche Uebernahme des

* Rspr. II S. 52, IV S. 150, 156 n., 319.

Mahlgangs definitiv ablehnte, ist nicht stichhaltig. Abgesehen davon, daß durch die Erledigung des ursprünglichen Vertragszwecks noch nicht ohne Weiteres das Klagerecht aus dem letzteren in ein anderes umgewandelt werden kann (arg. L. 8 pr. Dig. 17, 1), geht aus den Erklärungen des Gemeinschuldners hervor, daß dieser, obschon die Erwartung des Verkaufs an Bekl. sich erledigt hatte, doch sein ursprüngliches Verhältniß zu demselben in Betreff des Mahlgangs noch bis auf Weiteres fortbestehen zu lassen gemeint gewesen ist (indem er den Bekl. bat, den Mahlgang noch einige Zeit bei ihm stehen lassen zu dürfen); während andererseits die gleichzeitige Bemerkung, daß Beklagter sich mit Rückgabe des auf den Mahlgang gegebenen Darlehns von 200 Thlrn. geduldeu wolle, den engen Zusammenhang ausspricht, welcher zwischen der Detention des Mahlgangs seitens des Bekl. und dem von ihm gegebenen Vorschuß der 200 Thlr. besteht. Mag auch diese Bemerkung für sich allein den Bestand eines ausdrücklichen Pfandvertrags nicht konstatiren, so weist sie doch wenigstens auf die Anerkennung eines Sachverhalts hin, der die Detention mit Rücksicht auf jenen Vorschuß als von den Betheiligten gewollt erscheinen läßt, kommt mithin auf die Anerkennung, eines Retentionsrecht hinaus. Die Beantwortung der Frage, ob auch die Ansprüche, wegen deren Beklagter jetzt dieses Zurückbehaltungsrecht ausübt, aus Handelsgeschäften herrühren, kann hienach ebenso wenig zweifelhaft sein, als die Unerheblichkeit des klägerischen Einwands, daß der Geltung des dem Bekl. auf Grund von Art. 313 ff. HGB zustehenden Zurückbehaltungsrechts das Versäumen der Anmeldung seiner Forderungen in dem inzwischen ausgebrochenen Konkurse entgegenstehe [vgl. Rspr. II S. 69].

Nr. 51.

I. Senat. — Erkenntniß v. 4. Okt. 72. (Z.)

Arndorff */. Main-Neckar-Eisenbahn (Nr. 516 v. 72).

Baden. **Ober-Appellation.**

I. Instanz: Handelsgericht Mannheim,
II. Instanz: Kreisgericht, App.Sen. Mannheim.

Gegenbeweis gegen den Frachtbriefsinhalt. Haftung für durchgehendes Bahngut. Culpa sine effectu.

1. Dem Frachtführer steht der Gegenbeweis offen, daß ihm eine geringere als die im Frachtbrief verzeichnete Quantität des Frachtguts überliefert worden.

Art. **391** HGB.

2. Es gehört zu den Pflichten eines ordentlichen Frachtführers, sich bei Annahme des Frachtguts über die Vollständigkeit der Sendung zu vergewissern.

Art. **397, 399** HGB.

3. Die Vorschrift des Art. 401 Abs. 2 HGB findet auf eine Eisenbahn nicht Anwendung, welche das Gut von einem anderen, als dem ursprünglichen Absender auf Grund eines neuen Frachtbriefs übernimmt, sollte letzterer auch auf den ursprünglichen Frachtbrief der Abkürzung wegen, aber ohne damit ein einheitliches Frachtverhältniß zu begründen, Bezug nehmen.

Dem Spediteur L. v. F. in Hof waren von A. G. in Breslau 30 Fässer Sprit zur Weiterbeförderung an den in Mannheim wohnenden Kläger übersendet worden. Durch ein Versehen gingen von dieser Sendung nur 18 Fässer von Hof rechtzeitig ab, während der Rest dort liegen blieb. Die 18 Fässer übernahm in Darmstadt die beklagte Bahn — auf Grund eines neuen, von R. in Darmstadt ausgestellten, auf 30 Fässer lautenden Frachtbriefs v. 21. Januar 71 — zur Weiterbeförderung an den Kläger. Erst bei der Ablieferung an Letzteren stellte sich das Fehlen der 12 Fässer heraus. Dieselben waren inzwischen (am 23. Januar 71) von Hof aus nachgesendet, wurden aber in Darmstadt zollamtlich mit Beschag belegt, da die zollamtlichen Begleitscheine, welche mit der ersten Sendung gegangen waren, jetzt fehlten. So gelangten die 12 Fässer erst nach einigen Monaten in des Klägers Besitz. Dieser erhob wegen verspäteter Ablieferung gegen die Beklagte einen Entschädigungsanspruch, wurde aber in II. Instanz abgewiesen.

Das OHG bestätigte diese Entscheidung aus folgenden

Gründen:

Ein Entschädigungsanspruch des Klägers gegen die Beklagte ist nur denkbar auf Grund ihrer eigenen Verschuldung, oder auf Grund von Verschulden ihrer Vorgänger im Transport, soweit Beklagte solches gemäß Art. 401 HGB zu vertreten hat.

Bezüglich eigenen Verschuldens der Bekl. steht zwar fest, daß sie nach dem Frachtbrief v. 21. Januar 71 dreißig Fässer Sprit zur Beförderung an Kläger übernommen, diesem aber nur 18 Fässer rechtzeitig und gut beschaffen abgeliefert hat. Allein unzweifelhaft ist gegen einen Frachtbrief der Gegenbeweis zulässig und diesen hat Beklagte durch die vom Kläger anerkannten Urkunden vollständig dahin geführt, daß sie am 21. Januar 71 nicht 30, sondern nur 18 Fässer Sprit zum Transport an Kläger empfangen hat, indem die weiteren 12 Fässer erst am 23. Januar 71 von Hof abgegangen und in Darmstadt am 26. des gleichen Monats zollamtlich mit Beschlag belegt worden sind, mithin unmöglich schon am 21. Januar 71 der Bekl. übergeben sein können. Ihr eigenes Verschulden beschränkt sich also darauf, daß sie den Transport der unvollständigen Sendung übernahm und ausführte, statt, wie es allerdings ihre Pflicht war, wegen der fehlenden 12 Fässer unverzüglich Nachforschung anzustellen. Dieses Verschulden hat aber dem Kläger keinen Nachtheil zugefügt und ist daher als culpa sine effectu zur Begründung seiner Entschädigungsforderung nicht geeignet. War nämlich Beklagte auch kraft der ihr obliegenden Pflichten eines ordentlichen Frachtführers verpflichtet, sich schon bei Annahme des Frachtguts über die Vollständigkeit der Sendung zu vergewissern: so hätte die Erfüllung dieser Verbindlichkeit die Lage des Klägers nicht verbessert, also hat die Nicht-Erfüllung ihn auch nicht benachtheiligt. Denn ehe die der Bekl. obliegenden Maaßregeln irgend einen Erfolg haben konnten, waren die fehlenden 12 Fässer Sprit schon von Hof abgesendet worden, und diese Nachsendung noch mehr zu beschleunigen, stand nicht in der Macht der Bekl.

Wie demnach Beklagte nicht aus ihrer eigenen Verschuldung dem Kläger haftet, so trifft sie auch keine Verantwortlichkeit für die etwa bei den früheren Transporten vorgefallenen Versehen. Der Frachtbrief v. 21. Januar 71, mit welchem Beklagte den Transport übernahm, ist von R. in Darmstadt ausgestellt und daraus ergiebt sich gemäß Art. 391 HGB die Abschließung eines neuen Frachtvertrages. Dafür spricht weiter der Umstand, daß zur fraglichen Zeit Beklagte keine Transit-Güter unmittelbar zur Beförderung übernahm, sondern nur solches Frachtgut, welches ihr am betreffenden Zwischenort direkt von einem Absender übergeben wurde. Aus dieser Abschließung eines neuen Frachtvertrages erklärt sich auch, daß Bekl. im Frachtbrief v. 21. Januar 71 für sich nur die Fracht von Darmstadt bis zum Bestimmungsort Friedrichsfeld ansetzte und im Weiteren nur Nachnahmen und darunter auch die Fracht für den vorhergehenden Transport nebst Gebühren des Absenders für diesen einzog.

Allerdings ist dem Frachtbrief v. 21. Januar 71 der Vermerk beigefügt „laut Originalbrief", und es war demselben ein Frachtbrief des L. v. F. [in Hof] über direkte Versendung der Güter von Hof nach Friedrichsfeld beigelegt; aber dadurch wird das neue Vertragsverhältniß zwischen der Bekl. und R. nicht zweifelhaft, sondern es ist darin nach den Umständen des Falles nur eine durch Hinweisung auf die Anlage gewählte Abkürzung des Inhaltes des neuen Frachtbriefs, namentlich in Ansehung der Bezeichnung des Frachtguts, zu finden.

Hat somit Beklagte weder den ersten, noch den hier in Betracht kommenden zweiten Theil der Waaren mit dem ursprünglichen Frachtbrief erhalten, sondern vielmehr auf Grund eines neuen Frachtbriefs von einem anderen Absender: so findet die exceptionelle Vorschrift des Abs. 2 Art. 401 HGB keine Anwendung; denn diese Vorschrift beruht auf der Voraussetzung eines einheitlichen, in einem einzigen Frachtbrief seinen einheitlichen Ausdruck findenden Frachtvertrages, welche Voraussetzung fehlt, sobald ein neuer Frachtbrief ausgestellt wird, sollte der letztere auch auf den ersten Frachtbrief Bezug nehmen, sofern die Bezugnahme in Rücksicht auf die damit ermöglichte Abkürzung des Inhalts des neuen Frachtbriefs wie in vorliegendem Falle nur dahin gedeutet werden kann, daß die Frachtbedingungen und Bezeichnungen des alten Frachtbriefs auch für das neue Verhältniß Geltung haben sollen (Art. 391 HGB), nicht aber, daß ein einheitliches Frachtverhältniß vorliege.

Nr. 52.

I. Senat. — Erkenntniß v. 4. Okt. 72. (B.)

H. Bornholdt ./. C. Detlessen (Nr. 567 v. 72).

Hamburg. **Ober-Appellation.**

I. Instanz: Handelsgericht Hamburg,
II. Instanz: Obergericht daselbst.

Handlungslehrling, Kontraktsbruch des Prinzipals, Entschädigung.

Der unberechtigte Bruch eines Lehrvertrages von Seiten des Prinzipals verpflichtet denselben ebenso zum Ersatz des vollen Interesse des Lehrlings, wie der Bruch sonstiger Kontrakte zum Schadenersatz verpflichtet.

Vgl. Rspr. I S. 46, 114; III S. 44; Windscheid Pand. S. 401.

Beklagter hatte des Klägers Sohn, welcher bei ihm (gegen freie Kost und Wohnung) auf vier Jahre als Handlungslehrling eingetreten war, ohne rechtlichen Grund entlassen. Kläger forderte für den Rest der Lehrzeit Ersatz der für Kost und Wohnung erforderlichen Aufwendungen, abzüglich dessen, was der Lehrling während jener Zeit in anderer Stellung erwerben würde. Der I. Richter sprach nur einen geringen Theil dieser Forderung, der Appellrichter aber dieselbe ganz zu. Das OHG bestätigte das II. Urtel aus folgenden

Gründen:

1) Was die Grundlage der dem Kläger zu gewährenden Schadloshaltung betrifft, so ist, abweichend von den Ausführungen des Bekl. und bzw. von der Argumentation des I. Richters, davon auszugehen, daß der Bruch eines zwischen einem Prinzipal und einem Handlungslehrling über das Lehr- und Dienstverhältniß geschlossenen Kontrakts in seinen Folgen nicht anders zu behandeln ist, als der Bruch sonstiger Kontrakte. Dem durch Kontraktbruch des anderen Theils verletzten Kontrahenten ist auch hier der volle dadurch verursachte pekuniäre Schade zu ersetzen. Eine Abweichung in der Behandlung des in Rede stehenden Kontrakts bezüglich des betreffenden Punkts, insbesondere von derjenigen der Dienstmiethe,

Windscheid Pandekten § 401,

welche letztere Behandlung ebenfalls nur in Anwendung der allgemeinen Rechtsprinzipien besteht, würde nicht begründet sein. Der vom Bekl. als in der angegebenen Richtung erheblich bezeichnete „erziehlich-pädagogische Charakter" des Lehrlingsverhältnisses, soweit solcher überhaupt besteht, sowie, falls der Lehrling Wohnung und Beköstigung beim Prinzipal hatte erhalten sollen, die Zugehörigkeit desselben zu des Letzteren Hauswesen, sind ungeeignet, die Folgen eines unberechtigten Kontraktbruchs unwirksam zu machen oder zu modifiziren, wenngleich sie unter Umständen von Einfluß sein können auf die Beantwortung der Frage, ob zu einseitiger Kontrakts-Aufhebung begründete Veranlassung vorhanden gewesen.

Die Erwägung des I. Richters, daß das Interesse der bei dem fragl. Verhältniß Betheiligten, wenn dieses auf längere Zeit eingegangen worden, in den früheren und späteren Zeitabschnitten ein qualitativ und quantitativ verschiedenes sein könne und regelmäßig sein werde, führt hier nicht zu einem Verlassen der kontraktlichen Grundlagen der Verbindlichkeit, im Falle des Kontraktbruchs das volle Interesse dem Verletzten zu erstatten; sie erlangt vielmehr nur dann Erheblichkeit, wenn es sich um die Frage handelt, ob ein pekuniäres Interesse des durch den Kontraktbruch Verletzten und eventuell ein wie hoch zu bemessendes anzunehmen sei.

2) Die besonderen Umstände des vorliegenden Falles bestehen darin, daß der Sohn des Klägers 4 Jahre lang als Lehrling bei dem Bekl., seinerseits ohne Lehrgeld zu zahlen, andererseits ohne Vergütung für die zu leistenden Dienste zu empfangen, zu arbeiten, jedoch freie Wohnung und Beköstigung zu erhalten hatte. Für den Lehrling repräsentirte die Leistung des Prinzipals einen Werth, der dem Geldquantum gleich kam, welches jener ohne das Kontraktverhältniß anderweitig für Wohnung und Be-

köstigung zu zahlen gehabt hätte. Entzog Beklagter ihm unberechtigter Weise diese Leistung, so wurde eine Interesseforderung bis zu dem Betrage existent, welcher auf den noch übrigen Theil des Kontrakt-Zeitraums zu rechnen war. Der I. Richter will dem Kläger nur einen verhältnißmäßig kleinen Theil dieses Betrages zubilligen, weil zu Gunsten des Bekl. der Umstand wirksam werde, daß bei ununterbrochener Fortsetzung des Kontraktverhältnisses Beklagter in den letzten Jahren überwiegend nicht der Leistende, sondern der Empfangende gewesen sein würde, da alsdann die Arbeiten des schon ausgebildeten und geübten Lehrlings einen höheren Werth als freie Wohnung und Beköstigung gehabt haben würden. Zu solcher Gegenüberstellung der betr. Werthe würde, das speziell in Rede stehende Verhältniß anlangend, schon deshalb kein Grund sein, da hier die Aufhebung des Kontrakts schon früh (einige Monate vor Ablauf des ersten Jahres) stattgefunden hat, so daß der Sohn des Klägers zur Zeit seiner Entlassung nur wenig von dem sich angeeignet haben konnte, was seine Dienste gegen das Ende des Kontrakts werthvoll gemacht haben würde. Außerdem aber kommt dem Bekl. auf Grund der oben berührten — im Falle der Dienstmiethe zur Anwendung zu bringenden und auch hier zutreffenden — Prinzipien, auf die zu zahlende Entschädigungssumme ohnehin das zu Gute, was der Sohn des Klägers durch Verwerthung seiner schon erworbenen und im Rest der vier Jahre zu erwerbenden Kenntnisse und Fertigkeiten unter entsprechenden Verhältnissen zu erwerben vermag.* Zu einem noch weiter reichenden Abzuge, auf den für das Hinwegfallen des Werths von Wohnung und Beköstigung zu rechnenden Betrag, ist hienach keine Veranlassung vorhanden.

* Rspr. III S. 44, 47.

Nr. 53.

II. Senat. — Erkenntniß v. 5. Okt. 72. (V.)

Kulicke c/. Böttger (Nr. 482 v. 72).

Preußen. **Nichtigkeitsbeschwerde.**

I. Instanz: Kreisgericht Brandenburg,
II. Instanz: Kammergericht zu Berlin.

Auslegung stillschweigender Willenserklärungen.

Für die Bedeutung stillschweigender Willenserklärungen ist nicht Art. 278, sondern Art. 279 HGB maaßgebend.

Art. **278, 279** HGB; § 58 ALR I. 4.

Entscheidung des OHG:

Der Appellrichter schließt aus verschiedenen Handlungen, namentlich aus Abführung und Annahme einzelner Theilzahlungen, daß sich dadurch der Wille der Kontrahenten manifestirt habe, auch nach dem 3. April 70 bei dem Vertrage v. 8. Januar 70 stehen bleiben und denselben gegenseitig erfüllen zu wollen. Der Appellrichter beruft sich zur Begründung dieser Schlußfolgerung auf Art. 278 HGB. Dieser Artikel spricht aber nur von ausdrücklichen Willenserklärungen und findet auf stillschweigende Erklärungen, welche erst aus Handlungen der Interessenten geschlossen werden sollen (§ 58 ALR I. 4) keine Anwendung. Er schreibt vor:

> Bei Beurtheilung und Auslegung der Handelsgeschäfte hat der Richter den Willen der Kontrahenten zu erforschen und nicht an dem buchstäblichen Sinne des Ausdrucks zu haften.

Hierin wird eine bestimmte, in Worten ausgedrückte Aeußerung vorausgesetzt. Für diese Auslegung sprechen insbesondere die Worte des preuß. Entwurfs:

„Im Civilrecht gilt im Allgemeinen die Interpretationsregel, daß der Sinn jeder ausdrücklichen Willenserklärung nach der gewöhnlichen Bedeutung der gebrauchten Worte und Zeichen zu verstehen sei. . . . Die im Handel besonders nothwendige Rücksicht auf Treue und Glauben führt dahin, daß bei Beurtheilung der 'Handelsgeschäfte und Auslegung der Verträge nicht sowohl der buchstäbliche Sinn der Worte als vielmehr das wirklich Gewollte maaßgebend sein muß."

Erst Art. 279 HGB handelt von stillschweigenden Willenserklärungen, für welche auf die Gewohnheiten und Gebräuche des Handelsverkehrs hingewiesen wird. Eine ausdrückliche Willenserklärung ist vom Appellrichter nicht festgestellt. . . . Ist demnach die Bestimmung des Art. 278 durch unpassende Anwendung verletzt, so fällt damit auch die darauf gestützte Entscheidung, daß die Parteien am Vertrage v. 8. Januar 70 haben festhalten wollen.

Nr. 54.

II. Senat. — Erkenntniß v. 5. Okt. 72. (B.)

J. Hüsch ·/. H. Herzberg (Nr. 553 v. 72).

Preußen. **Richtigkeitsbeschwerde.**

I. Instanz: Kreisgericht Altenkirchen,
II. Instanz: Justizsenat Ehrenbreitstein.

Uebergang eines Genus-Kaufs in den Kauf einer species. Klage auf Empfangnahme verkaufter Waare, Ueberlieferungsunmöglichkeit.

1. Der Kauf eines genus verwandelt sich nicht durch Ausscheidung der Waare allein in den Kauf einer species, vielmehr muß die Vereinbarung hinzukommen, daß jeder

Kontrahent berechtigt sein solle, die Ueberlieferung gerade der vom Verkäufer ausgeschiedenen Waare zu verlangen.

2. Die Ueberlieferung verkaufter Waare ist nicht schon dann als unmöglich anzusehen, wenn die Waare vom Verkäufer anderweit veräußert und aus dessen Besitz gekommen ist.

Entscheidung des OHG:

Nach der thatsächlichen Feststellung des Appellrichters hat der in Köln wohnhafte Kläger am 13. Mai 70 durch seinen Reisenden dem zu Kircherhütte wohnhaften Bekl. dort gewisse Waaren zu verabredeten Preisen verkauft, auch die Waaren am 14. Mai mit der Eisenbahn an den Bekl. gesendet, Letzterer aber die Empfangnahme der Waare verweigert, worauf dieselben an den Kläger zurückgegangen sind. Ferner geht der Appellrichter thatsächlich davon aus, daß Beklagter aus dem Waarenlager des Klägers in Köln, also aus einer Totalität von Waarenvorräthen, eine nur der Qualität und Quantität sowie dem Preise nach näher bestimmte Anzahl Waaren gekauft und daß er dem Kläger als dem Absender die Ermächtigung zur Ausscheidung der in der angegebenen Weise bestimmten Waarenstücke aus dem klägerischen Lager, sowie zur Bestimmung der Art des Transports ertheilt habe, und zwar derart, daß Kläger zwar von vornherein ermächtigt sein sollte, die dem Bekl. zu liefernden Waaren aus seinem Vorrath an Waaren der gekauften Art einseitig auszuscheiden, daß aber, nachdem er diese Ausscheidung einmal vorgenommen, nicht allein Beklagter, sondern auch Kläger selbst an diese Ausscheidung in der Weise gebunden sein sollte, daß *dann* Beklagter auch berechtigt sei, gerade die *ausgeschiedenen* Stücke zu verlangen, und daß dieser sich mithin keine Substituirung anderer Stücke von gleicher Art und Güte gefallen zu lassen brauche. (In Ermangelung eines solchen besonderen Vertragsinhalts würde nämlich bei dem — wie der Appellrichter annimmt — in genere abgeschlossenen Kaufe durch die vom Bekl. zurückgewiesene Offerte des Klägers die ausgeschiedene Waare keineswegs schon die Eigenschaft einer species angenommen haben).

Muß nun aber hienach angenommen werden, daß der Appellrichter die Verpflichtung des Klägers zur Lieferung individuell bestimmter Waaren thatsächlich hat feststellen wollen: so verstößt er — wenn er trotz seiner ferneren Annahme, daß der Kläger sich später selbst in die Unmöglichkeit versetzt habe, die Waaren dem Bekl. zu überliefern, doch die hier angestellte Klage auf Empfangnahme derselben für begründet erklärt — offenbar gegen den in der Nktbschw. als verletzt bezeichneten Rechtssatz:

> daß der Verkäufer, welcher nach der Perfektion des Vertrages sich selbst in die Unmöglichkeit versetzt hat, die Waare dem Käufer zu übergeben, nicht berechtigt ist, den Letzteren auf Empfangnahme klagend in Anspruch zu nehmen.

Denn der Verkäufer tritt nicht nur mit sich selbst in Widerspruch, wenn er vom Käufer die Empfangnahme einer Waare verlangt, welche er demselben zu übergeben nicht im Stande ist, sondern es steht ihm auch der Rechtssatz entgegen, daß derjenige, welcher die Erfüllung eines zweiseitigen Vertrages fordert, in der Regel auch seinerseits erfüllt haben oder doch zur Erfüllung bereit sein muß — ein Rechtssatz, der in vorliegendem Falle um so unbedenklicher zur Anwendung kommen muß, als Kläger weder eine nach dem Verzuge des Bekl. in der Empfangnahme ohne dolus oder culpa lata von seiner (des Klägers) Seite eingetretene Unmöglichkeit der Erfüllung behauptet, noch erklärt hat, von der ihm durch Art. 343 und 354 HGB ertheilten Befugniß, die Waare für Rechnung des

Bekl. zu verkaufen und Schadenersatz zu fordern, Gebrauch machen zu wollen; wie denn auch der Appellrichter selbst annimmt, daß Kläger sich durch eigenes Verschulden in die Unmöglichkeit, den Vertrag seinerseits zu erfüllen, versetzt habe. Der Appellrichter nimmt daher mit Unrecht an, daß trotz der vom Kläger verschuldeten Unmöglichkeit der Vertragserfüllung Beklagter seinerseits an den Vertrag gebunden (d. h. also hier zur Empfangnahme der ihm durch Verschulden des Klägers entzogenen Waare verpflichtet) bleibe und nur eventuell berechtigt sei, wegen dieses Verschuldens des Klägers seinerseits auf Leistung des Interesse zu klagen.

Allein trotz dieser rechtsirrthümlichen Begründung des angegriffenen Erkenntnisses ist die Nktbschw. zu verwerfen, da die Entscheidung selbst den Rechten entspricht und dem Bekl. nicht zur Beschwerde gereicht. Denn Beklagter hat sich zur Begründung der fraglichen Einrede nur darauf berufen, daß Kläger über die in Folge der Annahme-Verweigerung des Bekl. an ihn zurückgegangenen Waaren, nachdem er dieselben wieder angenommen, verfügt, dieselben nämlich anderweitig verkauft und überliefert habe und daß er wegen dieser Veräußerung den Vertrag seinerseits nicht zu erfüllen vermöge. Der Appellrichter findet mit Recht in der bloßen Wiederannahme der Waaren kein Abgehen des Klägers vom Vertrage, und es fragt sich daher lediglich, ob sich aus dem anderweitigen Verkauf derselben und der Uebergabe an den neuen Käufer nach der Wiederannahme ohne Weiteres ein Abgehen des Klägers vom Vertrage oder die Unmöglichkeit der Vertragserfüllung auf Seiten des Klägers ergiebt. Beides ist aber zu verneinen. Denn allerdings kann unter Umständen die Veräußerung und Ueberlieferung der Waare an einen Dritten dahin führen, daß der Verkäufer außer Stande gesetzt wird, dem ursprünglichen Käufer die verkaufte species zu liefern, sobald er nämlich rechtlich oder faktisch nicht in der Lage ist, die veräußerte und aus seinem Besitz herausgekommene Waare in unveränderter Gestalt zurückzuerlangen, was z. B. eintreten würde, wenn der dritte Käufer und Besitzer die Waare bereits verarbeitet oder behufs des Weiterverkaufs im Detail zerschnitten hätte, oder wenn der Verkäufer denselben weder rechtlich noch faktisch zur Zurückgabe der Waaren zu veranlassen möchte. Allein derartige besondere Umstände sind hier weder vom Bekl. behauptet, noch vom Appellrichter thatsächlich festgestellt. Es liegt eben nur vor, daß Kläger die Waare anderweitig verkauft haben und zur Zeit nicht mehr besitzen soll. Beides aber ist an sich für das zwischen Kläger und Bekl. bestehende Rechtsverhältniß durchaus gleichgiltig. Auch ein Verzicht des Klägers auf Erfüllung des über die Waaren mit dem Bekl. abgeschlossenen Kaufvertrages könnte nur dann darin gefunden werden, wenn der Kläger die anderweitige Veräußerung und Besitzaufgabe in dem Bewußtsein vorgenommen hätte, daß ihm dadurch die Erfüllung des mit dem Bekl. abgeschlossenen Vertrages unmöglich werde. Aber auch in dieser Beziehung fehlt es an jeder weiteren thatsächlichen Substanzirung der Einrede; denn der anderweitige Verkauf könnte an sich recht wohl nur unter einer, den Kläger dieserhalb sichernden Bedingung oder sonstigen Vertragsbestimmung abgeschlossen sein. Der erste Käufer kann immer nur verlangen, daß der Verkäufer sich keiner mora in tradendo schuldig mache, und diese ist keineswegs schon durch den anderweitigen Verkauf und durch den Umstand konstatirt, daß der Verkäufer zu einer Zeit, wo der erste Käufer die Empfangnahme der Waaren seinerseits noch verweigert, mithin selbst in mora ist, sich nicht im Besitz der Waaren befindet.

Vgl. L. 21 Dig. 18, 4; L. 43 § 8 Dig. 21, 1;

L. 73 § 2 und L. 91 § 3 Dig. 45, 1; L. 17 Dig. 18, 6; L. 51 pr. 19, 1.
Windscheid Pandekten B. II § 390 Nr. 3.

Beklagter hat es mithin an einer genügenden Begründung dieses seines Einwandes fehlen lassen.

Nr. 55.

II. Senat. — Erkenntniß v. 7. Okt. 72. (B.)

Michael c/. Wolff (Nr. 814 v. 72).

Mecklenburg. **Wechselsache.** **Appellation.**

I. Instanz: Stadtgericht Neustrelitz,
II. Instanz: Justizkanzlei Neustrelitz.

Wechselklage des Ausstellers gegen den Acceptanten. Einwand des Bekl., daß die Wechselverpflichtung des Ausstellers zur Zeit der Einlösung durch Verjährung erloschen gewesen sei. Rechtliche Wirkung einer dem Aussteller auf dem Wechsel ertheilten Quittung.

1. Der Art. 23 Abs. 2 DWO verleiht dem Aussteller ein selbständiges, von dessen Stellung als Indossatar unabhängiges und von dem durch den Lauf des Wechsels begründeten sog. Regreßrecht der übrigen Wechselverbundenen unabhängiges Recht gegen den Acceptanten.

DWO Art. 10, 23 Abs. 2; Leipz. Prot. S. XLVIII ff.

2. Für die Wechselklage des Ausstellers gegen den Acceptanten muß die Nichteinlösung des Wechsels seitens des Letzteren, sowie ferner liquide gestellt werden, daß der Aussteller seinerseits den Wechsel mit demjenigen Betrage, dessen Erstattung er fordert, eingelöst habe.

3. Der Einwand des Acceptanten, daß der klagende Aussteller den Wechsel zu einer Zeit eingelöst habe, zu welcher seine Regreßpflicht bereits durch Verjährung erloschen gewesen sei, ist (als einem den Bekl. nicht berührenden Rechtsverhältniß entlehnt) unzulässig.

DWO Art. 82.

4. Ebenso verwerflich ist der Einwand des Acceptanten, daß durch eine dem Aussteller auf dem Wechsel ertheilte Quittung die vorbehaltlose Tilgung der Wechselschuld und damit die Liberirung aller Wechselverpflichteten dargethan werde.

Vgl. Rspr. I S. 357.

Ein vom Kläger an die Order der Vorschuß-Anstalt zu Neustrelitz auf den Bekl. gezogener und von diesem acceptirter Wechsel ist zur Verfallzeit nicht honorirt, vielmehr protestirt und demnächst (nach länger als Jahresfrist) vom Kläger, ausweislich der auf dem Wechsel befindlichen Quittung der Vorschuß-Anstalt, eingelöst worden.

Dem Klageanspruch auf Ersatz der gezahlten Beträge hat Beklagter entgegengesetzt, daß durch die ertheilte Quittung jeder Anspruch aus dem Wechsel erloschen sei, daß ferner die vom Kläger erst nach eingetretener Regreßverjährung geleistete Zahlung einen Wechselanspruch gegen den Acceptanten nicht begründen könne.

Das OHG hat beide Einreden verworfen, aus folgenden

Gründen:

Die Bestimmungen der DWO im Art. 23 Abs. 2 sowohl als im Art. 10 entstammen dem preuß. Entwurf zur WO und sind aus diesem mit unwesentlichen Redaktionsänderungen in die erstere und zwar — ausweise der Protokolle der Wechselkonferenz (vgl. Hirschfeld'sche Ausgabe S. 22 ff.) — ohne erhebliche Bestreitung der den Vorschlägen des Entwurfs zu Grunde liegenden, in den Motiven (s. a. a. O. S. XLI ff., S. XLVIII ff.) entwickelten Prinzipien übergegangen. Nach Anleitung dieser Motive liegt den Bestimmungen der beiden vorerwähnten Artikel zwar der gemeinsame Zweck zu Grunde, Kontroversen der früheren Wechsel-Theorie und Praxis zu entscheiden, aber die zu entscheidenden Kontroversen liegen auf getrennten

Gebieten. Art. 10 bezieht sich auf die Frage, ob und mit welcher Wirkung die Girirung des Wechsels an bereits im Wechselverband stehende Personen — frühere Indossanten, den Aussteller und den Bezogenen — stattfinden könne. Die Zulässigkeit solcher Giri an sich war schon in der älteren Theorie insoweit außer Zweifel, als ihr nicht besondere partikularrechtliche Verbote entgegentraten. Ihre Wirkung aber mußte selbstverständlich durch die eigenthümliche Gestaltung der Sache modifizirt werden, daß die von den Indossataren mittelst des neuen Giro erlangten Rechte durch die mit der bereits vorausgegangenen Wechselzeichnung übernommenen Verbindlichkeiten beschränkt bzw. paralysirt wurden. Letzteres gilt insbesondere in Ansehung des Bezogenen, weil dieser, durch sein Accept bereits Schuldner aller Wechselverbundenen geworden, durch das neue Giro nicht einen Regreßanspruch gegen die Vormänner, die ihm als Forderungs-Berechtigte gegenüberstanden, sondern nur Befreiung von seinem bezüglichen Obligo durch Konfusion erlangen konnte (vgl. Treitschke Encyclopädie der Wechselrechte u. Wechselges. B. I s. v. „Indossament" § 30 S. 198 ff.). Dies regte sofort den Zweifel an, wie es sich dann verhalte, wenn bereits im Wechselverband stehende Personen den durch Indossament an sie übergegangenen Wechsel nunmehr ihrerseits weiter indossirten; ob ihre Indossatare dadurch die Rechte aus dem Wechsel gegen alle an und für sich wechselmäßig haftenden Vormänner bis zum Aussteller zurück voll und ungeschmälert oder nur mit denjenigen Beschränkungen erwürben, denen der Indossant selbst in Folge seines ersten Eintritts in das Wechselobligo unterworfen war. Vorzugsweise dieser Zweifel war es, welcher die in die DWO als Art. 10 aufgenommene Bestimmung des Entwurfs hervorrief, daß durch das Indossament alle Rechte aus dem Wechsel auf den Indossatar übergehen, insbesondere auch die Befugniß, den Wechsel weiter zu indossiren, daß ferner auch an den Aussteller, Bezogenen, Acceptanten und frühere Indossanten giltig indossirt und von denselben weiter indossirt werden könne (vgl. Motive a. a. O. S. XLII, Prot. Nr. VI S. 24). Wenn, der Auffassung der Handelswelt entsprechend, dem Giro des Acceptanten volle wechselrechtliche Wirkung zugestanden werden mußte: so konnte es noch weniger Bedenken haben, den Giri des Trassanten und eines früheren Indossanten gleiche Wirkung beizulegen. Als nothwendige Folge davon stellt sich aber, soviel das hier in Frage kommende Verhältniß des Trassanten zum Acceptanten betrifft, zweifellos soviel heraus, daß Ersterer, sofern er als Indossatar des von ihm gezogenen Wechsels gegen den Acceptanten klagend auftritt, hiezu auf Grund des Art. 10 vollkommen berechtigt ist und daß demzufolge hiebei der Inhalt des Art. 23 gar nicht einschlagen würde, wenn ... der klagende Trassant besonderer Legitimation durch ein den Anforderungen von Art. 9 ff., verbunden mit Art. 36, entsprechendes Indossament nothwendig bedürfte.

Muß jedoch schon an sich bedenklich erscheinen, in der Bestimmung des Art. 23 Abs. 2: „auch dem Aussteller haftet der Bezogene aus dem Accept wechselmäßig", nichts Weiteres als den ganz überflüssigen, zum Mindesten leicht entbehrlichen Wort-Ausdruck eines bereits im Art. 10 praktisch verwertheten Prinzips zu erblicken: so weist überdies die Geschichte der Entstehung jener Bestimmung in ihrem Zusammenhang mit dem preuß. Entwurf und dessen Rechtsauffassung überzeugend nach, daß es sich dabei um die Entscheidung einer tiefergehenden wechselrechtlichen Streitfrage handelt — der Frage nämlich, ob dem Aussteller als solchem, mithin auch dann, wenn er nicht an eigene Order gezogen hat, die Wechselklage gegen den bezogenen Acceptanten zustehe. Bis zum Erscheinen der

DWO war bekanntlich diese Frage unter den Lehrern des Wechselrechts bestritten und in der Gesetzgebung verschieden, zumeist im verneinenden Sinne, beantwortet worden (Treitschke Encyclopädie s. v. Trassant § 2 B. II S. 472 ff.). Im Anschluß an die Anschauung der Handelswelt, welche insbesondere in den Abhandlungen von Heise und Cropp B. II Nr. I S. 1 ff. theoretische Vertretung gefunden hatte, entschied sich der preuß. Entwurf im § 23 für die Bejahung der obigen Frage, und ihm ist die DWO im Art. 23 Abs. 2 beigetreten. Die Motive des Entwurfs (vgl. a. a. O. S. XLVIII ff.) haben sich hiebei im Hauptwerk die Ausführungen der vorerwähnten Abhandlung angeeignet. Der Kern der letzteren liegt in der rechtlichen Induktion, daß der Bezogene durch die Acceptation, durch Annahme des ihm ertheilten Zahlungsauftrags, zu dessen Ausführung sich nicht blos in Beziehung auf den Remittenten des Wechsels oder dessen Order, sondern auch dem Aussteller gegenüber verpflichte (§ 7 S. 14 ff. der citirten Abhandl.). Die Motive betonen (S. L) ausdrücklich, daß es Aufgabe der das Wechselrecht fortbildenden Gesetzgebung sei, dem Rechtsgedanken, daß der Bezogene im Accept die Absicht, sich dem Aussteller zu verpflichten, ausdrücke, die Sanktion des Gesetzgebers zu verleihen, wenn dies (wie zugleich des Näheren dargelegt wird) der Natur der Sache nicht widerspreche, vielmehr mit demjenigen im Einklang stehe, was als Regel im Gange des Trattengeschäfts (sei es daß auf Schuld oder mit der Absicht späteren Rechnungsausgleichs auf Borg trassirt werde) anzusehen sei und vom Handelsstand in der That angesehen werde. Die Motive entwickeln dabei auch, wie wenig der Einwand, daß die Wechselklage des Ausstellers durch den aus dem Wechsel liquiden Revalirungsanspruch sofort elidirt werde, als ein überall durchgreifender Gegengrund gelten könne. Auch das OHG kann diesem Einwand ein entscheidendes Gewicht um so weniger beilegen, als nach der von ihm angenommenen Meinung die sogen. Revalirungsklage des Bezogenen darauf allein, daß dieser durch Befolgung der im Wechsel enthaltenen Zahlungsaufforderung zum Aussteller in das Verhältniß eines zum Anspruch auf Schadloshaltung berechtigten Mandatars getreten sei, mit Erfolg nicht gegründet werden kann.

Aus dem Vorstehenden ergiebt sich, daß die DWO, indem sie im Art. 23 Abs. 2 den Bezogenen aus dem Accept auch dem Aussteller wechselmäßig haftbar macht, dem Letzteren ein von seiner im Art. 10 behandelten Stellung als Indossatar des Wechsels unabhängiges Recht gewährt hat, — ein schon durch die Wechselziehung von seiner Seite, verbunden mit der Acceptation seitens des Bezogenen, zur Entstehung gelangtes selbständiges Recht, welches von dem durch den Lauf des Wechsels begründeten sogen. Regreßrecht der übrigen Wechselverbundenen wohl zu unterscheiden ist. Darauf weisen auch die den Regreß mangels Zahlung betreffenden Bestimmungen in Art. 41 ff. hin, deren Formalvorschriften (noch abgesehen davon, daß sie nach Art. 44 überhaupt nicht auf den Acceptanten berechnet sind) nur den Inhaber und die Indossanten des Wechsels in ihrem Verhältniß zu einander und zum Aussteller im Auge haben, des Verhältnisses des Ausstellers zum Acceptanten aber keine Erwähnung thun.

Was die rechtliche Natur und juristische Konstruktion des vom Aussteller gegen den Acceptanten zu erhebenden Anspruchs anlangt, so setzt der in den Motiven S. L (in Uebereinstimmung mit dem Verfasser der ofterwähnten Abhandlung S. 17) angedeutete Gesichtspunkt der Mandatsklage die Darlegung und den Nachweis des wechselrechtlichen Interesse der Nichterfüllung der vom Acceptanten übernommenen Verpflichtung zu rechtzeitiger Einlösung des Wechsels voraus. Für den Wechselprozeß muß also zunächst die Nichteinlösung des Wechsels seitens des Acceptanten liquid gestellt werden. Im Entwurf war dies durch die Worte: „der Bezogene, welcher den Wechsel acceptirt, jedoch nicht bezahlt hat, haftet auch dem Aussteller wechselmäßig" besonders angedeutet und bei dem Stillschweigen der Konferenzprotokolle kann füglich angenommen werden, daß die gesperrt gedruckten Worte nur als Ausdruck des als selbstverständlich Betrachteten erschienen und deshalb in der DWO ausgefallen sind.

Zur Konstatirung bzw. Quantifizirung jenes id quod interest sowie zur Legitimation des Klägers (vgl. Abhandl. S. 17 Anm. 28) ist weiter in Liquidität zu setzen, daß der klagende Aussteller es sei, welcher den vom Acceptanten nicht bezahlten Wechsel seinerseits mit dem Betrage, dessen Erstattung er fordert, eingelöst habe.

In vorliegendem Falle ist durch die vom Kläger beigebrachten Urkunden, den zur Verfallzeit erhobenen Protest und den Wechsel mit darauf befindlicher Quittung (der Remittentin) über die jetzt eingeklagten Beträge, der Grund der Klage in Liquidität gesetzt, mithin die Sachfälligkeit des Bekl. an sich außer Zweifel. Die von Letzterem vorgebrachten Einwendungen aber vermögen hieran nichts zu ändern.

Der Einwand, daß Beklagter dem Kläger den gezahlten Betrag nicht zu erstatten brauche, weil Kläger denselben an die Remittentin zu einer Zeit, zu welcher deren Regreßanspruch wider ihn bereits durch Verjährung erloschen gewesen sei, gezahlt, mithin unnöthiger und ungerechtfertigter Weise aufgewendet habe — dieser Einwand beruht auf einer Verwechselung des Rechtsverhältnisses unter den Parteien mit dem Rechtsverhältniß, in welchem Kläger als Trassant des Wechsels zu denjenigen Wechselverbundenen steht, denen er aus dessen Begebung haftet. Ersteres ist von letzterem, wie schon oben gezeigt, ganz unabhängig, und die durch die Acceptation dem Kläger gegenüber bereits begründete Verpflichtung des Bekl., den Wechsel zur Verfallzeit einzulösen, im Unterlassungsfalle aber das bezügliche Interesse zu leisten, wird selbstredend dadurch nicht aufgehoben, daß eine ebenfalls im Wechselverband stehende Person, welche sich im Falle der Nichteinlösung sowohl an den Bekl. als an den Kläger zu halten befugt ist, den Kläger zwar in Anspruch nimmt, dabei aber in einer Weise verfährt, welche diesen zur Zurückweisung des Anspruchs berechtigt haben würde. Die Berufung des Bekl. darauf, daß durch Klägers Versäumniß an der Rechtsvertheidigung er seiner Verpflichtung gegen Kläger entbunden sei, ist den rechtlichen Beziehungen des Klägers zu seinen Nachmännern — hier zur Remittentin —, mithin einem den Bekl. nicht berührenden Rechtsverhältniß, entlehnt. Ihre Irrelevanz als exceptio de jure tertii tritt hier um so klarer hervor, als Beklagter selbst der Remittentin gegenüber, wäre auch deren Regreß an Kläger durch Verjährung bereits erloschen gewesen, demungeachtet verhaftet geblieben sein würde, weil die Verjährungszeit gegen ihn selbst nach Art. 77 DWO sogar jetzt noch nicht abgelaufen ist.

Der weitere Einwand, daß durch die auf dem Wechsel niedergeschriebene Quittung die vorbehaltlose Tilgung der Wechselschuld und somit die Liberirung aller Wechselbetheiligten dargethan werde, fällt zum Theil ebenfalls unter den im Vorstehenden berührten Gesichtspunkt. Ueberdies aber wird derselbe mit der ihm zu Grunde liegenden unrichtigen Auffassung der fraglichen Quittung hinfällig. Das OHG hat bereits in einem früheren Falle [Rspr. I S. 357 ff.] die dem klagenden Indossatar vom beklagten Aussteller entgegengestellte, freilich aus dem Wechsel nicht liquide Einrede, Kläger habe den eingeklagten Wechsel vom Remittenten bezahlt erhalten, aus dem Grunde zurückgewiesen, weil der Wille des zahlenden Indossanten im Zweifel nur dahin gehe, daß er und seine Nachmänner vom Regreß mangels Zahlung befreit und daß er selbst zur Geltendmachung des Wechselanspruchs gegen die durch seine Zahlung nicht befreiten Wechselschuldner in den Stand gesetzt werde, keineswegs aber dahin, daß sämmtliche Wechselschuldner, auch seine Vormänner, von der Wechselschuld befreit werden. Der jetzt streitige Wechsel ist zur Verfallzeit vom Acceptanten, jetzigen Bekl., nicht eingelöst und in dessen Folge gehörig protestirt, sodann aber vom klagenden Aussteller, allerdings erst geraume Zeit nachher, an die Remittentin bezahlt worden. Die Quittung der Letzteren auf dem Wechsel bekennt ausdrücklich die vom Aussteller geleistete Zahlung, und wenn man erwägt, daß liquidermaaßen die Honorirung nicht ordnungsmäßig, d. h. durch den bezogenen Acceptanten, sondern durch den der Remittentin regreßpflichtigen Aussteller erfolgt ist: so erscheint es bedenklich, aus der Quittung über die von diesem geleistete Zahlung etwas Weiteres, als die Erfüllung der ihm, dem Zahlenden, obliegenden Regreßpflicht zu folgern, welche den Schluß auf beabsichtigte Liberirung aller Wechselverbundenen durch absolute Tilgung der Wechselschuld nicht rechtfertigt.

Nr. 56.

I. Senat. — Erkenntniß v. 8. Okt. 72. (B.)

Scheibler, Mathäi & Co. ·/. A. H. Märtens (Nr. 37 v. 72).

Deutsches Consulatsgebiet. **Revision.**

I. Instanz: Deutsches Consulargericht zu Shanghai,
II. Instanz: Appellationsgericht Stettin.

Appellationseinführung in Consulatsbezirken. — Klage auf Aufhebung eines thatsächlich schon gelösten Vertragsverhältnisses. — Handlungsbevollmächtigte und Handlungsgehilfen. Stellung eines öffentlichen Seiden-

inspektors zu Shanghai. Rücktritt von Verträgen über Handlungen nach preuß. Recht.

1. Wenn in einem deutschen Consulatsbezirk Niemand mit Wahrnehmung rechtsanwaltlicher Funktionen betraut worden ist, so muß die Erklärung einer Appellations-Einführung zu Protokoll des Consulargerichts für ausreichend erachtet werden.

§ 20 Ges. v. 29. Juni 65 (preuß. Ges.-Samml. v. 1865 S. 681).

Instruktion v. 6. Nov. 65 (preuß. Justiz-Min.-Bl. v. 1865 S. 235 ff.).

2. Das Recht, vorzeitige Aufhebung eines Vertragsverhältnisses im Wege der Klage zu fordern, geht durch die Thatsache eines bereits einseitig erfolgten Vertrags-Rücktritts nicht verloren.

3. Die Vorschriften der Art. 62 ff. HGB sind auf Handlungsbevollmächtigte insoweit anwendbar, als diese (wie regelmäßig der Fall) zugleich Handlungsgehilfen sind. Die Begriffe „Handlungsbevollmächtigter“ und „Handlungsgehilfe“ schließen einander keineswegs aus.

Art. 47, 62 ff. HGB.

v. Hahn Komm. (2. Aufl.) B. I S. 157, 212.

4. Ein öffentlicher Seideninspektor zu Shanghai, welcher aus der Vermittlung und Abschließung von Handelsgeschäften für Andere ein Gewerbe macht, ist (gleich manchem Agenten) als selbständiger Kaufmann (nicht als Handlungsgehilfe eines Prinzipals) anzusehen.

Art. 4, 272 Nr. 4, 298, 59 HGB.

5. Der § 907 ALR I. 11 bezieht sich nur auf gedungene gemeine Handarbeiter und Tagelöhner. Für Berufsarbeiter höherer Art greift bezüglich des Rechts vorzeitiger Entlassung in Ermangelung spezieller Vorschriften, lediglich der allgemeine Grundsatz der §§ 408, 409 ALR I. 5 Platz.

§§ 408, 409 ALR I. 5; § 907, 878 ALR I. 11.

Die klagende Handlung hat beim deutschen Consular-Gericht zu Shangai die Auflösung des Vertragsverhältnisses verlangt, auf Grund dessen Beklagter als Seideninspektor in Shangai für sie thätig war. Die Begründung der Klage ergiebt sich aus der Entscheidung des OHG, welches das abweisende Appellurtel bestätigt, während das Consulargericht wegen der als Untreue gegen den Prinzipal sich darstellenden, nachlässigen Handlungsweise des Bekl. auf Grund des Art. 64 HGB die Aufhebung des Vertragsverhältnisses ausgesprochen hatte.

Entscheidung des OHG:

Dem Antrage der Klägerin auf Wiederherstellung des I. Erk. konnte nicht entsprochen werden. Zunächst nicht etwa aus dem formellen Grunde, daß die Appellation des Bekl. gegen das Urtel des Consulargerichts für nicht gehörig eingeführt zu erachten wäre. Steht es nach dem Bericht des nordd. Consuls zu Shanghai fest, daß im dortigen Consulatsbezirk bisher zur Uebernahme rechtsanwaltschaftlicher Funktionen geeignete Personen nicht haben bestellt werden können: so muß nach § 20 des Ges. v. 29. Juni 65, verbunden mit der Instr. v. 6. Nov. 65 (preuß. Justiz-Ministerial-Bl. S. 235 ff.) die Erklärung der Appellationseinführung zu Protokoll des Consulargerichts für ausreichend erachtet werden.

Der . . . Klageantrag ist dahin gerichtet:

den Bekl. zu verurtheilen, anzuerkennen, daß der zwischen den Parteien geschlossene Vertrag vom 13. Juli 70 aufgelöst sei.

Hat nun auch thatsächlich bereits seit dem 13. oder 14. August 70 das Vertragsverhältniß zwischen den Parteien dadurch ein Ende erreicht, daß Klägerin dem Bekl. die Inspektion ihrer Seide entzogen und die kontraktliche Vergütung nicht gezahlt hat: so steht doch sowenig dieser Umstand, als selbstverständlich die im Laufe des Prozesses eingetretene Endigung der Vertragsdauer dem Klagegesuch entgegen. Denn nicht die Thatsache der einseitigen Vertragsauflösung, sondern ihr Recht hiezu will Klägerin durch Richterspruch festgestellt und damit indirekt zugleich über die Frage entschieden haben, ob sie ungeachtet ihres einseitigen Rücktritts fernerhin zu den vertragsmäßigen Leistungen an Bekl. verpflichtet sei. Eine ausdrückliche Formulirung des Klageantrags in diesem Sinne war nicht erforderlich, da der zur richterlichen Beurtheilung gestellte Präjudizialantrag den vorgedachten Antrag mit enthält, im Uebrigen aber es jedem Theile zusteht, sein Recht auf vorzeitige Vertragsaufhebung durch Klage zu verfolgen. Die Klage kann somit nicht, wie Beklagter in dieser Instanz begehrt, als gegenstandslos zurückgewiesen werden. Sie erscheint jedoch ungegründet.

Von der allgemeinen Regel, daß vor Ablauf der Vertragsdauer einseitiger Rücktritt ausgeschlossen sei, bestehen sowohl nach Handelsrecht, wie nach dem subsidiär anwendbaren bürgerlichen Recht — hier dem preuß. ALR (§ 16 Ges. v. 29. Juni 65 über die Gerichtsbarkeit der Consuln) — zahlreiche Ausnahmen. Der I. Richter betrachtet den Bekl. als Handlungsgehilfen der Klägerin, und unterwirft demgemäß das Streitverhältniß den Artt. 62 ff. HGB. Der Appellrichter verneint hingegen die Anwendbarkeit dieser Bestimmungen, weil Beklagter als Techniker mit Vollmacht zur Abschließung von Rechtsgeschäften für eine bestimmte Zeitfrist von der Klägerin angenommen worden, somit ein Handlungsbevollmächtigter im Sinne des Art. 47 HGB sei, für welchen die nur auf Handlungsgehilfen bezüglichen Vorschriften der Art. 62 ff. nicht gegeben seien. Dieser Grund trifft nicht zu. Nach System und Inhalt des HGB schließen die Begriffe „Handlungsbevollmächtigter" und „Handlungsgehilfe" ein=

ander so wenig aus, daß vielmehr in der Regel dieselbe Person zugleich Handlungsbevollmächtigter und Handlungsgehilfe ist. Ersteres nach außen, letzteres gegenüber dem Prinzipal. Auch ist es nicht, wie der Appellrichter anzunehmen scheint, ein charakteristisches Merkmal des Handlungsgehilfen, daß derselbe in den Räumen des Prinzipals arbeite; er kann auch dauernd außerhalb derselben für ihn thätig sein. Gleichwohl ist die Entscheidung richtig. Denn Beklagter hat sich unstreitig als öffentlicher Seideninspektor zu Shanghai etablirt, d. h. er widmete seine Dienste nicht einem einzelnen bestimmten Handlungshause, sondern dem ganzen Publikum. . . Nur durch feste Dauer und durch die Begrenzung der als Belohnung ausbedungenen Provision (dem Minimum und dem Maximum nach) unterschied sich die Stellung des Bekl. zur Klägerin von den vorübergehenden und mehr zufälligen Vertrags-Verhältnissen desselben zu anderen Personen, und sogar durchaus gleiche Vertragsverhältnisse zu anderen Personen waren keineswegs ausgeschlossen. Als Handlungsgehilfe hätte Beklagter gesetzlich die Erlaubniß des klägerischen Hauses zur Uebernahme anderweitiger Seideninspektionen bedurft, weil er prinzipiell diesem seine gesammte Arbeit zu widmen hatte (Art. 59 HGB); bei dem öffentlichen Seideninspektor verstand sich diese Befugniß von selbst, sofern sie nicht vertragsmäßig ausgeschlossen war. Wie daher auch im Uebrigen die rechtliche Stellung eines öffentlichen Seideninspektors zu Shanghai beschaffen sein mag, so unterliegt es doch keinem Zweifel, daß solcher aus der Vermittelung und Abschließung von Handelsgeschäften für Andere ein Gewerbe macht, daher — gleich anderen Hilfspersonen dieser Art — als selbständiger Kaufmann, nicht als Handlungsgehilfe eines Prinzipals anzusehen ist; HGB Art. 4, 272 Nr. 4, Art. 298.

Bleiben somit die Vorschriften der Art. 62 ff. HGB

außer Anwendung, so entscheiden, da das HGB anderweitige einschlägige Bestimmungen nicht enthält, auch ein in Shanghai hinsichtlich der Stellung des Seideninspektors zu seinen Auftraggebern geltender Handelsgebrauch nicht behauptet worden ist, lediglich die Vorschriften des preuß. ALR. [Vgl. Rspr. V S. 229.]

Nach diesen unterliegt das streitige Rechtsverhältniß den Grundsätzen von „Verträgen über Handlungen": ALR Th. I Tit. 11 § 869 ff., Tit. 5 § 408 ff. Der Appellrichter hat den § 907 Tit. 11 für anwendbar erachtet, nach welchem ein auf bestimmte Zeit gedungener Arbeiter vor Ablauf dieser Zeit in der Regel nur alsdann entlassen werden kann, wenn er untüchtig befunden wird oder sonst seiner Pflicht kein Genüge leistet: aber er verneint, daß diese Bedingungen vorliegen. Dabei ist indeß übersehen, einmal daß durch den Zusatz „in der Regel" das richterliche Ermessen nicht schlechthin ausgeschlossen erscheint: sodann daß § 907 (wie die §§ 894, 895 daselbst und das Marginale dazu ergeben) sich lediglich auf gedungene gemeine Handarbeiter und Tagelöhner bezieht, nicht dagegen auf Berufsarbeiter höherer Art. Für diese greift vielmehr — in Ermangelung spezieller, die einzelnen Klassen derselben betreffender Vorschriften, an welchen es für einen Fall der vorliegenden Art fehlt — lediglich der allgemeine Grundsatz der §§ 408, 409 ALR I. 5 Platz:

> Bei Verträgen, deren Hauptgegenstand Handlungen sind, kann derjenige, welcher behauptet, daß der Andere die Erfüllung bisher nicht kontraktmäßig geleistet habe oder solchergestalt nicht leisten könne, zwar sofort auf seine Gefahr von dem Vertrage wieder abgehen. Er muß aber, wenn sich hienächst findet, daß sein Vorgeben ungegründet gewesen sei, den Gegentheil vollständig entschädigen. — Vgl. § 878 ALR I. 11.

Klägerin wirft dem Bekl. vor, in einem bestimmten Falle nicht allein wider die ausdrückliche Anweisung der Klägerin, sondern auch mit wissentlicher Schädigung der klägerischen Interessen verfahren zu sein. Daß Beklagter zur kontraktmäßigen Erfüllung außer Stande sei, behauptet sie selber nicht. Anlangend nun den vom I. Richter völlig übergangenen Vorwurf, daß Beklagter wider die ausdrückliche Anweisung der Klägerin gehandelt habe (nämlich gegen die Anweisung, bei der Besichtigung besonders vorsichtig zu sein und alle schlechten Stücke auszuwerfen): so steht fest, daß bei der ersten Besichtigung (am 13. August) Beklagter 10 Ballen ausgeworfen und daß Klägerin dieselben nicht angenommen hat. Wäre nun auch wirklich von dem chinesischen Verkäufer An-Zee, sogar mit Zustimmung des Bekl., der Versuch gemacht worden, die ausgeworfenen Ballen durch andere zu ersetzen: so lag doch hierin allein weder eine Schädigung noch auch nur eine wirkliche Gefährdung der klägerischen Interessen. Daß Beklagter den Mitkläger Sch. zu dem Glauben induzirt hätte, die neu offerirten 10 Ballen seien mit den ursprünglich angebotenen identisch, ist nicht behauptet; daß Beklagter von freien Stücken und ohne eine Frage Sch.'s sich darüber aussprechen mußte, läßt sich ohne nähere Kenntniß der Umstände nicht annehmen. Daß dem Bekl. untersagt worden, jedem Versuch eines Ersatzes der ausgeworfenen Ballen durch neue entgegenzutreten, ist nicht einmal behauptet, und der angeblich in Shanghai bestehende Handelsgebrauch, daß, bei nur theilweiser Mangelhaftigkeit, der Käufer den ganzen gekauften Waarenposten zurückweisen dürfe, verpflichtete den Bekl. um so weniger zu solchem Verfahren, als er damit der freien Entschließung seines Auftraggebers vorgegriffen hätte, diese aber im entgegengesetzten Sinne ausgefallen ist. Denn Klägerin hat nicht den ganzen Posten zurückgewiesen, sondern 90 Ballen von den gekauften 100 angenommen und bezahlt. — Gewichtiger erscheint der zweite Vorwurf, daß eine nochmalige, von der Klägerin veranlaßte Inspektion der 90 Ballen die Auswerfung von weiteren 26 Ballen als nicht mustergiltig zur Folge gehabt habe. Hieraus und aus der angeblich mangelhaften Beschaffenheit der 26 Ballen schließt sie, daß bei der ersten Inspektion Beklagter die klägerischen Interessen wissentlich geschädigt habe, und folgert der I. Richter, daß der Beklagter bei der ersten Besichtigung oberflächlich oder nachlässig verfahren sei.

Liegt nun aber für ein arglistiges Verhalten des Bekl. überall nicht der mindeste Anhalt vor, so würde eine bloße, wenn auch erhebliche Nachlässigkeit in einem einzelnen Falle schwerlich dahin charakterisirt werden dürfen, daß Beklagter „die Erfüllung bisher nicht kontraktmäßig geleistet habe.“ Selbstverständlich befugt nicht jedes, wenngleich zur Entschädigung verpflichtendes Versehen des einen Theiles den andern Theil von einem auf längere Zeit geschlossenen Vertrage zurückzutreten. Dem richterlichen Ermessen muß hier ein gewisser Spielraum gestattet sein, aus der Gesammtheit der Umstände die Bedeutung der einmaligen Kontraktswidrigkeit für das ganze Kontraktsverhältniß festzustellen. In Wahrheit aber ist nicht einmal ein Versehen des Bekl. erwiesen.

Als erwiesen kann nur gelten, daß Klägerin ein erhebliches Interesse hatte, bei den seit Abschluß des Kaufs eingetretenen ungünstigen Konjunkturen einen möglichst großen Theil der gekauften Seide zurückzuweisen. Dieses Interesse der Klägerin aber konnte den Bekl. weder verpflichten noch auch nur berechtigen, mustergiltige und nicht erkennbar beschädigte Seide auszuwerfen.

Nr. 57.

I. Senat. — Erkenntniß v. 8. Okt. 72. (B.)

Cronheim ⁄. Violet'sche Konkursmasse (Nr. 478 v. 72).

Preußen. **Nichtigkeitsbeschwerde.**

I. Instanz: Stadtgericht Berlin,
II. Instanz: Kammergericht daselbst.

Depositum irregulare. Vindikation und actio depositi im Konkurs.

Eine „Rückforderung" im Konkurs (Vindikation) unterliegt den allgemeinen Grundsätzen über die Eigenthumsklage, ist also ausgeschlossen, sobald Sachen zurückgefordert werden, die als depositum irregulare zu behandeln sind.

Preuß. Konk.-Ordng. v. 8. Mai 55 §§ 22, 24, 29, 82.
ALR Th. I Tit. 11 § 653, 661; Tit. 14 § 9, 82 bis 86.
L. 24 § 2 Dig. 42, 5; L. 31 Dig. 19, 2.
Windscheid Pandekten § 379.

Kläger fordert von der bekl. Konkursmasse Rückgabe der, dem Gemeinschuldner zur Aufbewahrung übergebenen 800 Thlr. Rumänischen Eisenbahn-Obligationen. Beklagter hat die Identität der in der Konkursmasse sich vorfindenden und der vom Kläger beim Gemeinschuldner deponirten Papiere bestritten. Beide Vorderrichter legten dem Konkursverwalter einen Ignoranzeid über jene Identität auf. In der Nktbschw. behauptete Kläger, daß auf die Identität der Papiere nichts ankomme, weil die vom Gemeinschuldner an Stelle der deponirten etwa eingetauschten anderen Nummern derselben Effekten auch rechtlich an die Stelle jener getreten seien; demgemäß rügte Kläger u. a. Verletzung der §§ 9, 82, 86 ALR I. 14.

Das OHG verwarf die Nktbschw., weil Kläger nicht die actio depositi auf Herausgabe oder Entschädigung (welche Klage ihn zur Einlassung in den Konkurs nöthigen würde; § 82 Konk.-Ordng. v. 8. Mai 55, verglichen mit § 22 ff.), sondern die Eigenthumsklage angestellt habe.

Weitere Gründe des OHG:

Falls der Depositar von der Erlaubniß des § 82 ALR I. 14 Gebrauch macht, so geht (nach § 83 das.) das Geschäft bei verbrauchbaren Sachen, wohin nach der Terminologie des ALR's alle vertretbaren Sachen zu rechnen sind (§ 84 a. a. O.), in einen Darlehnsvertrag über, der Depositar wird somit Eigenthümer (§ 653, 661 ALR I. 11), und damit ist die Eigenthumsklage des Deponenten ausgeschlossen. Vgl. L. 24 § 2 Dig. 42, 5; L. 31 Dig. 19, 2.

Ueberdies setzen die §§ 22, 24, 29 der Konkurs-O. Eigenthum des Rückfordernden an den in der Konkursmasse noch vorhandenen Sachen voraus, wie denn (von einigen singulären Fällen abgesehen) die „Rückforderung" im Konkurse durchaus den allgemeinen Grundsätzen des bürgerlichen Rechts über die Eigenthumsklage unterliegt. Maaßgebend waren sohin die — weder als verletzt bezeichneten, noch verletzten — Grundsätze der Tit. 15 und 7 des ALR Th. I.

Nr. 58.

I. Senat. — Erkenntniß v. 8. Okt. 72. (V.)

E. Koppenhagen ·/. A. Unkraut & Sohn (Nr. 504 v. 72).

Preußen. **Nichtigkeitsbeschwerde.**

I. Instanz: Stadtgericht Breslau,
II. Instanz: Appellationsgericht Breslau.

„Ablieferung" im Art. 347 HGB. Distanzgeschäft als Fixgeschäft.

Das einseitige Angebot der Waare, selbst am Bestimmungsort, genügt nicht, um den Käufer zur Prüfung und Monitur hinsichtlich der Qualität zu verpflichten. Als „abgeliefert" im Sinne des Art. 347 HGB ist die Waare erst zu betrachten, sobald sie durch Abnahme in die Ge-

wahrsam des Käufers (oder eines zur Empfangnahme berechtigten Stellvertreters) gelangt ist.

Art. **347** HGB.

Vgl. Rspr. IV S. 231, 296; VII S. 145, 256.

Beklagter, welcher in Breslau wohnt, hatte von einem Bremer Hause 35 Barrels Petroleum, zu liefern im Laufe des Februar 71, gekauft. Als die Waare um Mitte März 71 in Breslau eintraf und dem Bekl. angeboten wurde, verweigerte dieser deren Annahme, weil die Lieferung verspätet sei, worauf ein Vertreter des Klägers das Petroleum in vorläufige Verwahrung nahm. Nunmehr verlangt Kläger Zahlung des Kaufpreises, und erst jetzt rügt Beklagter eine mangelhafte Beschaffenheit der Waare.

Entscheidung des OHG:

Die „Ablieferung" der Waare, von welcher Art. 347 HGB spricht, ist offenbar mehr, als ein einseitiges Angebot derselben, mag dieses auch am Bestimmungsort erfolgen und dadurch dem Käufer die Möglichkeit gegeben sein, sofort die Waare zu prüfen und sich über deren Empfangbarkeit zu äußern. Nach dem aus dem Wortverstande sich ergebenden Sinne ist eine Waare nur dann als „abgeliefert" zu betrachten, wenn sie durch Abnahme in die Gewahrsam des Käufers (oder eines zur Empfangnahme berechtigten Stellvertreters) gelangt; wobei selbstverständlich erscheint, daß eine unmittelbare Besitzergreifung nicht nöthig ist und daß die Uebernahme auch aus den Umständen gefolgert werden kann. Nur unter dieser Voraussetzung erscheint aber auch die Präsumtion des Art. 347 gerechtfertigt, daß wegen Unterlassung sofortiger Prüfung und Anzeige der Mängel die Waare als stillschweigend genehmigt, die Vertragserfüllung als anerkannt gelte.

Weist Käufer die ihm angebotene Waare einfach zurück, weil er überhaupt nicht verpflichtet sei, sie anzunehmen: so kann weder von einer Ablieferung dem Wortverstande nach die Rede sein, noch treffen die Voraussetzungen zu, welche jene stillschweigende Billigung der Waare anzunehmen gestatten, so daß die Auslegung des Appellrichters auch mit der ratio legis sich nicht verträgt.

Allerdings legt Art. 348 HGB dem Käufer, welcher die ihm von einem anderen Orte übersendete Waare beanstandet, die Pflicht auf, für deren einstweilige Aufbewahrung Sorge zu tragen; allein wollte man diese Pflicht auch für Fälle, wo jener Käufer nicht blos die Fehlerhaftigkeit der Waare rügt, sondern aus sonstigen (als nichtig befundenen) Vorwänden den Empfang der Waare ablehnt, gelten lassen: so würde sich hieraus zunächst nur ergeben, daß er wegen Versäumung dieser Pflicht in Anspruch genommen und für den dem Verkäufer hieraus erwachsenden Schaden haftbar erklärt werden könnte. In Fällen, wie vorliegender, wo, für Aufbewahrung der Waare sofort vom Verkäufer selbst bzw. von dessen Stellvertreter Sorge getragen wurde, würde auch eine derartige Haftung wegfallen. — Jedenfalls erscheint es ungerechtfertigt, aus jener Pflicht den allgemeinen Grundsatz zu folgern, daß das thatsächliche „Angebot" wirklicher „Ablieferung" gleichstehe, daß also eine Ablieferung fingirt werde, welche gar nicht stattgefunden hat.

Indem der Appellrichter erklärt, der Art. 347 verstehe unter Ablieferung der Waare das thatsächliche Angebot derselben, verkennt er also den Sinn des Gesetzes. . . (Bei freier Sachprüfung wurde sodann vom OHG die Frage ob ein Fixgeschäft vorliege, mit Rücksicht auf die feststehende Rechtsprechung des Gerichtshofes und namentlich deshalb verneint, weil hier ein Distanzgeschäft vorlag, und Geschäfte dieser Art sich ihrer Natur nach überhaupt wenig zu Fixgeschäften eignen.*) Auch ward erwogen, daß bei Abschluß des Vertrages beide Theile die durch den Kriegszustand herbeigeführte Unsicherheit des Eisenbahnverkehrs vor Augen haben mußten).

Nr. 59.

I. Senat. — Erkenntniß v. 8. Okt. 72. (Z.)

W. Wagner ·/. W. Richter (Nr. 698 v. 72).

Preußen. Wechselsache. Revision.

I. Instanz: Kreisgericht Wongrowitz,
II. Instanz: Appellationsgericht Bromberg.

Korrektur und Rasur im Wechsel. Einrede der Fälschung. Blanco-Accept. Ausfüllung; spätere Aenderung des Wechselinhalts.

1. Die betreffs der Echtheit einer, anscheinend Korrekturen, Rasuren u. dgl. enthaltenden Urkunde nach § 118 AGO I. 10 von Amts wegen vorzunehmenden Nachforschungen greifen auch im (altpreuß.) Wechselprozeß Platz, und stehen mit den Vorschriften über die Liquidität der Einreden im Wechselprozeß nicht im Widerspruch.

§ 118 AGO I. 10.

2. Ein Wechsel, dem in einem wesentlichen Stücke die volle Beweiskraft mangelt, wird dadurch auch in der Hand des gutgläubigen Erwerbers ungiltig.

3. Die Einrede der Fälschung oder einer späteren rechtswidrigen Aenderung des Wechsels nach dessen Perfektion steht dem Wechselschuldner auch gegen einen dritten gutgläubigen Erwerber des Wechsels zu.

DWO Art. 82; Rspr. III S. 124, 127.

4. Ist ein Blanco-Accept vom Empfänger einmal ausgefüllt, so stellt sich eine spätere, ohne Bewilligung des

* Vgl. oben S. 214, 217.

Acceptanten vorgenommene Aenderung des Wechsels nicht als mißbräuchliche Ausfüllung desselben (exceptio doli), sondern als Fälschung dar (exceptio falsi).

Vgl. Rspr. VI S. 319.

Gegen die Klage eines Indossatars aus einer domizilirten Tratte wendete der Bekl., welcher in blanco acceptirt hatte, u. a. ein, daß der Aussteller den Wechsel mißbräuchlich mit dem 20. Januar 1871 als Verfalltag ausgefüllt, ihn so begeben, dann eingelöst, demnächst aber die Jahreszahl 1871 eigenmächtig in 1872 verwandelt und den Wechsel nunmehr von Neuem in Kurs gesetzt habe.

Der I. Richter verwarf diesen Einwand, weil es an der, seine Erheblichkeit bedingenden Behauptung fehle, daß Kläger von der fraglichen Aenderung Kenntniß gehabt, oder daß dieselbe erst dann vorgenommen worden, nachdem der Wechsel auf den Kläger übergegangen sei.

Der Appellrichter dagegen erhob über die bestrittene Korrektur der Jahreszahl Beweis durch Vernehmung von Sachverständigen und wies dann, da er eine Aenderung oder Korrektur des Wechsels als dargethan erachtete, den Kläger ab.

Auf eingelegte Revision wurde dieses Urtel vom OHG bestätigt aus folgenden

Gründen:

Zuvörderst kann dem Appellrichter, wenn derselbe eine Aenderung oder Korrektur im Kontext des Wechsels bei der Angabe des Verfalltages für erwiesen erachtet nur beigetreten werden. Diese Aenderung oder Korrektur wird zur Genüge durch das Gutachten des Sachverständigen Prof. Dr. S. erwiesen, welcher auf Grund sorgfältiger Prüfung in Verbindung mit einer chemischen Untersuchung zu der Ueberzeugung gelangt ist: der Wechsel habe höchst wahrscheinlich statt der beim Verfalltage angegebenen Jahreszahl eine andere Jahreszahl getragen, mit Bestimmtheit sei aber zu erkennen, daß eine Ziffer an dieser Zahl ausradirt und die Worte: „am 20. Januar 1872" mit anderer Dinte als der Kontext des Wechsels geschrieben worden, und daß unter den ostensiblen schwarzen Strichen solche von blasserer, dünnerer Dinte und feiner gezogen sich vorfinden. Die Rasur — welche unmittelbar auf eine Korrektur schließen läßt, überdies aber auch schon an sich der letzteren nach § 118 AGO I. 10 und nach der Natur der Sache völlig gleich steht — wird also von dem Sachverständigen mil voller Zuverlässigkeit bekundet . . , und unbedenklich ist auf Grund jenes Gutachtens, in Verbindung mit dem, was der Augenschein lehrt, Korrektur und Rasur für völlig erwiesen zu erachten (§ 10 AGO I. 13).

Auch irrt Kläger, wenn er die Unerheblichkeit der Aenderungen aus der schweren Erkennbarkeit derselben folgert. Verdient eine Rasur oder Korrektur überhaupt Berücksichtigung, so muß wenigstens zur Anwendung des vom Appellrichter allegirten Gesetzes nach dessen Wortlaut und Absicht die Thatsache den Ausschlag geben und für genügend gelten, daß radirt oder korrigirt, mithin eine Fälschung indizirt ist, während es nicht darauf ankommen kann, ob sich die Aenderung als leicht oder schwer erkennbar darstellt. Hienach erscheint der Klage-Wechsel als eine Urkunde, welche an einer wesentlichen Stelle, nämlich bei der Bestimmung der Verfallzeit (Art. 4 Nr. 4 DWO) eine Rasur und Korrektur trägt. Als eine wesentliche muß die Stelle um so mehr gelten, als vom Verfalltage die Entscheidung abhängt, ob der Wechsel wegen nicht rechtzeitiger Protesterhebung bei dem Domiziliaten präjudizirt sei. (Art. 43 DWO)

In Fällen der vorliegenden Art soll nach § 116 AGO I. 10 versucht werden, ob sich die Ursachen der Aenderung feststellen lassen. Kläger hat nun über Entstehung und Ursache der Aenderungen nichts angeführt, vielmehr sich darauf beschränkt, die Aenderungen selbst zu bestreiten. Wird nur sein Vorbringen berücksichtigt, so wäre also die Beweiskraft des Wechsels für geschwächt zu erachten; und bei der formellen Natur der Wechselverbindlichkeit — welche Natur zwischen Beweiskraft und Giltigkeit zu unterscheiden nicht gestattet, und noch weniger erlaubt, einem Wechsel, welchem in einem wesentlichen Stücke die volle Beweiskraft mangelt, noch theilweise Giltigkeit beizulegen — wäre dem Wechsel selbst die Giltigkeit abzusprechen. Diese Konsequenz kann dadurch nicht ausgeschlossen werden, daß Kläger den Wechsel, wie er geltend macht, wegen der schweren Erkennbarkeit der Aenderungen in gutem Glauben erworben hat. Der Grund der in Betracht kommenden Vorschrift ist, wie bereits erwähnt, sichtbar der, daß Korrekturen und Rasuren den Verdacht der Fälschung erwecken. Da nun aber die Einrede der Fälschung oder einer späteren rechtswidrigen Aenderung des Wechsels nach dessen Perfektion zum Nachtheil des Wechselschuldners auch einem dritten gutgläubigen Erwerber des Wechsels gegenüber nach allgemeinen, durch keine Bestimmung der DWO modifizirten Grundsätzen Platz greift: so muß es für die Anwendung der gedachten Vorschrift nothwendig auch unerheblich sein, ob der Wechsel von einem dritten gutgläubigen Erwerber eingeklagt wird oder ob der ursprüngliche Wechselgläubiger die Klage erhebt.

Zweifelhafter kann erscheinen, ob dem Kläger, wie er in der Revisions-Instanz darzulegen versucht hat, die Behauptungen des Beklagten über Ursache und Entstehung der Aenderungen zu statten kommen. Beklagter hat (nach seinem Vorbringen) dem Trassanten den Wechsel als Blanco-Accept ausgeliefert. Das Blanco-Accept enthielt bei der Auslieferung . . . weder die Wechselsumme noch den

Zahlungstag. In beiderlei Hinsicht wurde die Ausfüllung dem Trassanten überlassen. Dieser selbst ist es endlich (nach Angabe des Bekl.) gewesen, welcher das Blanquet auftragswidrig ausgefüllt, und auch die dem Auftrag noch weniger entsprechenden Aenderungen vorgenommen hat, bevor er den Wechsel auf den Kläger indossirte. Nun ist es freilich richtig, daß die mißbräuchliche und auftragswidrige Ausfüllung eines Blanko-Accepts nur zur exceptio doli, nicht aber zur exceptio falsi berechtigt, einem gutgläubigen Erwerber des Wechsels also nicht entgegengestellt werden kann*). Hieraus ließe sich mit einigem Schein folgern, nur die exceptio doli, nicht auch die exceptio falsi käme auch dann in Frage, wenn der mit der Ausfüllung beauftragte Trassant den an seine Order gezogenen Wechsel ausfüllt, und sodann, jedoch noch vor der Uebertragung und bevor er den Wechsel aus der Hand giebt, die Ausfüllung unter Mißbrauch des in ihn gesetzten Vertrauens ändert, gleichviel ob auch schon die erste Ausfüllung eine unrechtmäßige war oder nicht. . . Diese, anscheinend vom Appellrichter getheilte, Auffassung kann indessen nicht für richtig gelten. In dem unterstellten Falle läßt sich keineswegs eine nur mißbräuchliche Ausfüllung des Blankoaccepts annehmen.

Hat der Trassant und Empfänger des Blankoaccepts das letztere einmal ausgefüllt, und damit einen vollständigen, giltigen Wechsel geschaffen: so ist mit dieser Herstellung des vollständigen Wechsels die ihm vom Acceptanten ertheilte Ermächtigung zur Ausfüllung des Blanquets erschöpft. Die Ermächtigung war nur auf die Ausfüllung gerichtet und mit der Ausfüllung gegenstandslos geworden; sie läßt sich am wenigsten auf spätere, auftragswidrige und in dem Mißbrauch des Vertrauens noch weiter gehende

* Vgl. Rspr. VI S. 321.

Aenderungen erstrecken. Ist der vollständige Wechsel durch Ausfüllung zur Existenz gelangt, so sind folglich derartige spätere Aenderungen nur noch mit Zustimmung des Acceptanten zulässig. Erfolgt eine solche Aenderung ohne Bewilligung des Letzteren, so liegt eine Fälschung vor, gerade so, wie diese nicht zu leugnen wäre, wenn der Acceptant eine vollständige Tratte acceptirt und demnächst der Trassant die Aenderung einseitig vorgenommen hätte. Ob auch in strafrechtlicher Hinsicht eine Fälschung anzunehmen sei, hängt von anderen, für die vorliegende Entscheidung unerheblichen subjektiven Momenten ab. Hienach ist das Vorbringen des Bekl. keineswegs geeignet, der von ihm erhobenen Einrede die Haltbarkeit zu rauben. Es würde dies noch zweifelloser hervortreten, wenn seine (allerdings verspätete) Behauptung, der Wechsel sei schon im Jahre 66 weiter begeben und wieder eingelöst, auf Berücksichtigung Anspruch hätte. Allein auch nach seinen nicht verspäteten Behauptungen würde, wie gezeigt, eine dem Kläger entgegenstehende Fälschung, also gerade diejenige Thatsache vorliegen, wegen deren Möglichkeit oder Wahrscheinlichkeit der § 118 AGO I. 10 in Fällen der Korrektur oder Rasur die Beweiskraft der Urkunde für geschwächt erklärt. Wenn endlich Kläger rügt, der Appellrichter habe zur Ungebühr die in II. Instanz beantragte Beweisaufnahme angeordnet, so ist auch diese Rüge unbegründet. Bei der äußeren Gestalt des Wechsels war der Appellrichter vollkommen berechtigt, wenn nicht verpflichtet, Sachkundige mit ihren Gutachten darüber zu hören, ob eine Korrektur oder Rasur im Kontext des Wechsels erkennbar sei. Durch diese Beweisaufnahme — die sogar den Zweifel gestattet, ob sie nicht zu Gunsten des Klägers eingeleitet sei — sind auch nicht entfernt zum Nachtheil des Klägers Vorschriften über die Liquidität der Einreden im Wechselprozeß verletzt.

Nr. 60.

I. Senat. — Erkenntniß v. 18. Okt. 72. (Z.)

Dreißner ·/. Blumenfeld (Nr. 608 v. 72).

Königreich Sachsen. **Weitere Berufung.**

I. Instanz: Handelsgericht im Bezirksgericht Leipzig,
II. Instanz: Appellationsgericht Leipzig.

Schneider als Kaufmann.

1. Art. 4 HGB umfaßt unter dem Begriff eines Kaufmanns auch die Kleinkaufleute, welche nach Art. 10 zwar von gewissen Vorschriften des HGB ausgenommen, im Uebrigen aber als Handeltreibende anzusehen sind.

Vgl. Rspr. III S. 48, 110, VI S. 356.

2. Sofern ein Handwerker (z. B. Schneider) für eigene Rechnung Stoffe ankauft, welche er nach erfolgter Bearbeitung oder Verarbeitung an seine Kunden zu veräußern pflegt, handelt er als Kaufmann und unterliegt der handelsgerichtlichen Kompetenz, wenn auch sein Gewerbe über den Umfang des Handwerksbetriebs nicht hinausgeht.

Dies gilt nicht von der Weiterveräußerung an die Kunden.

HGB Art. **4, 10, 271** Nr. 1, **273** Abs. 3; Rspr. V S. 75.

Entscheidung des OHG:

Ganz gleichmäßig bestimmen § 13 des Rch.Ges. über die Errichtung eines obersten Gerichtshofes für Handelssachen und § 8 der kgl. sächs. Ausführungs-Verordnung zum HGB, daß als Handelssachen vor die Handelsgerichte bzw. vor jenen obersten Gerichtshof gehören: die Ansprüche gegen Kaufleute (Art. 4 HGB) aus deren Handelsgeschäften (Art. 271 bis 276 HGB). [Vgl. Rspr. I S. 11 Nr. 2, S. 393.]

Zunächst ist nun der Ansicht des Appellrichters darin beizutreten, daß die hier in Frage stehenden Kaufgeschäfte des Bekl. als absolute Handelsgeschäfte im Sinne von Art. 271 Nr. 1 HGB sich darstellen; denn Beklagter hat . . . die Waaren gekauft, um sie nach vorgängiger Bearbeitung in seinem Schneidergewerbe weiter zu veräußern. Betreffs der weiteren Frage, ob Beklagter als Kaufmann anzusehen, bedarf es keiner Entscheidung darüber, ob derselbe zu den Minderkaufleuten im Sinne von Art. 10 HGB oder zu den sogenannten Vollkaufleuten gehört. Denn im Rch.Ges. v. 12. Juni 69 und in vorerwähnter Ausführungs-Verordnung ist zur Erläuterung des Begriffs „Kaufmann“ auf Art. 4 HGB verwiesen; dieser Artikel aber stellt den Begriff ganz allgemein auf und umfaßt auch jene Kaufleute, welche zufolge Art. 10 HGB zwar von gewissen Vorschriften des HGB ausgenommen, im Uebrigen aber dennoch Kaufleute sind. Daher wäre die handelsgerichtliche Kompetenz auch dann begründet, wenn Beklagter nur ein Minderkaufmann wäre.

Wenn nun Art. 10 zu den Minderkaufleuten auch Diejenigen rechnet, deren Gewerbe nicht über den Umfang des Handwerksbetriebs hinausgeht: so zeigt dies, daß auch Handwerker mit handwerksmäßigem Betrieb zu den Kaufleuten gehören, wenn sie Handelsgeschäfte gewerbsmäßig betreiben. Demnach ist es in dieser Beziehung unerheblich, daß Beklagter sich auf den geringen Umfang seines Geschäfts beruft. Dem steht auch nicht entgegen, daß nach Art. 273 Abs. 3 HGB Weiterveräußerungen, welche von Handwerkern vorgenommen worden sind, insoweit dieselben nur in Ausübung des Handwerksbetriebs geschehen, als Handelsgeschäfte nicht betrachtet werden sollen. Denn diese Gesetzesstelle soll nach Wortlaut und nach Entstehungsgeschichte (Nürnberger Prot. S. 1299, 1424) nur den vorhergehenden — zweiten — Absatz insofern beschränken, als letzterer auf die Weiterveräußerungen der Handwerker innerhalb ihres Gewerbes keine Anwendung finden soll. Es ist mithin nur der handwerksmäßige Weiterverkauf vom Kreise der Handelsgeschäfte ausgeschlossen, nicht aber auch der Ankauf, auf welchen sich Art. 273 gar nicht bezieht und welcher nach Art. 271 Nr. 1 zu beurtheilen ist, so daß dessen gewerbsmäßiger Betrieb auch den Handwerker zum Kaufmann macht (vgl. Rspr. V S. 75).

Diese Auffassung entspricht auch ganz dem Leben, da man sehr wohl beim Handwerker die Geschäftsthätigkeit in der einen Richtung als kaufmännisch und in der anderen Richtung als vom Kreise der Handelsgeschäfte ausgeschlossen ansehen kann, um namentlich den Geschäftsverkehr des Handwerkers mit seinen Kunden unter das allgemeine bürgerliche Recht zu stellen, sofern dieser Verkehr die Grenzen des Handwerksbetriebs nicht überschreitet.

Der Appellrichter hat aber unter Berufung auf die Notorietät festgestellt, daß die Schneider in größeren Städten (also auch in Leipzig) zumeist nicht blos das von ihren Kunden erhaltene Material verarbeiten, sondern selbst Stoffe für eigene Rechnung einzukaufen und dieselben sodann in der Form fertiger Kleidungsstücke weiter zu verkaufen pflegen. . .

Nach diesen, sonach der diesseitigen Entscheidung zu Grunde zu legenden, Momenten gehört Beklagter nicht zu jenen Schneidern, deren Gewerbe nur in Bearbeitung von Stoffen der Kunden besteht (zu den sogen. Lohnschneidern); sondern sein Gewerbe umfaßt auch die Anschaffung von Rohstoffen für eigene Rechnung zum Zweck der Verarbeitung und Weiterveräußerung. Dadurch ist er selbst dann zum Kaufmann geworden, wenn er die Verarbeitung der Stoffe nur auf Bestellung vornimmt, da Art. 271 Nr. 1 HGB nicht unterscheidet, ob die Verarbeitung auf Spekulation oder zum Zweck einer übernommenen Lieferung (Art. 338

HGB) geschieht. Wenn allerdings Beklagter auch die von seinen Kunden gelieferten Stoffe verarbeiten und hierin nur Handwerker nicht Kaufmann sein mag: so kann dies doch die andere Seite seines Gewerbebetriebs nicht beeinflussen, welche ihm die Kaufmannsqualität verleiht.

Dabei ist noch hervorzuheben, daß die Anschaffung des Bekl. nicht etwa nur in jenen Zuthaten besteht, welche blos Mittel zu der aufgetragenen Arbeit sind (Knöpfe, Zwirn, Futter 2c.), sondern daß er in der kurzen Zeit von 11 Tagen eine nicht unbeträchtliche Quantität eigentlicher Kleiderstoffe zum Zweck der Verarbeitung in seinem Gewerbe als Schneider und zum Zweck der Weiterveräußerung als Kleidungsstücke gekauft hat, was schon an und für sich einen gewerbmäßigen Betrieb von Handelsgeschäften im Sinne von Art. 271 Nr. 1 HGB darthut, wenn man damit verbindet, daß . . . so bedeutende Einkäufe des Bekl. schon früher beim Kläger gemacht worden sind.

Ist demnach Beklagter als Kaufmann — sei es minderen oder vollen Rechts — anzusehen: so hat, da Handelsgeschäfte in Frage stehen, der Appellrichter die Einrede der Inkompetenz mit Recht verworfen.

Nr. 61.

I. Senat. — Erkenntniß v. 18. Okt. 72. (Z.)

Rolle ·/· Mönch (Nr. 760 v. 72).

Königreich Sachsen. Wechselsache. Weitere Berufung.

I. Instanz: Gerichtsamt Zittau,
II. Instanz: Appellationsgericht Bautzen.

Nichtprotestirter Eigenwechsel, Nachindossament.

Das Nachindossament eines nichtprotestirten Eigenwechsels gewährt dem Indossanten ein selbständiges Klagerecht gegen den Aussteller.

DWO Art. 10, 16 Abs. 1, 98 Nr. 2; vgl. Rspr. II S. 63, VII S. 82.

Entscheidung des OHG:

Allerdings hat ein Wechsel mit Eintritt der Verfallzeit seinen regelmäßigen Lauf vollendet; wird er nicht eingelöst, so kann es sich nach der normalen Bestimmung des Wechsels nur um den Rücklauf im Regreßwege handeln. Allein von Alters her hat sich im Verkehr das Bedürfniß geltend gemacht, den verfallenen Wechsel, namentlich bei unterbliebener Protesterhebung, behufs anderweitigen Versuchs der Einlösung weiter zu begeben. Auf der Anerkennung dieses Bedürfnisses beruht Art. 16 DWO. Derselbe unterscheidet, und zwar für den gezogenen Wechsel, zwei Fälle: die Begebung der verfallenen, aber nicht protestirten (präjudizirten) und die Begebung der mangels Zahlung protestirten Tratte. Letztere gewährt dem Nachindossatar nur die Rechte seines Indossanten gegen den Acceptanten, den Aussteller und Diejenigen, welche den Wechsel bis zur Protesterhebung indossirt haben (Abs. 2); durch erstere dagegen erlangt der Nachindossatar — wie das OHG schon früher entschieden hat [Rspr. II S. 63] — selbständige, von der Person des Indossanten unabhängige Rechte, und zwar sowohl gegen Diejenigen, welche den Wechsel nach Ablauf der Protestfrist indossirt haben, als gegen den Acceptanten.

Nun findet aber dem Art. 98 Nr. 2 zufolge die Vorschrift des Art. 16 analoge Anwendung auf den eigenen Wechsel. Selbstverständlich tritt beim Eigenwechsel an die Stelle des Bezogenen dessen Aussteller, da dieser die bei der Tratte auf verschiedene Personen vertheilten Funktionen des Ausstellers und Acceptanten in seiner Person vereinigt *. Dieser analogen Anwendung steht nicht entgegen, daß es nach der Nürnberger Novelle [jetzt DWO Art. 99 Schlußsatz] bei nicht-domizilirten Eigenwechseln zur

* Rspr. IV S. 87.

Erhaltung des Wechselrechts gegen den Aussteller weder der Präsentation am Zahlungstage noch der Erhebung eines Protests bedarf. Denn dieselbe Regel gilt (nach Art. 44) gegenüber dem Acceptanten einer Tratte. Freilich befanden sich die Klagewechsel zur Zeit des Verfalls noch in den Händen des ersten Nehmers; es existirten also damals Regreßpflichtige, betreffs deren die Proteſterhebung geboten gewesen wäre, überhaupt nicht. Aber entscheidend ist, daß das Gesetz seinem bestimmten und klaren Wortlaut nach — ohne Rücksicht darauf, ob bis zur Verfallzeit regreßpflichtige Wechselverbundene in das Obligo eingetreten sind oder nicht — die Wirkung des Nachindossaments einzig von der Thatsache rechtzeitig erfolgter oder unterlassener Protesterhebung abhängig macht. In Folge dieser Gesetzesvorschrift also erwirbt der Nachindossatar eines nicht-protestirten, nicht-verjährten (Art 100) Eigenwechsels gegen den Aussteller selbständige Recht in dem Sinne, daß ihm (nach Art. 82) der Wechselschuldner nur solche Einreden entgegenstellen kann, welche aus dem Wechselrecht selbst hervorgehen, oder ihm unmittelbar gegen den Kläger zustehen. — Diese Ansicht hat nicht blos in der deutschen Rechtsprechung Anerkennung gefunden (Erk. des OApp.Ger. Rostock v. 24. Febr. 53, Siebenhaar's Arch. für WR B. III S. 403), sondern ist auch neuerlich in der Rechtslehre mit Erfolg vertreten (Grünhut von der W.-Begebung nach Verfall).

Nr. 62.

I. Senat. — Erkenntniß v. 29. Okt. 72. (V.)

C. F. Steckel ·/. A. Lincker (Nr. 412 v. 72).

Preußen. Wechselsache. Nichtigkeitsbeschwerde.

I. Instanz: Kreisgericht Elbing,
II. Instanz: Appellationsgericht Marienwerder.

Wechselzug. Revalirungsklage. Beweislast.

1. Die bei der Wechselziehung gebräuchliche Formel „zahlen Sie" berechtigt nicht zu der Annahme, daß dem Trassirungsgeschäft ein wahrer Auftrag im civilrechtlichen Sinne zu Grunde liege; sie stellt nur die äußere Veranlassung zum Wechselversprechen (Accept) oder zur Zahlungsleistung dar.

2. Zur Begründung der sogen. Revalirungsklage hat der Bezogene darzuthun, daß und wie seine Wechsel-Annahme und Zahlung auf einem wirklichen Mandat des Wechselausstellers beruhte.

3. Art. 23 DWO giebt für die rechtliche Natur der sogen. Revalirungsklage keine Entscheidung.

DWO Art. 23; Rspr. VIII S. 281.
ALR Th. I Tit. 13 § 5, 65.

Entscheidung des OHG:

Ein vom Bekl. an eigene Order auf den Kläger über 200 Thlr. gezogener Wechsel ist acceptirt und, nachdem Beklagter ihn discontirt hatte, bei Verfall bezahlt worden. Kläger will diesen Wechsel behufs eines dem Bekl. zu gewährenden Vorschusses acceptirt haben; es sei nämlich bedungen, daß Beklagter sich die mittelst des discontirten Wechsels erlangte Summe auf noch auszuführende Arbeiten anrechne; die demnächst vom Bekl. geleisteten Arbeiten und Zahlungen hätten jedoch nicht zur Deckung seiner sämmtlichen Verbindlichkeiten gegen den Kläger ausgereicht; insbesondere sei der Posten von 200 Thlrn. auf diese Weise nicht getilgt worden. Hiergegen hat Beklagter bestritten, abzuverdienende Vorschüsse empfangen zu haben; vielmehr habe Kläger den Wechsel acceptirt, um dadurch seine Schuld an bereits verdientem Arbeitslohn gegen Bekl. zu tilgen. Beide Theile haben gegen die Beweispflicht protestirt, jedoch hat Kläger schließlich über die Klagebehauptungen dem Bekl. den Eid zugeschoben, welchen dieser angenommen hat.

In beiden Instanzen ist Beklagter als beweisfällig zur Zahlung von 200 Thlrn. nebst Zinsen verurtheilt.

Der Appellrichter begründet seine Entscheidung, wie folgt: „Zwischen dem Trassanten und dem Trassaten besteht ein Auftragsverhältniß, vermöge dessen Letzterer den Ersteren beauftragt, die verschriebene Summe dem Remittenten zu zahlen. Weist der Trassat die Ausführung dieses Auftrags nach, so muß ihm der Trassant gemäß § 65 ALR I. 13 den gezahlten Betrag erstatten. Daß dem Trassaten Deckung gegeben worden oder daß er seinerseits dem Trassanten den verschriebenen Betrag schuldet, sind Thatsachen, welche nicht vermuthet werden, die vielmehr Trassant zu beweisen hat. Wenn daher Beklagter behauptet, der Wechsel sei ihm als Vergütung für geleistete Arbeiten gegeben worden, welche anderweitig noch nicht unter den Parteien zur Verrechnung gekommen, so mußte Beklagter dies beweisen".

Die hiegegen vom Bekl. erhobene Nktbschw. — welche Verletzung der § 5, 65 ALR I. 13 und der Artt. 6, 23, 10, 14 DWO rügt — erscheint begründet.

Die, allerdings von Altersher übliche, Formel des gezogenen Wechsels „zahlen Sie" ergiebt weder, daß dem Trassirungsgeschäft ein den Trassanten zur Deckung verpflichtender Auftrag des Wechselausstellers, noch ergiebt sie, daß demselben überhaupt ein wahrer Auftrag (mandatum) im civilrechtlichen Sinne zu Grunde liege. Ihre rechtliche Bedeutung erschöpft sich vollkommen darin, daß sie 1) ein eigenes Wechselversprechen des Trassanten enthält, und 2) die äußere Veranlassung zu einem Wechselversprechen (zum Accept) oder zu einer Zahlungsleistung des Bezogenen darstellt. Als bloße thatsächliche Veranlassung entbehrt sie eines bestimmten juristischen Charakters. In der Behauptung, daß trassirtermaßen acceptirt und gezahlt ist, liegt daher nicht von selber die Behauptung, daß ein wahrer Zahlungsauftrag erfüllt sei. Wird — wie unbestreitbar vielfach zutrifft — behauptet, daß Accept und Zahlung auf einem wirklichen Mandat des Trassanten beruhen: so ist es Sache des Bezogenen, diese Behauptung besonders zu begründen und zu erweisen; die Berufung auf den Wechsel allein enthält weder solche Begründung noch Beweisung, zumal sogar ein wirklicher, in der Trassirung enthaltener Zahlungsauftrag nicht nothwendig eine Deckungspflicht des Trassanten nach sich zieht, vielmehr die actio mandati contraria auf Ersatz sehr wohl durch (ausdrückliche oder stillschweigende) Vereinbarung ausgeschlossen sein kann. Ob zur Begründung des Ersatzanspruchs die einfache Behauptung genügen würde, daß Bezogener vom Trassanten durch Avis oder sonst aufgefordert worden sei, dessen Tratte zu honoriren (schützen), kann, als für vorliegenden Fall unerheblich, unerörtert bleiben. Kläger hat einen solchen einfachen Zahlungsauftrag gar nicht behauptet, vielmehr angegeben, daß bedungenermaßen auf Kredit trassirt sei. Für diese Behauptung lag ihm der Beweis ob, und der Appellrichter, welcher umgekehrt den Bekl. für beweispflichtig erachtet hat, weil schon die Tratte als solche ein Auftragsverhältniß mit Deckungspflicht ergebe, hat allerdings wider die als verletzt bezeichneten § 5, 65 ALR I. 13 verstoßen.

Mit vorstehenden Ausführungen stimmen im Ergebniß, wenn auch vielfach aus anderen Gründen, sowohl die Entscheidungen höchster deutscher Landesgerichtshöfe wie die Erörterungen neuerer Schriftsteller überein.

So: OTr. zu Berlin (Entsch. B. 26 S. 70 ff.; Strieth. Arch. B. 57 S. 161 ff., B. 60 S. 314 ff.) Jolly Kritische Vierteljahrsschrift für Rechtswissenschaft B. III S. 208 bis 210; Neues Arch. für HR B. III S. 437 ff.; Kuntze DWR S. 82, 70, 71. Volkmar und Löwy DWO S. 105.

v. Salpius Novation und Delegation S. 43 ff., 463 bis 465, 474 bis 478; Hartmann DWR § 42.

Die DWO — deren Art. 23 sich darauf beschränkt, dem Aussteller die Wechselklage gegen den Acceptanten zu gewähren, sie dagegen dem Bezogenen gegen den Aussteller zu versagen — enthält eine Entscheidung dieser Frage nicht; wie denn auch die Motive zum preuß. Entwurf S. XLVIII ff., wenngleich sie Zweifel an der Richtigkeit der seiner Zeit herrschenden entgegengesetzten Ansicht erkennen lassen, doch deren Verträglichkeit mit der Wechselklage auch des Trassanten wider den Acceptanten aufrecht erhalten.

Hienach war das Appellurtel, soweit angefochten, zu vernichten und in der Sache selbst, unter Abänderung des I. Erk., die Entscheidung von Ableistung des dem Bekl. deferirten und von diesem acceptirten Eides abhängig zu machen. . . Der Eid ist dahin normirt worden: „Ich (Bekl.) schwöre, daß hinsichtlich der 200 Thlr., welche ich am 2. April 55 von der Bank-Kommandite zu E. mittelst des vom Kläger acceptirten Wechsels empfangen habe, zwischen mir und dem Kläger nicht vereinbart worden ist, daß dieselben als Vorschuß auf schon begonnene oder noch zu beginnende Arbeiten für den Kläger, unter der Verabredung der Verrechnung meiner Forderungen an denselben, gelten sollten."

Nr. 63.

I. Senat. — Erkenntniß v. 1. Nov. 72. (B.)

Everth u. Schlick ·|. S. M. Klein (Nr. 556 v. 72).

Baden. **Ober-Appellation.**

I. Instanz: Kreis- und Hofgericht Freiburg,
II. Instanz: Appell.Sen. desselben Gerichts.

Verkauf als Selbsthilfemaaßregel nach Art. 343 HGB.

1. Ein zu Lasten des säumigen Käufers vom Verkäufer bewirkter Verkauf der Waare setzt genaue Beobachtung der Formvorschriften des Art. 343 HGB voraus*

Rspr. IV S. 296 Nr. 3, V S. 139, VIII S. 81.

2. Ein vom Verkäufer unter der Hand durch seinen Agenten bewirkter Verkauf hat, dem säumigen Käufer gegenüber, keine Geltung.

HGB Art. **343** Abs. 2.

Ebensowenig ein Verkauf, den der requirirte Handelsmakler, aus seiner öffentlichen Funktion heraustretend, an sich selbst bewirkt.

Erk. des OHG I. Sen. v. 17. Dez. 72 in der Frankfurter Sache Zeidel ·/. Berlyn, Nr. 585 v. 72, Nachtrag S. 322.

Entscheidung des OHG:

Klägerin verlangt vom Bekl. Bezahlung des Restkaufpreises für Zucker unter der Behauptung, daß Beklagter mit dem Empfange der fraglichen Waare im Verzuge und sie daher zum Verkauf zufolge Art. 343 Abs. 2 HGB berechtigt gewesen, weshalb Beklagter diesen Verkauf gegen sich gelten lassen müsse und den dadurch nicht gedeckten Theil des vereinbarten Kaufpreises nebst Verzugszinsen zu bezahlen schuldig sei.

Es kann dahin gestellt bleiben, ob gegen den Bekl. nach den hier maaßgebenden Bestimmmungen des ba-

* Auch Verkauf am Erfüllungsort, Rspr. VI S. 92; ferner unter Umständen Verkauf zum laufenden Preise, d. h. zum derzeitigen Durchschnittspreise des betr. Marktplatzes (die Angemessenheit des erzielten Preises als solche ist unerheblich): Erk. des OHG II. Sen. v. 27. Nov. 72 in der sächsischen Sache Neumann u. Hirsch ·/. Jakobson (Nr. 684 v. 72); endlich
einen ernstlichen und giltigen Verkauf effektiver Waare, wie solche bei wirklicher Lieferung hätte vorhanden sein und am Lieferungsort beschafft werden müssen (ein Abgeben der bloßen Verpflichtung des Verkäufers, das vertragsmäßige Quantum unter den vereinbarten Bedingungen zu liefern, genügt nicht): Erk. des II. Sen. v. 15. Jan. 73 in der rheinpreuß. Kassationssache S. Jäger ·/. Marcus Hoffmann u. Söhne (Nr. 543 v. 72).

dischen Rechts (Art. 1139 Code civil) — trotz des Mangels notarieller Verzugssetzung — um deswillen schon ein Annahme-Verzug anzunehmen sei, weil Beklagter im Briefe v. 5. April 71 einen solchen Verzug anerkannt hat, oder weil der allegirte Art. 1139 mindestens für den kaufmännischen Verkehr (Art. 1, 279 HGB) eine Verzugssetzung durch briefliche Mahnung zuläßt.

Denn der von Klägerin vorgenommene Verkauf des Zuckers ist in einer Weise bewirkt worden, welche dem Gesetz dergestalt zuwiderläuft, daß Klägerin sich nicht auf ihn berufen darf. In dieser Richtung steht fest, daß Klägerin nach vorgängiger Androhung des Verkaufs denselben weder öffentlich, noch durch einen Handelsmakler, noch durch einen zu Versteigerungen befugten Beamten, sondern unter der Hand durch ihren Agenten hat vollziehen lassen Darf man auch annehmen, daß die Waare am Verkaufsort (Freiburg i/Br.) einen Marktpreis gehabt habe, daß mithin auch ein nicht öffentlicher Verkauf zulässig war: so gestattet doch Art. 343 Abs. 2 HGB den nicht öffentlichen Verkauf zur Sicherung des säumigen Käufers nur in der Art, daß derselbe durch einen Handelsmakler (also gemäß Art. 66 HGB durch einen amtlich bestellten Vermittler von Handelsgeschäften) oder in Ermangelung eines solchen durch einen zu Versteigerungen befugten Beamten vorzunehmen ist.

Die gedachte Vorschrift bezweckt, wie bemerkt, den Schutz des säumigen Käufers gegen mögliche Benachtheiligung bei einem nicht öffentlichen Verkauf. Diese Rücksichtnahme hatte im preuß. Entw. Art. 260 Abs. 2 dahin geführt, das Verkaufsrecht auf die dem Verderben unterworfenen Waaren zu beschränken und eine vom Verkäufer zu bewirkende Verfügung des Richters vorzuschreiben, durch welche überdies nur der öffentliche Verkauf mittelst eines vom Richter beauftragten Beamten oder vereideten Handelsmaklers angeordnet werden sollte. Bei den Berathungen der ersten Lesung (Nürnberger Prot. S. 624 bis 629) war man darüber einig, die Ausübung des Verkaufsrechts an gewisse Beschränkungen zum Schutz des Käufers zu binden, und nur über das Maaß der Beschränkungen herrschte Meinungsverschiedenheit, indem namentlich das absolute Gebot einer gerichtlichen Einmischung für bedenklich erachtet wurde, während auch das Gebot vorgängiger Androhung des Verkaufs an den säumigen Kontrahenten Anstand fand. Schließlich wurde der Antrag angenommen, daß der fragliche Verkauf nach Maaßgabe von Art. 235 (jetzt Art. 311) vorzunehmen sei, wobei die nähere Fassung dem Redaktions-Ausschuß überlassen ward.

Da der Redaktions-Ausschuß vorgeschlagen hatte, den Verkauf nur bei den, dem Verderben unterworfenen Waaren eintreten zu lassen: so wurde bei den Berathungen der zweiten Lesung dieser Vorschlag als zu eng bekämpft, übrigens wieder betont, daß die Interessen des säumigen Käufers gewahrt werden müßten, damit der entsprechende Preis erreicht und Beweismittel über die Identität der Waare gesichert würden. Der hienach formulirte Antrag fand Annahme (Nürnberger Prot. S. 1374, 1375). Als man in einer späteren Sitzung auf die Sache zurückkam, ward beschlossen, vom Erforderniß vorgängiger Androhung des Verkaufs dann abzusehen, wenn es sich um Gefahr im Verzuge und um Waaren handelt, welche dem Verderben ausgesetzt sind. Dagegen wurde ein weitergehender Antrag abgelehnt, nach welchem in solchen Fällen dem Verkäufer das Recht, die Waare selbst zu verkaufen, eingeräumt werden sollte, und in der Besprechung geäußert, der Art. 343 (damals Art. 285) statuire für den Verkäufer eine Art von Verkaufsselbsthilfe, zu deren Anwendung der Verkäufer nur berechtigt, nicht verpflichtet sei, wobei ihn nur sein eigenes Interesse zu leiten habe. Daraus erklärt sich, wenn dort die Bemerkuug vorkommt, die Rücksicht auf das Interesse des säumigen Käufers habe mit dem Artikel nichts gemein, indem damit nur gesagt werden sollte, der Verkäufer brauche selbst dann vom Verkaufsrecht keine Anwendung zu machen, wenn wegen der besonderen Umstände des Falles der Verkauf dem säumigen Käufer nützlich sein würde. Damit ist also keineswegs der Gedanke alterirt, daß der Verkäufer, wenn er sich zur Ausübung des Verkaufsrechts entschließt, dabei die vom Gesetz zum Schutz des anderen Kontrahenten vorgeschriebenen Formen einzuhalten habe; wie sich weiter auch daraus ergiebt, daß selbst für den Fall der Dringlichkeit nur ein Theil jener Formen, nämlich die vorgängige Androhung des Verkaufs, aufgegeben, das Uebrige aber beibehalten worden ist. (Nürnberger Prot. S. 1459, 1460.)

Nach der Entstehungsgeschichte des Gesetzes darf hienach das im Art. 343 Abs. 2 HGB gewährte Verkaufsrecht nur unter den dort vorgeschriebenen Formen ausgeübt werden. Diese Absicht des Gesetzgebers hat auch in der Fassung des Artikels ihren unverkennbaren Ausdruck gefunden. Hiefür spricht außerdem der 3. Absatz des Art. 343. Wenn dieser nämlich gebietet, den Käufer von der Vollziehung des Verkaufs zu benachrichtigen und für den Fall der Unterlassung den Verkäufer als schadenersatzpflichtig erklärt, während im vorhergehenden Absatz gar kein Rechtsnachtheil angedroht ist: so zeigt dies, daß es für den Fall von Absatz 2 eines Präjudizes nicht bedurfte, weil ein nicht in der vorgeschriebenen Art bewirkter Verkauf keinen Anspruch auf Giltigkeit gegenüber dem säumigen Käufer haben soll, d. h. gar nicht als für dessen Rechnung erfolgt gilt.

Zu gleichem Ergebniß führt die Betrachtung, daß (abgesehen von vorgängiger Androhung) der Verkauf des

Faustpfands im Art. 311 HGB in gleicher Weise, wie im Art. 343 Abs. 2 HGB, geregelt ist, und daß jene Vorschrift ganz klar den Schutz des Schuldners bezweckt und die unerläßliche Form für die Ausübung des Verkaufsrechts bildet. So wurde denn auch bereits im Erk. v. 10. Sept. 72 [Rspr. VIII S. 81] ausgesprochen, daß Art. 343 das Interesse des säumigen Käufers durch besondere Vorschriften schütze.

Hieraus folgt — wie schon im Erk. v. 27. Febr. 72 [Rspr. VI S. 92] bezüglich des Orts des Verkaufs und vom preuß. OTr. (Strieth. Arch. B. 54 S. 229) bezüglich der Form des Verkaufs angenommen wurde —, daß der säumige Käufer den mit Verletzung der Vorschriften von Art. 343 Abs. 2 bewirkten Verkauf nicht als für seine Rechnung geschehen anzuerkennen braucht und daß die auf solchen ordnungswidrigen Verkauf basirte Klage verwerflich ist. Freilich hat Klägerin behauptet, der fragl. Verkauf habe Preise erzielt, welche nach damaligen Verhältnissen hoch und so dem Bekl. vortheilhaft gewesen seien. Allein, wie sich schon aus dem Vorhergehenden ergiebt, bezwecken die gesetzlichen Vorschriften nicht blos die Erzielung hoher Preise; es handelt sich vielmehr darum, daß der säumige Käufer sich statt der kontraktlichen Lieferung eine andere Art der Erfüllung durch den Verkäufer gefallen lassen muß, was eben nur dann eintritt, wenn vom Verkäufer die gesetzlichen Vorschriften eingehalten sind. Demnach kann jene Behauptung der Klägerin keine Beachtung finden.*

Allerdings läßt sich aufstellen, die betr. Vorschriften des Art. 343 HGB seien nur für die Gebiete berechnet, in welchen nicht schon das allgemeine bürgerliche Recht

* Ebenso: Erk. des preuß. OTr. IV. Sen. v. 6. Sept. 64, Strieth. Arch. B. 54 S. 281.

dem Verkäufer gegenüber dem säumigen Käufer gleiche oder noch weitergehende Befugnisse gewährt, und es fänden in den Rechtsgebieten, in welchen letzteres zutreffe, die beschränkenden Bestimmungen des Art. 343 HGB keine Anwendung.

Diese Auffassung mag eine berechtigte, es mag ferner richtig sein, auf Grund derselben im Gebiet des gemeinen Rechts dem Verkäufer, wenn Käufer mit der Empfangnahme im Verzuge ist, zum Verkauf der Waare ohne die Beschränkungen des Art. 343 für befugt zu erachten.

L. 1 § 3 Dig. 18, 6; Thöl HR B. I S. 518, 519.

Allein anders verhält es sich jedenfalls nach dem in Baden geltenden Civilrecht, da nach diesem (nicht wie im gemeinen Recht erst durch Tradition, vielmehr) schon durch den Vertragsabschluß das Eigenthum der verkauften Sache auf den Käufer übergeht (Art. 1583 Code civil), mithin die Verfügungsgewalt des Verkäufers auch gegenüber dem säumigen Käufer weniger ausgedehnt sein muß, und derselbe — wenn er nicht von dem ihm durch Art. 1557 Code civil gewährten Recht des einfachen Rücktritts vom Vertrage Gebrauch machen will — nur die Befugniß der gerichtlichen Deponirung der Waare, nicht aber auch des an Stelle der Erfüllung tretenden Verkaufs hat.

Pothier (Ausgabe Siffrein) B. III Nr. 291;
Troplong Vente No. 681.

Demnach erscheint vorliegende Klage auch nach dem maaßgebenden Landesrecht als unhaltbar, mithin war deren Abweisung zu bestätigen.

Nachtrag.

In dem oben (S. 317 unter Nr. 2) angeführten Erk. v. 17. Dez. 72 sagt der I. Senat des OHG:

Der nach HGB Art. 357, 354 dem Verkäufer für

Rechnung des säumigen Käufers gestattete Verkauf der Waare soll unter Beobachtung der Bestimmungen des Art. 343 erfolgen.

Es genügt nicht Veräußerung durch den Verkäufer allein, auch nicht an einen Handelsmakler, mag Letzterer für eigene oder für fremde Rechnung kaufen. Das Gesetz sieht nicht auf die Person des Käufers, sondern auf den Modus der Veräußerung. Verkauf an einen Handelsmakler ist nicht Verkauf durch einen solchen; der kaufende Makler ist als Käufer nicht Handelsmakler (das heißt, amtlich bestellter Vermittler) und Käufer zugleich, sondern nur letzteres, nur Kontrahent.

Der Gesetzgeber, welcher unter gewissen Voraussetzungen zwar von der im Interesse des Käufers als Regel vorgeschriebenen Versteigerung absieht, dagegen den bloßen Privatverkauf wie den Verkauf durch andere Personen als Handelsmakler oder zur Versteigerung befugte Beamte inhibirt (Prot. S. 1374, 1460, 4598; Strieth. Arch. B. 54 S. 279; Rspr. IV S. 301), hatte umsoweniger Veranlassung, den Verkauf an einen Handelsmakler für ausreichend zu erachten, als einestheils nach Art. 69 Nr. 1 HGB dem Makler schlechthin untersagt ist, für eigene Rechnung (unmittelbar oder mittelbar) Handelsgeschäfte zu machen, anderntheils der selbstkontrahirende Makler keine der Garantien gewährt, welche das Gesetz zum Schutz des Käufers mit gutem Grunde vorschreibt.

Aber auch abgesehen hievon sind Schlußnote und Tagebuch eines selbstkontrahirenden Maklers nicht Urkunden, welche das HGB als Beweismittel für Abschluß und Inhalt des Geschäfts anerkannt. Derselben wohnt nicht etwa nur eine nach richterlichem Ermessen verminderte Beweiskraft bei (HGB Art. 77 Nr. 2), sie können überhaupt als Beweismittel im Sinne des 7. Titels Buch I des HGB nicht erachtet werden; denn der Handelsmakler erscheint, soweit er selbst bei dem Geschäft betheiligt ist, nicht als eine mit öffentlichem Glauben versehene Person.

Nr. 64.

I. Senat. — Erkenntniß v. 1. Nov. 72. (B.)

R. Sander ·/. H. Schwarzrock (Nr. 622 v. 72).

Preußen. Wechselsache. Nichtigkeitsbeschwerde.

I. Instanz: Kreisgericht Grünberg,
II. Instanz: Appellationsgericht Glogau.

Handelsgesellschafter, dolose Kollusion mit einem Dritten beim Handeln Namens der Gesellschaft.

Rechtsgeschäfte, welche ein (an sich zur Vertretung berechtigter) Gesellschafter Namens der Handelsgesellschaft zu deren Nachtheil abgeschlossen hat, sind für die Gesellschaft unverbindlich, wenn dabei der handelnde Gesellschafter mit dem betreffenden Dritten arglistig kolludirend verfahren ist.

HGB Art. **114, 115, 116**; vgl. Rspr. IV S. 95, VI S. 167, 174 ff.

Unter der Gesellschaftsfirma Sch. & H. hatte der Gesellschafter Karl H. (früher Theilhaber einer anderen Firma J. S. H. & Sohn und als solcher mit Geschäftsschulden belastet) den Klagewechsel acceptirt, welchen ein Privatgläubiger (der jetzige Kläger) zur Deckung einer Privatforderung gezogen hatte. Die bekl. Gesellschaft behauptete einen arglistigen Mißbrauch ihrer Firma durch den Theilhaber Karl H. und doloses Kolludiren desselben mit dem Kläger.

Entscheidung des OHG:

In Folge der Nichtleistung des dem Kläger abgeforderten Eides nimmt der Appellrichter mit dem I. Richter für festgestellt an:

daß Kläger bei Ausstellung des Klagewechsels mit Karl H. (dem Socius des Bekl. Sch.) verabredet habe, den Kläger durch diesen Wechsel wegen einer Forderung an Karl H. oder dessen frühere Firma J. S. H. & Sohn zu befriedigen, obwohl Kläger gewußt, daß er an die Firma Sch. & H. keine Forderung hatte.

Mehr als dies enthält der Wortlaut der Eidesnorm nicht. Er besagt namentlich nicht:

daß Karl H., als er den Klagewechsel unter der Firma Sch. & H. acceptirte, sich bewußt und gewillt gewesen, diese Firma widerrechtlich mit dem Anspruch aus dem Accept zu belasten und sie dadurch zu schädigen,

ebensowenig,

daß Kläger einen solchen dolosen Willen des Karl H. zur Zeit der Ausstellung oder Annahme des Klagewechsels gekannt habe.

Allein was der Wortlaut der Eidesnorm in dieser doppelten Richtung nicht ausspricht, ist vom Appellrichter aus dem durch die Eidesweigerung festgestellten Sachverhalt gefolgert.

Er verwirft nämlich die Ansicht, daß das Verfahren des Karl H. als ein „argloses" nicht behandelt werden dürfe; aus jenem in die Eidesnorm aufgenommenen Thatbestande entnimmt er vielmehr:

„daß in grober Weise gegen Treue und Glauben verstoßen und die beklagte Handlung vorsätzlich geschädigt worden."

Indem er darlegt, daß die Vertretungs- und Dispositions-Befugniß des Gesellschafters über das Societätsvermögen unter den Gesellschaftern selbst durch den Umfang der gesellschaftlichen Zwecke begrenzt werde, charakterisirt er die unkonsentirte Benutzung der Firma zur

Uebertragung von Privatschulden auf die Societät als einen „argen, immoralischen Vertrauensbruch" und als „Unredlichkeit"; und weiterhin führt er aus, daß „wer durch Mißbrauch der Societätsfirma die Handlungsgesellschaft zu seiner Schuldnerin machen lasse, dann, wenn er dabei arglistig verfahre, widerrechtlich handle und sich zum Theilnehmer an der Untreue seines Schuldners mache."

In Anwendung dieser Sätze auf den vorliegenden Fall findet der Appellrichter, daß Kläger durch die Verabredung mit seinem Privatschuldner Karl H., zur Deckung einer Privatforderung den Klagewechsel zu geben, sich zum „Theilnehmer der Rechtsverletzung gemacht, durch welche Karl H. die Societät zu schädigen versucht habe"; denn „Kläger habe wissentlich und vorsätzlich den Mißbrauch der Societätsfirma sich zu Nutzen gemacht, um in dem Bekl. Sch. den Glauben zu erwecken, daß es sich um eine Societätsschuld handle."

Nach diesem Allen schließt der Appellrichter, der im Eingang seiner Erwägungsgründe die Klage als durch „den Einwand des Betruges entkräftet" bezeichnet hatte, dahin:

> „daß der Klageanspruch auf dolosen Kollusionen beruhe."

Unverkennbar also ist der Appellrichter von dem Thatbestande ausgegangen, daß beide Theile arglistig im Bewußtsein der Widerrechtlichkeit und in der beiderseits bekannten Absicht, die Gesellschaft zn schädigen, gehandelt haben.

Ob diese seine Annahme durch dasjenige, was in Folge der Eides-Nichtleistung feststeht, ohne Weiteres gerechtfertigt wird, diese Frage untersteht nicht der Prüfung des Nichtigkeitsrichters. . .

Liegt aber der Kreirung des Klagewechsels dolose Kollusion des Klägers mit Karl H. zu Grunde: so kann sich Kläger auf die Art. 114 bis 116 HGB allerdings nicht berufen. Denn wennschon es richtig ist, daß im Verhältniß zu Dritten der Gesellschafter nicht blos zu Rechtsacten, welche der Gesellschaftszweck mit sich bringt, sondern zu allen Arten von Geschäften und Rechtshandlungen Namens der Gesellschaft für ermächtigt gilt, daß ferner der Dritte nicht verpflichtet ist, zu erkunden, ob der Gesellschafter im Verhältniß zu seinen Socien seine Vertretungs- und Dispositionsbefugniß überschreitet, daß selbst die bloße Kenntniß dieser Ueberschreitung den Dritten nicht in dolum versetzt, ihn also nicht hindert, den Rechtsakt des Gesellschafters als einen der Gesellschaft zu behandeln: —

Prot. der Nürnberger Konferenz S. 1C05, 4665 bis 4668; Thöl HR I. 4. Aufl. S. 234, 235 Note g; v. Hahn Komm. 1. Ausgabe I S. 291; Endemann DHR 2. Auflage S. 181 n. 12, S. 182 n. 17; Anschütz und v. Völderndorff Komm. II S. 231 —

so sind doch diejenigen Rechtsakte dem Dritten gegenüber nicht geschützt, welche der Gesellschafter unter dem Namen der Societät in der Absicht widerrechtlicher Schädigung der Societät und unter Kenntniß und Theilnahme des Dritten an dieser Absicht eingegangen ist.

Prot. a. a. O., v. Hahn I, 293; Laband in Goldschmidt's Ztschr. X S. 223; Löhr DHGB zu Art. 116 n. 5; Anschütz a. a. O. S. 232.

Es ergiebt sich, daß Kläger mit Unrecht die Verletzung der Art. 96, 103, 125 Nr. 4, 119 bis 122, 126 sowie 102 und 114 HGB, auch des Art. 287 der preuß. Konkurs-Ordnung und des Art. 82 DWO gerügt hat. Denn fällt — was letzteren Art. angeht, — dem Kläger dolose Kollusion zur Last, so ist der auf seinen dolus gestützte Einwand ein solcher, der ihn direkt trifft. Sonach war seine Nichtigkeitsbeschwerde als unbegründet zurückzuweisen.

Nachtrag.

Kann ein Gesellschafter die von ihm vertretene Handelsgesellschaft durch ein Namens derselben eingegangenes Abkommen verpflichten, sich die Kompensation einer Gesellschaftsforderung mit einem gegen jenen Gesellschafter persönlich bestehenden Anspruch gefallen zu lassen? (HGB Art. 121).

Bejaht vom I. Sen. des OHG in der Nktbschw.-Sache S. Wolff ·/. Löwenthal, Rudolph u. Cohn (Nr. 250 v. 73), gegen die Ansicht des Berliner Kammergerichts durch Erk. v. 22. April 73 aus folgenden

Gründen:

Der Appellrichter hat [obige Frage] verneint, indem er allgemein den Grundsatz aufstellt, daß kein Gesellschafter befugt sei, über das Gesellschaftsvermögen zu seinen Privatzwecken zu verfügen, und indem er insbesondere ausspricht, eine Kompensation, wie die in Frage stehende, durch welche eine Forderung der Gesellschaft zur Tilgung der Privatschuld eines der Gesellschafter verwendet werden solle, sei durch Art. 121 HGB verboten und könne selbst durch ausdrückliche Vereinbarung nicht herbeigeführt werden.

Die Nktbschw. rügt, daß der Appellrichter u. a. die Art. 114, 121 und 125 Nr. 4 des HGB verletzt habe. Diese Rüge erscheint begründet.

Nach dem System des HGB hat die offene Handelsgesellschaft ihr selbständiges, vom Vermögen der Gesellschafter abgesondertes Vermögen (Art. 111)*. In den

* Vgl. Rspr. I S. 365, 379; V S. 388 ff.

Bestimmungen der Art. 119 bis 122 werden die Konsequenzen aus diesem Prinzip gezogen und insbesondere wird im Art. 121 verordnet, daß eine Kompensation zwischen Forderungen der Gesellschaft und Privatforderungen an Einen der Gesellschafter nicht stattfinde, d. h. daß kraft des Gesetzes die Kompensation in diesem Falle nicht eintrete. Mehr als dies wollte jedoch der Gesetzgeber im Art. 121 nicht aussprechen, und der Appellrichter verkennt dessen Sinn, wenn er in demselben ein Verbot findet, zufolge dessen auch Vereinbarungen über Kompensationen der fragl. Art als unerlaubt zu gelten hätten.

Die Frage, ob ein Gesellschafter befugt sei, Vereinbarungen über Kompensation von Gesellschaftsforderungen mit seinen Privatschulden einzugehen, kann ihre Lösung nur in den Prinzipien finden, welche bezüglich der Befugniß der Gesellschafter, die Gesellschaft zu vertreten, gelten, nicht aber im Art. 121. Ist der geschäftsführende Gesellschafter in der That befugt, über das Vermögen der Gesellschaft auch zu Privatzwecken zu verfügen, so kann die Giltigkeit solcher Verfügungen durch Art. 121 nicht in Frage gestellt werden.

Völlig verfehlt erscheint die Behauptung, daß bei Zulassung solcher Kompensations-Verträge die Vorschrift des Art. 121 illusorisch würde; denn abgesehen davon, daß dieselbe ihre volle Bedeutung denjenigen Gesellschaftern gegenüber behauptet, welche nicht befugt sind, die Gesellschaft zu vertreten, übersieht der Appellrichter die Wichtigkeit des im Art. 121 ausgesprochenen Prinzips in den Fällen, wo ein Kompensationsvertrag nicht geschlossen ist.

Was nun die Frage betrifft, wie weit in fragl. Richtung die Befugniß der Gesellschafter gehe: so spricht Art. 114 HGB als Prinzip aus, daß der zur Vertretung der Gesellschaft befugte Gesellschafter berechtigt sei, alle Arten von Geschäften und Rechtshandlungen im Namen der

Gesellschaft vorzunehmen, insbesondere auch Grundstücke derselben zu veräußern und zu belasten, und daß die Gesellschaft durch Rechtsgeschäfte, welche ein solcher Gesellschafter in ihrem Namen schließt, verpflichtet werde, während Art. 116 sogar verfügt, daß eine Beschränkung jener Befugniß Dritten gegenüber keine rechtliche Wirkung habe.

Art. 114 unterscheidet nicht, ob die vom geschäftsführenden Gesellschafter vorgenommenen Rechtshandlungen und geschlossenen Geschäfte den Handelsbetrieb betreffen oder nicht und ebensowenig, ob sie das Interesse der Gesellschaft oder das Privatinteresse eines Gesellschafters im Auge haben. Nach den Berathungsprotokollen der Nürnberger Gesetzgebungskommission darf in der allgemeinen und neueren Fassung keineswegs eine, dem Willen des Gesetzgebers nicht entsprechende Ungenauigkeit erblickt werden; vielmehr war es bei Berathung des Gesetzes die wohlerwogene Absicht, jede derartige Unterscheidung als dem Interesse des Handelsverkehrs widerstreitend zurückzuweisen. Man war der Ansicht, es sei unbedenklich, dem geschäftsführenden Gesellschafter so weit gehende Befugnisse zu übertragen, da ja das Interesse der Gesellschaft auch zugleich sein eigenes sei; falls er aber seine Gewalt mißbrauchen sollte, sei es billiger, die Mitgesellschafter, welche ihm diese Gewalt übertrugen, darunter leiden zu lassen, als dritte Personen, bei denen mehr oder weniger der gute Glaube vermuthet werden müsse.

Insbesondere läßt sich in Ansehung der Befugniß des geschäftsführenden Gesellschafters, Verfügungen im Namen der Gesellschaft zu treffen, wo sein Privatinteresse betheiligt ist, aus den Verhandlungen der Nürnberger Konferenz entnehmen, daß man auch in dieser Richtung eine Beschränkung nicht beabsichtigte.

Gegen die allgemeine Fassung des Art. 114 wurde nämlich eingewendet (Prot. S. 4666 ff.), es führe dieselbe nothwendig dahin, daß es einem Gesellschafter gestattet sei, beliebig zu seinem Privatvortheil über das Vermögen der Gesellschaft zu verfügen, z. B. zur Ausstattung einer Tochter ein Darlehn unter der Firma der Gesellschaft aufzunehmen, und zwar von Jemand, der diesen Zweck kenne und wisse, daß die anderen Gesellschafter nicht befragt worden seien. Dieser Einwand blieb ohne Erwiderung, man faßte trotz desselben den Beschluß, die allgemeine Fassuug beizubehalten — ein Beweis, daß man auch in der fraglichen Richtung, wenigstens im Allgemeinen, eine Beschränkung nicht wollte.

Stellt man die Frage, ob etwa allgemeine Rechtsprinzipien entgegenstehen, daß ein Gesellschafter als Vertreter der Gesellschaft zugleich für sein Privatinteresse handle: so ist dieselbe zu verneinen. Allerdings ist es nicht statthaft, daß ein Gesellschafter Namens der Gesellschaft mit sich selbst kontrahire; allein im Uebrigen steht kein Rechtsprinzip entgegen, daß der Gesellschafter im Namen der Gesellschaft ein Geschäft abschließe oder eine Rechtshandlung vornehme, welche ihm persönlich Vortheil bringt. So gut er für eine fremde Schuld im Namen der Gesellschaft Bürgschaft leisten, Wechsel ausstellen oder eine solche Schuld durch Baarzahlung, Hingabe an Zahlungsstatt oder Kompensationsvertrag mit Mitteln der Gesellschaft tilgen kann: ebensogut kann er dies auch bezüglich seiner eigenen Schuld, denn er kommt dabei nicht in die Lage, mit sich selbst zu kontrahiren.

Rechtshandlungen dieser Art können nur dann für ungiltig erklärt werden, wenn der Gesellschafter in der Absicht handelte, die Gesellschaft zu benachtheiligen, und der Dritte hiervon Kenntniß hatte. Bei diesen Voraussetzungen steht allerdings dem Dritten die exceptio doli entgegen (Protokolle S. 4665; Erk. des OHG v. 14. Mai 72, Rspr. VI S. 174 ff.).

Man könnte behaupten, ein Fall dieser Art sei schon gegeben, wenn der Dritte wisse, daß der Gesellschafter in seinem Privatinteresse gehandelt habe; denn, indem der Gesellschafter dies thue, verletze er seine Vertragspflichten und zwar in dem Maaße, daß nach Art. 125 Nr. 4 HGB die Auflösung der Gesellschaft gegen ihn verlangt werden könne. Wäre diese Behauptung in solcher Allgemeinheit richtig, so müßte ohne Zweifel der in Frage stehende Kompensationsvertrag als ungiltig erscheinen; allein dieselbe kann als richtig nicht anerkannt werden.

Es muß die Ansicht entschieden als irrig bezeichnet werden, daß überall, wo der Gesellschafter sein Privatinteresse wahre, derselbe sich einer Verletzung seiner Pflichten als Gesellschafter schuldig mache; denn es ist sehr wohl möglich, daß dies durchaus nicht der Fall sei. Es kann der Gesellschafter der Gesellschaft gegenüber im Vorschuß sein; er kann Ansprüche auf Grund von Art. 108 Abs. 2 zu machen haben; es ist möglich, daß er mit ausdrücklichem oder stillschweigendem Einverständniß der Mitgesellschafter gehandelt, wobei in Betracht kommt, daß die Gesellschaft selbst lebhaftes Interesse haben kann, den Kredit der einzelnen Gesellschafter, namentlich derjenigen, welche mit ihrer Vertretung nach außen betraut sind, aufrecht zu halten u. s. w. Art. 125 Nr. 4 HGB spricht daher, wie wohl zu beachten, nicht vom Falle, wo der Gesellschafter die Firma oder das Vermögen der Gesellschaft zu seinen Privatzwecken gebraucht, sondern, wo er sie dazu mißbraucht. Da nun ein Mißbrauch nicht zu vermuthen ist, so ergiebt sich, daß die Kenntniß, es habe der Gesellschafter in seinem Privatinteresse gehandelt, an und für sich keinen dolus des Dritten begründet, dieser vielmehr die allgemeine Bestimmung des Art. 114 für sich anrufen kann, und durch dieselbe gedeckt ist, so lange ihm nicht nachgewiesen wird, daß der Gesellschafter in der Absicht handelte, sein persönliches Interesse zum Nachtheil der Gesellschaft zu verfolgen, und er selbst von dieser Absicht Kenntniß gehabt habe, ein Nachweis, der allerdings auch aus den Umständen gefolgert werden darf. Zu erwähnen ist, daß auch im Gebiet des französischen Rechts — obgleich dieses den Befugnissen des geschäftsführenden Gesellschafters viel engere Schranken zieht, als das deutsche HGB — als Prinzip anerkannt ist, daß ein solcher Gesellschafter nicht unbefugt handle, wenn er Gelder der Gesellschaft zur Tilgung seiner Privatschulden verwende, und es dem befriedigten Gläubiger nichts schade, daß er hievon Kenntniß gehabt (Delangle I Nr. 247; Rouen 23. Febr. 47).

In vorliegendem Falle stützt nun der Appellrichter seine Entscheidung einzig und allein darauf, daß der Gesellschafter Hermann Fr. in seinem Privatinteresse gehandelt und gegen das Verbot des Art. 121 verstoßen habe; von einer Absicht, die Gesellschaft zu benachtheiligen, ist im Erk. keine Rede. Zwar will Implorant aus der Anführung von § 35 ALR I. 3 die Feststellung einer betrügerischen Absicht folgern, allein es ist dies eine völlig grundlose Behauptung, da aus den Entscheidungsgründen klar hervorgeht, daß jener § 35 nur deshalb in Bezug genommen wurde, weil der Appellrichter meinte, der fragliche Vertrag sei nach Art. 121 an sich verboten.

Das Appellurtel war daher zu vernichten.

Bei freier Beurtheilung ist zunächst zu prüfen, ob die in Rede stehende Uebereinkunft, ihren Beweis vorausgesetzt, als rechtswirksam gelten könnte. Das Recht des Hermann Fr., als Vertreter der Gesellschaft zu handeln, ist als feststehend zu betrachten, da es Sache der Klägerin gewesen wäre, einen Ausschluß von der Geschäftsführung zu behaupten und darzuthun (Art. 102 und 115 HGB). Nach vorstehenden Erörterungen konnte derselbe daher, abgesehen vom Falle betrüglicher Kollusion, rechtsverbindlich im Namen der Gesellschaft stipuliren, daß die der Gesellschaft gegen den Bekl. erwachsenen und noch erwachsenden Waarenforderungen auf seine Privatschulden verrechnet werden sollten. Auch von einem gegen die Gesellschaft geübten Betruge im oben bezeichneten Sinne kann nicht die Rede sein. Weder in I. noch in II. Instanz wurden nämlich Thatsachen angeführt, aus denen auf die Absicht, die Gesellschaft zu benachtheiligen, oder darauf, daß Beklagter von einer solchen Absicht Kenntniß gehabt, zu schließen wäre; es ist überhaupt von einer exceptio doli nirgend die Rede. Da somit die Erheblichkeit des besagten Vorbringens nicht zu beanstanden ist, so sind die weiteren Thatsachen zu würdigen, von denen die Entscheidung der Sache abhängt. Klägerin hat alles, was Beklagter bezüglich des Bestehens der Kompensationsforderungen vorbringt, bestritten; es ist daher in dieser Beziehung, sowie bezüglich der mehrerwähnten Vereinbarung der vom Bekl. angetretene Beweis zu erheben. Zu diesem Zweck, sowie zur weiteren Entscheidung war die Sache in die zweite Instanz zurückzuweisen.

Nr. 65.

II. Senat. — Erkenntniß v. 7. Dez. 72. (V.)

(Rosenberg & Isaac c/. Winnicke & Bingen (Nr. 738 v. 72).

Preußen. **Nichtigkeitsbeschwerde.**

I. Instanz: Kreisgericht Essen,
II. Instanz: Appellationsgericht Hamm.

Handelskauf, Rügepflicht des Käufers, ordnungsmäßiger Geschäftsgang.

1. Art. 347 HGB fordert vom Käufer unverzügliche Untersuchung und Anzeige* als Regel, und bei der

* Nach fester Praxis des OHG liegt dem Käufer der Beweis ob, daß er den Vorschriften des Art. 347 HGB in vollem Umfange

einschränkenden Hinweisung auf den „ordnungsmäßigen Geschäftsgang" ist an objektive Regeln des Geschäftsganges, nicht an willkürliche Besonderheiten zu denken.

Rspr. II S. 137, III S. 5, 81.

2. Darf ein Mehlhändler die nur durch Verbacken zu bewirkende Untersuchung gekauften Mehls bis zu dessen Weiterverkauf und zur Prüfung durch seine Abnehmer (Bäcker) aufschieben?

Vgl. Rspr. III S. 307 ff.

Beklagter (Mehlhändler) will das ihm am 21. Juni 71 gelieferte Mehl nicht voll bezahlen, weil dasselbe durch seine Abnehmer (Bäcker) als ungeeignet zum Verbacken erkannt worden. Der Appellrichter erachtet die am 28. Juni erfolgte Dispositionsstellung für nicht verspätet; denn sofortige Prüfung des Mehls durch Verbacken gehöre nicht zum ordnungsmäßigen Geschäftsgang des Bekl., deshalb könne eine genau abzumessende Frist für die Möglichkeit einer Untersuchung hier nicht gestellt werden und nach richterlichem Ermessen erscheine die Entdeckung der Mängel des Mehls als Backwaare bei den Bäckern als der Zeitpunkt, nach welchem Beklagter seinem Verkäufer die bezügliche Anzeige zu machen hatte. Diese Entscheidung ist vom OHG vernichtet worden aus folgenden

Gründen:

Es muß daran festgehalten werden, daß die Vorschrift des Art. 347 HGB in Betreff der vom Käufer einer von

genügt, also die Untersuchung der Waare rechtzeitig, ohne Verzug nach der Ablieferung, soweit dies nach ordnungsmäßigem Geschäftsgang thunlich, vorgenommen und dem Verkaufer die vorgefundenen Mängel sofort angezeigt hat. Erk. des II. Sen. v. 4. Jan. 73 in Sachen Melchers & Söhne ./. Lansburgh (Nr. 894 v. 72, I. Instanz: oldenburger Obergericht Varel). Vgl. Rspr. III S. 79, 96, 108; IV S. 331; VI S. 118.

einem anderen Orte übersendeten Waare vorzunehmenden Untersuchung der Waare nicht lax angewendet werden darf, daß dieselbe unverzügliche Untersuchung und Anzeige als Regel fordert und daß bei dem beschränkenden Zusatze: „soweit dies nach dem ordnungsmäßigen Geschäftsgange thunlich ist," an objektive Regeln des Geschäftsganges, nicht an willkürliche Besonderheiten zu denken ist. Der naturgemäße Zweck der vorzunehmenden Untersuchung ist, zu ermitteln, ob die Waare diejenigen Eigenschaften besitzt, die sie der gesetzlichen oder vertragsmäßigen Voraussetzung nach besitzen muß, um ihrer Bestimmung dienen zu können. Liegen diese Eigenschaften nicht in der äußerlich sichtbaren, sondern in einer inneren Beschaffenheit, so muß unter Umständen die von dem Käufer vorzunehmende Untersuchung auch auf letztere gerichtet sein. Kann diese Untersuchung nicht ohne Anwendung besonderer Mittel vor sich gehen, so ist es Sache des Käufers, solche in dem entsprechenden Verhältniß ins Werk zu setzen. Demgemäß gehört es zum ordnungsmäßigen Geschäftsgange, daß der Mehlhändler sich überzeuge, ob das ihm gelieferte Mehl so beschaffen ist, daß es sich zu einem geeigneten Nahrungsmittel verarbeiten läßt, insbesondere daß es Backwaare von der erforderlichen Güte ist. Kann diese Eigenschaft blos äußerlich nicht erkannt werden, ist dazu eine Manipulation, Verarbeitung erforderlich: so muß der Käufer diese selbst in der der Bestimmung des Art. 347 entsprechenden Zeit, ohne Verzug, vornehmen. Die im Wege der Verarbeitung, des Verbackens, erkennbare mangelhafte Beschaffenheit der Waare, läßt sich daher nicht als ein verborgener, bei nachträglicher Entdeckung noch zu rügender Mangel qualifiziren. Der Ankäufer von Mehl darf die Ungewißheit des Verkäufers darüber, ob die Waare genehmigt wird, nicht in die ungewisse, unter Umständen entfernt liegende Zukunft fortdauern lassen, wo er das Mehl an den Bäcker verkaufen und wo dieser dasselbe für den Zweck der Konsumtion verarbeiten wird.

Mit den hier ausgesprochenen, in der Rechtsprechung des OHG mehrfach anerkannten Grundsätzen [Rspr. II S. 137, III S. 307 ff., VI S. 118] steht es im Widerspruch, wenn der Appellrichter die am 28. Juni 70 erfolgte Beanstandung des am 21. Juni dem Bekl. übersendeten Mehls um deswillen für rechtzeitig erfolgt erklärt hat, weil dem Bekl. an letzterem Tage erst durch die Bäcker, an welche er das Mehl weiter verkauft hatte, über dessen Beschaffenheit Mittheilung gemacht worden war.

Nr. 66.

II. Senat. — Erkenntniß v. 11. Dez. 72. (V.)

J. Jungmann ·/. J. Rohleder (Nr. 669 v. 72).

Preußen. **Nichtigkeitsbeschwerde.**

I. Instanz: Stadtgericht Breslau,
II. Instanz: Appellationsgericht daselbst.

Handelskauf, Beschaffenheit der Waare, Beweislast.

Den Verkäufer trifft regelmäßig die Beweislast, daß die von ihm zum Zweck der Vertragserfüllung gelieferte Waare von vertragsmäßiger (oder gesetzlicher) Beschaffenheit ist*.

HGB Art. 346, 347; ALR Th. I Tit. 5 § 270, 271.
Vgl. Rspr. II S. 90, V S. 184, 207, 246; VIII S. 43.

Entscheidung des OHG:

Kläger verlangt Bezahlung des Kaufpreises für 34 Tonnen Heringe, welche Beklagter bei dem klägerischen Agenten O. S. in Breslau bestellt und welche Kläger der Order des Bekl. gemäß am 11. Febr. 71 von seiner Handels-

* Ebenso hat Verkäufer zu beweisen, daß und wieviel er gehörig geliefert hat, wenn Käufer wegen Nichtlieferung Entschädigung fordert, vgl. Nachtrag S. 341.

niederlassung in Stettin aus an Rosenthal in Proszka abgesendet hat. Die Heringe sind am 2. oder 3. März 71 an den Adressaten Rosenthal, welchem Beklagter sie weiter verkauft hatte, abgeliefert, bei der sofort von diesem angestellten Untersuchung aber als angeblich nicht vertragsmäßige Waare befunden und dem Bekl. zur Disposition gestellt, der seinerseits dem Kläger mittelst Schreibens vom 4. März 71 von der vertragswidrigen Beschaffenheit der Heringe Anzeige machte und sie demselben ebenfalls zur Disposition stellte.

Wenn nun der Appellrichter — obwohl er davon ausgeht, daß eine Untersuchung durch den Bekl. selbst nach Art. 347 HGB nicht erforderlich gewesen und die daselbst vorgeschriebene Anzeige an den Kläger rechtzeitig erfolgt sei — dennoch dem Beklagten den Beweis der von ihm gerügten Mängel der Waare aufbürdet, den Anspruch des Klägers auf Bezahlung des Kaufpreises mithin an sich für liquide erachtet: so ist dies weder gemeinrechtlich noch nach den Grundsätzen des hier zur Anwendung kommenden Handelsrechts und preußischen Rechts zu billigen. Denn wie bei allen zweiseitigen Verträgen, so hat nach der gegenwärtig vorherrschenden und auch vom OHG als richtig anerkannten Ansicht gemeinrechtlich in der Regel derjenige Kontrahent, welcher einen Anspruch aus einem solchen Vertrage erhebt, im Bestreitungsfalle darzulegen, daß er seinerseits den Vertrag erfüllt habe oder zur Erfüllung bereit sei, wobei es keinen Unterschied macht, ob er überall nicht erfüllt hat oder ob einer äußerlichen Erfüllung die vertragsmäßige Qualifikation abgeht. In beiden Fällen bestreitet nämlich der Käufer die Verbindlichkeit, seinerseits zu erfüllen, und auch im letzteren ist er zur Einbehaltung seiner Leistung ganz ebenso befugt, da er eine nicht vertragsmäßige Erfüllung seitens des anderen Theils, hier des Verkäufers, überhaupt nicht als Erfüllung gelten zu lassen braucht. Er negirt daher einfach die Berechtigung des Verkäufers den bedungenen Preis zu fordern und beruft sich mithin auf die mangelnde Vertragsmäßigkeit bzw. Fehlerhaftigkeit der Leistung des Verkäufers nur zur Abwehr eines Anspruchs des Letzteren, ohne seinerseits Ansprüche daraus herzuleiten. Auch in vorliegendem Falle hat aber Beklagter seine Verpflichtung zur Uebernahme der Heringe wegen nicht vertragsmäßiger Beschaffenheit derselben bestritten und deshalb principaliter Abweisung der Klage beantragt, indem er nur eventuell um Herabminderung des Klageanspruchs um den von ihm behaupteten Minderwerth der Heringe gebeten hat

Der hier aufgestellte allgemeine Rechtsgrundsatz findet sich auch im HGB ausgesprochen. Denn nach Art. 346 ist der Käufer sogar zum Empfang der Waare nur verpflichtet, sofern diese vertragsmäßig beschaffen ist, oder in Ermangelung besonderer Verabredung den gesetzlichen Erfordernissen entspricht. Um so weniger kann der Käufer mithin zur Bezahlung des Kaufpreises verpflichtet sein, wenn diese Voraussetzung fehlt. Sowohl das Eine wie das Andere kann also der Verkäufer nur fordern, wenn er im Bestreitungsfalle nachweist, daß die von ihm offerirte, bzw. gelieferte Waare von vertrags- bzw. gesetzmäßiger Beschaffenheit ist. Jedenfalls erkennt auch das ALR den gedachten Grundsatz an, denn es spricht in dem nach § 2 Th. I Tit. 11 auch für den Kaufvertrag maaßgebenden § 271 Th. I Tit. 5 mit dürren Worten aus:

> Wer die Erfüllung eines Vertrages fordert, muß nachweisen, daß er demselben von seiner Seite ein Genüge geleistet habe oder warum er dazu erst in der Folge verbunden sei.

Diese ganz allgemeine Vorschrift auf die Fälle zu beschränken, in welchen überall noch nicht erfüllt ist, fehlt es sowohl dem Wortlaut als der Vorschrift des unmittelbar vorhergehenden § 270 nach, der zufolge die Verträge in der Regel nach ihrem ganzen Inhalt erfüllt werden müssen, an jedem Anhalt. Insbesondere läßt sich eine solche Beschränkung nicht etwa durch anderweitige Vorschriften des ALR rechtfertigen. Damit ist anerkannt, daß der zur Erfüllung Verpflichtete sich auf eine mangelhafte Erfüllung nicht berufen kann, der Berechtigte aber eine solche nicht als Erfüllung gelten zu lassen braucht, mithin die ihm obliegende Leistung ganz ebenso zurückhalten darf, als wenn vom Gegner überhaupt noch nicht erfüllt wäre; dies ist auch völlig konsequent, denn in beiden Fällen erscheint der Anspruch auf die Gegenleistung schon nach dem Vertrage selbst, auf Grund dessen sie eben gefordert wird, als eine unberechtigte und beschränkt der aus dem Vertrage in Anspruch Genommene sich darauf, seine vertragsmäßige Verpflichtung zu bestreiten, wozu die bloße Bezugnahme auf den Vertrag selbst genügt, ohne daß ihm (sofern über Inhalt und Umfang der dem Gegner nach demselben obliegenden Verpflichtung kein Streit obwaltet) noch eine Beweislast treffen kann. Nur wenn der Käufer mit der von ihm geltend gemachten Mangelhaftigkeit der seitens des Verkäufers gemachten Leistung selbständige Ansprüche verfolgt, wenn er z. B. nach § 325 ALR I. 5 ein Recht auf Abstellung der Fehler, auf den Rücktritt vom Vertrage oder auf Herabsetzung seiner Gegenleistung beansprucht: verhält es sich mit der Beweislast umgekehrt (vgl. Koch Recht der Forderungen, 2. Ausgabe, B. 2 S. 387 ff.). Der obigen Ausführung steht auch das angeführte Präjudiz des preuß. OTr. Nr. 978 (Sammlung S. 14) keineswegs entgegen, denn dieses setzt eine in der Hauptsache geschehene und von der anderen Seite angenommene Erfüllung, sowie einen aus dem Mangel vorbedungener Eigenschaft abgeleiteten Entschädigungsanspruch des Gegners voraus, bezieht sich also gar nicht auf den vorliegenden Fall, wo der Beklagte die Heringe zur Disposition gestellt, mithin nicht angenommen, sondern zurückgewiesen hat. Auch die in Strieth. Arch. B. 21 S. 200 ff. abgedruckte Entscheidung des OTr. hat den Fall vor Augen, daß die Erfüllung des Vertrages angenommen war. Allerdings ist dann anscheinend ohne Rücksicht hierauf sowohl in dieser als in einer anderen Entscheidung (vgl. Strieth. Arch. B. 69 S. 323 ff.) auch ausgesprochen, daß § 271 ALR I. 5 sich nicht auf den Einwand der nicht gehörig geschehenen Erfüllung des Vertrages beziehe. Es steht aber dahin, ob hiebei nicht etwa auf das Wort „Einwand" der Nachdruck zu legen und an einen auf die nicht gehörige Erfüllung gestützten selbständigen Anspruch gedacht sei. Jedenfalls hat das OTr. in anderen Entscheidungen, und insbesondere auch in einer neueren (vgl. Strieth. Arch. B. 35 S. 125 und B. 78 S. 259 ff.) bei einem Verkauf nach Probe angenommen, daß die vom Käufer bestrittene Probemäßigkeit der gelieferten Waare nach dem angeführten § 271 vom Verkäufer zu erweisen sei.

Vgl. Rspr. II S. 90, III S. 307 ff., V S. 207, VIII S. 43.

Förster Theorie und Praxis B. I S. 461 ff.

Hienach hat der Appellrichter sich der . . . Verletzung des Art. 346 HGB und des § 271 ALR I. 5 schuldig gemacht. Sein durch einen anderweitigen selbständigen Entscheidungsgrund nicht getragenes Erk. unterliegt daher der Vernichtung.

Nachtrag.

Im Erk. v. 1. Sept. 73 hat der I. Sen. des OHG sich (in Sachen J. Feibusch ·/. Frank & Sohn, Nr. 512 v. 73; I. Instanz: Kreisger. Strehlen in Schlesien) über die Beweislast des Verkäufers dahin ausgesprochen:

Nach den aus Art. 340 HGB und § 271 ALR I. 5 zu entnehmenden Grundsätzen ist zweifellos, daß bei dem Kauf nach Probe oder Muster der Regel nach der Verkäufer die vom Käufer geleugnete Probemäßigkeit der Waare zu beweisen hat. Beklagter meint aber, dieses Prinzip treffe hier um deswillen nicht zu, weil Klägerin gemäß Art. 355, 356 HGB auf Grund von Verzug des Bekl. Entschädigung wegen Nichterfüllung fordere, dies einen kulposen Verzug des Bekl. voraussetze und zu dessen Begründung die Probewidrigkeit der angebotenen, refüsirten Waare gehöre.

Wie aber unbestritten feststeht, hat Klägerin die fragl. 340 Sack Raps nicht angenommen und wegen Probewidrigkeit zur Disposition gestellt. Es liegt mithin keine äußerlich vollendete Thatsache einer Lieferung seitens des Bekl. [vgl. Rspr. V S. 184] vor, sondern nur der mißlungene Versuch einer solchen, und dies steht thatsächlich der Nicht-Lieferung insofern gleich, als daraus folgt, daß Klägerin die offerirte Waare nicht empfangen hat. Dies allein — in Verbindnng mit der gleichfalls unbestrittenen Thatsache, daß Beklagter innerhalb der ihm gesetzten Nachfrist nicht geliefert hat, also im Verzuge ist — bildet das Klagefundament. Dem gegenüber erscheint es als wahre Einrede (exceptio), wenn Beklagter behauptet, er habe durch Offerirung probemäßiger Waaren seinerseits den Vertrag erfüllt, und somit trifft ihn gemäß §§ 270, 271 ALR I. 5 um so gewisser die Beweislast, als die Lieferung einer Waare, die der Probe nicht entspricht, keine Erfüllung ist [Rspr. II S. 90].

Es würde auch allen Grundsätzen der Billigkeit widersprechen, wenn man dem Verkäufer verstatten wollte, durch das vielleicht dolose Anbieten einer probewidrigen Waare dem Käufer, welcher die Waare zurückweist, den Anspruch auf Entschädigung dadurch zu erschweren, daß diesem nun der Beweis der Probewidrigkeit aufgebürdet wird. Die prozessuale Vertheilung der Parteirolle, auf welche Beklagter sich beruft, ist in dieser Frage — wie nach der obigen Sachdarstellung, so überhaupt [Rspr. II S. 22, V S. 207] — nicht entscheidend; Klägerin leitet nicht Ansprüche aus den Mängeln einer acceptirten Leistung ab, sondern ihre Klage beruht auf der Nicht-Erfüllung, welche in der That für feststehend zu erachten ist.

Nr. 67.

II. Senat. — Erkenntniß v. 18. Dez. 72. (V.)

Hessische Ludwigs-Bahn c/. A. Bargmann (Nr. 759 v. 72).

Rheinhessen. **Kassationsrekurs.**

Vorinstanz: Handelsgericht Mainz.

Frachtvertrag, Werthsachen.

1. Aus dem Frachtvertrage als solchem (ex recepto) haftet der Frachtführer für nicht deklarirte Werthsachen (Kostbarkeiten ꝛc.) gar nicht.

HGB Art. **395** Abs. 2, **608**; Makower Komm. n. 11 zu Art. 395.

2. Absatz 5 des Art. 396 HGB will nur die bestehende, durch Art. 395 Abs. 1 geregelte Verantwortlichkeit des Frachtführers dem Umfange nach erhöhen; eine neue, an sich nicht vorhandene, Haftpflicht ist daraus nicht abzuleiten.

HGB Art. **395, 396, 427.**

Klägerin verlangt von der bekl. Bahnverwaltung Ersatz für Werthpapiere, die aus einem als Passagiergut von ihr aufgegebenen Reisekoffer unterwegs in Folge grober Nachlässigkeit des Bahnpersonals gestohlen worden. Eine Deklaration dieser Werthsachen (gemäß Art. 395 Abs. 2

HGB) war nicht erfolgt. Deshalb wird Klägerin, unter Kassation einer ihr günstigen handelsgerichtlichen Entscheidung, vom OHG abgewiesen

in Erwägung:

daß die dem Frachtführer durch Art. 395 HGB auferlegte Verantwortlichkeit für Frachtgutsverlust rc. bei Kostbarkeiten, Geldern und Werthpapieren nur dann eintritt, wenn diese Beschaffenheit oder der Werth des Guts angegeben ist,

daß ohne solche Angabe jene Gegenstände so, als ob sie auf Grund des Frachtvertrages nicht übergeben worden, angesehen werden, der Frachtführer mithin aus dem Frachtvertrage als solchem dafür nicht haftet;

daß dies auch durch den letzten Absatz des Art. 396 für den Fall, daß dem Frachtführer eine „bösliche Handlungsweise" nachgewiesen wird, nicht anders bestimmt ist, indem Art. 396 sich in der Weise an Art. 395 anschließt, daß er den Umfang des Schadenersatzes, welchen der Frachtführer nach Art. 395 zu leisten hat, regelt, wobei immer vorausgesetzt ist, daß eine Verpflichtung nach Maaßgabe des Art. 395 besteht;

daß die Wortfassung des Art. 396, dessen ausgesprochene Beziehung zum Art. 395 und die gesetzlichen Interpretationsgrundsätze die Annahme verbieten, daß mit dem Schlußabsatz des Art. 396 die im Art. 395 Abs. 2 enthaltene spezielle, jede vertragsmäßige Verantwortlichkeit des Frachtführers in Betreff gewisser Werthsachen ganz und gar beseitigende Bestimmung für den Fall habe außer Kraft gesetzt werden sollen, wo dem Frachtführer eine als „bösliche Handlungsweise" qualifizirbare Verletzung seiner Vertragspflichten zur Last fällt; daß vielmehr eine solche Verletzung nur die bestehende, im Art. 395 anerkannte Verantwortlichkeit erhöhen, eine solche aber nicht in einem Falle erzeugen soll, wo derselbe Art. [395] sie ausdrücklich ausschließt;

daß übrigens Art. 395 Abs. 2 den Fall unberührt läßt, daß der Verlust des Frachtguts durch ein von den Vertragspflichten des Frachtführers unabhängiges, schlechthin rechtswidriges Handeln verursacht ist [vgl. Prot. S. 2300], wodurch sich das Bedenken erledigt, als ob in jener Vorschrift dem untreuen Frachtführer ein Schutzmittel für Arglist und Betrug gewährt sein könne;

daß demnach die bekl. Eisenbahngesellschaft mit Unrecht und unter Verkennung des richtigen Sinnes der in den Artt. 395 und 396 HGB enthaltenen Vorschriften zur Erstattung der in Rede stehenden nicht deklarirten Werthpapiere um deshalb für haftbar erklärt worden, weil die Beamten der Bekl. beim Transport des die Papiere bergenden Frachtstücks sich einer — vom Vorderrichter der „böslichen Handlungsweise" [irrig, vgl. Rspr. VII S. 277 ff. und unten Fall Nr. 74] gleichgestellten — groben Fahrlässigkeit schuldig gemacht haben.

Nr. 68.

I. Senat. — Erkenntniß v. 4. Febr. 73. (B.)

F. J. de Weddige-Cremer ·|. A. Reichel (Nr. 840 v. 72).

Preußen. **Nichtigkeitsbeschwerde.**

I. Instanz: Kreisgericht Dorsten,
II. Instanz: Appellationsgericht Münster.

Frachtgeschäft, höhere Gewalt.

„Höhere Gewalt" im Sinne des Art. 395 HGB setzt objektiv voraus:

1. die Unabwendbarkeit des betr. Ereignisses durch die nach Lage des Einzelfalles gebotene Vorsicht und

2. die Unüberwindlichkeit des eingetretenen Er-

eignisses, bzw. der Schadensfolgen durch menschliches Bemühen.

Uebrigens ist die Frage, ob ein Natureigniß als höhere Gewalt aufzufassen, nicht nach einem abstrakten Maaßstabe, vielmehr nach der Besonderheit der obwaltenden Umstände zu beantworten.

v. Hahn Komm. zu Art. 395, § 9, 10, 14, 15.

Entscheidung des OHG:

Beklagter hatte die Einrede des durch höhere Gewalt erfolgten Frachtgutsverlustes und namentlich behauptet, daß sein mit aller Vorsicht und nach den Regeln der Schifferkunst im richtigen Fahrwasser der Lippe geleitetes Schiff (ungefähr 500 Schritt oberhalb der Rauschenburger Fähre) plötzlich bei ungewöhnlich hohem Wasserstande von einem Wasserstrudel mit unwiderstehlicher Gewalt erfaßt, quer durch die Lippe an deren Ufer getrieben, festgerannt und dann gesunken sei. In thatsächlicher Hinsicht ist durch Zeugen und Gutachter bekundet, daß der Unfall durch den den Schiffern zwar bekannten, jedoch ungefährlichen und nur durch den höheren Wasserstand heftiger gewordenen Strudel in der Lippe herbeigeführt, und daß ein Versehen bei Leitung des Schiffes nirgend anzunehmen, insbesondere auch der höhere Wasserstand der Lippe nicht als ein Grund anzusehen sei, welcher die Schiffer hätte veranlassen müssen, die Fahrt zu unterbrechen.

Demnach hat der Appellrichter zunächst befunden, daß der Untergang des Schiffs auf irgend eine Culpa des Frachtführers oder seiner Leute nicht zurückgeführt werden könne. In dieser Richtung hat er konstatirt, daß das Schiff ausreichend bemannt gewesen, daß die Mannschaft ihre volle Schuldigkeit gethan und daß der ungewöhnlich hohe Wasserstand der Lippe die Weiterfahrt weder untersagt noch unräthlich gemacht habe. Auch hält er dafür, daß die vom Kläger hervorgehobene Untüchtigkeit und relativ zu starke Beladung des Schiffs auf dessen Untergang einflußlos geblieben sei, eines Erweises also nicht bedürfe.

Aber mit diesen Feststellungen hat sich der Appellrichter nicht begnügt. Ausgehend von dem Satze, daß zufolge der Motive zum preuß. Entwurf eines Handelsgesetzbuchs und der Berathungs-Protokolle der Nürnberger Konferenz der Schiffer nicht schon durch den aus der Abwesenheit jeglichen Versehens zu folgernden „einfachen Casus", sondern nur durch den vermöge höherer Gewalt herbeigeführten Zufall haftfrei werde, hat er letztere dahin definirt:

> „sie sei eine äußere Macht, ein unabwendbares Natur- oder anderes Ereigniß, dem menschliche Kräfte nicht widerstehen könnten",

und „in diesem Sinne" hat er

> einen im gewöhnlichen Fahrwasser befindlichen Strudel, welcher nothwendig passirt werden muß, und dessen Gewalt durch einen eingetretenen, der Schifffahrt im Allgemeinen indeß nicht hinderlichen höheren Wasserstand über menschliche Kräfte erhöht ist,

als vis major bezeichnet.

Wird zunächst dies festgehalten, so resultirt, daß der Appellrichter sich mit Art. 395 HGB nicht in Widerspruch gesetzt hat. Denn gerade was dieser Artikel vorschreibt, ist vom Appellrichter befolgt: Beklagter ist für haftfrei erklärt, weil er bewiesen hat, daß der Verlust des Frachtguts durch höhere Gewalt entstanden.

Um dennoch die Rüge der Verletzung dieses Artikels aufrecht zu halten, imputirt die Nktbschw. dem Appellrichter Verkennung des Begriffs der höheren Gewalt; und zu besserer Konstruirung dieses Begriffs löst sie denselben in eine Reihe von negativ gefaßten Thesen auf, welche sie für Rechtsgrundsätze ausgiebt.

Es ist nicht zweifelhaft, daß wenn der Appellrichter den Rechtsbegriff der höheren Gewalt in absolut unstatthafter Weise dargelegt und von dieser unrichtigen Grundlage aus den Thatbestand gewürdigt hätte, die Rüge der Verletzung des Art. 395 durch unpassende Anwendung erhoben werden könnte; es ist aber nicht minder zweifellos, daß wenn er von dem richtigen oder doch dem Imploranten günstigsten Verständniß jenes Begriffs ausgegangen wäre, dabei aber den Thatbestand unzutreffend konstruirt hätte, die Rüge eines rechtsirrthümlichen Verstoßes gegen Art. 395 grundlos wäre.

Bekanntlich ist der Begriff der „höheren Gewalt" in Bezug auf die Vertretungspflicht des Schiffers (Frachtführers) weder im HGB definirt, noch bei dessen Vorberathung klar gestellt, noch in der Doktrin unbestritten.

Der Appellrichter hat sich im Wesentlichen der älteren und strengeren Ansicht angeschlossen, wie seine oben mitgetheilte Definition ergiebt; außerhalb der von ihm gegebenen Kriterien läßt er den Schiffer ohne Rücksicht auf Verschuldung für Zufall haften. Die neuere Ansicht findet in dem receptum des Schiffers die unbedingte Garantieübernahme für die Handlungen der Mannschaft und Passagiere und eine bedingte für die Handlungen (furtum, damnum) dritter Personen, dergestalt, daß der Schiffer letztere Handlungen nur dann vertritt, wenn sie durch irgend mögliche, durch die Umstände gebotene Vorsicht abgewendet oder unschädlich gemacht werden konnten. Nur in gleich bedingter Weise macht ihn die neue Doktrin für die schädigenden Wirkungen von Naturereignissen haftbar.

In Ansehung der letzteren stimmen also beide Ansichten im Wesentlichen überein: der Schiffer haftet nicht für solche Ereignisse, denen menschliche Kraft nicht zu widerstehen vermag und welche auch Umsicht und Sorgfalt nicht hätten abwenden können. Eine weitergehende Pflicht hat auch durch Art. 395 HGB ihm nicht aufgelegt werden sollen; es war nicht die Absicht, sich von der „Theorie des receptum" zu entfernen, und man verstand diese dahin, daß der Schiffer für den Zufall einstehe — „Fälle höherer Gewalt ausgenommen."

Demnach ist die Frage, ob ein bestimmtes Natur-Ereigniß als vis major aufzufassen, nicht nach einem absoluten Maaßstab, sondern nach der Besonderheit des Falles zu beantworten; jedoch setzt die bejahende Antwort die Existenz jener objektiven Requisite voraus, nämlich

die Unabwendbarkeit des Ereignisses durch die nach Lage des Falles gebotene Vorsicht und

die Unüberwindlichkeit des eingetretenen Ereignisses bzw. seiner Schadensfolgen durch menschliches Bemühen.

Nun ist zwar klar, daß das Schiff des Bekl. durch den Strudel in der Lippe nicht verloren gegangen wäre, wenn der Schiffsführer das Schiff oberhalb dieses Strudels festgelegt, also den Strudel nicht passirt hätte; es steht ferner fest, daß Steuermann und Schiffsknechte die Existenz des Strudels kannten; es scheint also, wie die Nktbschw. hervorhebt, an der Voraussetzung zu fehlen, daß gehörige Vorsicht das beschädigende Ereigniß nicht hätte vermeiden können. Allein dieser Schluß ist nur scheinbar. Nach der Feststellung des Appellrichters war weder der ungewöhnlich hohe Wasserstand der Lippe, noch die Existenz des Strudels an sich ein Umstand, welcher einen vorsichtigen Schiffer von der Weiterfahrt hätte abmahnen können; in Uebereinstimmung mit den Aussagen der Experten erachtete also der Appellrichter den Strudel weder an sich, noch in Verbindung mit der Wasserhöhe für eine bekannte oder vorausgesehene Gefahr, welcher der Schiffer nicht hätte entgegengehen sollen; nach seiner Auffassung war vielmehr die ausnahmsweise, nicht vorhergesehene und nicht vorhersehbare Gewalt des Strudels das Ereigniß, welches den Untergang des Schiffes herbeiführte, und welches — nach seiner weiteren Feststellung — durch menschliche Kräfte nicht zu überwinden war. So verstanden, erscheint aber der durch diese Strudelgewalt bewirkte Untergang des Schiffs und der Ladung als ein echter Fall der vis major, nämlich als ein damnum fatale, quod imprudentibus accidit, d. h., welches der Schiffer nicht wohl vorhersehen konnte.

L. 52 § 3 Dig. 17, 2; L. 3 § 1 Dig. 4, 9.

Wie sich also auch nach dieser Betrachtung die Rüge einer Verletzung des Art. 395 HGB als grundlos erweist, so sind auch die in der Nichtigkeitsbeschwerde formulirten Rechtsgrundsätze theils nicht als solche anzuerkennen, theils der Feststellung des Appellrichters gegenüber nicht verletzt. Es soll

1) „nur ein ungewöhnliches, unberechenbares, vorher nicht gekanntes und nicht gewürdigtes Ereigniß vis major begründen können."

Dies ist unrichtig. Ein Schiffer, der während eines Gewitters seine Reise antritt oder fortsetzt, wird die Möglichkeit des Blitzschlags vorhersehen müssen; dennoch bleibt letzterer, wenn er die Ladung trifft und zerstört, in der Regel vis major. In vorliegendem Falle ist aber auch festgestellt, daß ein Unvorhergesehenes, Ungewöhnliches den Schiffsuntergang bewirkt hat.

2) „In der höheren Gefahr durch erhöhten Wasserstaud soll nur ein dem natürlichen Charakter des Wassertransports entsprechender Zufall, in der solchergestalt vermehrten Heftigkeit eines Stru-

dels also ein nicht ungewöhnliches Ereigniß liegen."

Dieser angebliche Rechtssatz existirt nicht; er würde, wenn er giltig wäre, die unzweifelhaften Fälle echter vis major, unvermeidlicher und unwiderstehlicher Zufälle durch Wogendrang, Eisgang ꝛc. dem Schiffer zur Last stellen.

3) „Ein Strudel, der bei gleich hohem Wasserstande gewöhnlich gefahrlos passirt werden könne, soll nicht als unabwendbares Naturereigniß gelten können."

Daß diese Behauptung keinen Rechtssatz enthält, bedarf keiner Darlegung. Sie versucht annehmbar zu machen, daß die Mannschaft etwas versehen haben müsse; sie wendet sich also gegen eine thatsächliche Würdigung des Appellrichters.

4) Die Behauptung: „es kann keine Erhöhung eines höheren Wasserstandes über menschliche Kräfte vorliegen, wenn dieselben menschlichen Kräfte mit denselben Mitteln unter denselben Verhältnissen früher den Strudel immer ohne Schaden passirt haben,"

hat gleichfalls von einem Rechtssatze nichts in sich, sondern rechtet mit dem Appellrichter über die Qualifizirung des Faktums.

Nr. 69.

I. Senat. — Erkenntniß v. 28. Febr. 73. (Ref.)

H. Jontoffsohn ·| Chr. Jäschke (Nr. 176 v. 73).

Preußen. **Wechselsache.** **Revision.**

I. Instanz: Gerichtsdeputation Stuhm,
II. Instanz: Appellationsgericht Marienwerder.

Wechsel-Protest, Protesturkunde.

1. Ein Domizilwechsel muß zur Wahrung des Regreßrechts auch dann protestirt werden, wenn bei Verfall dieselbe Person Wechselinhaber und Domiziliat ist.

DWO Art. 24, 43; Plenarbeschluß des OHG v. 10. Mai 72.

2. Ob dem Protestnehmer das Original-Protest-Protokoll oder eine (dessen Inhalt mit öffentlichem Glauben bezeugende) Ausfertigung desselben ausgehändigt werden soll, ist in der DWO nicht vorgesehen.

DWO Art. 41, 45, 54, 88, 89.

3. Die eigentliche Protesturkunde muß innerhalb der Protestfrist vollzogen und abgeschlossen werden. Sie ist in dem Sinne Solennitätsakt, daß nur durch sie das Vorhandensein eines gehörigen Protests dargethan werden kann.

Rspr. VIII S. 196 ff.

4. Eine lückenhafte „Ausfertigung" kann durch das Original-Protestprotokoll ergänzt, bzw. durch eine nach diesem hergestellte neue Ausfertigung ersetzt werden; denn nur der Inhalt des Original-Protests ist entscheidend.

5. Die im Art. 88 Nr. 6 DWO gebotene Beifügung des Amtssiegels ist auf solche Original-Protestprotokolle nicht zu beziehen, die in den Akten des protestirenden Beamten, bzw. des betr. Gerichts bleiben.

6. Die für die „Notifikation" gesetzte Frist des Art. 45 DWO läuft vom Tage der Protesterhebung, auch wenn der protestirende Wechselinhaber eine Ausfertigung der Protesturkunde erst später ausgehändigt erhält.

Entscheidung des OHG:

1) Der Klagewechsel ist „Christian Jäschke", also von einer einzelnen Person unterschrieben, aber „an die Order von uns selbst" gestellt. Mit Recht hat der Appellrichter hierin einen wesentlichen Mangel nicht gefunden. Es liegt nur eine sprachliche Ungenauigkeit * vor, die darüber keinen Zweifel begründet, daß der Wechsel an die Order des Ausstellers bezahlt werden soll (Art. 4 Nr. 3 DWO).

2) Dieser Wechsel, auf Christian Zerwer in Tiefensee gezogen, hat unter der Adresse den Vermerk:

* Vgl. Rspr. I S. 79, II S. 36, 217; III S. 20, VI S. 128 VII S. 99.

„zahlbar bei H. Jontofsohn (in) Christburg"; er ist also domizilirt (Art. 24 DWO, vgl. Rspr. II S. 131, 374; V S. 354). Folglich war rechtzeitige Protesterhebung beim Domiziliaten zur Erhaltung des Regresses gegen den Aussteller und Remittenten erforderlich (Art. 43 DWO).

Es machte hierin keinen Unterschied, daß Kläger bei Verfall nicht nur Inhaber, sondern auch Domiziliat war.

Plenar-Beschluß* des OHG v. 10. Mai 72 in Sachen Adler wider Schlegel, Nr. 612 v. 72

Kläger hat auch am Tage nach dem Verfall — am 11. Oktober 1872 — den Wechsel Mangels Zahlung bei sich selber protestiren lassen. Für seine jetzige Wechsel-Regreßklage ist mithin entscheidend, ob der Protest gehörig erfolgt ist.

Ob letzteres geschehen, ist zur Zeit noch nicht ersichtlich.

3) Der Protest ist vom Actuar W. bei der preuß. Gerichtskommission Chr. aufgenommen. Für die Aufnahme von Acten der freiwilligen Gerichtsbarkeit besteht für die preuß. Gerichte die Regel, daß der instrumentirende Beamte über den Hergang ein Protokoll aufnimmt, welches von „den Parteien" und von ihm unterzeichnet, jenen aber nicht ausgehändigt wird, sondern in den Gerichtsakten verbleibt. Aber „auf Grund jenes Protokolls" erfolgt „die gerichtliche Ausfertigung", welche in der Regel den Wortlaut des Protokolls aufnimmt und vom Vorstande des Gerichts durch Unterschrift vollzogen und mit dem Gerichtssiegel versehen wird.

AGO Th. II Tit. 2 § 42, 45, 49, 50, 53, 54.

Die „Parteien" erhalten also nicht den Originalact,

* Der hier angezogene Plenarbeschluß ist bisher nirgend veröffentlicht worden; vgl. Rspr. II S. 390.

sondern in einer gerichtlichen, zu öffentlichem Glauben ausgefertigten Urkunde dessen Kopie.

So auch ist in vorliegendem Falle verfahren. Kläger hat nicht das über die Protestverhandlung vom Actuar W. aufgenommene Original-Protokoll, sondern eine (mindestens 3 Tage später bewirkte) Ausfertigung desselben erhalten und mit seiner Regreßklage überreicht.

Ob es mit den bestehenden Vorschriften vereinbar und ob es besser gewesen wäre, wenn dem Kläger das Original-Protokoll, nachdem dieses mit dem Kommissions- oder Gerichtssiegel versehen worden, zugestellt und nur eine Abschrift desselben zu dem Protest-Register zurückbehalten wäre (Art. 90 DWO; Hartmann DWR S. 396), bedarf keiner Erörterung. Denn die DWO hat zwar im Art. 88 den wesentlichen Inhalt des Protestes vorgeschrieben, jedoch darüber nichts verordnet, ob das Original oder die Ausfertigung des Protestactes dem Protestnehmer ausgehändigt werden muß (Erk. des preuß. OTr. v. 19. April 64, Strieth. Arch. B. 53 S. 237; vgl. Art. 45 DWO); es ist daher hier nicht in Frage, ob übrigens richtig sein mag, daß die Erfordernisse eines gehörigen Protestes nur nach der DWO zu bestimmen, nicht aber aus territorialen Gerichts- oder Notariats-Ordnungen zu entnehmen sind.

Archiv für WR B. I S. 379 ff., 393 ff.; Thöl WR S. 287; Hartmann DWR S. 392; Renaud Lehrbuch des WR S. 104.

Wird aber so verfahren, wie in vorliegendem Falle geschehen: so kann nicht zweifelhaft sein, daß der in den Gerichtsakten verbliebene Originalact die Protesturkunde ist, während die „Ausfertigung" desselben als eine unter öffentlichem Glauben ertheilte Bezeugung ihres Inhalts den Protest nur ersetzt.

Daraus folgt, daß die Original-Unterschrift des protestirenden Beamten zwar im Originalact vorhanden sein muß (Art. 88 Nr. 6 DWO), nicht aber in der Ausfertigung, ja in der letzteren ihrer Form nach nicht einmal vorhanden sein kann.

Es folgt ferner, daß, wenn nur ein rechtzeitiger Protest den Regreß erhält (Art. 41 DWO), und wenn der Protest nicht blos in der Thatsache des Protestirens, sondern nothwendig in der Beurkundung dieser Thatsache besteht (Thöl S. 287; Leonhard Wächter im Archiv für WR B. 7 S. 237; Volkmar und Löwy DWO S. 331), wenn demgemäß die Protesturkunde innerhalb der Protestfrist vollzogen und abgeschlossen sein muß, —

Hartmann a. a. O. S. 391, 395; Erk. des preuß. OTr. v. 2. Mai 54 (Entsch. B. 27 S. 447); Erk. des OHG v. 25. Sept. 72, oben S. 196 ff. —

doch die erst später erfolgende Ausfertigung des gehörig vollzogenen Protestes, d. h. des Protestprotokolls dem Regreßrecht nicht präjudizirt. Es ist also nicht von Belang, daß die Ausfertigung des Protokolls v. 11. Okt. 72 erst v. 14. Okt. datirt ist.

Aus der Unterscheidung der Original-Protesturkunde von der Ausfertigung ergiebt sich aber noch eine weitere Folge. Die Protesturkunde ist — wenn nicht Formalact —

Erk. des preuß. OTr. v. 22. Nov. 53, Entsch. B. 26 S. 397; Archiv für WR B. 4 S. 178; Volkmar und Löwy S. 169, 331,

so doch Solennitätsact in dem Sinne, daß nur durch sie die Existenz eines gehörigen Protestes dargethan werden darf (Thöl S. 285; Hoffmann Erläuterungen der ADWO S. 612).'

Daraus folgt allerdings, daß der Protest nicht aus dem Protestregister berichtigt und ergänzt werden darf; — denn letzteres enthält in der Regel nur seine Kopie,'

Renaud a. a. O. S. 110; Hoffmann a. a. O.

S. 612, 617, 628; Hartmann DWR S 391, 396;

Entsch. des preuß. OTr. B. 26 S. 397, B. 53 S. 223 (B. 49 S. 235) —

allein nichts steht entgegen, daß wenn die Abschrift des Protestes fehlerhaft, sie aus der Urschrift korrigirt, die lückenhafte Ausfertigung also durch das Original-Protokoll ergänzt oder durch eine neue, nach dem Original-Protokoll herzustellende Ausfertigung ersetzt werde. Denn für die Prüfung der Rechtsgiltigkeit bleibt auch dann der Inhalt des Original-Protestes entscheidend.

Leonhard Wächter a. a. O. S. 239, 242 und Note S. 241. — Entsch. des preuß. OTr. B. 53 S. 227, 229.

Nun enthält die mit der Klage vorgelegte Ausfertigung v. 14. Okt. 72 nur eine lückenhafte Abschrift des Klagewechsels; es fehlt nämlich ein für die Individualitat des Wechsels wesentlicher Zusatz: der Domizilvermerk. Wäre letzterer auch im Originalprotestprotokoll fortgelassen, so würde der Protest die Identität des eingeklagten und protestirten Wechsels nicht darthun, also rechtsungiltig sein (Art. 88 Nr. 1 DWO; Rspr. I S. 87). Daß das Originalprotokoll jenen Zusatz enthalte, wird durch die beigebrachte zweite Ausfertigung v. 6. Dez. 72 nicht erwiesen. Denn obschon diese den Domizilvermerk aufführt, hat sie doch blos deshalb, weil sie die neuere Ausfertigung ist, keine stärkere Beweiskraft als die erste. Ob das unter der dritten Ausfertigung v. 29. Dez. 72 ertheilte gerichtliche Attest den vom Kläger unternommenen Beweis an sich zu liefern vermag, kann unentschieden bleiben, denn das Attest ist erst mit der Revisionsschrift produzirt. Es kommt also auf die Einsicht des Original-Protokolls an, und hierauf hat sich Kläger rechtzeitig berufen. Der Appellrichter hätte also die Vorlegung desselben verfügen sollen (§ 126 AGO I. 10). Da dies aus unzutreffendem Grunde unterlassen ist, muß das Appellurtel aufgehoben und die Sache zu diesem Behuf in die II. Instanz zurückgewiesen werden.

Denn der Einwurf des Bekl., der Regreß sei einmal auf Grund der Protestausfertigung v. 11. Okt. 72 erhoben, könne also im Laufe des Prozesses nicht anderweit begründet werden, geht fehl. Grundlage der Klage ist nicht die Protestausfertigung v. 14. Okt., sondern der Protestact v. 11. Okt. 72, und wenn es in der Klage heißt: „am 11. Okt. sei der beiliegende Protest aufgenommen", so ist damit nur der in der „beiliegenden" Ausfertigung vom 14. Okt. beurkundete Protestact vom 11. Okt., als das Original-Protokoll gemeint. Auch hat Kläger nicht etwa die lückenhafte Ausfertigung dem Bekl. zugesendet und auf Grund derselben an ihn die Regreßforderung gestellt; sondern er hat, wie ihm zustand (Art. 45 DWO), den Bekl. von der erfolgten Protesterhebung überhaupt nur schriftlich benachrichtigt.

Die Einsicht des Original-Protokolls — behufs Feststellung der Vollständigkeit der ihm inserirten Wechselabschrift — würde zwecklos sein, wenn Beklagter darin Recht hätte, daß dieses Protokoll wegen des fehlenden Amtssiegels ohnehin ungeeignet sei, einen rechtsgiltigen Protest herzustellen. Hierin ist ihm jedoch nicht beizustimmen. Wäre das Original-Protokoll dem Kläger als Protestact ausgehändigt, so würde der Einwand des Bekl. allerdings zutreffen. Denn die Vorschrift der Nr. 6 des Art. 88 DWO betrifft ein wesentliches Erforderniß. Allein sie ist nicht zu beziehen auf solche Original-Protest-Protokolle, die in den Akten des protestirenden Beamten verbleiben, während der Interessent nur eine Ausfertigung desselben erhält. Ein solches Protokoll bedarf zwar als Original-Protest des gehörigen Abschlusses, also der Vollziehung durch den protestirenden Beamten; aber im Uebrigen beruht der Glaube des Protokolls auf der Amtsstellung des Beamten und auf der Einfügung in die Amtsakten; das Amtssiegel wird erst erforderlich, wenn die Urkunde für sich selber als unter öffentlicher Autorität und Unterschrift und zu öffentlichem Glauben errichtet, sich darstellen soll, also wenn sie zu solchem Behuf ausgehändigt wird, bzw. von vornherein zur Aushändigung bestimmt ist. Deshalb genügt, daß die dem Kläger ertheilte Ausfertigung des Protestes v. 14. Okt. 72 mit dem Amtssiegel versehen, unter diesem Siegel also die wirkliche Aufnahme des Protestacts v. 11. Okt. beurkundet ist.

Vgl. AGO Th. I Tit. 10 § 124; Th. II Tit. 2 § 45, 49, 54; Th. III Tit. 7 § 49, 50, 56, 60, 68, 78; preuß. Notariats-Ordnung v. 11. Juli 45 § 15, 16, 21, 40.

Wird die Vollständigkeit der Wechselabschrift durch das Original-Protokoll v. 11. Okt. 72 dargethan, so kommt es auf den Beweis an, welchen Kläger für die Aechtheit der Wechselunterschrift und des Giro des Bekl. angetreten hat... Keinenfalls aber können dem Kläger die bis zur Klagebehändigung aufgelaufenen Zinsen und Protestkosten zugesprochen werden. Denn nach seiner eigenen Darstellung hat er den Bekl. von der Protesterhebung nicht innerhalb zweier Tage nach derselben, sondern erst innerhalb zweier Tage nach Empfang der erst v. 14. Okt. 72 datirten Protest-Ausfertigung schriftlich benachrichtigt (Art. 45 DWO).

Nr. 70.

Plenum. — Erkenntniß v. 6. März 73. (Z.)

Heller ·. Dorp (Nr. 191 v. 73).

Königreich Sachsen. **Weitere Berufung.**

I. Instanz: Handelsgericht im Bezirksgericht Dresden,
II. Instanz: Appellationsgericht Dresden,
III. Instanz: Reichs-OHG, II. Senat.

Handelskauf, Verzug, Wahlrecht, Anzeige, Nachfrist.

1. Art. 356 HGB ist nicht dahin aufzufassen, daß dem nicht säumigen Kontrahenten obliege, dem säumigen Kontrahenten eine Nachfrist ungebeten zu offeriren; die Pflicht desselben beschränkt sich darauf, eine solche Frist auf diesfälliges Ansuchen zu gewähren.

Vgl. Rspr. IV S. 59 Grundsatz Nr. 2, S. 124; VII S. 211.

2. Wie bestimmt sich die Dauer der zu gewährenden Nachfrist? (Vgl. Rspr. IV S. 125.)

Entscheidung des OHG:

Der Art. 356 HGB hat lediglich die Bedeutung, einem chicaneusen — das heißt: der bona fides zuwiderlaufenden — Verhalten des nicht säumigen Kontrahenten bei Ausübung des diesem im Art. 354, bzw. 355 gewährten zweiten und dritten Rechts vorzubeugen. Hieraus folgt:

1) bezüglich der Dauer der zu gewährenden Frist, daß diese nicht ohne Weiteres so lang zu bemessen ist, daß der Säumige, auch wenn er bei Eintritt des Verzuges, bzw. bei der seitens des Nichtsäumigen abgegebenen Erklärung, noch keine Schritte zur Erfüllung gethan hatte, nunmehr noch sämmtliche Erfüllungshandlungen vornehmen könne *. Die Frist in solchem Umfange zuzulassen, würde in völlig

* Der II. Senat des OHG sagt in dem, durch obige Plenar-Entscheidung bestätigten, Urtel v. 30. Okt. 72 (in Sachen Dorp · |.

ungerechtfertigter Weise den Säumigen auf Kosten des Nichtsäumigen begünstigen und der bona fides, welche nicht nur der Verpflichtete, sondern auch der Berechtigte für sich geltend machen kann, zuwiderlaufen. Nur deswegen, weil der aus dem Kauf Verpflichtete trotz seinerseits angewendeter Diligenz oft nicht im Stande ist, die Erfüllungszeit einzuhalten — namentlich weil er von der Thätigkeit Anderer und der rechtzeitigen Erfüllung der ihm gegenüber eingegangenen Verbindlichkeiten (aus Kauf, Dienstmiethe, Frachtvertrag ꝛc.) abhängig ist —, erscheint es der bona fides widersprechend, die Einhaltung der verabredeten oder in Folge Mahnung eintretenden Lieferzeit mit derselben Strenge zu verlangen, wie die Erfüllung anderer Vertrags-

Heller, Nr. 680 v. 72): „Es ist nicht Absicht des Gesetzes, daß der nichtsäumige Käufer dem säumigen Verkäufer noch eine so lange Nachfrist gewähren soll, daß Verkäufer, wenn derselbe noch nicht das Geringste behufs Erfüllung des Vertrages gethan oder veranlaßt hat, innerhalb der Nachfrist alles dieses bisher Versäumte noch müßte nachholen können; mit anderen Worten: die zu gewährende Nachfrist ist keineswegs mit der vollen Erfüllungsfrist zu identifiziren. . . Kläger durfte nach der konkreten Sachlage davon ausgehen, daß Beklagter nach Möglichkeit darauf Bedacht genommen und bereits Anstalten getroffen hatte, die zu liefernde Waare anzuschaffen. Kläger konnte nicht wissen, wie weit Beklagter etwa mit solchen Vorkehrungen bereits gediehen war und welcher Zeit dieser zu vollständiger Erfüllung noch bedurfte. Ihm lag es ob, dem Bekl. hiezu noch eine billige Nachfrist (modicum tempus) zu gewähren. Dem hat Kläger genügt, wenn er aus freien Stücken . . dem Bekl. eine achttägige Frist gewährte. Wenn Beklagter nun glaubte, noch einer längeren Frist zu bedürfen, so durfte er nicht einfach schweigen und seine Ausstellungen gegen die Angemessenheit der Frist bis zu jetzigem Prozeß aufschieben; er mußte vielmehr sofort, unter Darlegung der Gründe, eine entsprechende Verlängerung der Frist nachsuchen, und erst wenn Kläger ein solches Ansuchen ohne zureichende Gründe abgelehnt hätte, würde dem Bekl. ein Einwand gegen den Entschädigungsanspruch zustehen." — Ebenso sagt der II. Senat in einer hessischen Sache (Heinzinger ·/. Hochschild, Nr. 694 v. 72) im Erk. v. 23. Nov. 72: „Der säumige Kontrahent kann nicht verlangen, daß ihm eine so geräumige Frist gewährt werde, wie er, wenn er überall noch gar nichts zur Erfüllung vorgekehrt hat, zu allen diesen Vorbereitungen bedarf; er kann (mit anderen Worten) nicht die Gewährung einer vollen Erfüllungsfrist, sondern nur die Gewährung einer nach den Umständen billig zu bestimmenden, mäßigen Nachfrist verlangen."

bestimmungen. Das Recht erkennt dies dadurch an, daß es nach eingetretenem Verzuge zwar dem Nichtsäumigen immer die Befugniß, Schadenersatz wegen verspäteter Erfüllung [vgl. Rspr. III S. 1] zu fordern zugesteht, aber nicht das Recht gewährt, sofort die Annahme der Realerfüllung zu verweigern und statt derselben Schadenersatz wegen Nichterfüllung zu fordern oder vom Vertrage abzugehen, es sei denn, daß die Natur des Geschäfts ein Zuwarten nicht zuläßt oder der Fall des Art. 357 vorliegt.

2) Weiter folgt aus jener Bedeutung des Art. 356, daß der säumige Kontrahent sich nach Eintritt des Verzugs nicht passiv verhalten darf. Er muß vielmehr den Nichtsäumigen von seiner Absicht, noch erfüllen zu wollen, in Kennntniß setzen und demselben — unter Mittheilung der Gründe, welche ihn an der rechtzeitigen Erfüllung verhindert haben — eine Erklärung darüber, in welchem Zeitraum er die Erfüllung nachholen werde, zukommen lassen. Auch eine vor Eintritt des Verzugs abgegebene Erklärung kann unter Umständen hiezu genügen. Jedenfalls aber wird dieselbe sofort, nachdem der nichtsäumige Kontrahent seine Erklärung, statt der Realerfüllung Schadenersatz fordern zu wollen, abgegeben hat, zu erfolgen haben.

Auf solche Erklärung hat der Nichtsäumige zu erwägen, ob die vom Säumigen gesetzte oder beanspruchte Frist als eine den Umständen entsprechende erscheint, und danach sein Verhalten einzurichten. Hat sich dagegen der Säumige schweigend verhalten, so hat der Nichtsäumige lediglich diejenigen Umstände zu berücksichtigen, welche ihm bekannt sind, bzw. bekannt sein müssen, um hienach zu verfahren. Der Richter aber hat in diesem Falle bei Prüfung der Frage, ob der Nichtsäumige befugt war, sofort oder erst nach einer gewissen Frist sein betreffendes Recht auszuüben, bzw. ob die von ihm eingehaltene Frist den Umständen angemessen war, lediglich dasjenige in Berücksichtigung zu ziehen, was dem Nichtsäumigen zu jener Zeit bekannt war oder bekannt sein mußte.

3) Zu einer Fristsetzung seinerseits ist der Nichtsäumige nicht verbunden. Setzt er eine Frist, so hat dies zunächst nur die rechtliche Wirkung, daß er vor Ablauf derselben von seinem Recht, statt der Realerfüllung Schadenersatz zu fordern, keinen Gebrauch machen darf. Im Uebrigen bleibt das Rechtsverhältniß unverändert. Nur unter Umständen kann im Stillschweigen des Säumigen eine Erklärung, daß auch er die Frist für eine den Umständen angemessene halte, liegen. An sich hat sein Schweigen nur die Bedeutung, welche ihm oben für den Fall zugeschrieben ist, wenn der Nichtsäumige keine Frist setzt, d. h. die Frage, wie lange der Nichtsäumige von seiner Erklärung an zu warten verpflichtet ist, bis er von seinem Recht Gebrauch macht, ist lediglich nach den Umständen zu entscheiden, welche dem Nichtsäumigen bekannt waren oder bekannt sein mußten.

Allerdings scheint eine wörtliche Interpretation des Art. 356 zu einem entgegengesetzten Resultat zu führen. Allein es ist hiegegen zunächst auf die Entstehungsgeschichte des Artikels Bezug zu nehmen.

In erster Lesung wurde folgender Satz angenommen:

> „Will der Verkäufer oder der Käufer vom Vertrag abgehen (NB. nach dem damals angenommenen System ist darunter das sogen. Abgehen mit Schadenersatz zu verstehen), so hat er dies, sofern nicht Gefahr beim Verzug ist, dem anderen Kontrahenten, soweit thunlich, vorher anzuzeigen und diesem Gelegenheit zu geben, das Versäumte schleunig nachzuholen, widrigenfalls der Rücktritt, vorbehaltlich etwaiger Schadenansprüche des

anderen Kontrahenten wirkungslos ist." (Prot. S. 632 unter g, 625 ff. unter d, Art. 301 des Entw. erster Lesung)

In zweiter Lesung wurde der Antrag gestellt, zu setzen: „Will ... abgehen, so hat er hievon dem anderen Kontrahenten Nachricht zu geben, und zwar, wenn nicht Gefahr im Verzug ist, mit der Aufforderung, das Versäumte binnen einer bestimmten, den Umständen angemessenen Zeit nachzuholen."

Motivirt wurde dieser Antrag damit, die im Worte „schleunig" liegende unbestimmte Vorschrift durch eine bestimmte zu ersetzen. Dabei wurde bemerkt, es handle sich nur darum, daß eine purgatio morae nicht doloser Weise unmöglich gemacht werde. Dieser Antrag wurde abgelehnt und Art. 301 des Entwurfs erster Lesung „vorbehaltlich einer Revision der Fassung durch die Redaktionskommission" angenommen (Prot. S. 1404).

Bei der hierauf nochmals aufgenommenen Berathung über die Wirkung des Verzugs (Prot. S. 1414 ff.) wurde immer nur davon ausgegangen, daß zur Vermeidung der Spekulation auf Kosten des Säumigen, diesem Nachricht von der Absicht, Schadenersatz zu fordern, und Gelegenheit zur purgatio morae gegeben werde. Nirgend eine Andeutung, daß eine Frist gesetzt werden müsse. Die jetzige Fassung wurde als eine „Redaktionsänderung" der Fassung des Entwurfs erster Lesung aufgefaßt. — In der Sitzung v. 27. Febr. 58 wurde eine von der Redaktionskommission vorgelegte revidirte Fassung als solche stillschweigend angenommen. Nur in Betreff der letzten Worte fand eine (hier nicht interessirende) Abänderung statt. Das gedruckte Protokoll enthält hierüber keine Bemerkung (Prot. S. 1459).

In dritter Lesung erhielt der Artikel lediglich die durch genauere Formulirung des dem Nichtsäumigen zustehenden dreifachen Rechts erforderliche Veränderung im Eingang (Prot. S. 4599, 5080).

Es ergiebt sich hieraus, daß man ganz und gar nicht von der Nothwendigkeit, eine Frist zu setzen, ausgegangen ist, sondern davon, daß dem Säumigen Gelegenheit gegeben werden müsse, mora zu purgiren, mit anderen Worten: daß die innerhalb einer angemessenen Frist erfolgende Nachlieferung angenommen werden müsse. Insbesondere ist auch das Wort „dabei" weder ausdrücklich beschlossen, noch im Sinn einer Fristsetzung verstanden worden.

Allein auch abgesehen von der Entstehungsgeschichte, fordert die Fassung des Gesetzes keineswegs mit Nothwendigkeit die Interpretation, daß der Nichtsäumige eine Frist setzen müsse, ja das Wort „gewähren" spricht sogar eher dagegen.

Das Wort „dabei" scheint zwar auf den ersten Blick mit „anzeigen" in Verbindung gebracht werden zu müssen, kann aber auch auf das gesammte Verhältniß gedeutet werden, so daß es soviel heißt als: „bei dieser Gelegenheit". Für diese Interpretation spricht aber ein gewichtiger innerer Grund, der nämlich, daß nach der entgegengesetzten Auffassung durch das Gesetz ein Formalismus eingeführt sein würde, welcher dem durch den Artikel verfolgten Zweck entschieden widerspräche. Wie die Anzeige als formale Voraussetzung der Ausübung des Rechts aus dem Verzug* aufzufassen ist, so würde dies auch von der Fristsetzung gelten müssen. Daraus würde folgen:

a) daß auch dann eine Fristsetzung zu verlangen wäre, wenn der säumige Kontrahent die Erfüllung verweigert hätte. Hiegegen hat sich das OHG bereits ausgesprochen (Rspr. IV S. 59, 124; V S. 362, VII S. 257). Abgesehen davon würde man

b) willkürlich handeln, wenn man verlangte, der Nicht-

* Rspr. III S. 352, 369; IV S. 35 ff., 114.

säumige müsse eine „Frist" setzen. Die Bedingung würde nur erfüllt sein, wenn er eine angemessene Frist gesetzt hätte. Würde also z. B. in einem Falle, in welchem nach richterlichem Ermessen eine vierzehntägige Frist angemessen wäre, der Nichtsäumige eine achttägige gesetzt, aber doch drei Wochen gewartet haben, bevor er von seinem Recht Gebrauch machte: so würde ihm trotzdem die Setzung der zu kurzen Frist präjudiziren, gleichgiltig ob der Säumige dagegen remonstrirt hätte oder nicht;

c) auch würde es nicht genügen, daß eine unbestimmte Frist gesetzt würde — selbst dann nicht, wenn der Nichtsäumige so lange gewartet hätte, als nach den Umständen angemessen scheinen mußte. Ja die Dauer der Frist müßte sogar ausdrücklich erklärt sein; es würde nicht genügen, daß die Absicht des Nichtsäumigen hinsichtlich der Dauer derselben anderweit erkennbar wäre.

Es ist evident, daß diese nothwendigen Konsequenzen der formalen Auffassung der betr. Bestimmung mit dem ihr zu Grunde liegenden Gedanken unvereinbar sind.

Vgl. Lamprecht Verzug beim Kauf in Busch's Archiv, Neue Folge B. I S. 101 ff. (Separatabdruck S. 102 ff.) und die dort citirten Erkenntnisse, namentlich Erk. des Ob.-App.-Ger. Lübeck v. 29. Dez. 66 (Stiehl ·/. Jacobi).

In vorliegendem Falle erscheint nun die vom Kläger dem Bekl. gewährte Frist von acht Tagen den Umständen, soweit Kläger dieselben übersehen konnte, völlig angemessen. Sind ja doch, wie Kläger anführt und durch Frachtbriefe belegt, Transporte ähnlicher Art aus Dresden und Umgegend in drei bis sieben Tagen nach den Stationen Hochdahl bzw. Vohwinkel gelangt.

Lagen noch andere Umstände vor, welche für eine weitere Ausdehnung der Frist gesprochen haben würden, so wäre es Sache des Bekl. gewesen, dieselben dem Kläger zu notifiziren und geltend zu machen, und er hat es sich selbst zuzuschreiben, wenn in Folge dieser Unterlassung die Frist zu kurz bemessen sein sollte.

Nr. 71.

I. Senat. — Erkenntniß v. 12. April 73. (B.)

B. Zawlodawer E. Eichel und R. Böttger (Nr 304 v. 73).

Preußen. Wechselsache. Nichtigkeitsbeschwerde.

I. Instanz: Kreisgericht Pleschen,
II. Instanz: Appellationsgericht Posen.

Wechsel, Unterschrift des Ausstellers.

1. Darf nur der Annahmevermerk quer über den Wechsel gesetzt werden?

DWO Art. 4, 7, 12, 21. 81, 96, 98.

2. Die Unterschrift des Wechselausstellers muß auf dem Wechsel räumlich eine bestimmte, sie als vollziehende Unterzeichnung bezeichnende Stelle einnehmen.

DWO Art. 4 Nr. 5, Art. 94, 95, 96 Nr. 5.

Entscheidung des OHG:

Der Klagewechsel, aus welchem Ernst E. als Aussteller und Robert B. als Blancoindossant in solidum belangt werden, hat die übliche Form eines Eigenwechsels, jedoch mit dem Zusatzvermerk „Auf mich selbst hier und aller Orten"; statt einer Unterschrift des Ausstellers (unter dem Wechselcontext) aber sind quer über den Wechsel geschrieben die Worte: „Angenommen

Ernst E."

Der Appellrichter hat die Klage zurückgewiesen, weil es dem Schriftstück an der Unterschrift eines Eigenwechsels fehle, und dieser Mangel durch das vorliegende Accept eines gezogenen Wechsels nicht ersetzt werde, da hiezu wiederum Trattenform und Trassant mangeln. Ein Motiv seiner Entscheidung ist, daß der Wechselinhalt und die Verpflichtungserklärung des bekl. Ernst E. in einem nicht in Zusammenhang zu bringenden Gegensatz ständen. Dieses Motiv erscheint bedenklich, da der bloße Zusatz „angenommen" oder „acceptirt", gleich der Klausel „Sola auf mich selbst", sofern sie einer wirklichen Unterschrift des Wechselausstellers beigefügt sind, die Giltigkeit des in Form eines Eigenwechsels ausgestellten Schriftstücks als übliche und völlig bedeutungslose Formeln schwerlich zu beeinträchtigen vermögen. Bedenklich ist ferner, wenn der Appellrichter in den Worten „angenommen Ernst E." das Accept eines gezogenen Wechsels findet, sei es wegen des Wortes „angenommen", sei es wegen ihrer örtlichen Stellung auf dem Wechsel; da sehr wohl auch andere Wechselerklärungen, welchen das Gesetz eine bestimmte Stelle nicht vorschreibt, quer über die Urkunde gesetzt werden dürfen. Allein derjenige Grund, welcher für sich allein die Entscheidung vollkommen trägt, daß nämlich die Unterschrift des Ausstellers fehle, ist richtig und verstößt keineswegs gegen den (in der Nktbschw. als verletzt bezeichneten) Art. 96 Nr. 5 DWO.

Zu den wesentlichen Erfordernissen eines Wechsels, deren Mangel jede wechselmäßige Verbindlichkeit ausschließt — DWO Art. 7, 98 Nr. 1 —, zählt übereinstimmend für gezogene und für eigene Wechsel die Unterschrift des Ausstellers mit seinem Namen oder seiner Firma: DWO Art. 4 Nr. 5, Art. 96 Nr. 5. Seinem klaren Wortlaut nach erfordert das Gesetz eine Unterzeichnung, d. h. die Namenszeichnung muß auch äußerlich sich als eine dieselbe deckende und vollendende Willenserklärung darstellen.

Demgemäß spricht Art. 94 DWO von der Vollziehung, Art. 95 von der Unterzeichnung der Wechselerklärungen. Die Wechselerklärung des Ausstellers aber besteht — im Unterschied von anderen Wechselerklärungen — in der Herstellung einer wirklich oder doch der Intention nach — bei Blancowechseln — vollständigen Wechselurkunde, und ihre Unterzeichnung oder Vollziehung ist nur an der Stelle möglich, wo sie selber endigt. Damit ist für die Unterzeichnung eine bestimmte Stelle gegeben, und ist jede andere Stelle (etwa im Context der Urkunde oder oberhalb derselben oder auf deren Rückseite oder quer darüber oder zur Seite) nothwendig ausgeschlossen. Inwiefern aber eine Namenszeichnung örtlich als Unterzeichnung der darüber stehenden Urkunde zu gelten vermag, ist nach richterlichem Ermessen zu entscheiden.

Sammlung handelsrechtlicher Entsch. des App.Ger. zu Nürnberg I. S. 99, 310;

Erk. des OApp.Ger. Dresden v. 22. Januar 63 (Archiv für WR B. X S. 384 ff.).

Diese strengere Auffassung entspricht zugleich dem schon vor der DWO nach nahezu allen Wechselordnungen (Treitschke Encyclopädie der Wechselrechte II S. 510, 511), insbesondere auch nach § 776, 1181 ALR II. 8 geltenden Grundsatz; sie wird auch in der französischen Praxis, ungeachtet es hier an einer ausdrücklichen Vorschrift des Gesetzes fehlt, von jeher als selbstverständlich befolgt (Pothier contrat de change No. 30; Bravard-Veyrières traité de droit commercial, Vol. III pag. 73, 74) und ist nur im englisch-amerikanischen Recht nicht vollkommen durchgedrungen (Borchardt Sammlung der geltenden Wechselgesetze B. I S. 168).

Im Gebiet des preuß. Rechts tritt hinzu, daß für alle Privat- und öffentlichen Urkunden das gleiche Prinzip besteht und daß die Norm des Diffessionseides dessen Geltung voraussetzt:

ALR Th. I Tit. 5 § 118, 123. AGO Th. II Tit. 2 § 45 ff., Th. I Tit. 10 § 134, 136. Notariats-Ordnung v. 11. Juli 45 § 13, 14.

Endlich läßt mindestens eine Namenszeichnung, wie

die hier vorliegende, nicht ersehen, ob der Zeichner sich als Aussteller hat verpflichten wollen, oder ob er etwa nur beabsichtigt hat, sich neben dem Aussteller oder einem anderweitigen Wechselverbundenen gemäß DWO Art. 81 zu obligiren. Ein in dieser Beziehung nicht aus der Wechselurkunde selbst zu erledigender Zweifel schließt aber nach bekannten Grundsätzen die Giltigkeit des Wechsels aus.

Nr. 72.

I. Senat. — Erkenntniß v. 22. April 73. (B.)

Frau Ehr's Nachlaßcurator ·/. A. Kühnel (Nr. 361 v. 73).

Preußen. Wechselsache. Nichtigkeitsbeschwerde.

I. Instanz: Stadtgericht Breslau,
II. Instanz: Appellationsgericht daselbst.

Wechsel. Angabe der Wechselsumme.

1. Welche wesentlichen Bestandtheile des Wechsels müssen in diesem selbst — im Context der Wechselurkunde — enthalten sein?

DWO Art. 4, 7, 96, 98.

2. Bei einem Wechsel ist die Giltigkeit der Summenangabe (Art. 4 Nr. 2 und 4 DWO) nicht schlechthin von der Aufnahme in den Context abhängig.

Entscheidung des OHG:

Der Appellrichter hat den Klagewechsel — welcher in der rechten oberen Ecke des Wechsels, in gleicher Linie mit dem Datum desselben, den Vermerk trägt: „für 855 Thlr.", im Verlauf des Contextes aber an derjenigen Stelle, welche nach gewöhnlicher Wechselform bestimmt ist, die zu zahlende Geldsumme anzugeben, unter Weglassung jeder Münzbezeichnung nur die Worte: „die Summe von „Achthundert Fünf und Fünfzig" enthält — für rechtsgiltig erachtet, indem er ausführt: „die DWO bestimme zwar, daß die Angabe der zu zahlenden Geldsumme ein wesentliches Erforderniß eines gezogenen Wechsels sei, nirgend aber setze sie fest, daß die Angabe gerade im Context des Wechsels — das heißt in der zusammenhängenden und für sich ein Ganzes bildenden Verpflichtungserklärung — enthalten sein müsse. Nach Art. 4 Nr. 1 müsse allerdings die Bezeichnung als Wechsel in diesen aufgenommen sein, dieses Erforderniß finde sich aber nicht bezüglich der Angabe der zu zahlenden Geldsumme im Art. 4 Nr. 2".

Beklagter rügt zu Unrecht Verletzung der Art. 4, 5 und 7 DWO ... Allerdings ist der Wechsel ein Formalakt und fordert die strenge Einhaltung der vorgeschriebenen Form. Indessen unterliegen selbstverständlich die einschlagenden Formvorschriften ihrer Natur nach keiner extensiven Auslegung, sie dürfen nicht auf Punkte erstreckt werden, betreffs deren das Gesetz jene absolut bindende Form nicht ausdrücklich angeordnet hat *. Bei Aufstellung der Erfordernisse des gezogenen Wechsels, welche in den Art. 4 bis 8 DWO enthalten sind, hat der Gesetzgeber — wie die hiebei zu Grunde liegenden Motive des preuß. Entwurfs ergeben, S. XXXI der Hirschfeld'schen Ausgabe der Prot. — vor Allem an die gebräuchliche Form sich gehalten und geflissentlich zu vermeiden gesucht, eine Form vorzuschreiben, welche zu Chikanen Veranlassung geben könnte.

Nun wird freilich die Bestimmung Nr. 1 des Art. 4 DWO, nach welcher die „Bezeichnung als Wechsel" in den Wechsel selbst aufzunehmen ist, gewöhnlich dahin ausgelegt, daß man in gedachtem Zusammenhange unter „Wechsel" den Context der Wechselurkunde in dem oben bereits angegebenen Sinne versteht. Man erachtet es, namentlich für ausgeschlossen, die Bezeichnung des Wechsels blos in die Ueberschrift aufzunehmen. (Wächter WR des nordd. Bundes S. 179, Borchardt ADWO Zusatz 49 und 51.)

Die Richtigkeit dieser Auffassung kann jetzt jedoch dahin

* Vgl. Rspr. VII S. 99.

gestellt bleiben. Selbst wenn sie anzuerkennen sein sollte, kann daraus keineswegs der weitere Schluß gezogen werden, daß im Sinne des Gesetzgebers *alle weiteren* im Art. 4 DWO aufgestellten Erfordernisse des gezogenen Wechsels schlechthin im Context der Urkunde enthalten sein müssen. Vor Allem würde diese Auffassung, wenigstens ihrem wörtlichen Inhalt nach, auf das Erforderniß Nr. 5, betreffend die *Unterschrift* des Ausstellers, nicht passen. Aber auch im Uebrigen geht dieselbe offenbar zu weit. Es ist bekannt, daß nach der *allgemein gebräuchlichen* Form des Wechsels

zu Nr. 6 Art. 4 die Angabe des Orts, Monatstags und Jahrs der Ausstellung

in die *Ueberschrift* des Wechsels, dagegen

zu Nr. 7 Art. 4 der Name der Person oder die Firma, welche die Zahlung leisten soll,

eben so wie

zu Nr. 8 die Angabe des Orts, wo die Zahlung geschehen soll, soweit sie neben dem Wohnort des Bezogenen noch besonders zum Ausdruck gelangt,

an den Fuß des Wechsels verwiesen wird. Diese, zur Zeit der Emanation der DWO allgemein übliche, der Natur der Verhältnisse entsprechende Form ist vom Gesetzgeber stillschweigend gebilligt und seither unangefochten und mit vollem Recht im Verkehr zur Anwendung gebracht worden. Die in der erwähnten Form verlaufenden Wechselerklärungen, soweit sie auf der *Vorderseite* des Wechsels enthalten sind, gehören im Sinne des Gesetzes zu den *Bestandtheilen* des Wechsels und bilden mit dem eigentlichen Context desselben ein zusammenhängendes, in sich abgeschlossenes Ganze.

Diese *einheitliche Bedeutung* des *Wechselinhalts* ist bei Beurtheilung einer Formfrage vorliegender Art nicht ohne Bedeutung. Sie gestattet unter Umständen, einzelne Erklärungen der Wechselurkunde, selbst dann, wenn sie vom Gesetz als wesentlich bezeichnete Punkte berühren, mit Rücksicht auf den übrigen Inhalt des Papiers der Interpretation zu unterwerfen. Hierauf beruht es daß das OHG im Allgemeinen nicht als ausgeschlossen angesehen hat, Zweifel, insbesondere betreffs der im Context des Wechsels angegebenen Zahlungszeit (Art. 4 Nr. 4 DWO) durch Vergleichung mit den sonstigen Angaben des Wechsels, namentlich dem vorausgeschickten Ausstellungstage (Nr. 6 Art. 4) zur Erledigung zu bringen [Rspr. I S. 79, II S. 36].

Dasselbe Prinzip darf unbedenklich in vorliegendem Falle zur Anwendung gelangen. Die im Context des Klagewechsels ersichtliche Angabe über den Betrag des Wechsels ist allerdings für sich allein nicht verständlich; allein sie wird ergänzt durch die in der Ueberschrift des Wechsels enthaltene unzweideutige Summenangabe. Selbst wenn man annehmen wollte, der betr. Angabe im Context des Wechsels gehe alle selbständige rechtliche Bedeutung ab, würde die dem Context vorausgeschickte Summenbezeichnung den Anforderungen des Art. 4 Nr. 2 DWO Genüge leisten, da den vorigen Richtern darin beizutreten ist, daß das Gesetz die Giltigkeit der Summenangabe von der Aufnahme derselben in den Context nicht schlechthin abhängig gemacht hat.

Der Art. 5 DWO steht mit dieser Auffassung nicht im Widerspruch, sondern verleiht derselben einen gewichtigen Stützpunkt. Denn indem er für den Fall einer mehrmaligen, jedoch verschiedenen Angabe der Summe — die (wie bekannt) der Regel nach in der Ueberschrift mit Ziffern, im Context aber mit Buchstaben ausgedrückt wird — Auslegungsregeln für die Feststellung der maaßgebenden Summe giebt, wird der in der Ueberschrift des Wechsel angegebenen Summe unverkennbar auch neben der im Context enthaltenen Angabe rechtliche Bedeutung beigelegt, dieselbe somit als ein giltiger Bestandtheil der Wechselurkunde anerkannt.

Können sonach die Vorschriften der angezogenen Art. 4 und 5 den Ausführungen des Appellrichters gegenüber als verletzt nicht angesehen werden: so erledigt sich der gegen Art. 7 gerichtete Angriff von selbst, da dieser Artikel nur die Konsequenzen der zuerst erwähnten Vorschriften zum Ausdruck bringt.

Nr. 73.

I. Senat. — Erkenntniß v. 22. April u. 27. Mai 73.

Rechte der Inhaber von Dividendenscheinen und Zinscoupons.

Abgetrennte, auf den Inhaber lautende Dividendenscheine von Aktien oder Zinscoupons von Eisenbahn-Obligationen 2c. bilden heutzutage oft selbständige Werthsgegenstände im Geschäftsverkehr.

Deshalb geben wir (wegen Raummangels ohne Gründe) folgende vom OHG angenommene Grundsätze:

1. Der Besitz eines Dividenscheins berechtigt den Inhaber zur Erhebung der festgestellten Dividende; mit demselben gilt aber, für sich allein, nicht das gesellschaftliche Recht übertragen, bei der Feststellung der betr. Dividende mitzuwirken oder eine solche Feststellung zu fordern.

Erk. des I. Senats v. 22. April 73 in der Breslauer Revisionssache C. Voigt ·/. Aktiengesellschaft Minerva, Nr. 120 v. 73.

2. Die auf den Inhaber gestellten Zinscoupons von Eisenbahnobligationen, Staatsanleihescheinen 2c. haben nicht die Natur eines abstrakten Geldversprechens, sollen vielmehr nur die Uebertragung und Einziehung eines Zinsanspruchs erleichtern. Die Couponschuld bleibt

immer eine Zinsschuld, unterliegt daher dem Art. 818 ALR I. 11 und ähnlichen Verboten des Anatocismus.

Erk. des I. Sen. v. 27. Mai 73 in zwei Berliner Sachen, betr. den Januar-Coupon Rumänischer Eisenbahn-Obligationen pro 1871 (so in S. Strousberg ·/. Landsberg, Nr. 265 v. 73).

Nr. 74.

I. Senat. — Erkenntniß v. 30. Mai 73. (V.)

Kgl. bayerischer Eisenbahn-Fiscus ·/. J. Weißenfeld (Nr. 353 v. 73).

Bayern. **Nichtigkeitsbeschwerde.**

Vor-Instanz: Handelsgericht München links der Isar.

Frachtgeschäft der Eisenbahnen. Bösliche Handlungsweise.

Der Rechtsbegriff einer böslichen Handlungsweise im Sinne des HGB (Art 396, 427, 610) umfaßt, außer dem dolus, nur noch die sogen. luxuria.

Rspr. II S. 9, VII S. 277 ff.

Entscheidung des OHG:

Die [angefochtene] handelsgerichtliche Entscheidung [welche den bayerischen Eisenbahnfiscus zu vollem Werthersatz für eine auf dem Transport verdorbene Sendung Hopfen verurtheilt hatte] beruht auf der Ansicht, daß unter der „böslichen Handlungsweise“, von welcher die Art. 396 und 427 HGB sprechen, auch die „grobe Fahrlässigkeit“ begriffen sei. Diese Ansicht ist, wie mit Recht gerügt wird, irrig.

Schon der natürliche Sinn des Wortes: „böslich“ deutet darauf hin, daß nicht die reine Fahrlässigkeit, der bloße Mangel an Sorgfalt gemeint sei, daß vielmehr vorausgesetzt werde, es sei nicht ohne Bewußtsein der Gefahr gehandelt worden.

Aus den Verhandlungen der Nürnberger Kommission — welche schließlich dahin führten, den in Vorschlag gebrachten Ausdruck: „grobes Verschulden“ zu verwerfen und den Ausdruck: „bösliche Handlungsweise" zu wählen — ergiebt sich klar, daß das Wort „böslich" auch nach dem Willen des Gesetzgebers den angedeuteten, weiter gehenden Sinn haben sollte (Prot. S. 5114).

Mit jenem Ausdruck sollte nämlich außer dem eigentlichen dolus auch noch, als höchster Grad der Fahrlässigkeit, jener frevelhafte Muthwille getroffen werden, welcher zwar die Beschädigung nicht beabsichtigt, jedoch auch nicht ohne Bewußtsein der damit verbundenen Gefahr handelt. Nachlässigkeit an und für sich genügt daher nicht, um den Begriff der böslichen Handlungsweise zu begründen, vielmehr muß noch der bezeichnete weitere Umstand hinzutreten.

Nun ist es allerdings richtig, daß in Fällen, wo grobe Fahrlässigkeit vorliegt, sehr häufig (ja vielleicht in der Regel) die Annahme berechtigt ist, der Handelnde sei sich in der That der Gefährlichkeit seiner Handlungsweise mehr oder minder bewußt gewesen. Es ist ferner anzuerkennen, daß in dieser Beziehung das richterliche Ermessen einen großen Spielraum hat; allein immerhin ist am Grundsatze festzuhalten, daß nicht jede grobe Nachlässigkeit als solche auch als bösliche Handlungsweise zu gelten habe, und erscheint daher die im angefochtenen Urtel ausgesprochene Ansicht verwerflich.

Das Urtel ist daher zu vernichten, falls nicht etwa seine thatsächlichen Feststellungen genügen, um die getroffene Entscheidung auch unter Zugrundelegung der richtigen Rechtsanschauung aufrecht zu erhalten. Dieser Fall liegt jedoch nicht vor.

Das Handelsgericht führt als Hauptumstand, in welchem sich eine grobe Fahrlässigkeit bekunde, an, daß die Bahnverwaltung nicht Sorge getragen, den Frachtbrief zugleich mit der Waare nach dem Bestimmungsort N. zu befördern, wie dies bei geordneter Verwaltung hätte geschehen müssen. Daß das schuldhafte Verhalten der Eisenbahnbediensteten nicht auf einfacher Fahrlässigkeit beruhe, vielmehr ein bösliches Handeln im oben erörterten Sinne anzunehmen sei, wird vom Richter nicht ausgesprochen. Selbstverständlich ist dies keineswegs, kann sogar bei obwaltenden Umständen nicht einmal als wahrscheinlich gelten.

Gewichtiger könnte ein Umstand erscheinen, welcher im Urtel nur als verstärkend angeführt ist, daß nämlich nach Ankunft der Waare in N. die Bahnverwaltung verpflichtet gewesen sei, für deren Erhaltung zu sorgen, daß sie jedoch diese Sorge versäumt habe, und, obgleich es bekannt sei, daß Hopfen leicht verderbe, diesen 10 bis 11 Tage lang unbekümmert in der Halle haben liegen lassen. In diesem pflichtwidrigen Verhalten der Bahnverwaltung hätte vielleicht eine bösliche Handlungsweise gefunden werden können, da der frevelhafte Muthwille, welchen sie voraussetzt, eben so gut im Unterlassen pflichtgemäßer Handlungen, als im positiven Thun sich bekunden kann; allein aus den Gründen des Urtels geht eine genügende Festellung in dieser Beziehung nicht hervor, und das OHG ist [als Nichtigkeitsrichter] nicht befugt, diesen Mangel zu ergänzen.

Nr. 75.

I. Senat. — Erkenntniß v. 10. Juni 73. (V.)

L. Vollstädt ·/. Oberschlesische Eisenbahn-Gesellschaft (Nr. 371 v. 73).

Preußen. **Nichtigkeitsbeschwerde.**

I. Instanz: Stadtgericht Breslau,
II. Instanz: Appellationsgericht daselbst.

Bedeutung der Talons bei zinstragenden Papieren.

Der Talon eines zinstragenden Werthpapiers hat regelmäßig nur den Zweck, ohne die beschwerliche Vorlegung der Hauptobligation eine Erlangung neuer Zinsscheine zu ermöglichen; er ist nicht Träger einer selbständigen, auf Verabreichung der neuen Zinsscheine gerichteten

Obligation und nicht als eine zum Umlauf bestimmte Urkunde anzusehen, auch regelmäßig nicht amortisirbar.

Angenommen bezüglich der Talons zu Prioritäts-Obligationen der Oberschlesischen Eisenbahn-Gesellschaft aus folgenden

Gründen:

Kläger fordert als Eigenthümer der mit 4% verzinslichen Prioritäts-Obligation der Oberschlesischen Eisenbahn-Gesellschaft Lit. D Nr. .. über 100 Thlr. Aushändigung einer neuen Zinscouponsserie pro 1. Juli 71 bis 30. Juni 81 nebst dazu gehörigem Talon. Seinen Besitz der betr. Obligation hat er im Audienztermin I. Instanz durch Vorlegung derselben dargelegt, sich auch wiederholt zu deren Deposition erboten.

Den mit den früheren, pro 1. Juli 61 bis 30. Juni 71 geltenden Coupons ausgegebenen Talon, welcher zur Aushändigung der Zinscoupons v. 1. Juli 71 ab legitimirt, vermag er [als gestohlen] nicht vorzulegen. . .

Kläger behauptet, der Talon sei ein bloßes Legitimationspapier und das Forderungsrecht auf Aushändigung neuer Zinscoupons lediglich an den Besitz der Haupt-Obligation geknüpft. Beklagter dagegen meint, der Talon, mindestens in der vorliegenden Fassung, sei als ein selbständiges Inhaberpapier anzusehen, an welches ausschließlich das Recht auf neue Coupons gebunden sei, als ein potenzirtes Zahlmittel, indem er ein selbständiges Forderungsrecht auf die ihrerseits als Zahlmittel anzusehenden Zinscoupons begründe.

In Abänderung des I. Erk., welches die beklagte Gesellschaft gegen Vorzeigung der Obligation zur Aushändigung der neuen Couponsserie verurtheilt hat, ist vom Appellrichter die Klage in der angebrachten Art abgewiesen worden. Diese Entscheidung wird folgendermaaßen begründet:

1. Weil nach dem Privilegium vom 24. Mai 1853 preuß. Ges.-Sammlung S. 247 ff.) der Inhaber des Talons die neue Couponsserie ohne weitere Prüfung seiner Legitimation erhalten soll, so verspricht der Aussteller an den Inhaber zu leisten, und ist dem Aussteller gegenüber nur derjenige berechtigt, die Leistung zu beanspruchen, welcher das Papier produzirt. Ob die Legitimationsprüfung auch dann ausgeschlossen werden müsse, wenn der Inhaber der Obligation ein Recht auf Innehaltung des Talons behauptet, stehe nicht zur Entscheidung. Jedenfalls könne der Inhaber der Obligation nicht lediglich um deswillen, weil der Talon abhanden gekommen sei, die Ausantwortung der neuen Zinscoupons fordern.

2. Der Talon ist ein Werthpapier, da er die Berechtigung zur Erhebung der neuen Zinscoupons bzw. der Zinsen gewährt, und durch Hingabe des Talons kann der Genuß der Zinsen auf Andere übertragen werden.

3. Auch Talons sind, sofern nicht ein Anderes bestimmt ist, amortisirbar, und es bedarf der Amortisirung oder mindestens der Bestellung ausreichender Sicherheit, so lange nicht die Vernichtung des Talons feststeht, da sonst Kollisionen mit dem Inhaber des Talons nicht ausgeschlossen sind.

Der Appellrichter verneint somit keineswegs, daß die Zinsenobligation ein von der Hauptobligation untrennbares Accessorium derselben sei, und der in dieser Richtung erhobene Angriff der Nktbschw. ist verfehlt. Er nimmt weder an, daß die Zinsobligation ohne eine ursprüngliche Hauptobligation oder ungeachtet des Erlöschens derselben entstehen könne, noch auch, daß die auf Inhaber ausgegebenen Zinscoupons und Talons Träger schlechthin selbständiger Obligationen seien. Daß dagegen das Recht auf Leistung versprochener Zinsen, so lange es besteht, einem Anderen, als dem Kapitalsgläubiger zustehen könne unterliegt keinem Zweifel, und der Talon, wenngleich er nicht Träger der Zinsobligation ist, könnte demungeachtet als Träger der Forderung auf die einzelnen, wirklich geschuldeten Zinsraten betrachtet werden. Es wäre somit denkbar, in der Uebertragung des Talons die Uebertragung dieses Anspruchs zu sehen, und es kann, als für vorliegenden Fall unerheblich, dahingestellt bleiben, ob diese Auffassung der regelmäßigen Intention des Verkehrs und dem Wesen des Talons entspricht, ob ferner der Erwerb des Talons für sich und ohne gleichzeitigen Erwerb der Hauptobligation als redlicher Erwerb gegen die Vindikation des Eigenthümers zu schützen geeignet ist (HGB Art. 307).

Wenn dagegen der Appellrichter lediglich daraus, daß der Inhaber des Talons die neue Couponsserie ohne weitere Prüfung seiner Legitimation „erhält", den Schluß zieht, es liege ein Leistungsversprechen des Ausstellers an den Inhaber des Talons und ein Recht nur dieses Inhabers auf Aushändigung der neuen Coupons vor, so geht dieser Schluß zu weit. Er beruht auch nicht einmal anscheinend auf einer Interpretation der Urkunde, wie er denn als solche auch vom Appellrichter nicht bezeichnet ist, sondern auf der (in der Nktbschw. gerügten) Identifizirung verschiedener Arten von Inhaberpapieren. Denn wie flüssig auch die Grenze zwischen eigentlichen Inhaberpapieren, welche das Forderungsrecht an den Besitz des Papiers knüpfen und bloßen Legitimationspapieren mit der Inhaberklausel, welche nur bezwecken, den Schuldner der Mühe der Legitimationsprüfung zu überheben, sein mag, wie wenig ferner es als ein in Theorie und Praxis feststehender Rechtssatz betrachtet werden darf, daß lediglich Geldpapiere als eigentliche Inhaberpapiere vorkommen können: so fehlt es doch an jedem Grunde, in dem, wenngleich auf Vorzeiger oder Inhaber lautenden, Talon den

Träger einer auf Aushändigung der neuen Zinsscheine gerichteten Obligation zu sehen, das Forderungsrecht darauf somit schlechthin an den Talon zu knüpfen. Der Talon für sich ist keine zum Umlauf bestimmte, noch auch in regelmäßigem Umlauf befindliche Urkunde. Er wird ausgestellt, nicht um das Recht auf neue Zinsscheine von der Hauptobligation abzulösen, sondern um die beschwerende und gefährdende Vorlegung der letzteren zu ersparen. Auch angenommen, daß der Produzent des Talons dem Verlangen des Ausstellers, einen anderweitigen Erweis seiner Berechtigung zu führen, nicht nachzukommen braucht, sich vielmehr auf den Talon allein stützen darf: so ist damit die rechtliche Möglichkeit nicht ausgeschlossen, daß diese Berechtigung auf andere und noch vollkommnere Weise, nämlich durch Vorlegung der Hauptobligation, dargethan werde, und ergiebt sich damit von selbst, daß in einem etwaigen Kollisionsfalle gegen den Widerspruch des Inhabers der Hauptobligation die Aushändigung der neuen Zinsscheine an den Vorzeiger des Talons nicht erfolgen darf, sowie daß an den Ersteren mindestens in dem Falle mit liberirender Wirkung gezahlt wird, daß sich ein Taloninhaber nicht gemeldet hat.

Für vorliegenden Fall — wo das kgl. Privilegium v. 24. Mai 53, auf welchem die Emission der Prioritäts-Obligationen Lit. D beruht, die Verlustfälle weder der Obligationen noch der Zinscoupons und der Talons irgend vorsieht, für etwaige Kollisionsfälle keine Bestimmungen enthält und im § 9 die Restitution ausgeloofter Obligationen und der noch nicht fälligen Zinscoupons vorschreibt, von den Talons hingegen völlig schweigt — liegt kein Grund vor, ein Anderes anzunehmen.

Zu diesem Ergebniß führen auch die vom I. Richter mit Recht angezogenen anderweitigen Privilegien und Gesetze. Denn wenn nach den Privilegien der meisten preuß.

Gesellschaften, auch nach den nach dem Jahre 53 ergangenen Emissionsprivilegien der Oberschlesischen Eisenbahn, die Aushändigung der neuen Zinscoupons schlechthin oder doch nach Ablauf einer gewissen Zeit und mindestens für den Fall, daß sich kein Taloninhaber gemeldet hat, an den Inhaber der Hauptobligation geschieht, wenn ferner die Auszahlung verlooster Obligationen gegen Rückgabe der Haupturkunde und der noch nicht verfallenen Coupons geschieht, ohne daß eine Restitution auch der Talons vorgeschrieben ist: so liegt dem unverkennbar eine mit der Auffassung des Appellrichters unverträgliche Anschauung von der juristischen Natur der Talons zu Grunde, und es ist um so weniger anzunehmen, daß im Jahre 53 von einer anderen Auffassung ausgegangen sei, als die Tendenz der Rechtsentwickelung nicht auf eine Abschwächung, sondern auf eine Verstärkung der Negociabilität der wirklichen Werthpapiere, somit auf eine Steigerung der dem Inhaber des Papiers zustehenden Befugnisse gerichtet ist. Vielmehr wird man darin nur eine klarere Erfassung des juristischen Wesens des Talons finden können. In Uebereinstimmung damit lassen neuere Gesetze, auch wenn sie die selbständige Amortisation von Talons gestatten, doch den Talon mit dem Erlöschen (insbesondere mit der Amortisation) der Hauptschuldverschreibung erlöschen: —

großherzoglich hessisches Ges. v. 20. Juli 58 Art. 17, 20; oldenburgisches Ges. v. 5. April 67 Art. XII § 1, 2; württembergisches Ges. v. 13. März 68 Art. 20; württembergisches Ges. v. 16. Sept. 52 Art. 23 —

während noch andere nicht nur den gleichen Grundsatz aufstellen, sondern sogar die Amortisation von Talons ausdrücklich ausschließen:

österreichisches Ges. v. 2. Juli 68; preuß. Gesetz

v. 18. März 69, betr. die Ausgabe von Talons zu den preuß. Staatsschuld-Verschreibungen (Ges.-Sammlung Nr. 27). Vgl. die Regierungs-Motive in den stenographischen Berichten über die Verhandlungen des Hauses der Abgeordneten während der 2. Session der 10. preuß. Legislatur-Periode B. III S. 1495.

Dieser Ausschluß geschieht auch nicht etwa aus dem für die Nichtamortisirbarkeit von Zinscoupons, Dividendenscheinen, Banknoten maaßgebenden Gesichtspunkt, daß der freien Zirkulation solcher Papiere kein Abbruch geschehen dürfe, sondern umgekehrt um deswillen, weil schon die Amortisirung der Haupturkunde oder ein Vermerk auf derselben völlig ausreicht, um den nicht zu selbständigem Umlauf bestimmten Talon zu entkräften. Daher das Gesetz v. 18. März 69 sogar bestimmt, daß im Kollisionsfalle die Ausreichung der neuen Couponsserie nebst Talon an den Vorzeiger der Schuldverschreibung geschehen solle.

Unterliegt so das Appellurtel, welches dem Inhaber des Talons und nur diesem ein Recht auf Aushändigung neuer Zinscoupons beilegt, der Vernichtung: so darf unerörtert bleiben, ob der Appellrichter nicht auch darin gefehlt hat, daß er — im Widerspruch mit einem früheren, dieselben Papiere betreffenden Urtel (Centralorgan für H und WR, Neue Folge I S. 476, 477) den Talon schon um deswillen für amortisirbar erklärt, weil Gesetz oder Privileg nicht das Gegentheil bestimmen. Einen die Amortisirbarkeit der auf Inhaber lautenden Urkunden normirenden Rechtssatz enthält das gemeine Recht nicht, und ob das preuß. Recht eine allgemeine, insbesondere auch die Zinscoupons, Dividendenscheine und insbesondere die Talons umfassende Norm enthält, ist streitig, da die Gesetze dergleichen Urkunden nicht erwähnen oder doch nur den deshalb erlassenen besonderen Vorschriften unterwerfen.

AGO Th. I Tit. 51 § 115, 120 ff. Anhang §§ 385, 386, 388. Verordnung v. 16. Juni 19 § 18.

In der Sache selbst war dem I. Richter aus den bereits entwickelten Gründen unbedenklich beizutreten. Durch Vorlegung der Hauptobligation, welche das Recht auf Kapital und Zinsen begründet, hat Kläger sich zur Aushändigung der neuen Couponsserie vollständig legitimirt. Ein Kollisionsfall mit einem Inhaber des gestohlenen Talons liegt weder vor, noch ist solcher nach Lage der Sache irgend wahrscheinlich. Eine nochmalige Zahlungspflicht dem etwa sich später meldenden Inhaber des Talons gegenüber besteht für die beklagte Gesellschaft nicht.

Nr. 76.

I. Senat. — Erkenntniß v. 30. Juni 73. (B.)

v. Alvensleben u. Co. ·/. F. Blumenthal (Nr. 343 v. 73).

Preußen. **Nichtigkeitsbeschwerde.**

I. Instanz: Stadt- und Kreisgericht Magdeburg,
II. Instanz: Appellationsgericht daselbst.

Verkaufsselbsthilfe nach Art. 343 HGB.

1. Die Erzielung des laufenden Preises hat für die im Art. 343 Abs. 2 HGB gestattete Selbsthilfemaaßregel des Verkäufers keine formale Bedeutung; nur für die Abrechnung unter den Parteien kommt der Umstand, ob der laufende Preis erreicht worden, in Anschlag.

HGB Art. 343, vgl. oben S. 81.

2. Beim Verkauf selbst ist geschäftsüblich und den Umständen angemessen so zu verfahren, daß der höchste Erlös erzielt werde; die ursprünglichen Vertragsbedingungen sind dabei nicht schlechthin maaßgebend.

HGB Art. 343 Abs. 2.

Entscheidung des OHG:

Die Nktbschw. rügt, der Appellrichter habe rechtsgrundsätzlich geirrt, indem er den fragl. Verkauf als für

Rechnung des Bekl. geschehen anerkannt habe, obschon die Waare

1) nicht zum laufenden Preise und
2) nicht loco Magdeburg [Verkaufsort], sondern „ab Förderstädt" verkauft worden.

Beide Rügen erscheinen unbegründet.

1. Allerdings muß der Verkäufer, welcher im Falle des Art. 343 HGB bei Säumniß des Käufers die Waare verkauft, die bezüglich des Ortes, der Zeit und der Förmlichkeiten des Verkaufs geltenden gesetzlichen Vorschriften einhalten, wenn dieser als für Rechnung des Käufers geschehen gelten und die Grundlage der gegen diesen zu erhebenden Ansprüche bilden soll [Rspr. IV S. 296, V S. 139, VI S. 92, VIII S. 317].

Zu weit würde es jedoch führen, wollte man auch die Vorschrift des Art. 343, daß bei nicht öffentlichem Verkauf zum laufenden Preise zu verkaufen sei, zu denjenigen zählen, deren Nichtbeobachtung stets zur Folge habe, daß der Verkauf nicht als für Rechnung des Käufers geschehen gelte. Wie bereits in einem früheren Erk. des OHG dargethan worden, hat man bei den Verhandlungen der Nürnberger Konferenz auf die Bestimmung, es solle der Handelsmakler ꝛc. zum laufenden Preise verkaufen, einen besonderen Werth nicht gelegt; es ist sogar lange zweifelhaft geblieben, ob sie überhaupt in's Gesetz aufzunehmen sei [Rspr. VIII S. 81]. Schon hieraus, sowie aus der Natur der fragl. Vorschrift ergiebt sich als wahrscheinlich, daß es der Wille des Gesetzgebers nicht gewesen, dem Erforderniß des Verkaufs zum laufenden Preise eine formale Bedeutung zu geben und die Geltung des Kaufs für Rechnung des Käufers sowie das Fortbestehen der Vertragsrechte des Verkäufers an die Frage zu knüpfen, ob der laufende Preis erreicht sei. Man muß zur vollen Ueberzeugung gelangen, daß der Gesetzgeber dies nicht beabsichtigt haben könne, wenn man Grund und Zweck der Vorschrift sowie das praktische Bedürfniß näher in's Auge faßt. Wäre der Markt- und Börsenpreis, welchen eine Waare zu einer bestimmten Zeit hat, etwas ganz Bestimmtes und Sicheres: so wäre es nicht nöthig gewesen, den Verkauf durch einen öffentlichen Beamten anzuordnen, vielmehr hätte man füglich dem Verkäufer selbst den Verkauf zu diesem Preise überlassen können. Dem ist aber nicht so; denn es ist selbst an Orten mit regem Geschäftsverkehr oft schwierig festzustellen, welches an einem bestimmten Tage der wahre Durchschnittspreis einer Waare gewesen sei, und selbst, wo amtliche Feststellungen stattfinden, sind diese nicht immer maaßgebend (Art. 353 HGB, Rspr. VI S. 236).

Noch schwieriger gestaltet sich aber die Sache, wenn es sich nicht darum handelt, nachträglich den Markt- oder Börsenpreis für einen bestimmten Tag festzustellen, sondern bei einem im Laufe des Tages vorzunehmenden Verkauf zu wissen, welches gerade in diesem Zeitpunkt der Durchschnittspreis, also der laufende Preis, sei. Im Hinblick hierauf glaubte der Gesetzgeber die Intervention eines öffentlichen Beamten vorschreiben zu müssen, welcher amtlich verpflichtet ist, das Interesse beider Theile zu wahren und die Waare in der geschäftsüblichen Weise zu möglichst hohem Preise zu verkaufen. Hiedurch erschien ihm der Regel nach das Interesse des Käufers, auf dessen Rechnung verkauft wird, am besten gewahrt; erwägend jedoch, daß Ausnahmsfälle eintreten können, wo es dem Beamten aus Nachlässigkeit, Ungeschick oder zufälligen Ursachen nicht gelingt, den richtigen Preis zu erzielen, fügte er, als Ersatz für den Wegfall der Oeffentlichkeit, noch eine besondere Garantie bei, nämlich die Vorschrift, daß der Beamte zum laufenden Preise verkaufen müsse. Da eine Waare in Frage steht, die einen Markt- oder Börsenpreis hat, hielt er die Präsumtion für gerechtfertigt, daß es möglich gewesen wäre, dieselbe zum nämlichen Preise, wie Waaren derselben Art zu derselben Zeit verkäuflich waren, an den Mann zu bringen, und erlaubte daher dem Käufer, diesen Preis zur Geltung zu bringen. Mehr als dies zu verfügen, bestand kein Anlaß und war offenbar auch nicht Absicht des Gesetzgebers, indem er die Worte: „zum laufenden Preise" beifügte. Würde man unterstellen, er habe hiemit ein Mittel geben wollen, den Verkauf an sich als rechtswidrig anzufechten: so würde man ihn mit sich selbst in Widerspruch setzen und zu Resultaten gelangen, die ebenso unbillig als unpraktisch wären, und den Käufern selbst am meisten schaden dürften. Ein Widerspruch wäre es nämlich, daß einerseits gestattet würde, auf die Frage, welches der richtige Preis sei, einzugehen und diesen Preis durch Beweisaufnahme festzustellen, daß andererseits aber das so gewonnene Resultat nicht diejenige Beachtung fände, welche der Natur der Sache und der Billigkeit entspricht. Unbillig wäre es, den Verkäufer immer mit dem Verlust seiner Vertragsrechte zu bestrafen, wenn der Beamte, welchem er Auftrag gab zum laufenden Preise zu verkaufen, diesen Preis nicht erzielt, weil Fälle denkbar sind, wo der Nachweis, es sei nicht zum laufenden Preise verkauft worden, erbracht wird, ohne daß den Beamten selbst eine ihm anzurechnende Schuld trifft. In diesen Fällen würde also der Verkäufer, der die beste Absicht hatte, dem Willen des Gesetzes entsprechend zu handeln, seine Ansprüche gegen den Käufer verlieren und den Rückgriff gegen den Beamten nicht nehmen können.

Endlich würde die bezeichnete Theorie zu unpraktischen, den Bedürfnissen des Handels nicht entsprechenden Resultaten führen. Es wäre unrichtig, anzunehmen, daß der öffentliche Verkauf immer ein Vortheil für den Käufer sei, daß es also blos eine besondere Vergünstigung für den

Verkäufer sei, wenn das Gesetz den Verkauf aus freier Hand durch einen beeidigten Makler gestattet. Die Erfahrung lehrt, daß der Verkauf aus freier Hand, wenn er durch einen umsichtigen Makler vorgenommen wird, häufig bessere Preise erzielt, als der öffentliche Verkauf, und jedenfalls ist bei ihm der Käufer insofern besser gestellt, als es ihm gestattet ist, den laufenden Preis zur Geltung zu bringen, während er bei öffentlichem Verkauf sich das oft vom Zufall bedingte Resultat unweigerlich gefallen lassen muß. Würde aber der Grundsatz Anerkennung finden, daß beim Verkauf aus freier Hand das Bestehen oder der Verlust der Vertragsrechte des Verkäufers von der unsicheren Frage abhängig wäre, ob der laufende Preis erzielt worden sei: so würde es wahrscheinlich Uebung werden, immer öffentlich zu verkaufen, würde also das Interesse der Käufer, deren Schutz Art. 343 bezweckt, entschieden beeinträchtigt sein.

Beim Zusammenhalt dieser Erwägungen muß man zu dem Schluß gelangen, daß der Gesetzgeber nicht verfügen wollte, es solle, falls sämmtliche Formen beobachtet sind, jedoch der mit dem Verkauf zum laufenden Preise beauftragte Beamte diesen nicht erzielte, der Verkauf nicht als für Rechnung des Käufers geschehen gelten, daß vielmehr nach dem Willen und Geist des Gesetzes dieser Umstand für die Berechnung des Kaufpreises in Anschlag zu kommen habe.

II. Allerdings ist richtig, daß das Gesetz, indem es im Art. 343 dem Verkäufer erlaubt für Rechnung des säumigen Käufers die nicht abgenommene Waare zu verkaufen, nicht voraussetzt, daß bei diesem Verkauf alle beim ursprünglichen Kaufgeschäft vereinbarten Vertragsbedingungen einzuhalten seien, wie dies irriger Weise von den Parteien in I. und II. Instanz angenommen worden ist. Es handelt sich nicht etwa darum, zu erfahren, was bei gleichen Vertragsbedingungen jetzt aus der Waare erlöst werden würde, sondern diese Waare, welche allerdings die vertragsmäßige sein muß, in der Art zu verwerthen, daß für den Verkäufer der höchste Erlös erzielt werde, und ist daher so zu verfahren, wie es geschäftsüblich und den Umständen angemessen ist. Ist es erlaubt, eine Waare aus freier Hand zu verkaufen, weil sie einen Markt- oder Börsenpreis hat, so muß sie selbstverständlich auch in der Weise verkauft werden, wie sie diesen Markt- oder Börsenpreis hat.

Beruhte die Entscheidung des Apellrichters auf Verkennung dieser Prinzipien, so wäre sie zu vernichten; allein dies ist nicht der Fall.

Daß der fragl. Verkauf nicht in geschäftsüblicher, den Umständen angemessener Weise abgeschlossen worden, ist nicht geltend gemacht, vielmehr nur gerügt, der Verkauf weiche in seinen Bedingungen vom ursprünglichen Vertrage ab; namentlich wurde, was den Verkauf „ab Förderstädt" betrifft, gerade das Gegentheil von dem behauptet, was jetzt die Nktbschw. geltend macht, daß nämlich Klägerin deshalb gefehlt, weil sie nicht „ab Förderstädt" verkauft habe. Indem der Apellrichter diesen Einwand widerlegt, kann er nicht gegen die bezeichneten Prinzipien verstoßen haben; denn die Frage, ob nach den Umständen des Falles und nach Handelssitte der Verkauf als gerechtfertigt erscheine, war gar nicht angeregt, und er mußte annehmen, daß in dieser Beziehung ein Streit nicht bestehe.

Wenn die Nktbschw., noch weiter gehend, als Rechtsgrundsatz aufstellt, daß bei der Verkaufsselbsthilfe nie ein anderer Lieferungsort als der Verkaufsort vereinbart werden dürfe, also dem Apellrichter zumuthet, er hätte von Amtswegen den Verkauf „ab Förderstädt" als gesetzwidrig erklären müssen: so ist zu erwidern, daß ein derartiger Rechtsgrundsatz nicht besteht. Art. 343 des HGB enthält über die Bedingungen, unter welchen die von ihm gestatteten Verkäufe abzuschließen seien, keine Vorschrift; hieraus folgt, daß nach der am betreffenden Orte bestehenden Uebung mit Rücksicht auf die Umstände des Falles zu verfahren ist.

Auch für die Frage, was in Fällen, wo die zu verkaufende Waare nicht am Verkaufsort selbst lagert, bezüglich des Erfüllungsorts, der Zahlung von Transportkosten 2c. auszubedingen sei, sind diese Rücksichten maaßgebend, und kann von einer Rechtsverletzung in diesen Beziehungen nicht die Rede sein.

Nr. 77.

(Nachtrag zu Nr. 70.)

Wahlrecht und Anzeige nach Art. 356 HGB.

Die bestimmte Erklärung des vertragstreuen Theils, welche Wahl gemäß Art. 354 bzw. 355 HGB er getroffen, kann auch in der Klage giltig erfolgen.

Feste Praxis des OHG, II. Sen.

Diesen Grundsatz hat der II. Senat des OHG wiederholt ausgesprochen, namentlich

(1) in der altpreuß. Nktbschw.-Sache Goldstein u. Kutznitzky ./. B. Frey (Nr. 688 v. 73, I. Instanz: Kreisgericht Myslowitz) durch V. Erk. v. 7. Okt. 73 dahin:

Obschon es richtig ist, daß der Käufer, welcher statt der Erfüllung Schadenersatz wegen Nichterfüllung verlangen will, dies in der Regel schon vor der Klageanstellung dem Verkäufer anzeigen und dem Letzteren eine Nachfrist gewähren muß: so tritt doch, soweit die Gewährung der Nachfrist in Betracht kommt, von der Regel — wie der Gerichtshof bereits wiederholt entschieden hat [vgl. oben S. 364] — dann eine Ausnahme ein, wo der Verkäufer auf die Mahnung zu liefern oder von freien Stücken bestimmt erklärt hat, er verweigere die Lieferung, welche

Weigerung von vornherein die Gewährung einer Nachfrist völlig zwecklos erscheinen läßt. Freilich ist der Käufer auch in einem solchen Falle verpflichtet, sich über die Ausübung des ihm nach Art. 355 HGB zustehenden Wahlrechts bestimmt zu erklären, damit der Verkäufer im Klaren sei, in welcher Lage er sich befinde. Allein die Erklärung kann füglich auch mittelst der Klage erfolgen, deren Anstellung mindestens in dem Falle für genügend erachtet werden muß, wenn Beklagter im Prozesse, statt sich zur Lieferung bereit zu erkären, diese zu verweigern fortfährt und seine diesfällige Verpflichtung, wie vorliegend geschehen, bestreitet.

2) in der altpreuß. Nktbschw.=Sache R. u. J. Freund ./. Ed. Siegheim u. Ehrlich (Nr. 784 v. 73, I. Instanz: Kreisgericht Myslowitz) durch B. Erk. v. 11. Okt. 73 dahin:

Das HGB gewährt im Art. 355 dem Käufer vom Eintritt des Verzugs des Verkäufers an das Recht, statt der Realerfüllung, Schadenersatz wegen Nichterfüllung zu fordern. Da nun jedenfalls durch die Mittheilung der Klage der Verzug begründet wird, so erscheint eine sofort nach Eintritt der Erfüllungszeit angestellte Klage auf Schadenersatz wegen Nichterfüllung dann nicht als verfrüht, wenn nicht bereits vor der Mittheilung der Klage die Realerfüllung erfolgt war.

Hieran wird auch durch Art. 356 nichts geändert. Wie nämlich das OHG schon früher erkannt hat [oben S. 359 ff.], ist Art. 356 nicht dahin zu verstehen, daß Käufer dem säumigen Verkäufer — bei der Anzeige, von seinem Recht, Schadenersatz zu fordern, Gebrauch machen zu wollen — eine Frist zur Nachholung der Realerfüllung setzen muß; sondern nur, daß, wenn der Verkäufer auf jene Anzeige hin eine angemessene Frist zur Nachholung des Versäumten beansprucht, der Käufer ihm diese gewähren muß, das heißt also: trotz seiner Erklärung, Schadenersatz zu fordern, die Realerfüllung nicht zurückweisen darf, sobald dieselbe innerhalb einer angemessenen Frist geleistet wird. Die mit der Anzeige verbundene Fristsetzung erscheint daher nicht als Bedingung der Entstehung des Anspruchs auf Schadenersatz, bzw. der Befugniß zur Geltendmachung desselben, sondern der nichtsäumige Käufer erwirbt mit seiner Erklärung das Recht auf Schadenersatz und zwar als ausschließliches, und es steht nur, während der Nachfrist, dem Verkäufer die facultas alternativa zu, von der Verpflichtung zum Schadenersatz sich durch die Realerfüllung zu liberiren.

Es steht daher nichts im Wege, die Erklärung, Schadenersatz fordern zu wollen, mit der Klage, bzw. durch dieselbe abzugeben.

Dies ist vom OHG bereits in den Erkenntnissen des II. Senats v. 7. Mai 73 in Sachen Blumberg ·/. Fritz (Nr. 368 v. 73) und v. 26. Mai 73 in Sachen Biebendt ·/. Hering (Nr. 457 v. 73) anerkannt worden.

Hiemit steht das vom Appellrichter in Bezug genommene Erk. v. 30. Sept. 71 [Rspr. III S. 371] nicht im Widerspruch; denn es wird in diesem ausdrücklich hervorgehoben, daß der Beklagte, welcher seinen Anspruch auf Schadenersatz compensando geltend machte, sich nicht mit Bestimmtheit darüber erklärt habe, ob er Schadenersatz wegen Nichterfüllung statt der Erfüllung oder ob er Schadenersatz wegen verspäteter Erfüllung verlange.

Hienach ist zwar der vom Appellrichter in Uebereinstimmung mit dem zuletzt erwähnten Erk. aufgestellte Satz, die im Art. 356 vorgeschriebene Anzeige sei „eine thatsächsächliche Voraussetzung, an welche das Recht des Kontrahenten, Schadenersatz statt der Erfüllung des Vertrages zu fordern", geknüpft ist, völlig richtig; allein es beruht auf einer rechtsirrthümlichen Auffassung, wenn, wie aus der weiteren Argumentation des Appellrichters hervorgeht, eine der Klage vorgängige Anzeige verlangt und lediglich wegen des Mangels einer solchen der Klageanspruch als unsubstanzirt abgewiesen wird, ohne daß untersucht worden, ob nicht in der Klage selbst die erforderliche Anzeige enthalten sei.

Das Appellurtel mußte daher wegen Verletzung des Art. 356 vernichtet werden. . .

3) in der altpreuß. Nktbschw.=Sache A. Heimann ./. A. Pollack (Nr. 779 v. 73, I. Instanz: Kreisgericht Rawicz) durch V. Erk. v. 25. Okt. 73 dahin:

Art. 355 HGB gewährt dem Käufer vom Eintritt des Verzugs des Verkäufers an das Recht, statt der Realerfüllung Schadenersatz wegen Nichterfüllung zu fordern. Derselbe kann hienach diesen Anspruch sofort durch Klage bzw. Wiederklage geltend machen. Dieser Befugniß steht auch die Bestimmung des Art. 356 HGB nicht entgegen. Wie nämlich das OHG . . . [wörtlich wie oben S. 390, 391] . . . abzugeben. Dies muß natürlich auch von der Wiederklage gelten.

Durch die Anstellung der Klage ist dem Bekl. die Möglichkeit, von seinem Recht der Nachlieferung innerhalb einer angemessenen Frist Gebrauch zu machen, bzw. sich eine solche Frist zu erbitten, nicht abgeschnitten. In vorliegendem Falle ist dies nicht geschehen, und braucht daher auch nicht untersucht zu werden, eine wie lange Nachfrist zu gewähren gewesen wäre. Sonach konnte Beklagter seine Erklärung, statt der Erfüllung Schadenersatz wegen Nichterfüllung zu fordern, in der Wiederklage wirksam abgeben. —

Sach-Register.

A.

B.

C.

D.

E.

F.

G.

H.

J.

K.

L.

M.

N.

O.

P.

R.

S.

T.

U.

V.

W.

Wechsel.

Wechsel.

Z.

Druck von Bär & Hermann in Leipzig.

Die „Rechtsprechung“

geht mit dem Schluß des VIII. Bandes ein. Einer Seits hat die Zahl der Abnehmer den Erwartungen der Verlagshandlung nicht entsprochen, anderer Seits ist der Herausgeber durch seine Berufsgeschäfte zu sehr in Anspruch genommen, um diesem Werke ferner die zu gedeihlichem Fortschreiten erforderliche Zeit widmen zu können. Den Freunden der Rspr., welche derselben bisher ihre Theilnahme und Unterstützung geschenkt haben, sagt besten Dank

A. Stegemann.

Leipzig, 3. Dezember 73.

Druck von Bär & Hermann in Leipzig.

FSC
www.fsc.org
MIX
Papier | Fördert
gute Waldnutzung
FSC® C083411

Kolibri 360 GmbH
Ferdinand-Jühlke-Straße 7
99095 Erfurt, Deutschland
produktsicherheit@kolibri360.de